Python 量化金融编程
从入门到精通

丁奉乾 著

内 容 简 介

量化交易领域的飞速发展，得到了越来越多业内外人士的关注。而Python作为一门功能强大且易于上手的编程语言，可以快速将想法付诸实践。因此，本书希望可以引领读者初步了解量化交易，并借助Python这个工具在该领域有所建树。

本书先从量化交易的基本概念讲起，然后讲解Python的基本语法及常见库的使用，在每章节的学习中都以金融量化为实例，并在最后结合实战项目来进行学习和巩固，读者不但可以系统地学习Python编程的相关知识，而且还能学习到Python在量化交易场景下的应用。

本书内容通俗易懂，案例丰富，适合零基础并对Python量化感兴趣的读者，以及想学习量化交易实战项目的Python初学者。此外，本书也适合作为相关培训机构的培训教材。

图书在版编目(CIP)数据

Python量化金融编程从入门到精通 / 丁奉乾著. —北京：北京大学出版社，2020.12
ISBN 978-7-301-31725-9

Ⅰ.①P… Ⅱ.①丁… Ⅲ.①软件工具 – 程序设计 – 应用 – 金融 – 分析 Ⅳ.①F830.49

中国版本图书馆CIP数据核字(2020)第191409号

书　　　名	**Python量化金融编程从入门到精通** PYTHON LIANGHUA JINRONG BIANCHENG CONG RUMEN DAO JINGTONG
著作责任者	丁奉乾　著
责任编辑	张云静　王继伟
标准书号	ISBN 978-7-301-31725-9
出版发行	北京大学出版社
地　　　址	北京市海淀区成府路205号　100871
网　　　址	http://www.pup.cn　　　新浪微博：@北京大学出版社
电子邮箱	编辑部 pup7@pup.cn　总编室 zpup@pup.cn
电　　　话	邮购部 010-62752015　发行部 010-62750672　编辑部 010-62570390
印　刷　者	北京圣夫亚美印刷有限公司
经　销　者	新华书店
	787毫米×1092毫米　16开本　21.75印张　494千字 2020年12月第1版　2025年8月第3次印刷
印　　　数	6001-8000册
定　　　价	79.00元

未经许可，不得以任何方式复制或抄袭本书之部分或全部内容。
版权所有，侵权必究
举报电话：010-62752024　电子邮箱：fd@pup.cn
图书如有印装质量问题，请与出版部联系，电话：010-62756370

这个技术有什么前途

熟悉股票、期货、外汇等金融衍生品交易的读者可能对量化交易的概念并不陌生。与传统的交易方式相比,量化交易需要借助计算机完成数据的分析和计算,并建立相关的模型以实现自动化交易或为投资者提供交易决策。此外,这种交易方式站在历史数据的角度进行分析并通过计算机进行交易执行,所以可以很大程度上减少投资者主观情绪的波动及外界环境的干扰,从而减少非理性的投资决策。量化投资需要依托数据分析和程序设计,自然需要一门编程语言作为工具。而 Python 作为目前最为热门的编程语言,并且由于其具有丰富的数据分析及量化交易库,所以是一门很适合进行量化投资等研究的编程语言。

笔者的使用体会

Python 具有开发便捷、工具库丰富和科学计算功能强大等特点,使得其成为量化交易领域使用最多的语言。此外,很多量化交易平台都可以支持 Python 进行策略回测,通过 Python 进行量化交易研究可以方便地实现自己的交易策略并进行验证。因此,本书结合 Python 在量化交易场景下的应用,为读者提供了相关内容的介绍及丰富的实例代码。虽然本书提供了相关的源代码,但是还是希望读者可以对书中代码进行复现,尤其是没有编程经验的读者,可以按照书中的代码进行手动实操。同时,读者可以将每一章节的代码分类存放,甚至可以将其进一步封装为自己的工具库,以便以后在学习和实践过程中再次使用。

这本书的特色

本书依托 Python 编程语言作为工具来介绍量化交易的具体应用,内容通俗易懂,难度循序渐进,所以只要按照章节目录进行学习,同样适合零基础的读者。

此外,本书在介绍 Python 的基本知识与常见库的用法时,不单单是对相关知识的讲解,更结合了丰富的量化金融的代码实例,以便读者在学习基本知识的同时提高动手实操能力。

同时，本书还介绍了很多 Python 库的用法，包括 Tushare、Ta-Lib 和 Statsmodels 等量化库和时间序列分析库，所以本书不仅可以用于学习和入门使用，还可以作为一本工具书，在学习过程中需要用到相关库时进行查阅。

另外，本书重点是介绍 Python 在量化交易场景下的应用，所以为了突出重点，在介绍一些复杂的数学概念时，尽量是从直观的角度进行解释，而不是用大量数学公式和推导的形式。

最后，本书所涉及的数据和源代码已上传到百度网盘，供读者下载。请读者关注封底"博雅读书社"微信公众号，输入图书 77 页的资源下载码，根据提示获取。另外，读者也可以通过关注微信公众号"人工智能量化实验室"来与我们联系进行获取；读者在使用这本书时，如果遇到学习问题或有意见建议，那么也可以通过此公众号后台进行反馈，后期我们将通过此公众号对读者学习过程中遇到的常见问题及书中的错误进行整理和发布，我们也将通过此公众号推送机器学习、深度学习等人工智能领域知识，前沿人工智能量化的理论与实践成果及 Python 量化金融的项目实践与应用，并且还会不定期分享学习资料及进行抽奖等活动。

这本书包括什么内容

本书的内容主要包括三部分，共 13 章。

第一部分是基础篇，主要介绍量化交易领域的一些基本概念，以及量化交易场景下 Python 的基本知识，可以帮助读者尽快了解量化交易这个领域，并快速掌握 Python 这门编程语言的基本用法。

在熟悉了 Python 的基本语法之后，第二部分是高级篇，结合量化金融实例，详细介绍 NumPy、Pandas、Matplotlib 等数据分析库的使用，以及 Tushare、Ta-Lib、Statsmodels 等量化交易常用库的基本用法。

第三部分是实战篇，首先搭建一个针对配对交易策略的量化回测框架，使读者可以了解量化框架的架构设计，并掌握自己动手搭建回测框架的能力；然后结合当下热点，引入机器学习与深度学习在量化交易场景下的应用，包括用于机器学习的 Scikit-learn 库和深度学习的 TensorFlow 库，并以支持向量机和循环神经网络为例，介绍如何通过它们来建立模型，并用于股票价格的预测中；最后介绍国内知名量化交易框架 vn.py 的基本用法，并介绍如何通过 vn.py 进行策略开发和模拟交易。

本书读者对象

- 对量化交易领域感兴趣，但是没有任何编程经验的读者。
- Python 的初学者，想进一步学习数据处理和可视化等技术的读者。
- 有一定编程经验，并想结合 Python 在量化交易领域进行实践的读者。
- 各计算机或经管专业的在校学生。
- 对机器学习、深度学习等技术感兴趣的读者。

基础篇

第1章 初识量化交易 … 2

1.1 对量化交易的认识 … 3
- 1.1.1 什么是量化交易 … 3
- 1.1.2 量化交易的发展 … 3
- 1.1.3 量化交易的特点 … 4
- 1.1.4 量化交易的方法及应用 … 5

1.2 几种常见的交易形式 … 6
1.3 量化交易存在的风险与规避方法 … 7
1.4 量化交易平台介绍 … 8
1.5 本章小结 … 12

第2章 Python 环境的搭建 … 13

2.1 关于 Python … 14
- 2.1.1 为什么要用 Python … 14

2.1.2 Python 的特性 ·· 15
2.1.3 Python 版本的选择 ····································· 17

2.2 安装 Python 的发行版 Anaconda ································ 18
2.2.1 什么是 Python 的发行版 ······························· 18
2.2.2 Anaconda 的下载与安装 ······························· 19

2.3 安装 Python IDE PyCharm ·· 21
2.3.1 什么是 IDE ··· 21
2.3.2 PyCharm 的下载与安装 ································ 21
2.3.3 PyCharm 的项目配置与创建 ··························· 23
2.3.4 PyCharm 中代码的运行 ································· 26
2.3.5 PyCharm 的常用设置 ···································· 29
2.3.6 PyCharm 的常用快捷键 ································· 31

2.4 本章小结 ·· 32

第 3 章 量化交易场景下 Python 基础知识的准备 33

3.1 Python 变量：金融数据的表示形式 ······························ 34
3.1.1 Python 变量的命名规则 ································ 34
3.1.2 数值类型变量 ··· 35
3.1.3 布尔类型变量 ··· 36
3.1.4 字符串类型变量 ·· 37
3.1.5 列表类型变量 ··· 40
3.1.6 元组类型变量 ··· 44
3.1.7 集合类型变量 ··· 45
3.1.8 字典类型变量 ··· 46
3.1.9 数据类型之间的转换 ··································· 48

3.2 条件判断语句：交易点的触发 ···································· 49
3.2.1 逻辑运算"与或非" ······································ 50
3.2.2 if...else 条件判断的使用 ······························· 51
3.2.3 if...elif...else 多个条件判断的使用 ···················· 52

3.3 循环语句：开启历史数据的回测 ·································· 53
3.3.1 for 循环的使用 ·· 53

3.3.2 while 循环的使用 ·············· 55
3.3.3 用 break 语句跳出循环 ·············· 56
3.3.4 用 continue 语句跳到下一轮循环 ·············· 58

3.4 函数：提高代码的利用率 ·············· 59
3.4.1 函数的定义与调用 ·············· 59
3.4.2 函数的参数与返回值 ·············· 60
3.4.3 内置函数的使用 ·············· 62

3.5 面向对象：交易策略的实例化 ·············· 65
3.5.1 类与对象的创建 ·············· 66
3.5.2 面向对象的特点 ·············· 67

3.6 常用内置模块及模块的安装：解锁更多新功能 ·············· 71
3.6.1 import 的使用 ·············· 71
3.6.2 常用内置模块的介绍与使用 ·············· 72
3.6.3 模块安装的两种方式 ·············· 77

3.7 本章小结 ·············· 80

高级篇

第 4 章 用 NumPy 来进行数据操作 ·············· 82

4.1 NumPy 库的介绍与安装 ·············· 83

4.2 Ndarray 数组 ·············· 83
4.2.1 Ndarray 数组的创建 ·············· 83
4.2.2 Ndarray 数组的索引与切片 ·············· 84
4.2.3 Ndarray 数组的常用运算 ·············· 86

4.3 NumPy 的常用操作 ·············· 88
4.3.1 数组的增删操作 ·············· 88
4.3.2 数组的拼接操作 ·············· 89
4.3.3 数组的分割操作 ·············· 90
4.3.4 数组的 reshape 操作 ·············· 92

4.3.5　随机数的生成 ·· 93
　4.4　NumPy 在金融数据中的应用 ·· 94
　　　4.4.1　收益率的计算 ·· 94
　　　4.4.2　滑动窗口的实现 ·· 96
　　　4.4.3　10 日和 20 日均线的计算 ·· 97
　4.5　本章小结 ·· 98

第 5 章　借助 Pandas 进行数据分析　　99

　5.1　Pandas 库的介绍与安装 ·· 100
　5.2　Series 类型数据 ·· 100
　　　5.2.1　Series 对象的创建 ·· 100
　　　5.2.2　Series 对象的索引与切片 ·· 102
　　　5.2.3　Series 对象的常用操作 ·· 104
　5.3　DataFrame 类型数据 ·· 106
　　　5.3.1　DataFrame 对象的创建 ·· 106
　　　5.3.2　DataFrame 对象的索引与切片 ······································ 108
　　　5.3.3　DataFrame 对象的常用操作 ·· 111
　5.4　Pandas 中常用函数的使用 ·· 119
　　　5.4.1　文件读取的操作 ·· 119
　　　5.4.2　缺失数据的处理 ·· 122
　　　5.4.3　数据的拼接操作 ·· 126
　5.5　Pandas 对金融数据的操作 ·· 129
　　　5.5.1　技术指标的整合 ·· 129
　　　5.5.2　多周期 K 线数据的合成 ·· 131
　5.6　本章小结 ·· 133

第 6 章　通过 Matplotlib 对数据可视化　　134

　6.1　Matplotlib 库的介绍与安装 ·· 135

6.2 Matplotlib 的基本操作 ·· 135
6.3 Matplotlib 绘制常见图像 ······································ 137
6.3.1 折线图的绘制 ·· 137
6.3.2 直方图的绘制 ·· 139
6.3.3 柱状图的绘制 ·· 140
6.3.4 散点图的绘制 ·· 142
6.3.5 饼形图的绘制 ·· 143
6.4 Matplotlib 对图像属性的设置 ································ 143
6.4.1 图像标题的设置 ·· 143
6.4.2 坐标轴标签的设置 ·· 145
6.4.3 坐标轴刻度和范围的设置 ···································· 145
6.4.4 线条类型的设置 ·· 148
6.4.5 图例的设置 ·· 150
6.4.6 图像标注的设置 ·· 152
6.4.7 图像背景的设置 ·· 153
6.5 Matplotlib 绘制多个子图 ······································ 154
6.5.1 子图的添加 ·· 154
6.5.2 子图属性的设置 ·· 155
6.6 金融数据的可视化操作 ··· 157
6.6.1 K 线数据的可视化 ·· 157
6.6.2 成交量的可视化 ·· 158
6.7 本章小结 ··· 159

第 7 章 历史数据的获取 160

7.1 通过 Tushare 库获取历史数据 ·································· 161
7.1.1 Tushare 库的介绍与安装 ···································· 161
7.1.2 Tushare 获取股票历史行情数据 ······························ 162
7.1.3 Tushare 获取涨跌停股票数据 ································ 165
7.1.4 Tushare 获取期货合约信息 ·································· 166
7.1.5 Tushare 获取期货历史行情数据 ······························ 167
7.1.6 Tushare 获取期权合约数据 ·································· 168

- 7.1.7　Tushare 获取期权历史行情数据 ········· 169
- 7.1.8　Tushare 获取新闻快讯 ········· 170
- 7.1.9　Tushare 通用行情接口 ········· 170

7.2　通过新浪财经 API 获取历史数据 ········· 172
- 7.2.1　通过新浪财经 API 获取股票历史数据 ········· 172
- 7.2.2　通过新浪财经 API 获取期货历史数据 ········· 175

7.3　通过 Pandas_datareader 获取历史数据 ········· 177
- 7.3.1　Pandas_datareader 介绍 ········· 177
- 7.3.2　通过 Pandas_datareader 获取股票历史数据 ········· 178

7.4　其他获取历史数据的方式 ········· 178

7.5　本章小结 ········· 179

第 8 章　量化交易的利器　180

8.1　Ta-Lib 库的介绍与安装 ········· 181

8.2　市场技术指标的计算 ········· 181
- 8.2.1　MA 指标 ········· 181
- 8.2.2　MACD 指标 ········· 183
- 8.2.3　RSI 指标 ········· 186
- 8.2.4　KDJ 指标 ········· 188
- 8.2.5　CCI 指标 ········· 191
- 8.2.6　ATR 指标 ········· 193
- 8.2.7　OBV 指标 ········· 195

8.3　K 线组合的模式识别 ········· 196
- 8.3.1　晨星 ········· 197
- 8.3.2　昏星 ········· 198
- 8.3.3　锤子线 ········· 199
- 8.3.4　上吊线 ········· 201
- 8.3.5　捉腰带线 ········· 201

8.4　FFn 库的介绍与安装 ········· 203

8.5　风险指标的计算 ········· 203

8.5.1 策略收益率·········204
8.5.2 策略年化收益率·········204
8.5.3 贝塔·········205
8.5.4 阿尔法·········206
8.5.5 夏普比率·········206
8.5.6 最大回撤率·········207
8.5.7 索提诺比率·········208
8.5.8 胜率和盈亏比·········208

8.6 两种经典策略的实现·········209
8.6.1 双均线策略·········209
8.6.2 RSI 策略·········213

8.7 本章小结·········217

第9章 时间序列分析　　218

9.1 Statsmodels 库的介绍与安装·········219

9.2 时间序列的基本概念·········219

9.3 时间序列相关性分析·········219
9.3.1 协方差和自协方差·········220
9.3.2 自相关和偏自相关系数·········220
9.3.3 自相关和偏自相关系数的计算·········221

9.4 时间序列平稳性分析·········223
9.4.1 平稳性·········224
9.4.2 平稳性检验·········225
9.4.3 白噪声检验·········229

9.5 时间序列协整性分析·········231
9.5.1 协整关系·········231
9.5.2 协整性检验·········231

9.6 时间序列模型·········233
9.6.1 自回归模型·········233
9.6.2 移动平均模型·········235

9.6.3　自回归移动平均模型 237
9.6.4　差分自回归移动平均模型 239

9.7　时间序列模型在股票市场中的应用 240
9.7.1　时间序列模型拟合股票价格 240
9.7.2　时间序列模型预测股票价格 242

9.8　本章小结 244

实战篇

第10章　基于配对交易策略的回测框架的搭建　246

10.1　配对交易介绍 247
10.1.1　什么是配对交易 247
10.1.2　配对交易的原理 247
10.1.3　配对交易的特点 248

10.2　配对交易回测框架的实现 248
10.2.1　配对交易回测框架模块介绍 248
10.2.2　数据获取模块实现 249
10.2.3　数据分析模块实现 252
10.2.4　主体策略模块实现 255
10.2.5　回测结果统计模块实现 264
10.2.6　整体框架测试 267

10.3　本章小结 271

第11章　机器学习实战——利用支持向量机（SVM）进行趋势预测　272

11.1　机器学习库 Sklearn 的介绍与安装 273

11.2 机器学习基本知识介绍 ······ 273
- 11.2.1 机器学习的基本概念 ······ 273
- 11.2.2 机器学习的常见方法与分类 ······ 274

11.3 支持向量机介绍 ······ 275
- 11.3.1 什么是支持向量机 ······ 276
- 11.3.2 支持向量机的原理 ······ 276

11.4 支持向量机预测模型的实现 ······ 277
- 11.4.1 数据准备 ······ 277
- 11.4.2 模型的训练与预测 ······ 279
- 11.4.3 模型精度的提高 ······ 281

11.5 本章小结 ······ 283

第12章 深度学习实战——利用循环神经网络（RNN）进行价格预测 284

12.1 深度学习库 TensorFlow 的介绍与安装 ······ 285

12.2 TensorFlow 的基本概念与结构 ······ 286
- 12.2.1 TensorFlow 的基本概念 ······ 286
- 12.2.2 TensorFlow 1.x 与 TensorFlow 2.x 的对比 ······ 287

12.3 循环神经网络介绍 ······ 288
- 12.3.1 什么是神经网络模型 ······ 289
- 12.3.2 神经网络的正向传播 ······ 289
- 12.3.3 神经网络的反向传播 ······ 291
- 12.3.4 循环神经网络的结构与训练 ······ 291

12.4 循环神经网络预测模型的搭建 ······ 293
- 12.4.1 训练集和测试集的划分 ······ 293
- 12.4.2 循环神经网络模型的构建 ······ 295
- 12.4.3 循环神经网络模型的预测与评估 ······ 297

12.5 本章小结 ······ 300

第13章　接触实盘——利用 vn.py 进行量化交易　301

- **13.1** 初识 vn.py ·· 302
- **13.2** vn.py 运行环境的准备 ··· 302
  - 13.2.1　安装 VN Studio ·· 302
  - 13.2.2　运行 VN Station ·· 303
  - 13.2.3　运行 VN Trader Lite / Pro ···································· 304
- **13.3** vn.py 国内期货 CTP 的配置 ··· 305
  - 13.3.1　申请模拟账号 ·· 305
  - 13.3.2　配置 CTP 接口 ·· 307
  - 13.3.3　VN Trader 的界面操作 ··· 308
- **13.4** 通过 vn.py 进行策略回测 ··· 310
  - 13.4.1　vn.py 策略的存放位置 ··· 310
  - 13.4.2　vn.py 策略代码的结构 ··· 310
  - 13.4.3　CSV 数据的载入 ··· 317
  - 13.4.4　策略回测及参数优化 ·· 319
- **13.5** 基于 vn.py 实现 R-Breaker 策略 ····································· 321
  - 13.5.1　R-Breaker 策略介绍 ·· 321
  - 13.5.2　R-Breaker 策略的实现 ·· 322
  - 13.5.3　R-Breaker 策略的回测与参数优化 ···················· 328
- **13.6** 通过 vn.py 进行自动化交易 ·· 329
  - 13.6.1　如何进行模拟盘交易 ·· 329
  - 13.6.2　如何接入实盘 ··· 331
- **13.7** 本章小结 ·· 332

附录　常见的 Python 量化交易框架介绍　333

在基础篇中,首先介绍量化交易领域中常见的基本概念与应用,然后介绍如何搭建 Python 的开发和运行环境,并结合量化交易场景下的应用,对 Python 的基本语法进行学习。

第 1 章　初识量化交易
第 2 章　Python 环境的搭建
第 3 章　量化交易场景下 Python 基础知识的准备

第 1 章
初识量化交易

在本章中，我们将初步认识量化交易，对一些常见的术语进行解释和区分，消除初学者对相关概念的一些误区。此外，我们还将对一些常见的量化交易平台和基于 Python 的量化交易框架进行介绍，从而使读者可以尽快了解量化交易这个领域。

本章主要涉及的知识点

- 了解什么是量化交易。
- 区分量化交易与程序化交易、算法交易及高频交易等概念。
- 了解常见的量化交易平台。

注意：本章内容将带你了解量化交易的基本概念，为后面章节的学习打下基础。

1.1 对量化交易的认识

本节将对量化交易的概念、发展及特点进行介绍，通过本节内容的学习，我们会对量化交易有初步的认识。

1.1.1 什么是量化交易

接触过股票、期货或其他金融衍生品的读者可能会听说过"量化交易"这个概念，乍一听会觉得这是一项高大上的技术，实际上很多普通人通过相关知识的学习，也完全可以将量化交易为自己所用。量化交易是指凭借计算机强大的计算能力，通过对股票、期货、外汇等金融衍生品的历史数据进行分析、建模，以便从历史数据的角度帮助我们进行决策，从而代替人为主观判断的一种交易方式。

一个简单的量化交易的过程如图1.1所示。相比于传统交易者依靠经验定性分析的交易方式，量化交易通过编程建模等方式，利用概率论、统计学等知识从庞大的历史数据中总结规律并建立量化模型，然后凭借计算机强大的计算能力来高效、快速地进行交易决策，因而量化交易属于一种基于定量分析的交易方式。

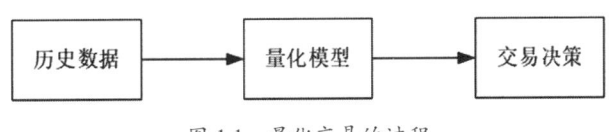

图 1.1 量化交易的过程

1.1.2 量化交易的发展

量化交易在国外已经有30多年的发展历史，但是在国内近十几年才出现，所以在学习量化交易知识时，了解一下量化交易在国内外的发展历史还是很有必要的。

在20世纪70年代，巴克莱国际投资管理公司发布了世界上第一只被动量化基金，随后在1977年又发布了世界上第一只主动量化基金，这也是美国量化投资的开端。20世纪80年代，被称为量化投资之父的詹姆斯·西蒙斯（James Simons）成立了文艺复兴科技公司，作为世界级的数学家，西蒙斯率领了一批优秀的数学家和统计学家开发了许多用于数据分析和量化交易的数学模型。1989年到2009年间，由文艺复兴科技公司管理的大奖章基金的平均年收益率高达35%。用西蒙斯的话来说，他的交易方式就像壁虎捕食一样，平时趴在墙上一动不动，一旦蚊子出现就迅速把它吃掉，然后恢复平静，等待下一个机会，因而西蒙斯的投资方式也称为"壁虎式投资法"。20世纪90

年代以来，随着计算机与互联网技术的高速发展，基于计算机的各种量化投资方式逐渐代替了传统的人为分析和交易，华尔街也因此发生了翻天覆地的变化。

相比于国外量化交易的发展，国内量化交易的起步较晚，最早的量化对冲私募基金诞生于 2004 年，它是由华宝信托发行的"基金优选套利"。在发行之后的那段时间，同期基金指数处于下跌的状态，而该基金却仍然有超过 10% 的收益率。随着国内股指期货、融资融券、ETF（交易型开放式指数基金）及各种基金的发展，国内真正意义上的量化对冲基金时代始于 2011 年，这时的量化投资才正式开始发展。2014 年，新基金法正式实施，中国证券投资基金业协会发布了《私募投资基金管理人登记和基金备案办法（试行）》，推动了私募基金的全面阳光化。2015 年，上证 50 和中证 500 股指期货的推出，为量化投资提供了更多交易标的和多样策略的用武之地。接下来从 2017 年开始，各种云计算、大数据和机器学习等技术的出现，为量化投资提供了更多新技术，推动了科技金融等相关产业的发展，壮大了量化交易的队伍。

相较于占据国外金融市场 85% 份额的国外量化交易量，国内量化交易量远远不足。所以，量化交易在国内具有很大的发展空间，并且随着计算机数据存储和运算能力的不断增强，以及大数据、云计算和人工智能领域的发展，也为量化交易提供了更多强有力的工具，因而量化交易在国内的发展可以说方兴未艾。

1.1.3　量化交易的特点

传统交易方式都是以人的思维为主体的，所以无论是传统的技术面还是基本面分析都属于定性分析。而只要是人就无法摆脱人性的弱点，如贪婪、恐惧、侥幸等心理，加上市场舆论和虚假消息的环境影响，都会导致人难以理性地进行决策。而通过历史数据建立的量化交易模型则克服了人性的弱点，使得交易决策可以更科学、更理性地执行。

量化交易可以从海量的数据中发掘市场的规律并制定合理的交易决策。试想我国 A 股市场上就有 3000 多只股票，光是一些价格、成交量等基本数据就很难人为去整理和筛选，更何况与公司业绩相关的信息还有很多。所以，量化交易通过运用计算机等技术可以高效快速地处理大量数据，并发掘历史数据中的规律，与数据建立联系。

此外，人的脑力和精力都是有限的，人不可能实现 24 小时盯盘，但是市场机会是稍纵即逝的，而凭借计算机程序的量化交易方式可以实现 7×24 小时的不间断盯盘，并且可以在极短的时间内做出反应，从而在交易机会出现时能够快速地捕捉。

最后，量化交易并不是通过对历史数据进行建模得到模型后就可以一劳永逸了，因为它是站在历史的角度来对当前的市场情况进行判断，只能说它是以大概率的胜率进行决策。但是，市场是一直在变化的，历史并不一定会重演，所以无论多么高级、复杂的量化模型都不可能是一成不变的。

我们只有不断地去学习、更新量化模型，使它不断总结市场的规律并去适应市场的新行情，才能在市场中立于不败之地。

1.1.4 量化交易的方法及应用

量化交易的核心在于交易策略模型的构建，按照不同角度可对交易策略模型进行不同的划分。按照持仓时间的角度来划分，交易策略可以分为低频交易策略、中频交易策略、中高频交易策略及高频交易策略。低频交易持仓时间会比较长，一般有几个月甚至更长时间，这种交易方式更侧重于长远考虑或价值投资，如一些按照季度调仓的多因子策略。中频交易以周为单位。中高频交易策略以天或分钟为单位，如一些日内突破或反转策略。高频交易主要是通过价格的短暂波动获利，价格数据一般是以毫秒甚至更小的单位进行计算，所以高频交易对数据的时延性要求特别高。

按照交易产品的角度来划分，交易策略可以分为股票策略、期货策略、期权策略及基金策略等。这种划分方式根据的是不同交易产品的特征、交易方式及市场情况。

按照盈利模式的角度来划分，交易策略可以分为市场中性策略、套利策略及 CTA 策略。市场中性策略是指通过构造多空两种方向的投资组合来减少风险暴露的策略，由于其建立了两种方向的头寸，与市场的牛熊市无关，因此称为市场中性策略。常见的市场中性策略有阿尔法策略，即做多证券产品组合，做空指数期货，以实现规避系统性风险。套利策略是指同时对两种不同市场或不同交易期限的品种进行对冲以获取与市场行情无关的交易策略，它的盈利方式主要在于赚取两类品种价格之间的短时偏离所带来的价差，当价格背离时，做多低价的，做空高价的，当未来某时刻它们的背离趋势得到纠正时平仓，所以其核心在于均值回归。常见的套利策略有统计套利策略、期现套利等。CTA 策略是一种趋势交易策略，它的主要盈利方式是通过各种技术指标过滤当前市场噪音，寻找当前市场趋势并进行跟踪以赚取单边趋势带来的盈利，即常说的"追涨杀跌"，它主要的研究对象是期货。这种策略适合于牛熊市具有明显的趋势性的时期，而当市场处于长期震荡时则会失效，一些常见的 CTA 策略有双均线策略、Dual Thrust 策略、R-Breaker 策略等。

除前面提到的这些量化交易策略模型之外，如今随着机器学习、深度学习等人工智能技术的发展，也有不少研究者和投资机构将这些新兴的技术应用于量化交易当中并且也取得了不错的效果。其中就包括了一些通过强化学习等技术构建自动化交易模型，通过循环神经网络进行价格预测等。感兴趣的读者可以去百度或谷歌学术上搜索相关论文或参考机构的金工研报。总之，在将人工智能等技术应用于量化交易领域中时，不要把它们看作是一种万能的技术，机器学习、深度学习只是一种工具，只有用对了地方才能发挥它们的作用，就像一把螺丝刀被拿来当锤子用，自然不会有什么好的效果。所以，多花点时间去了解它们的原理，找到适合它们的应用场景很重要。

1.2 几种常见的交易形式

经常通过计算机进行股票、期货等金融衍生品交易的读者不免会听说过程序化交易（Program Trading）这个名词，也有不少人将程序化交易和量化交易混为一谈，说程序化交易就是量化交易，其实两者并不是等价关系。那么，程序化交易和量化交易的关系是什么样的呢？两者又有什么区别呢？

程序化交易从其字面意思来看，就是通过计算机程序来进行交易。中国证监会出台的《证券期货市场程序化交易管理办法（征求意见稿）》对程序化交易的定义是"通过既定程序或特定软件，自动生成或执行交易指令的交易行为"。简单来说，就是利用计算机程序进行自动买卖的过程。所以，程序化交易更多侧重于交易的自动化执行，它的交易逻辑比较简单，不会像量化交易那样对大量的数据进行分析。而量化交易是一种基于数据分析和统计知识进行建立模型，并提供交易决策的交易方式，所以它要比程序化交易更加侧重对数据的挖掘和分析。另外，需要明白的是，量化交易并不一定要通过计算机程序进行自动交易，也可以是通过模型进行辅助，由交易员人为进行交易，所以程序化交易和量化交易并不是等价的。

在明白了量化交易与程序化交易的区别之后，下面再对另一个容易混淆的概念，即高频交易（High Frequency Trading）进行介绍。高频交易指的是借助计算机强大的运算能力和计算速度进行发出买卖指令，以获取人工无法捕捉的市场价格的短暂变化并从中获利的交易方式。

高频交易有四个特点：第一，高频交易对价格数据的时延性要求很高，交易指令通常需要在毫秒级别发出。因此，高频交易都需要通过计算机完成，即高频交易需要借助程序化交易。第二，高频交易的交易频率很高，所以它的交易量巨大。第三，高频交易持仓时间很短，需要在短时间内发出很多交易指令，所以它的日交易次数很多。第四，由于高频交易寻找的是市场价格的微小波动，因此每笔的收益很低。但是，由于它的交易频率很高，所以总体收益比较稳定。对于高频交易需要注意的是，高频交易并不等同于频繁交易，频繁交易只是强调交易次数的频繁，而高频交易对数据的时间刻度要求更为苛刻。

除程序化交易和高频交易之外，算法交易（Algorithmic Trading），也称为黑盒交易，同样是量化金融领域中一个常见的概念。它是一种通过计算机程序来发出交易指令，自动生成买卖指令的交易方式。

通常一笔大的订单会对市场造成很大的冲击，导致价格的波动，从而增加自己的交易成本，而算法交易注重的是订单的执行过程，在执行一笔订单时，通过一些数学模型或市场信息等进行下单，从而又好又快地完成交易撮合。

算法交易主要分为三类：被动型算法交易，这类交易算法不会根据市场当前状况主动选择交易时机和交易数量,而是按照既定的规则进行交易,它的目的在于减少目标价位和实际成交价之间的滑点,如根据历史成交量进行的交易量加权平均价格算法(Volume Weighted Average Price,VWAP),根据特定时间点进行的时间加权平均算法(Time Weighted Average Price,TWAP)都属于这一类;主动型算法交易,这类交易算法主要是根据市场的当前状况进行选择,除减少成交价与目标价位的滑点之外,它还加入了一些价格预测的成分,从而更加迅速地抓住每个交易机会;综合型算法交易,这类交易算法是将上面两种算法相结合,利用被动型算法的特定规则和主动型算法的判断优势,从而更好地执行交易。

算法交易往往受到私募或机构的青睐。首先,对于一些私募或机构来说,交易时经常会产生大额订单,而大额订单对市场会造成严重的冲击,通过算法交易则可以把大额交易分割成许多小额交易以应对市场的冲击和风险,从而可以有效降低交易的成本,并寻求最优价格进行交易。其次,对于机构来说,他们不会只去交易一只证券,通常是以一种组合交易的方式进行的,一次交易上百只证券,而人为交易必然会增加成本负担,但通过基于自动化交易的算法交易可以在短时间内完成多笔交易,并且不会错过最佳交易时机。因此,算法交易的目的在于对订单的撮合,从而实现最有利的成交价位。算法交易的实现同样离不开程序化交易,所以算法交易和程序化交易也存在着密不可分的关系。

1.3 量化交易存在的风险与规避方法

通过量化交易的方式进行投资决策时,虽然摒弃了人的主观判断,避免了外界环境的干扰,在一定程度上较传统交易方式降低了风险,但是量化模型毕竟是人通过历史数据建立得到的,其背后同样也存在着不可忽略的潜在风险。所以,下面介绍一下量化交易中常见的一些风险及如何进行规避。

首先,量化交易是以数学、统计学、概率论等学科为基础,凭借计算机的强大计算能力,从历史数据中发掘大概率带来超额收益的交易方式,这就要求我们构建交易模型的每一步都需要有比较高的可解释性,换句话说,就是需要明确策略为什么能盈利。只有保证了模型的高度可解释性,才能从理论上证明模型的有效性,从而规避模型本身存在的风险。这就需要我们具有扎实的数学功底或通过后期的不断学习来完善相关领域的知识体系。

其次,在进行量化投资时,不同交易品种也具有不同的内在风险,如虚假信息、突发事件等因素会导致价格的单边大幅波动。这就意味着我们需要保证投资组合的多元性,也就是常说的不要把鸡蛋都放在同一个篮子里。为了规避此类风险,就需要我们对不同品种设定合适的头寸规模,以及方向性风险暴露阈值。另外，还可以通过计算交易品种之间的相关性，构建相关度低的投资组合来对冲风险。

通常情况下，我们会基于历史数据来构建交易模型，如一些机器学习预测模型，这些方法极易带来过拟合的风险，特别是在数据不充分的情况下。所谓过拟合，是指模型通过训练，可以在历史数据的回测过程中获得很好的效果，但是实盘效果却不尽如人意。这是因为一方面金融市场数据信噪比低，模型训练的过程中将噪声数据也进行了拟合；另一方面，模型在训练过程中对历史数据的拟合程度非常好，这也同时意味着模型具有非常高的复杂性，只要数据发生一点微小的变化，就会导致模型结果发生很大程度的改变。而现实中市场情况是多变的，所以要规避过拟合的风险就需要进一步提高模型的泛化能力，这就需要我们进行充分的特征工程，选择潜在有效的特征，去除无效的特征，从而对模型的精度和复杂度进行权衡，以找到最佳的平衡点。

此外，由于不同量化交易策略的应用场景和时效性不同，量化策略也极易受到市场模式迁移的影响。例如，我们在使用一些CTA的趋势跟踪策略时，在趋势性强的牛市中可获得显著的收益，但是当市场处于震荡期时则会造成连续不断的亏损。而像一些基于均值回归原理的策略则恰恰相反，这类策略更适合在震荡的市场行情下获利。所以，要规避市场模式迁移带来的风险就需要我们对当前市场环境进行判断，并在市场模式发生迁移时及时离场，待市场环境稳定后再选择合适的策略入场。

最后，手续费、交易滑点和冲击成本对于量化策略，尤其是一些高频策略来说，也是格外重要的因素。频繁的开仓操作会导致成本过高而难以被盈利所覆盖。为了规避交易成本带来的风险，就需要我们每天对策略运行结果进行跟踪和总结，了解实盘交易和回测假设的滑点之间的偏差有多少，或者采用更科学有效的冲击成本计算方法，并通过这些结果数据来不断调整回测研究时用到的假设参数。只有通过这样一个实盘、总结、回测不断反复的过程，才能使得回测得到的策略效果更接近实盘结果，从而确保策略的高有效性。

1.4 量化交易平台介绍

在了解了量化交易的基本概念及周边知识后，接下来介绍一些国内常见的量化交易平台，如经常听到的"三大矿"、金字塔、TB、MC等。

1. "三大矿"

"三大矿"是国内三大云端量化交易平台，包括优矿（UQER）、米筐（Ricequant）及聚宽（Joinquant），这三个平台是国内相对有名的量化交易平台，当然也不乏其他优秀的平台。下面就这三家量化交易平台进行简单介绍。

(1)优矿。

在优矿平台上,可以借助 Python 丰富的科学计算库及高效便捷的开发能力,进行各种量化研究的工作。同时,优矿也为用户的数据分析、策略回测等提供了历史数据,其中涵盖了国内金融市场的股票、债券、基金、期货、期权的基本量化指标,以及财务报表、宏观指标、社交新闻等基本面数据。优矿的标准版服务提供给用户的功能和数据都是免费的,如果需要更多的数据源和更加专业的服务,则可以购买专业版服务,优矿专业版提供了更丰富的计算资源,以及量化因子库。投资者可以根据自己的需要进行选择。优矿量化交易平台的主页如图 1.2 所示。

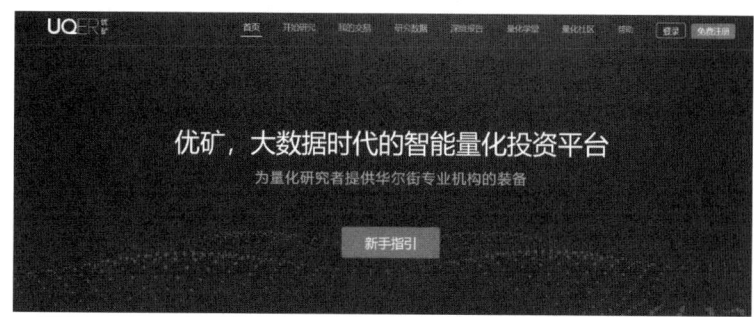

图 1.2 优矿量化交易平台的主页

(2)米筐。

米筐量化交易平台为用户提供了快速便捷、功能强大的量化交易和分析工具,用户可以在线上或本地(通过本地安装 RQAlpha 量化框架或 RQData 数据获取库)进行量化交易策略的研发。米筐量化交易平台目前已经提供了策略回测和实时模拟交易等功能,后期将会开通实盘交易,从而可以基于此平台进行开发、回测和实盘的一站式交易。米筐量化交易平台的主页如图 1.3 所示。

图 1.3 米筐量化交易平台的主页

(3)聚宽。

聚宽量化交易平台为投资者提供了量化交易的工具与服务,包括优质的数据、多种策略评价指标、投资研究工具及完善的社区服务,为投资者进行量化投资和分析提供了极大的便利。聚宽目前具有线上策略研究平台和金融终端,线上策略研究平台为用户提供了策略开发和回测所需的大量数据、函数、因子库，金融终端则可以让用户在本地进行策略开发，便于第三方数据的接入和 Python 库的安装。聚宽线上平台之前的策略都是基于 Python 2 进行研发的，目前也提供了 Python 2 到 Python 3 的在线转换功能，可以实现一键升级。聚宽量化交易平台的主页如图 1.4 所示。

图 1.4　聚宽量化交易平台的主页

2. 国内量化交易平台

除"三大矿"之外，国内还有很多本地进行策略开发的量化交易平台，如经常会听到的 TB、MC、金字塔、大智慧 DTS 等，下面对这几种量化交易平台进行简单介绍。

（1）交易开拓者（TraderBlazer）。

交易开拓者是一款针对国内期货市场投资者开发的量化系统，它的英文是 TraderBlazer，所以经常以 TB 作为它的简称。交易开拓者提供了实时行情、技术分析及程序化交易的功能，并且它具有自己的开发语言 TBL（TraderBlazer Language），简单便捷，通过它用户可快速将交易思想转化为代码。此外，交易开拓者从 2007 年发布至今，已经在国内拥有了很多量化投资的用户，据统计，在进行期货程序化交易的人群中，使用交易开拓者的用户占到了 80% 以上。

（2）MultiCharts。

MultiCharts 同样也是为量化交易者设计的量化交易平台，它提供了对于多商品、多数据、多周期的图表分析回测及交易策略编写的功能，MultiCharts 也被简称为 MC，与交易开拓者一样，MultiCharts 同样具备强大的功能和庞大的用户群体，所以常常被一起称为"TBMC"。另外，MultiCharts 的最新版现已提供包括证券交易、高级扫描器选股、分时成交明细、交易信号大幅优化等功能，便于交易者更加快捷地实现自己的交易思想。MultiCharts 也有自己的专属开发语言 Power Language，交易者可以根据官方文档的教程进行学习并用于实践。

（3）金字塔决策交易系统。

金字塔决策交易系统是一款高效、稳定的量化交易平台，它为投资者提供了行情、回测、交易、策略研发等一站式服务，并且支持国内商品期货、股指期货、股票及期权的全市场业务。另外，它提供的丰富的各个周期的历史行情数据与强大的个性化分析功能也为投资者策略开发与自动化交易提供了极大的便利。金字塔决策交易系统采用 VBA 语言进行策略模型的开发，其内部也有很多有助于我们实现策略的交易函数。金字塔在中低端量化交易平台的市场中具有较高的占有率。

（4）大智慧 DTS 程序化交易平台。

大智慧 DTS 程序化交易平台是由大智慧股份有限公司研制的程序化交易平台。由于国内金融市场的发展和量化交易功能需求的增大，各种机构和投资者对于平台的要求也越来越高，大智慧 DTS 就是一款高端量化交易平台，它能够为交易者提供海量的历史数据，包括国内外交易所的期货、股票、期权等数据，便于投资者各种业务的开展。此外，它还提供了丰富的金融工具包便于投资者进行复杂策略的开发及评估，同时 DTS 提供的服务器端架构也保证了策略的高并发性和高速的执行效率，使其在回测或进行量化交易时具有很强的实际应用效果。

（5）国泰安量化投资平台。

国泰安量化投资平台同样也是一款高端量化交易平台，它分为研究平台（QIA-Lite）和交易平台（QRC）两部分，并且采用了 MATLAB 和 Toolbox 的形式无缝兼容了 MATLAB 的研发环境，从而实现了研究与交易的无缝切换，也就是说，投资者可以通过平台提供的各种接口和功能进行量化交易模型的构建，然后通过回测对策略进行检验，最后可以直接切换到交易接口进行实盘交易。此外，它也提供了各种数据源、量化因子库、基本面数据等，而且完全兼容 MATLAB 的开发，因此可以极大提高策略的利用率和研发效率。

3. 国外量化交易平台

量化交易起源于国外，所以在了解了国内常见的量化交易平台之后，再来了解一些国外的知名量化交易平台。

（1）Quantopian。

Quantopian 是国外最著名的量化交易平台之一，平台的全球注册用户超过 20 万，它拥有完善的社区服务体系，并且提供了一系列的策略源码供用户学习和研究。Quantopian 量化交易平台主要目的是提供量化投资研究服务，线上提供了一套基于 Python 的策略研究环境，并且具有丰富的库可以调用，便于用户进行策略实现与验证，同时平台还免费提供了基础数据及回测功能，但部分特色服务则需要付费才能使用。其中，Quantopian 量化交易平台的回测引擎是其自主研发的开源量化框架 Zipline，如之前介绍的"三大矿"的回测引擎也是基于此。另外，该平台还支持绑定交易账号进行实盘交易。需要注意的是，Quantopian 量化交易平台主要针对的是美股交易，所以用户如果对美股交易感兴趣，那么通过 Quantopian 进行量化研究将比较合适；但是对于国内像 A 股的数据则无法支持，只能通过本地化的数据进行回测。

（2）WebSim。

WebSim 是国外著名量化公司 WorldQuant 旗下的量化交易平台。WorldQuant 是一家量化投资公司，主要致力于通过他们创建的研究平台 WebSim 来不断发掘有价值的交易因子。WebSim 是一个线上的量化交易研究平台，用户可以通过使用简单的表达式或 Python 语法来创建因子，并可以在短时间内验证因子的有效性。因此，用户如果对市场因子的挖掘感兴趣，则可以通过 WebSim 平台进行量化研究。

1.5 本章小结

经过本章内容的学习，我们已经对量化交易的概念、特点及优势有了初步的了解，并且也对量化交易的周边概念如程序化交易、高频交易、算法交易等有了认识。此外，由于量化交易存在潜在风险，因此本章又对量化交易存在的风险及规避方式进行了说明。最后，还介绍了国内外的一些有名的量化交易平台，通过对这些平台的介绍，读者对"三大矿""TBMC"的叫法不再陌生。在接下来的章节中，我们将开始进行 Python 环境的配置及 IDE 的安装。

第 2 章

Python 环境的搭建

在本章中,我们将开始 Python 环境的搭建和配置,以及 IDE 的安装,并在最后写下和运行第一行代码。这章的内容将为我们提供量化交易学习的工具,在之后的章节中,我们将开始用 Python 在量化交易领域进行探索。

本章主要涉及的知识点

- 了解 Python 这门语言的特点。
- 了解什么是 Python 的发行版,并安装 Anaconda。
- 了解什么是 IDE,安装 Python IDE PyCharm,并了解 PyCharm 的基本使用。
- 写下第一行代码并运行。

注意:本章内容将带你了解 Python,并对 Python 开发环境进行搭建和配置,所以需要打开计算机进行操作。

2.1 关于 Python

在对 Python 环境进行搭建之前,首先需要对 Python 这门语言进行认识和了解,包括什么是 Python,为什么会选择这门语言,以及 Python 版本的区别和选择。

2.1.1 为什么要用 Python

首先,Python 是一门解释型、面向对象的高级程序设计语言。它的设计者是荷兰人吉多·范罗苏姆(Guido van Rossum),Python 的中文意思是蟒蛇,取自英国电视喜剧《蒙提·派森的飞行马戏团》(Monty Python's Flying Circus),从 Python 的图标中也可以看出,它的图标是由两条蛇组成,如图 2.1 所示。

图 2.1　Python 图标

根据 TIOBE 排行榜(TIOBE 排行榜是由世界范围内的资深程序员和第三方供应商通过 Google、Bing、维基百科等搜索引擎统计出的排名)从 2002 年至今前十位编程语言的统计结果(图 2.2)可以看出,Java 和 C 语言由于其出现时间久,使用用户多,所以一直占据着前两位,而 Python 排名不断上升,并且现在已经超过了 C++ 的排名。

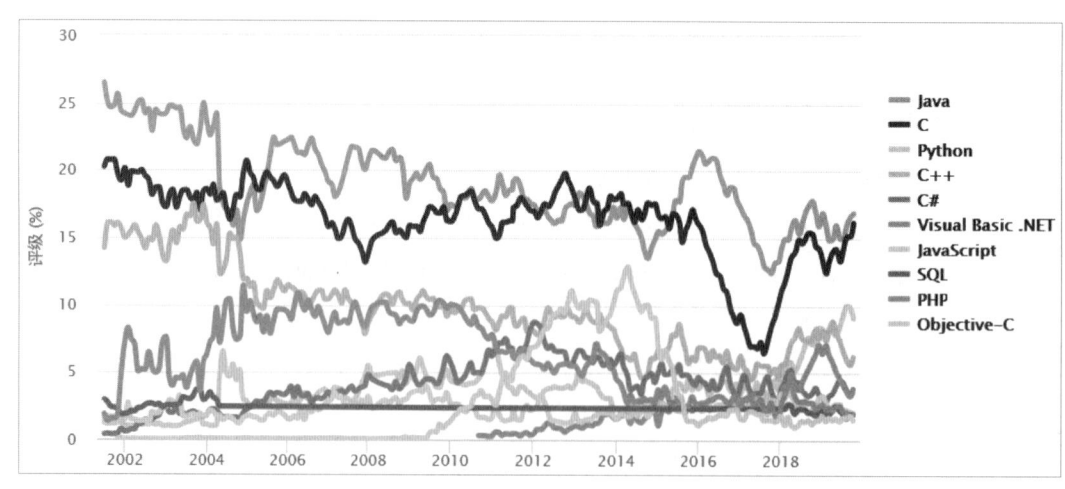

图 2.2　Top 10 编程语言走势(来源:www.tiobe.com)

截至 2019 年 9 月,Python 排名稳居于第三位,并且还有继续上升趋势,如图 2.3 所示。

Oct 2019	Oct 2018	Change	Programming Language	Ratings	Change
1	1		Java	16.884%	-0.92%
2	2		C	16.180%	+0.80%
3	4	∧	Python	9.089%	+1.93%
4	3	∨	C++	6.229%	-1.36%
5	6	∧	C#	3.860%	+0.37%
6	5	∨	Visual Basic .NET	3.745%	-2.14%
7	8	∧	JavaScript	2.076%	-0.20%
8	9	∧	SQL	1.935%	-0.10%
9	7	∨	PHP	1.909%	-0.89%
10	15	∧∧	Objective-C	1.501%	+0.30%

图 2.3　Top 10 编程语言排名（来源：www.tiobe.com）

Python 之所以能在全球范围如此受欢迎，主要还是因为它自身的优势。

- 易于学习：这是它最大的优势，虽然 Python 是一门面向对象的解释型编程语言，但是却有着较少的关键字、简单明了的语法和高效的数据结构，使得 Python 相较于其他语言更容易入门和学习。
- 胶水语言：Python 可以使用 C、C++、Java 或 MATLAB 语言编写的模块代码，通过对这些代码进行打包和封装就可以进行外部调用，从而将不同语言进行相互链接，这也是 Python 被称为胶水语言的原因。
- 丰富的库：Python 具有大量可供选择的库，如我们在做数据分析时会用到的 NumPy 和 Pandas，机器学习用到的 Scikit-learn，深度学习用到的 TensorFlow 及用于 Web 开发的 Django，通过调用这些库可以极大减少我们的工作量，提高工作和开发的效率。
- 通用性：Python 可用于脚本语言、Web 开发、系统操作、数据分析、搭建模型等，所以通过 Python 就足以应对大多应用场景的需要。
- 跨平台性：Python 可以在 Windows、Linux 和 Mac 系统中无缝运行。

2.1.2　Python 的特性

前面提到了 Python 是一门解释型、面向对象的高级语言，那么什么是解释型，什么是高级语言呢？下面将针对这几个概念进行简单介绍。

首先，了解一下什么是高级语言。在计算机语言中有高级语言、汇编语言和机器语言之分，机器语言比较好理解，就是 0/1 组合的指令，机器语言可以由机器直接执行，但是它不便于阅读和编写，所以才有了汇编语言。汇编语言通过助记符对 0/1 的机器指令进行表示，用地址符号代替操作的地址,所以相比于机器语言其可读性更强。而在高级语言中,则是将汇编语言通过更简洁的语言进行再次封装,可以使得在程序开发时更简单便捷。常见的高级语言有Java、C、C++、C#、Pascal、Python等。它们之间的关系如图2.4所示。

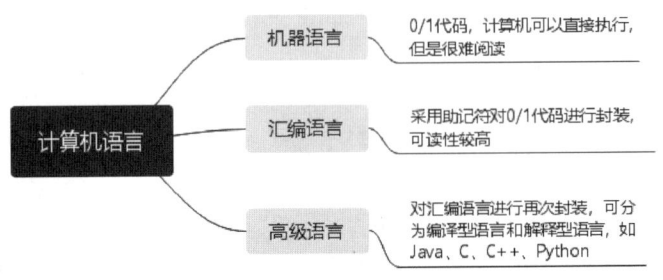

图2.4 计算机语言的分类

高级语言可以分为两种类型,一是编译型语言,代表性语言有C、C++、Pascal等;二是解释型语言,代表性语言有Python、Ruby、MATLAB等。此外,Java这门语言比较特殊,因为Java的代码需要编译,但是经过编译之后得到的.class字节码文件并不能直接运行,需要在Java虚拟机JVM中对字节码文件进行一行一行的解释,所以它既有编译的过程,又有解释的过程。因为计算机是不能够识别高级语言的,所以我们在运行高级语言时,就需要一个将高级语言转换成计算机能够识别的机器语言的过程,其中编译型语言中这个执行的过程称为编译,解释型语言中这个执行的过程称为解释。

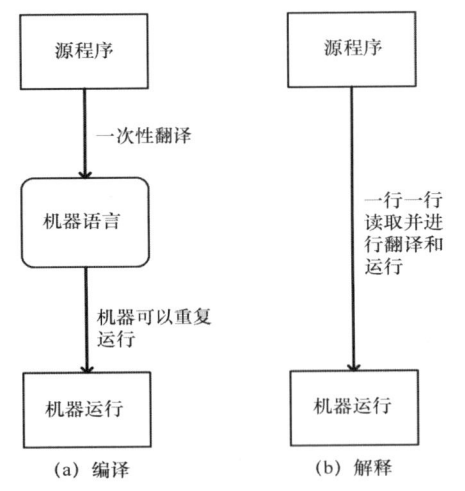

图2.5 将源程序进行翻译并让机器进行执行的过程

既然编译和解释都是将代码翻译为计算机可以执行的二进制机器码,那么它们转换的过程有什么不同呢?编译可以将高级语言编写的源程序进行一次性地翻译,并保存为二进制文件,计算机可以直接运行;而解释则是在读取程序时,一条条地将源程序读取并解释为机器语言来让计算机执行。它们将源程序进行翻译并让机器进行执行的过程如图2.5所示。编译的过程虽然多了一个将源程序生成二进制机器语言文件的步骤,但是得到的二进制文件可以直接被计算机重复执行,这样就可以一次翻译多次执行。而解释则需要每次运行时都重新翻译一遍,因此解释型语言的运行速度相对于编译型语言要慢。但是,编译型语言编译后生成的二进制文件通常无法直接在其他平台上运行,所以如果要跨平台运行,则需要在特定的平台上进行修改,并通过特定平台的编译器重新编译才行。而解释型语言跨平台比较容易实现，只需要提供特定平台的解释器即可直接被翻译成该平台的机器指令进行运行，所以解释型语言的移植性要高。

2.1.3 Python 版本的选择

目前，Python 已经推出了 Python 3.8 版本，而早期的 Python 2.x 版本于 2020 年 1 月 1 日停止更新，Python 2.7 版本是 Python 2.x 系列最后的版本，这同时意味着像 NumPy、Pandas 等 Python 常用的库也停止对 Python 2 版本的更新，所以之后我们将选择 Python 3.x 版本进行学习。

在今后的学习中，不免会遇到两种版本的 Python 代码，下面列举 Python 2 和 Python 3 版本中代码的几处不同。

1. print 函数

在 Python 2 中，在输出时，只需要直接通过 print 语句进行输出即可，而在 Python 3 中，需要通过 print() 函数的方式进行调用。

```
# Python 2 的输出形式
print "hello"

# Python 3 的输出形式
print("hello")
```

2. 除法运算

在 Python 2 中，整数之间相除的结果返回的是一个整数，小数部分直接被忽略掉，而在 Python 3 中，整数相除得到的小数部分会被保留。

```
# Python 2 的相除结果
>>> print 1 / 2
0

# Python 3 的相除结果
>>> print(1 / 2)
0.5
```

3. xrange() 内置函数

在 Python 2 中，经常会用到 xrange() 这个内置函数创建迭代对象，并通过一个 for 循环配合迭代，而在 Python 3 中，xrange() 函数被废弃，调用 xrange() 函数会报错，但是可以通过 range() 函数代替。

```
# Python 2 的 xrange() 函数的使用
>>> for data in xrange(8)
        print data
[0,1,2,3,4,5,6,7]
```

```
# Python 3 的 range() 函数的使用
>>> for data in range(8)
        print(data)
[0,1,2,3,4,5,6,7]
```

4. 编码方式的改变

在 Python 2 中，默认的编码方式是 ASCII 编码，由于 ASCII 无法对中文进行编码，所以通常在写代码时要在代码之前声明 #coding = utf-8，而在 Python 3 中，默认编码采用了 UTF-8 的编码方式，所以就不需要进行声明了。

5. 异常捕捉的方式改变

在 Python 2 中，捕获异常的语句是 except NameError error，而在 Python 3 中，稍微进行了修改，添加了一个 as 关键字，变为 except NameError as error。

虽然今后写代码都会通过 Python 3，但是也不免会遇到 Python 2 的代码，所以在以后写代码的过程中如果遇到 Python 2 的代码，就需要注意一下它们之间的区别。

 2.2 安装 Python 的发行版 Anaconda

在对 Python 有了初步了解之后，我们进入 Python 环境的搭建，这里将引入 Python 的发行版 Anaconda，由于 Anaconda 中集成了很多科学计算包和依赖项，所以在后面的学习过程中，我们会减少很多相关库的安装。

2.2.1 什么是 Python 的发行版

前面对 Python 的基本概念及优点进行了介绍，提到了 Python 的一大优点是具有丰富的库，可以极大提高开发效率。但是，我们在安装 Python 后，它除一些内置的模块和函数之外，其他的库并不存在，需要我们进行手动安装，而且十分耗费时间，在这种情况下 Python 的发行版便应运而生。接下来会用到的 Anaconda 和在最后章节通过 vn.py 进行实盘开发时会用到的 VN Studio，它们都属于 Python 的发行版。

Anaconda 是一个 Python 的发行版本，其中除 Python 之外，还包含了我们经常会用到的 NumPy、Pandas 等 180 多个相关库，为我们提供了极大的便利。由于其中包含了大量的库，所以其安装包要比 Python 大一些（大约 400MB 到 500MB）。

2.2.2　Anaconda 的下载与安装

下面以 Windows 上 Anaconda 的下载与安装为例进行介绍。

首先进入 Anaconda 的官网，如图 2.6 所示，可以看到当前最新的版本是 Python 3.7 版本，这也是我们今后将要学习的版本；然后查看自己的 Windows 操作系统是 32 位还是 64 位，并选择对应的版本进行安装（如果是 Linux 或 macOS，则可以通过上面的选项进入相应的下载页面）。

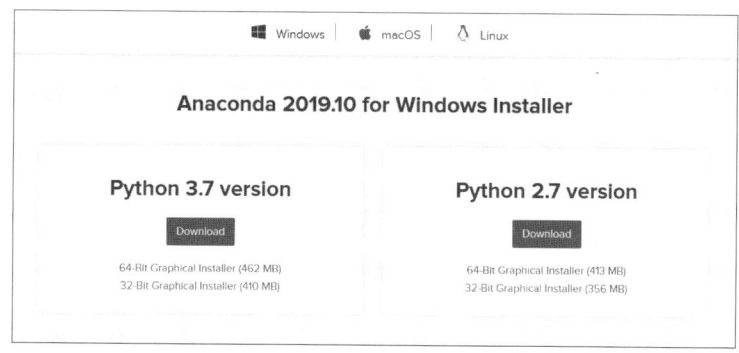

图 2.6　Anaconda 的下载页面

（1）下载完成后，运行安装程序，打开如图 2.7 所示界面，直接单击"Next"按钮进行安装。

（2）进入如图 2.8 所示界面，单击"I Agree"按钮接受协议。

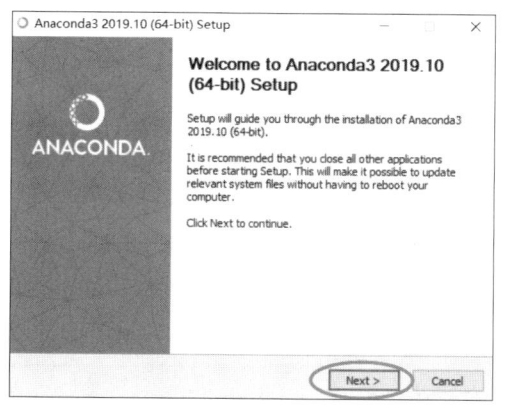

图 2.7　Anaconda 的安装步骤（一）

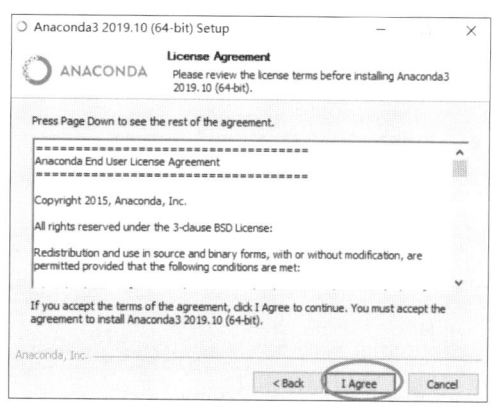

图 2.8　Anaconda 的安装步骤（二）

（3）设置权限。一般我们的计算机只是我们自己在用，不会涉及多个用户之间的权限划分的问题，所以直接按照默认的 Just Me 进行安装，如图 2.9 所示，单击"Next"按钮即可。

（4）选择安装位置。程序默认它会安装在 C:\ProgramData\Anaconda3 文件夹下，由于 Anaconda 占用空间比较大，并且在后面的学习过程中可能还需要安装其他的库，所以为了不占用太多 C 盘的空间，我们把它安装在其他的位置，如图 2.10 所示，继续单击"Next"按钮即可。

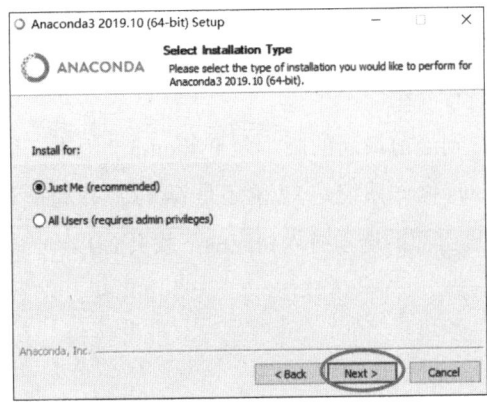
图2.9　Anaconda的安装步骤（三）

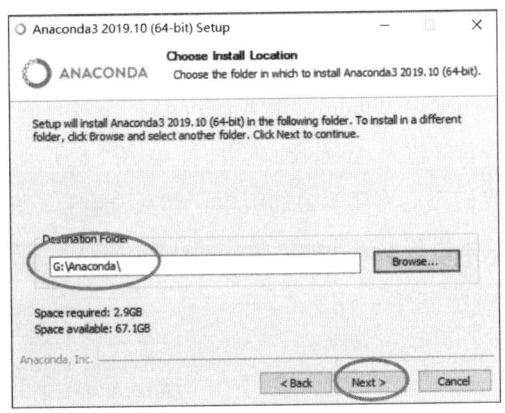
图2.10　Anaconda的安装步骤（四）

（5）如图2.11所示，我们需要设置一些安装的高级选项，从提示中可以看出，第一个选项是要求把Anaconda添加到环境变量中去，但是这样会和之前安装的Python或其他依赖Python的软件产生冲突，所以需要选择第二个选项；如果计算机没有安装过任何Python相关的软件，那么选择第一个选项也可以。然后直接单击"Install"按钮就可以开始安装了。

（6）接下来就进入了如图2.12所示的安装界面，这个安装过程可能需要花费一段时间，安装完成之后单击"Next"按钮即可。

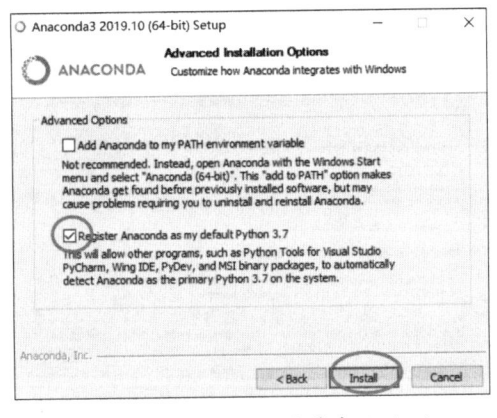
图2.11　Anaconda的安装步骤（五）

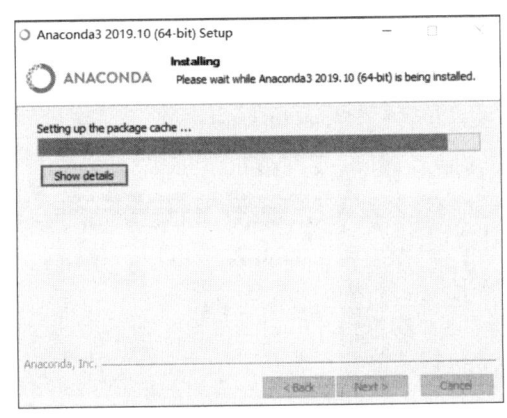
图2.12　Anaconda的安装步骤（六）

（7）进入如图2.13所示界面，提示Anaconda与PyCharm IDE可以提供强大的功能，因此后面我们也会对PyCharm IDE进行安装。现在接着进行Anaconda的安装，继续单击"Next"按钮进入下一步。

（8）进入如图2.14所示界面，取消选中两个复选框后直接单击"Finish"按钮，完成Anaconda的安装。

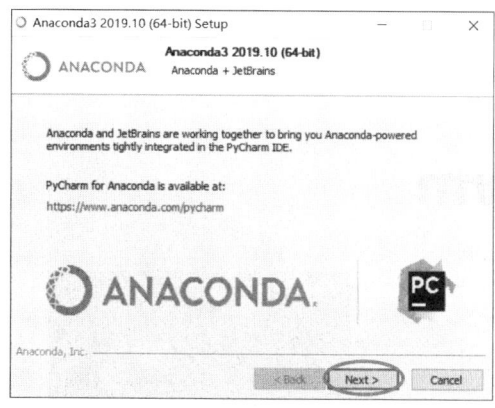

图 2.13　Anaconda 的安装步骤（七）

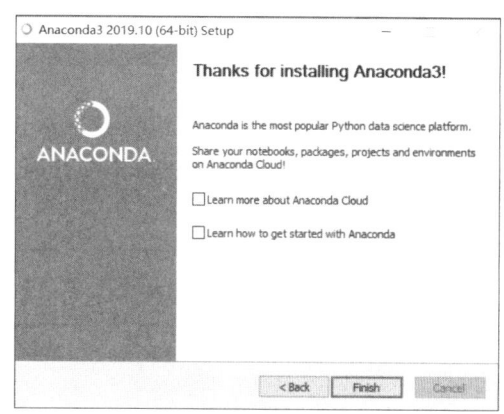

图 2.14　Anaconda 的安装步骤（八）

2.3　安装 Python IDE PyCharm

在完成了 Python 环境的搭建后，接下来需要安装 Python 的 IDE。

2.3.1　什么是 IDE

IDE 的全称是 Integrated Development Environment，中文意思是集成开发环境，其中包含了代码的编辑器、调试器、GUI 界面等，简单来说，就是一个写代码的软件。熟悉 Java 的读者可能用过 Eclipse 或 IntelliJ IDEA，熟悉 C 或 C++ 的读者可能知道 Visual Studio、Dev C++ 及 Code Blocks 等，这些软件和 PyCharm 一样都属于 IDE。

2.3.2　PyCharm 的下载与安装

PyCharm 作为一款 Python 的 IDE，具有很多优点，如项目管理、代码调试、自动导包、界面美观等，可以极大提高开发效率，因而它已经成为 Python 专业开发人员及 Python 学习者的有力工具。

接下来仍以 Windows 版本安装为例，读者可以直接在网上搜索资源或通过它的官网进行下载，下面以 PyCharm 官网的下载为例进行介绍。

首先进入 PyCharm 的官网，如图 2.15 所示，然后单击"DOWNLOAD"按钮进入下载页面。

图 2.15 PyCharm 的官网

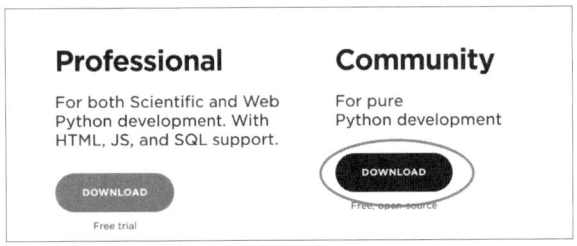

图 2.16 PyCharm 的下载页面

在 PyCharm 的下载页面中，选择 Windows 下的 PyCharm 的 Community（社区版）进行下载，如图 2.16 所示。如果有特殊要求，则可以选择 Professional（专业版），专业版有 30 天的试用期，到期之后需要购买。如果进行开发和学习，社区版就足以应对大多数场景。

下载完成之后，就可以对 PyCharm 进行安装。

（1）运行下载好的安装包，进入如图 2.17 所示界面，单击"Next"按钮进入下一步。

（2）选择 PyCharm 的安装路径，它的默认安装路径也是 C 盘，所以同样也可以在其他盘中创建一个空文件夹，然后把它安装在这个路径之下，如图 2.18 所示，之后再单击"Next"按钮进入下一步。

图 2.17 PyCharm 的安装步骤（一）

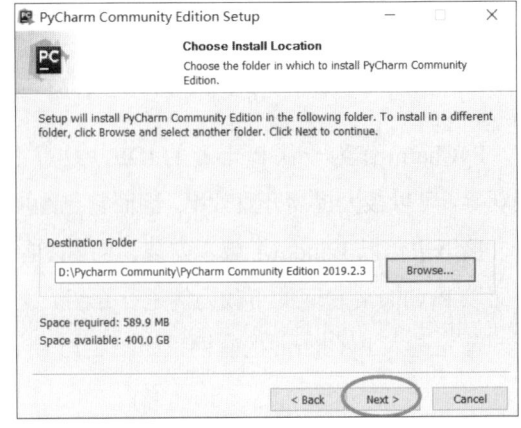

图 2.18 PyCharm 的安装步骤（二）

（3）安装选项，可以勾选创建桌面快捷方式的复选框，如图 2.19 所示，然后单击"Next"按钮进入下一步。

（4）选择快捷开始菜单，直接按照图 2.20 所示，单击"Install"按钮进入下一步即可。

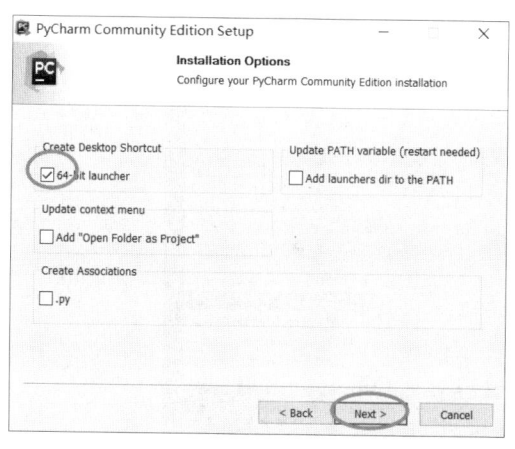

图 2.19　PyCharm 的安装步骤（三）

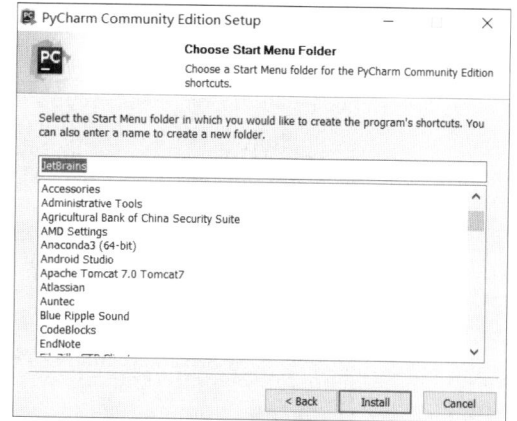

图 2.20　PyCharm 的安装步骤（四）

（5）接下来就进入了如图 2.21 所示的安装界面，这个安装过程可能需要花费一段时间，安装完成之后单击"Next"按钮即可。

（6）进入如图 2.22 所示界面，直接单击"Finish"按钮即可完成 PyCharm 的安装。

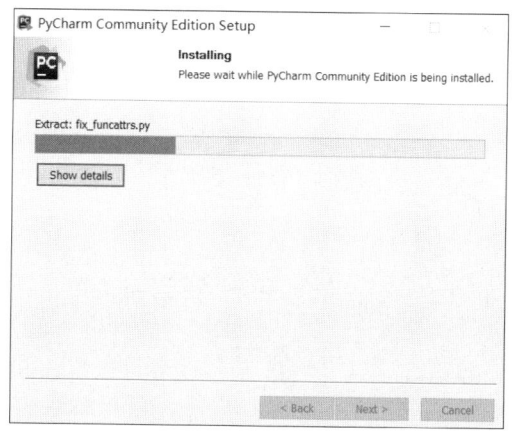

图 2.21　PyCharm 的安装步骤（五）

图 2.22　PyCharm 的安装步骤（六）

2.3.3　PyCharm 的项目配置与创建

安装完成后，需要对 PyCharm 进行基本的配置及项目的创建。首先双击打开桌面上的 PyCharm 程序，打开如图 2.23 所示界面，选择 PyCharm 的 UI 主题（左边黑色，右边白色），选好后直接单击"Next: Featured plugins"按钮即可。

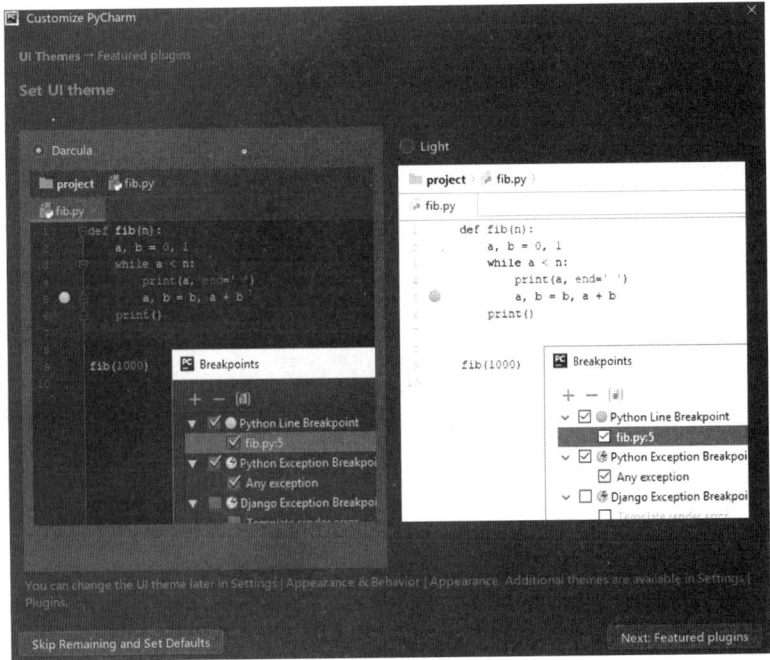

图 2.23　PyCharm 的配置步骤（一）

然后需要创建一个新的项目，单击图 2.24 中的"Create New Project"即可创建新项目。

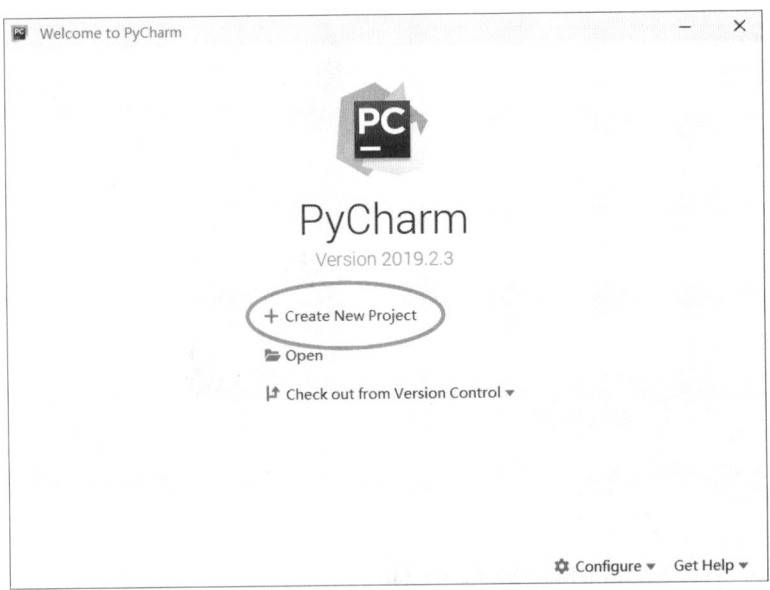

图 2.24　PyCharm 的配置步骤（二）

之后需要选择项目的路径和项目名称，这里可以创建一个名为 PycharmProjects 的文件夹，用于专门存储所有的 PyCharm 项目，然后在它的目录下创建子目录 quantTrading 作为这个项目的名称，如图 2.25 所示。

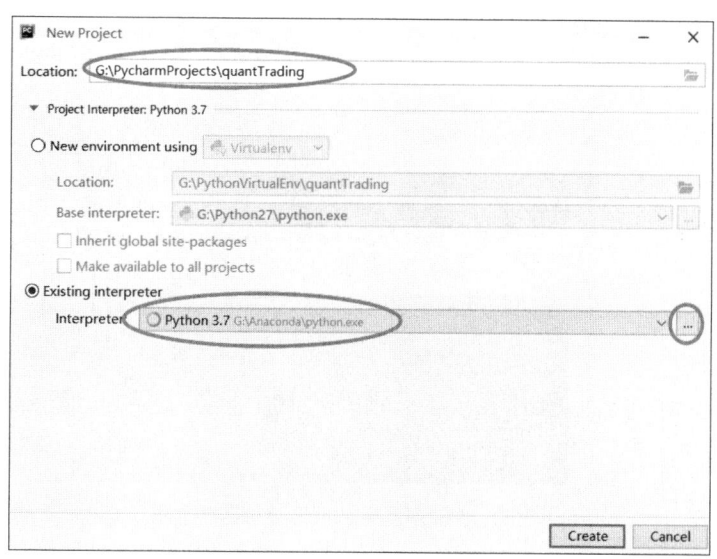

图 2.25　PyCharm 的配置步骤（三）

最后需要对 Python 解释器进行配置，单击"Existing interpreter"选项下的"…"按钮，然后选择"System Interpreter"选项，并将路径选为之前下载的 Anaconda 目录下的 python.exe，如图 2.26 所示，此时 Python 解释器已完成配置，单击"OK"按钮返回上一页面，再单击"Create"按钮就可以创建项目了。

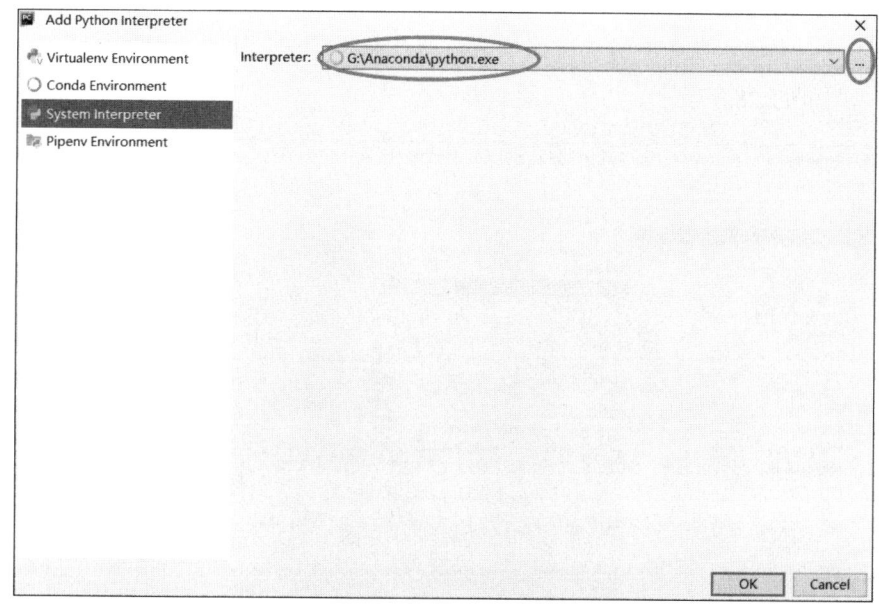

图 2.26　PyCharm 的配置步骤（四）

所有操作完成之后即可进入 PyCharm 的界面，刚进入时 PyCharm 会自动对 Anaconda 中相关的库进行索引，所以需要花费一段时间，进入后的界面如图 2.27 所示。

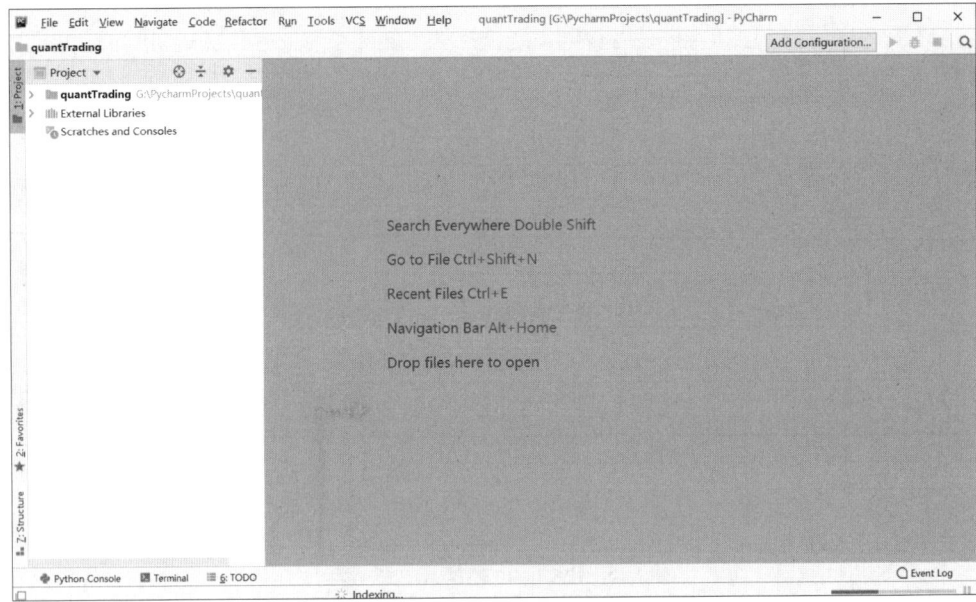

图 2.27　PyCharm 的配置步骤（五）

2.3.4　PyCharm 中代码的运行

在完成了 PyCharm 的配置及项目创建之后，我们就可以创建 Python 文件进行代码的编写了。首先右击项目名称，在弹出的快捷菜单中选择"New"下的"Python Package"选项创建一个包（Package），如图 2.28 所示。

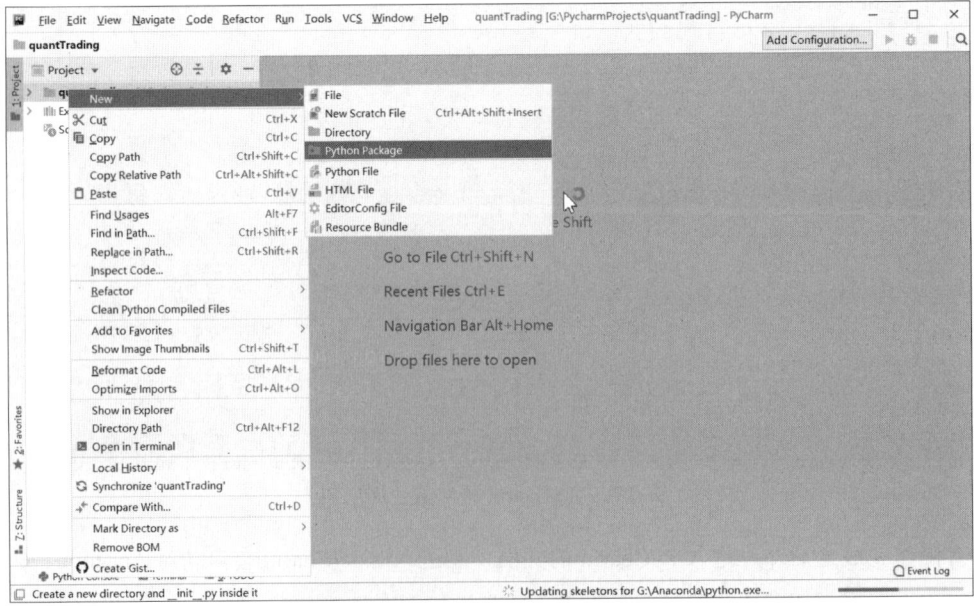

图 2.28　PyCharm 中包的创建

这里我们创建一个名为"first"的包，项目结构如图 2.29 所示。需要注意的是，在创建包之后，PyCharm 自动在这个包中创建了一个名为 __init__.py 的空文件。从整个项目的目录中就可以看出，一个包实际上就是一个文件夹，那么怎么区分空文件夹和包呢？其实就是通过这个 __init__.py 文件来区分的，如果没有这个文件，那么它就不会被识别为一个包，而是一个普通的文件夹。

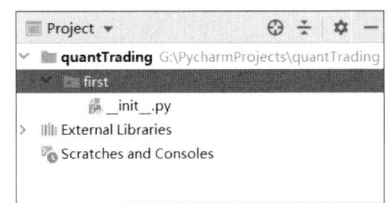

图 2.29　PyCharm 创建包后的结构

然后右击刚刚创建的包，在弹出的快捷菜单中选择"New"下的"Python File"选项，接着在弹出的窗口中输入这个 Python 文件的名称，如图 2.30 所示。

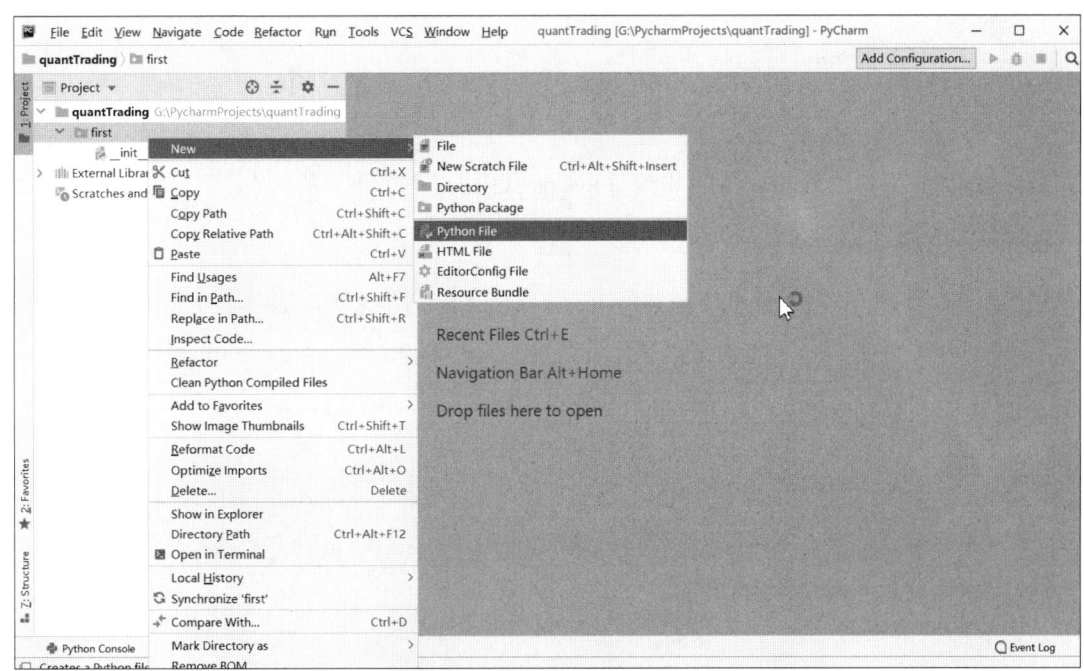

图 2.30　PyCharm 中 Python 文件的创建

这里以"hello"为名创建一个 Python 文件。从图 2.31 中可以看到，新建的 hello.py 文件和 __init__.py 文件都在包 first 下。

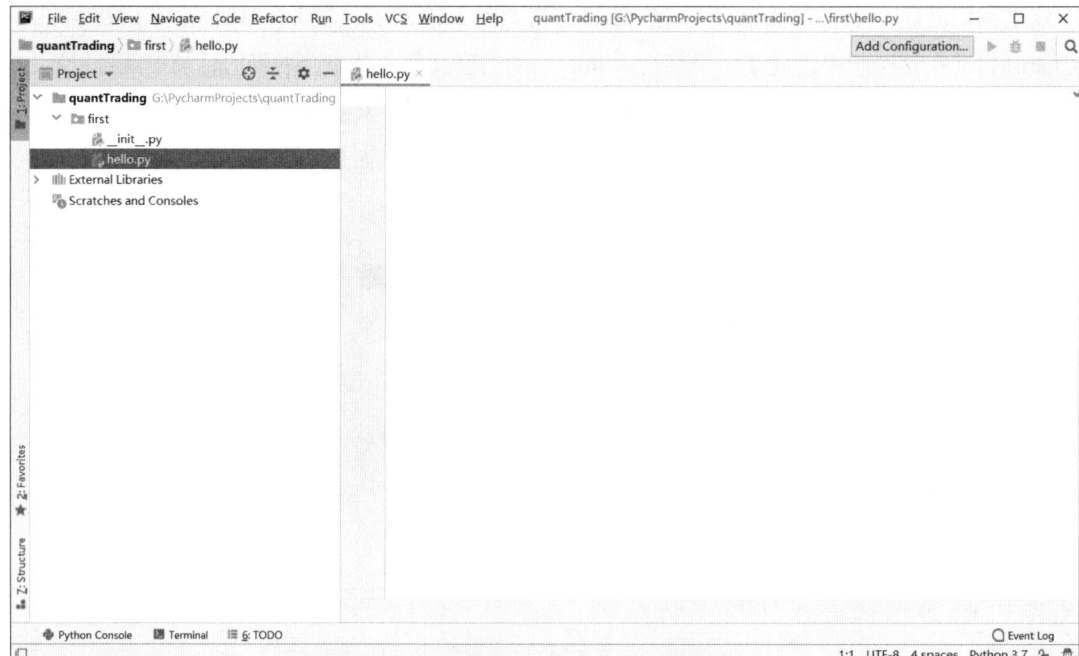

图 2.31　PyCharm 中创建的 Python 文件

最后就可以在新建的 hello.py 文件中编写 Python 代码了，输入下面的代码。

```
print("hello world")
```

在文件空白处右击，在弹出的快捷菜单中选择"Run 'hello'"选项，如图 2.32 所示。

图 2.32　PyCharm 中运行 Python 文件

随后界面底部的控制台就会对上面的代码结果进行输出，这样便完成了代码的运行，如图 2.33 所示。

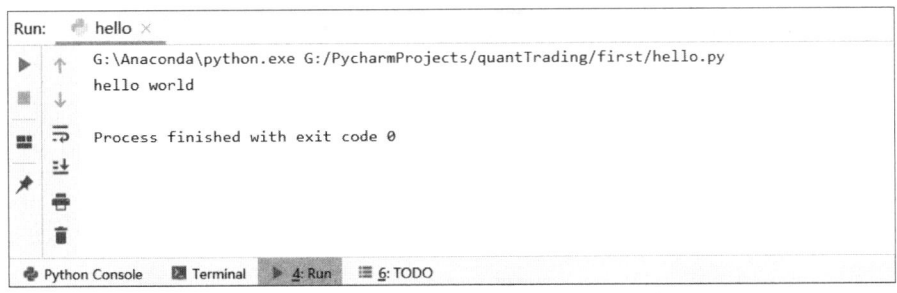

图 2.33 PyCharm 中控制台的输出结果

2.3.5 PyCharm 的常用设置

在成功运行代码之后，我们可以对 PyCharm 环境进行进一步的设置，并根据个人的习惯和喜好进行自定义，从而使得开发具有更高的效率。

1. 主题的设置

第一次打开 PyCharm 时会要求选择一个主题，在选择之后，也可以在后面进行修改，只需要在左上角的 File 中找到 Settings，如图 2.34 所示。

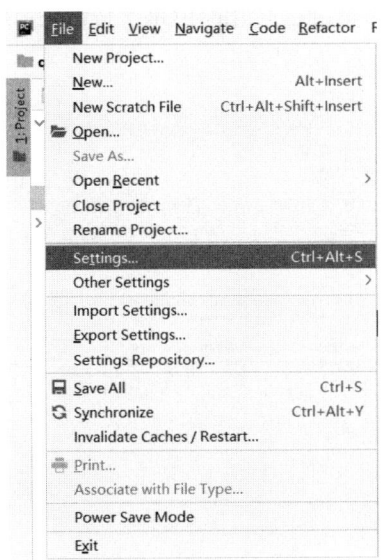

图 2.34 File 下的 Settings

然后在接下来的界面中找到 Appearance，其中有个 Theme 选项，如图 2.35 所示，我们可以通过 Theme 选项选择主题，另外，如果对英语熟悉，那么还可以进行其他功能的设置，完成之后单击右下角的"OK"按钮即可。

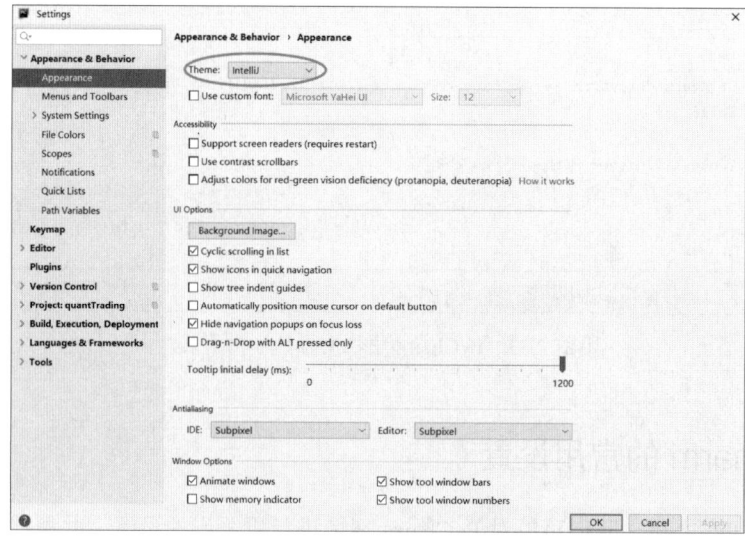

图 2.35　Settings 中主题的设置

2. 字体的设置

如果觉得默认的字体不合适，那么同样也可以在 Settings 中进行设置，设置的方式如图 2.36 所示，找到 Editor 下的 Font 选项，然后在接下来的界面中可以对字体（Font）、大小（Size）及行距（Line spacing）进行设置，完成设置之后单击右下角的"OK"按钮进行确认。

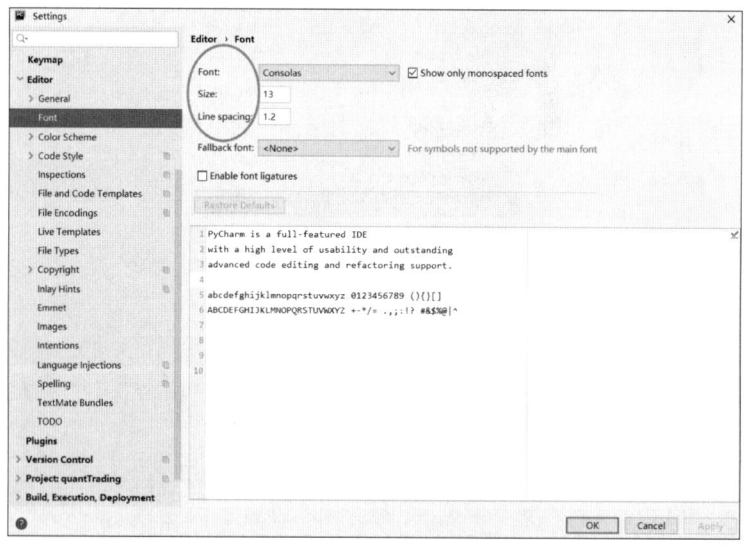

图 2.36　Settings 中字体的设置

3. 快捷键的设置

如果之前接触过其他的 IDE，如 Eclipse 等，那么可能会对 IDE 的一些快捷键比较熟悉。而在 PyCharm 中，我们同样也可以使用之前 IDE 的快捷键，操作方法也是同样进入 Settings 界面，找到 Keymap 选项，选择一个比较熟悉的 IDE 的快捷键，如图 2.37 所示。此外，也可以直接在下面的每个部分快捷键中进行单个操作的设置。

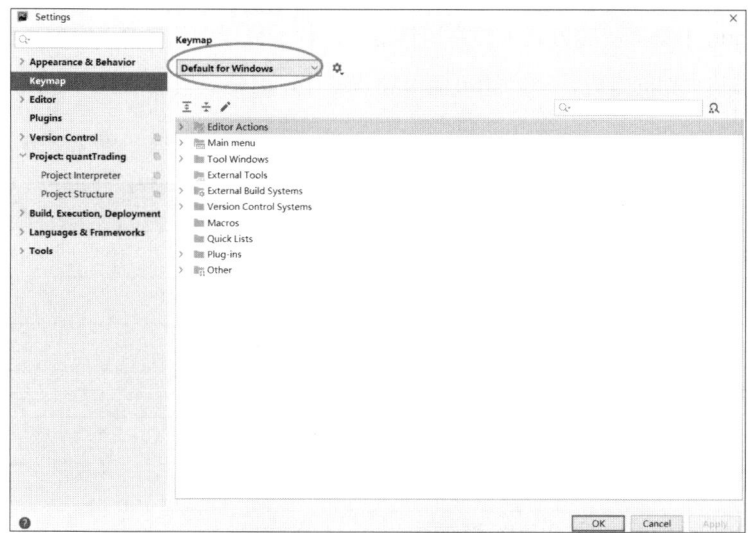

图 2.37　Settings 中快捷键的设置

4. Python 解释器的设置

如果需要对 Python 解释器的版本进行更换，那么同样也可以在 Settings 中进行设置，在 Project 下的 Project Interpreter 中进行选择即可，如图 2.38 所示。

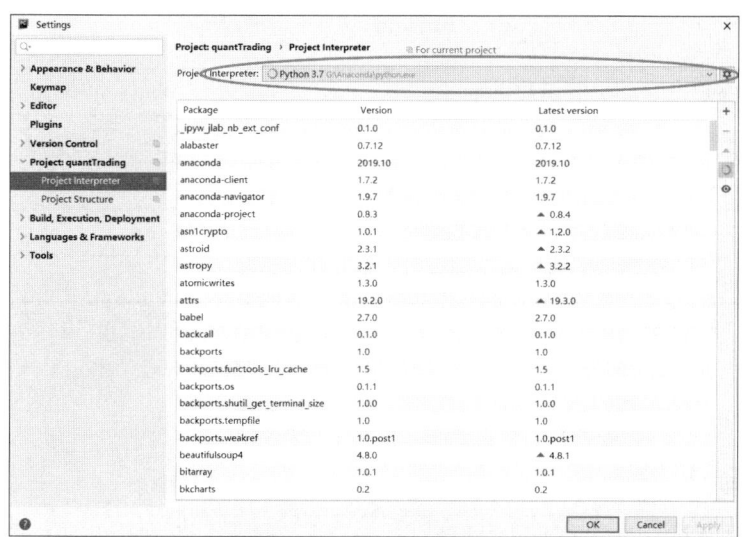

图 2.38　Settings 中 Python 解释器的设置

2.3.6　PyCharm 的常用快捷键

在进行开发时，快捷键的使用往往会极大提高我们写代码的速度，尤其是当我们对大量代码进行格式整理或批量操作时，手动操作会显得很麻烦，而通过快捷键则可以很方便地实现一键化操作，所以掌握常用快捷键的使用是很有必要的。

下面对 PyCharm 中默认快捷方式下的常用快捷键进行了整理，如表 2.1 所示。另外，快捷键的使用是一个逐渐熟悉和掌握的过程，一开始可能不容易记住，但是多用几次就可以熟练掌握了。

表 2.1　PyCharm 中常用的快捷键

快捷键	说明
Ctrl + Q	查看文档
Ctrl + Shift + Enter	语句完成，跳转到下一条语句
Ctrl + Alt + Space	代码提示
Ctrl + 悬浮 / 单击鼠标左键	查看源代码
Ctrl + /	行注释 / 取消行注释
Ctrl + Shift + /	代码块注释 / 取消代码块注释
Ctrl + Alt + L	代码格式化
Ctrl + Alt + I	自动缩进
Ctrl + C	代码复制
Ctrl + X	代码剪切
Ctrl + V	代码粘贴
Ctrl + Y	删除指定行
Ctrl + R	替换
Shift + Enter	另起一行
Shift + F10	代码运行
Shift + F9	代码调试
Ctrl + Shift + F12	最大化编辑界面
Ctrl + Shift + I	查看类、函数、包等的快速定义

2.4　本章小结

本章我们对 Python 这门语言有了初步的认识和了解，在本地进行了 Python 环境的配置并安装了 Python 的发行版 Anaconda，其中集成了很多常用的库，可以为我们以后的开发提供极大的便利。在搭建了 Python 的环境之后，我们还安装了 Python 的 IDE PyCharm，在对 PyCharm 进行项目创建和基本的设置之后，我们成功运行了第一行代码，这也标志着我们迈出了通过 Python 进行量化交易的第一步。在接下来的章节中，我们将开始 Python 在量化交易场景下基本知识的学习。

第 3 章

量化交易场景下 Python 基础知识的准备

在本章中,我们将开始进行 Python 基础知识的学习,不同于以往的 Python 基础知识的学习方式,我们将结合量化交易场景的应用来进行学习,从而可以更快地上手。

本章主要涉及的知识点

- 学习 Python 变量的使用。
- 学习 Python 的判断、循环等语句。
- 学习 Python 函数的使用。
- 了解 Python 中面向对象的应用。
- 学习 Python 中常用模块和模块的安装方式。

注意:本章内容将涉及 Python 中基础知识的学习,并且会结合量化交易场景的应用,所以如果之前没有接触过任何编程语言,就请认真学习吧。

3.1 Python 变量：金融数据的表示形式

在量化交易中，作为一切交易和分析基础的金融数据是在量化交易环节中最为重要的，而金融数据有不同的表现形式，如小数、整数、字符等，所以本节将首先用 Python 中的变量来表示金融数据。

3.1.1 Python 变量的命名规则

在 Python 中定义变量时需要遵守一些规则，否则会产生错误，并且良好的命名方式可以使代码更具有可读性，便于理解。所以，在进行编码时一定要遵守 Python 的命名规则，其规则主要如下。

- 变量名称可以包含字母、数字及下划线，但是数字不能作为变量名的开头，如 stock_1 是符合规则的变量名，但是 1_stock 则不符合规则。
- 系统的关键字和内置函数名不能作为变量名，系统常见的一些关键字和内置函数如表 3.1 所示，这些都不能作为变量名，关键字作为变量名会导致 Python 解释器报错，内置函数名作为变量名会导致该函数无法正常使用。
- Python 的变量名区分大小写，如 Name 和 name 是两个变量。

以上规则是必须要遵守的，除上面的规则之外，还有一些其他的命名要求，以下的命名要求如果不遵守虽然不会报错，但是它们是作为编码规范和提高代码可读性的要求，所以在平时的练习中也要尽量按照这些规范命名。

- 变量的命名要具有描述性，尽量做到顾名思义，如 price、number、volume。
- 类的命名首字母要大写，如 class Strategy，如果有多个单词，则可以采用驼峰式命名，如 class PairsTradingStrategy。
- 变量的命名应该尽量小写，如果有多个单词，则中间可以加入下划线来增加可读性，如 strategy_name、stock_name、close_price。
- 函数的命名同样遵循上面变量命名的规则，中间也可以加入下划线来增加可读性，如 calculate()、get_stocks()、get_history_price()。

表 3.1　Python 中常见的关键字和内置函数

关键字	FALSE	None	TRUE	and	as
	assert	break	class	continue	def
	del	elif	else	except	finally
	for	from	global	if	import
	in	is	lambda	nonlocal	not
	or	pass	raise	return	try
内置函数	abs()	delattr()	hash()	memoryview()	set()
	all()	dict()	help()	min()	setattr()
	any()	dir()	hex()	next()	slice()
	ascii()	divmod()	id()	object()	sorted()
	bin()	enumerate()	input()	oct()	staticmethod()
	bool()	eval()	int()	open()	str()
	breakpoint()	exec()	isinstance()	ord()	sum()
	bytearray()	filter()	issubclass()	pow()	super()
	bytes()	float()	iter()	print()	tuple()
	callable()	format()	len()	property()	type()
	chr()	frozenset()	list()	range()	vars()
	classmethod()	getattr()	locals()	repr()	zip()

3.1.2　数值类型变量

数值在金融或量化交易领域中是最常见的数据表现形式，Python 中数值型变量主要有四种，分别如下。

- int：整型变量，也就是最常见的整数，如 0、1、3000 等。
- float：浮点型变量，也就是带有小数的数值，如 3.14、100.0、5.67 等。
- long：长整型变量，可以存储比 int 类型变量更大的数值，但是在 Python 3.x 版本中被移除，使用 int 代替。
- complex：复数型变量，由实数部分和虚数部分组成，如 1+2j 可通过 complex(1, 2) 来表示。

Python 中变量在创建时不需要进行数据类型的声明，在指定一个数值后，这个变量的数据类型就被确定了，判断变量的数据类型可以通过 Python 中的内置函数 type() 进行查看。

```python
# 定义收盘价
close_price = 5.89
# 定义成交量
volume = 1000
# 分别输出它们的数据类型
print(type(close_price))
print(type(volume))
```

输出结果如下。

```
<class 'float'>
<class 'int'>
```

在金融相关的计算过程中，用到的数据一般都是整型或浮点型，如股票的交易一般是以 100 股为单位的，所以可以用整型变量表示。股票、期货等价格的表现形式一般都是有小数位的，所以要用浮点型变量表示。如果以整型变量来表示浮点型变量就会失去小数位，造成极大的影响，所以对于数据类型的学习，尤其是在对数据精确度要求很高的金融数据中是很有必要的。

3.1.3 布尔类型变量

布尔类型同样也是基本数据类型之一，它只有两个值：True 和 False，分别表示真和假。在 Python 中，布尔类型是整型的子类，也就是说，布尔类型的变量也是一种特殊的数字，其中 True 代表 1，False 代表 0。布尔类型变量通常与流程控制或条件判断结合使用，在后面的章节中将会进行学习。

下面是一个关于布尔类型变量的使用的例子，首先定义两个价格变量，一个代表当前价位 current_price，另一个代表目标价位 target_price，这样再通过一个 trade 变量来表示目标价位和当前价位之间的关系判断的结果（假或真）。

```python
# 定义当前价位
current_price = 5.8
# 定义目标价位
target_price = 6.0
trade = target_price > current_price
# 输出结果
print(trade)  # 结果为True
```

除 False 的布尔值是假之外，还有 0 和取值为空的数据类型（如空字符串 "" 或 '，空的列表、字典或集合及 None 类型），其他的数据的结果都是 True。判断一个变量的布尔值可以通过 Python 中的内置函数 bool() 进行查看，如下例中的代码，最后输出的结果都是 False。

```python
# 定义一个空的字典
var1 = {}
print(bool(var1))
# 定义一个空的列表
var2 = []
print(bool(var2))
# 定义一个空的元组
var3 = ()
print(bool(var3))
# 定义一个 None 类型
var4 = None
print(bool(var4))
# 定义一个空字符串
var5 = ''
print(bool(var5))
# 定义一个数值 0
var6 = 0
print(bool(var6))
```

3.1.4 字符串类型变量

在金融和量化交易领域中，有些数据无法用数值或布尔类型变量进行表示，如股票的名称、证券所的名称及策略名称等，这时可以通过字符串类型变量进行表示。Python 中字符串类型变量实际上是一串字符的组合，用来表示文本数据，可以用单引号""或双引号""""表示字符串，代码如下。

```python
# 定义一个字符串用来表示股票代码
stock_id = 'sh000001'
# 定义一个字符串用来表示证券所
exchange_name = 'SHFE'
# 定义一个字符串用来表示策略名称
strategy_name = '双均线策略'
```

由于字符串是由单个字符组合的数组组成的，所以可以通过索引取出其中的部分字符，这里需要注意的是，字符串中每个字符的索引是从 0 开始的，如图 3.1 所示。

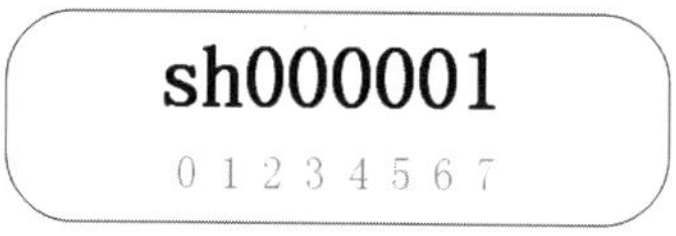

索引是通过英文输入的方括号"[]"进行操作的，代码如下。

图 3.1 字符串的正向索引

```python
# 定义一个字符串用来表示股票代码
stock_id = 'sh000001'
# 从索引 2 的位置向后截取（包括位置 2）
stock_num = stock_id[2:]
print(stock_num)
```

```
# 从索引 0 的位置到 2 的位置进行截取（不包括位置 2）
stock_name = stock_id[0:2]
print(stock_name)
```

需要注意的是，在进行索引时，索引的开始位置是包括在内的，而结束位置是不包括的，所以像 [0:2] 实际上包含的是第 0、1 位置的字符，第 2 位置的字符是不包括在内的，所以输出结果如下。

```
000001
sh
```

除从前向后的方式进行索引之外，也可以从后向前进行索引，只不过它们的索引位置要进行改变，如图 3.2 所示。

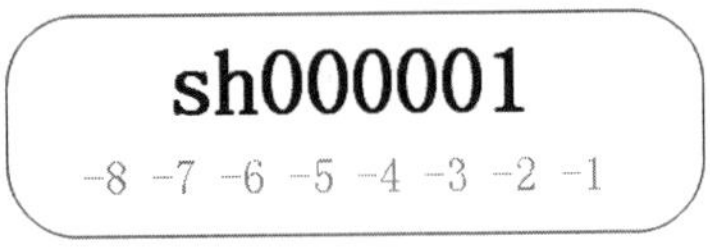

在进行字符串的反向索引时，最后面的字符的索引位置是 –1，为了得到和上面一样的输出结果，我们可以这样写：

图 3.2 字符串的反向索引

```
# 定义一个字符串用来表示股票代码
stock_id = 'sh000001'
# 从索引 -6 的位置向后截取（包括位置 -6）
stock_num = stock_id[-6:]
print(stock_num)
# 从索引 -8 的位置到 -6 的位置进行截取（不包括位置 -6）
stock_name = stock_id[-8:-6]
print(stock_name)
```

在进行反向索引时，索引的开始位置也是包括在内的，而结束位置是不包括的。在后面的列表或数组内容中，同样也会运用到索引。因此，在后面的章节中会进一步对不同数据类型的索引方式进行讲解。

除索引之外，字符串内还有很多内置函数可以直接调用，用来对字符串进行处理，下面就以其中几个常见的函数为例进行讲解。

1. 字符查找函数 str.find()

如果想要查看一个字符串中是否包含了某个子字符，则可以使用 find() 函数。如果包含，就返回这个子字符串索引的开始位置，否则就返回 –1。

```
# 定义一个字符串用来表示股票代码
stock_id = 'sh000001'
# 查看是否包含 01 子字符串
print(stock_id.find('01'))  # 输出结果是 01 子字符串的开始位置 6
```

2. 字符替换函数 str.replace()

如果想要替换一个字符串中某个子字符串，则可以使用 replace() 函数。这个函数的输出结果就是替换后的字符串。

```
# 定义一个字符串用来表示股票代码
stock_id = 'sh000001'
# 替换 01 子字符串
print(stock_id.replace('01', '02'))  # 输出结果是 sh000002
```

3. 字符删除函数 str.strip ()

如果想要删除一个字符串中包含的某个子字符串，则可以使用 strip() 函数。这个函数的输出结果就是删除后的字符串。

```
# 定义一个字符串用来表示股票代码
stock_id = 'sh000001'
# 删除 sh 子字符串
print(stock_id.strip('sh'))  # 输出结果是 000001
```

如果调用 strip() 函数时没有传入任何参数，那么这个函数的作用就是删除字符串中开头的空格、结尾的空格和换行（\n，后面会讲解换行转义字符）。

```
# 定义一个字符串
name = '  hello  world  \n'
# 删除开头的空格、结尾的空格和换行
print(name.strip())  # 输出结果是 hello  world
```

4. 字符连接函数 str.join()

在用一个列表时，如果想把这个列表中每个元素中间用一个字符进行连接，然后拼成一个字符串，那么就可以通过 join() 函数来实现这个功能。这个函数的输出结果就是连接后组成的字符串。

```
# 定义一个列表
stock_list = ['sh000001', 'sh000002', 'sh000003']
# 用空格将上面列表中的元素连接起来
print(' '.join(stock_list))  # 输出结果是 sh000001 sh000002 sh000003
```

5. 字符统计函数 str.count()

如果需要计算一个字符串中包含某个子字符串的个数，则可以使用 count() 函数。这个函数的输出结果就是子字符串的个数。

```
# 定义一个字符串
stock_id = 'sh000001'
# 计算子字符串出现的次数
print(stock_id.count('0'))  # 输出的结果是 5
```

除上面介绍的几个常用的函数之外，还有很多其他的内置函数，大家可以在使用时自己进行探索。

最后再对一类特殊的字符串进行介绍，它们就是转义字符。转义字符通常是以反斜杠"\"加一个字符组成，当我们需要输出一些特殊字符或实现某个功能时就需要用到转义字符，如前面提到的换行字符"\n"就可以实现换行的功能。Python 中常见的转义字符如表 3.2 所示。

表 3.2　Python 中常见的转义字符

转义字符	说明
\	续行符，一般用在代码结尾表示续行
\\	反斜杠符号，表示输出一个反斜杠符号
\n	换行符，表示换行
\'	单引号，表示输出一个单引号
\"	双引号，表示输出一个双引号
\t	制表符，表示输出一个制表符
\r	回车符，表示输出一个回车

注意：Python 中单引号和双引号都是英文输入法下输出的，使用中文输入法下输出的单引号或双引号会报错。

3.1.5　列表类型变量

当我们不断从交易所接收新的价格数据时，首先需要存储它们，然后才能利用它们计算各种数据指标或进行分析，接下来就可以通过列表类型变量进行数据存储了。

列表（list）是使用最为频繁的数据类型之一。它是一个很多元素组合的集合，其中的元素可以是数值类型、字符串、列表（列表的嵌套），甚至是不同数据类型的元素（但是我们一般不会这么做，这样会造成元素的混乱）。前面也对列表有了初步的认识，列表是通过方括号"[]"（英文输入下的方括号）进行创建的，每个元素之间只能由逗号隔开，如下面的示例。

```
# 定义一个列表表示价格序列
price_list = [5.81, 5.82, 5.84, 5.88, 5.60, 5.89, 5.86]
# 定义一个列表表示股票代码列表
stock_list = ['sh000001', 'sh000002', 'sh000003', 'sh000004']
# 定义一个列表表示时间
datetime_list = ['2019/10/01', '2019/10/02', '2019/10/03', '2019/10/04']
```

列表的索引方式和字符串的索引方式类似，正向索引从 0 开始，反向索引从 –1 开始。假设列表中元素的个数是 n 个，那么它的正向索引就是从 0 到 $n-1$，反向索引从 $-n$ 到 -1，如图 3.3 所示。索引方式的代码如下。

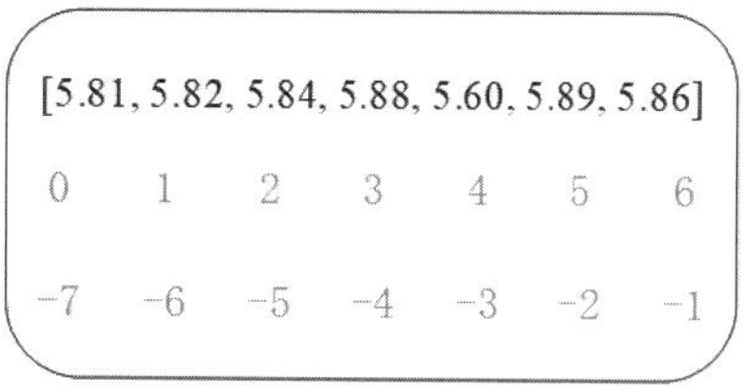

图 3.3　列表的索引

```
# 定义一个列表表示价格序列
price_list = [5.81, 5.82, 5.84, 5.88, 5.60, 5.89, 5.86]
# 索引位置 2 到 5 之间的数据（不包括位置 5）
print(price_list[2:5])
# 索引位置 2 到结尾的数据
print(price_list[2:])
# 索引位置 -4 到结尾（包括位置 -4）
print(price_list[-4:])
# 索引位置 -6 到 -4（不包括位置 -4）
print(price_list[-6:-4])
# 输出结果
>> [5.84, 5.88, 5.60]
>> [5.84, 5.88, 5.60, 5.89, 5.86]
>> [5.88, 5.60, 5.89, 5.86]
>> [5.82, 5.84]
```

列表也有很多内置函数可以直接调用，用于实现对其中元素的操作，下面对几个常见的函数进行介绍。

1. 追加元素函数 append()

如果需要向一个列表添加元素，则可以使用 append() 函数，这个函数也是列表操作常用的函数之一。

```
# 定义一个列表表示价格序列
price_list = [5.81, 5.82, 5.84, 5.88, 5.60, 5.89, 5.86]
# 追加数据
price_list.append(5.89)
# 输出追加数据之后的列表
print(price_list)
# 输出结果是 [5.81, 5.82, 5.84, 5.88, 5.60, 5.89, 5.86, 5.89]
```

需要注意的是，通过列表的 append() 函数追加新元素时，是在原列表的基础上进行的，也就是说，它直接对原列表进行修改，所以它是没有返回值的。

通过 append() 函数不仅可以追加元素，还可以追加列表，这样就是列表的嵌套。例如，在股票市场中每个 K 线都是由开盘价、最高价、最低价和收盘价四个价位表示的，所以可以将四个价位组成的列表追加到一个存放高开低收的列表中。

```python
# 定义一个空的列表存放高开低收列表
ohlc_list = []
# 追加一个K线中的四个价位
ohlc_list.append([5.81, 5.88, 5.77, 5.84])
# 追加一个K线中的四个价位
ohlc_list.append([5.82, 5.89, 5.80, 5.83])
# 输出结果
print(ohlc_list)
# 输出结果是 [[5.81, 5.88, 5.77, 5.84], [5.82, 5.89, 5.80, 5.83]]
```

2. 插入元素函数 insert()

append() 函数是对列表从末尾进行追加,如果想要在列表中的指定位置追加元素,则可以使用 insert() 函数。insert() 函数需要传入两个参数,一个是要插入的位置,另一个是要插入的元素。

```python
# 定义一个列表表示价格序列
price_list = [5.81, 5.82, 5.84, 5.88, 5.60, 5.89, 5.86]
# 在位置3处插入新的元素
price_list.insert(3, 5.90)
# 输出结果
print(price_list)
# 输出结果是 [5.81, 5.82, 5.84, 5.90, 5.88, 5.60, 5.89, 5.86]
```

同 append() 函数一样,insert() 函数也是在原列表的基础上直接进行修改的,所以它也是没有返回值的。

3. 删除元素函数 remove() 和 pop()

前面介绍的函数都是对元素进行添加,下面这两个函数都是对元素进行删除。如果需要删除一个列表中指定的元素,则可以使用 remove() 函数,只需要传入要删除的元素即可。

```python
# 定义一个列表表示价格序列
price_list = [5.81, 5.82, 5.84, 5.88, 5.60, 5.89, 5.86]
# 删除元素5.81
price_list.remove(5.81)
# 输出结果
print(price_list)
# 输出结果是 [5.82, 5.84, 5.88, 5.60, 5.89, 5.86]
```

如果需要删除指定位置的元素,则可以使用 pop() 函数。pop() 函数可以传入待删除元素的位置作为参数。另外,pop() 函数如果没有传入参数,那么默认是删除最后加入的元素。

```python
# 定义一个列表表示价格序列
price_list = [5.81, 5.82, 5.84, 5.88, 5.60, 5.89, 5.86]
# 删除位置1的元素
price_list.pop(1)
```

```
# 输出结果
print(price_list)
# 输出结果是 [5.81, 5.84, 5.88, 5.60, 5.89, 5.86]

# 定义一个列表表示价格序列
price_list = [5.81, 5.82, 5.84, 5.88, 5.60, 5.89, 5.86]
# 删除最后加入的元素
price_list.pop()
# 输出结果
print(price_list)
# 输出结果是 [5.81, 5.82, 5.84, 5.88, 5.60, 5.89]
```

4. 元素排序函数 sort()

如果需要对列表中的元素进行排序,则可以使用 sort() 函数,只不过需要传入一个参数 reverse 来表示正向还是逆向排序,reverse 传入的值是布尔值 True 或 False。

```
# 定义一个列表表示价格序列
price_list = [5.81, 5.82, 5.84, 5.88, 5.60, 5.89, 5.86]
# 列表正序排序
price_list.sort(reverse=False)
# 输出排序后的结果
print(price_list)
# 输出结果是 [5.60, 5.81, 5.82, 5.84, 5.86, 5.88, 5.89]

# 定义一个列表表示价格序列
price_list = [5.81, 5.82, 5.84, 5.88, 5.60, 5.89, 5.86]
# 列表逆序排序
price_list.sort(reverse=True)
# 输出排序后的结果
print(price_list)
# 输出结果是 [5.89, 5.88, 5.86, 5.84, 5.82, 5.81, 5.60]
```

除上面介绍的几个常用函数之外,列表中还有很多功能丰富的内置函数,大家可以在今后的学习和使用中进行探索。下面再对列表的一个常见操作,也就是遍历进行介绍。

在量化交易的过程中有一个很重要的过程就是通过历史数据对策略进行回测,而回测的过程实际上就是对历史数据进行遍历,列表进行遍历时通常会和 for 循环搭配使用,后面的章节也会对 for 循环进行更深入的学习。

```
# 定义一个列表表示价格序列
price_list = [5.81, 5.82, 5.84, 5.88, 5.60, 5.89, 5.86]
# 遍历列表
for price in price_list:
    # 分别输出每个价格
    print(' 当前的价格是 ', price)
```

输出结果如下。

```
当前的价格是 5.81
当前的价格是 5.82
当前的价格是 5.84
当前的价格是 5.88
当前的价格是 5.60
当前的价格是 5.89
当前的价格是 5.86
```

学习完后面的内容，上面 for 循环配合列表的遍历过程中的输出操作就可以被一些其他的操作所代替，如把当前的价格输入我们的模型中进行预测，或者根据当前价格做出交易决策等。

3.1.6 元组类型变量

元组（tuple）也是 Python 中的基本数据结构，同列表一样，它的作用也是用于存储数据，只不过列表中的元素是可以进行追加、删除等操作的，但是元组一经创建，便无法对其中的元素进行任何修改。另外，元组中的元素也可以是不同的数据元素。

元组是通过圆括号 "()" 进行创建的，需要注意的是，圆括号也是一种运算符，所以为了区分元组中只有一个元素和圆括号运算符之间的区别时，需要在只有一个元素的元组中的元素后加一个逗号，如下面的创建方式。

```
# 定义一个元组
data = ('strategy_parameter', 100.0, 20)
# 只有一个元素的元组
one_data = (100,)
```

元组的索引方式和列表是一样的，同样也是通过方括号进行索引。

```
# 定义一个元组
data = ('strategy_parameter', 100.0, 20, 'others', 500)

# 元组的索引
print(data[0])      # 输出结果是 strategy_parameter
print(data[:3])     # 输出结果是 ('strategy_parameter', 100.0, 20)
print(data[1:4])    # 输出结果是 (100.0, 20, 'others')
```

由于元组具有一旦创建就无法修改的特点，因此如果对已经创建的元组进行修改，那么程序就会报错。

```
# 定义一个元组
data = ('strategy_parameter', 100.0, 20, 'others', 500)
```

```
# 下面的操作都是错误的
data[0] = 'strategy'
data[1] = 200.0
```

正是由于元组具有这样的特点，所以我们在进行开发时，遇到一些需要设置为不能修改的数据，如一些策略的超参数等，可以通过元组对这些数据进行存储。

3.1.7 集合类型变量

当我们需要判断一组数据中一共有哪几种数据时，如获取一段时间内股市中涨停的股票有哪些（一段时间内同一只股票可能会多次涨停，而我们只需要知道涨停过的股票名称就可以了），就可以通过下面介绍的另外一种容器——集合（set）来解决，它是一种存放不重复元素的数据类型，并且集合中的元素都是无序的。

集合是通过大括号"{}"或通过内置函数 set() 传入一个列表进行创建的。

```
# 通过大括号定义集合
stock_set = {'600286', '600287', '600288', '600289'}
# 通过 set 函数定义集合
stock_set = set(['600286', '600287', '600288', '600289'])
```

正是由于集合具有存放不重复元素的特点，所以可以通过集合对列表中的元素进行去重，代码如下。

```
# 定义一个列表
stock_list = ['600286', '600287', '600288', '600289', '600288', '600286']
# 通过大括号定义集合
stock_set = set(stock_list)
# 输出结果
print(stock_set)   # 输出结果是 {'600289', '600287', '600288', '600286'}
```

对集合添加新的变量是通过 add() 函数来实现的，由于集合是无序的，所以添加进去的元素在集合中没有先后顺序之分。

```
# 通过大括号定义集合
stock_set = {'600286', '600287', '600288', '600289'}
# 添加元素
stock_set.add('600300')
# 输出结果
print(stock_set)
```

集合还有一个函数是 update()，它的作用也是向集合中添加新的元素，但如果元素是可迭代的，包括字符串、列表、元组等，它就会先对这些元素进行迭代，然后再通过集合对元素进行去重并添加。

```python
# 通过大括号定义集合
stock_set = {'600286', '600287', '600288', '600289'}
# 添加元素
stock_set.update('sh000001')
# 输出结果
print(stock_set)
# 输出结果是 {'600287', '1', 's', '600286', '600289', '600288', '0', 'h'}

# 通过大括号定义集合
stock_set = {'600286', '600287', '600288', '600289'}
# 添加元素
stock_set.update([5.65, 5.88, 5.88])
# 输出结果
print(stock_set)
# 输出结果是 {'600287', 5.65, 5.88, '600286', '600289', '600288'}
```

如果想对集合中的元素进行删除，则可以使用 remove() 函数、pop() 函数或 clear() 函数。它们之间的区别是，remove() 函数是删除一个指定的值，如果没有就会报错；pop() 函数是随机删除一个元素；clear() 函数则是对整个集合进行清空。

```python
# 通过大括号定义集合
stock_set = {'600286', '600287', '600288', '600289'}
# 用 remove() 函数进行删除
stock_set.remove('600286')
# 输出结果
print(stock_set)    # 输出结果是 {'600287', '600289', '600288'}

# 通过大括号定义集合
stock_set = {'600286', '600287', '600288', '600289'}
# 用 pop() 函数进行删除
stock_set.pop()
# 输出结果
print(stock_set)    # 输出结果是 {'600286', '600289', '600288'}，结果不唯一

# 通过大括号定义集合
stock_set = {'600286', '600287', '600288', '600289'}
# 用 clear() 函数进行删除
stock_set.clear()
# 输出结果
print(stock_set)    # 输出结果是 set()
```

3.1.8 字典类型变量

前面介绍的数据类型如列表、元组在索引数据时都是通过下标的方式进行索引的，通过数字

索引的方式，尤其是在进行遍历时，是非常方便的。但是，有时我们需要通过一种键（key）和值（value）的关系对数据进行索引，这里的键可能是字符串的形式，或者数字的形式。因此，通过列表或元组是无法实现的，而字典（dict）则可以实现上面所说的功能。字典也是 Python 中一个常用的数据类型，它通过键值对的形式对数据进行存储，不同于列表按照顺序存储的方式。因此，字典中数据存放的方式和集合一样，也是无序的。

字典的创建是通过大括号"{}"进行的，其中每个元素是以 key:value 的形式存放。

```
# 定义一个字典
stock_price = {'stock_A':5.8, 'stock_B':5.9, 'stock_C':6.8, 'stock_D':4.9}
```

对字典中的元素进行索引时也是通过方括号"[]"，传入的参数是要取出的元素的键。

```
# 定义一个字典
stock_price = {'stock_A':5.8, 'stock_B':5.9, 'stock_C':6.8, 'stock_D':4.9}
# 输出结果
print(stock_price['stock_A'])
print(stock_price['stock_B'])
```

从上面的例子中可以看出，列表或元组是以下标的形式对数据进行索引，而字典是以键的形式对数据进行索引。二者的区别就是，在列表或元组中已经事先对数据的键进行了定义，而在字典中，我们可以自定义数据的键，可以是数字也可以是字符串，因此使得数据索引更具有实际意义。

字典中的元素不是有序存放的，所以字典的遍历不同于前面有序数据类型的遍历方式。但是，字典是以键的方式进行索引，因此可以先取出字典中所有的键，然后通过取出的键来索引其对应的值，代码如下。

```
# 定义一个字典
stock_price = {0:5.8, 'stock_B':5.9, 'stock_C':6.8, 'stock_D':4.9}
# 遍历字典
for key in stock_price.keys():
    print(stock_price[key])
```

输出结果如下。

```
5.8
5.9
6.8
4.9
```

上面代码调用了字典中的一个函数 keys()，它的作用是返回这个字典中所有的键，得到的结果是一个集合，然后从这个集合中分别取出每个键，从而可以索引这个键所对应的值。但是，如果以 key:value 键值对的形式取出每个元素该怎么做呢？可以使用字典中的另一个函数 items()，使用 items() 函数得到的每一项都是一个元组，元组中有两个元素，分别是 key 和 value。

```python
# 定义一个字典
stock_price = {'stock_A':5.8, 'stock_B':5.9, 'stock_C':6.8, 'stock_D':4.9}
# 遍历字典
for item in stock_price.items():
    print(item)
```

输出结果如下。

```
('stock_A', 5.8)
('stock_B', 5.9)
('stock_C', 6.8)
('stock_D', 4.9)
```

3.1.9 数据类型之间的转换

有时我们需要对数据类型进行转换，例如，从文本中读取到的数据一般都是字符型，但是像一些股票价格之类的数据也会是以字符串的形式被读取，这就导致了对这些数据无法进行数值运算，所以我们就需要对数据类型进行转换。

1. 字符串与数值型变量之间的转换

将字符串类型数据转换为数值型变量时，只需要通过要转换的数值型变量的格式选择相应的内置函数即可。其中，整型数据转换通过 int() 函数来实现，浮点型数据转换通过 float() 函数来实现，需要注意的是，待转换的字符串的形式必须是数值型才行，否则转换会报错。

```python
# 定义数值字符串变量
price = '5.88'
volume = '100'
# 转换为数值型变量
price = float(price)
volume = int(volume)
# 输出类型
print(type(price))          # <class 'float'>
print(type(volume))         # <class 'int'>
```

将数值型数据转换为字符型数据时，只需要通过一个 str() 内置函数即可实现转换，代码如下。

```python
# 定义数值变量
price = 5.88
volume = 100
# 转换为字符型变量
price = str(price)
volume = str(volume)
# 输出类型
print(type(price))          # <class 'str'>
```

```
print(type(volume))        # <class 'str'>
```

2. 字符串与列表之间的转换

有时在读取文件时,每一行数据是以整个字符串的形式被读取的,所以需要对它进行拆分,转换为列表或其他形式,下面介绍字符串与列表之间的转换。

将字符串转换为列表时,如果字符串本身是有规律的,例如,每个子字符串之间通过符号进行隔开,这类字符串就可以通过 split() 函数进行转换,如下面代码的第一个例子。如果想把整个字符串分割成一个个的字符,则可以通过内置函数 list() 进行转换,如下面代码的第二个例子。

```
# 定义字符变量
stock_ids = 'sh000001 sh000002 sh000003'
# 将字符变量转换为列表
stock_list = stock_ids.split(' ')
# 输出结果
print(stock_list)    # 输出结果是 ['sh000001', 'sh000002', 'sh000003']

# 定义字符变量
stock_ids = 'sh000001'
# 将字符变量转换为列表
stock_list = list(stock_ids)
# 输出结果
print(stock_list)    # 输出结果是 ['s', 'h', '0', '0', '0', '0', '0', '1']
```

将一个列表转换为字符串时,可以使用 join() 函数,以一个连接符来对列表中每个元素进行连接,然后将连接后的结果组成一个字符串,代码如下。

```
# 定义一个列表
stock_list = ['sh000001', 'sh000002', 'sh000003']
# 将列表转换为字符串,以空格进行连接
stock_str = ' '.join(stock_list)
# 输出结果
print(stock_str)    # 输出结果是 sh000001 sh000002 sh000003
```

3.2 条件判断语句:交易点的触发

在量化交易中,尤其是在编写策略时,通常需要判断当前的条件是否满足设定的要求并以此来决定是否要进行交易,当满足条件时,及时发出交易指令;当不满足条件时,继续等待交易机会。所以,这就涉及接下来要学习的条件判断语句。

3.2.1 逻辑运算"与或非"

我们知道数值运算就是通过加减乘除等数值运算符对数值进行计算，那么逻辑运算是什么呢？首先，逻辑运算也有逻辑运算符，也就是本小节标题中提到的与（and）、或（or）和非（not）。另外，数值运算是将数值进行运算，得到的结果自然也是数值，而逻辑运算则是对布尔值，也就是布尔类型变量进行的运算，所以得到的结果就是布尔值 True 或 False。

这三种逻辑运算符的用法和区别，如表 3.3 所示。

表 3.3 Python 中逻辑运算符的使用和作用

逻辑运算符	使用格式	作用
and	a and b	a 和 b 都是 True 时，返回 True，否则返回 False
or	a or b	a 和 b 都是 False 时，返回 False，否则返回 True
not	not a	a 是 True 时，返回 False；a 是 False 时，返回 True

表 3.3 中的 a 和 b 可以是布尔值或表达式，并且这三种逻辑运算符可以一起使用，但是在使用时需要注意它们之间执行的顺序。在数值运算中，括号中的运算优先级最高，所以会先计算括号内的运算。在逻辑运算中也是一样，所以在同时用到两种逻辑运算符时，可以加入括号来突出优先级，代码如下。

```
# 逻辑运算
print(True and True)
print(True or False)
print(not False)
# 表达式之间的逻辑运算
price = 5.85
target_price = 6.00
position = 0
print(price > target_price and position == 0)
print(price > target_price or position == 1)
print(not price > target_price)
print((price < target_price and price > 0) and position == 0)
```

我们先对上面的运算进行手动计算，然后再看与下面的输出结果是否一样。

```
True
True
True
False
False
True
True
```

3.2.2 if...else 条件判断的使用

条件判断是 Python 编程中经常使用到的语句,通过它可以实现对于不同条件的判断以执行对应的代码,执行过程如图 3.4 所示。条件判断在 Python 中通过 if...else 语句实现,格式如下,注意"if 条件"和"else"后面需要加一个冒号。

```
# if 条件判断
if 条件:
    条件代码
else:
    代码
```

上面的条件判断可以是布尔值 True 或 False,但是最常用的还是通过一个逻辑运算的表达式,计算后返回一个布尔值,然后 if 根据这个布尔值来决定是否运行接下来的条件代码。如果 if 条件判断为真,则执行条件代码,为假则执行 else 中的代码。

在量化交易中,if...else 的条件判断语句常常用来对交易入场时机进行判断。代码如下,首先定义一个列表用于表示价格数据,然后分别定义一个买入和卖出的价格及用一个布尔变量表示是否持仓,最后通过 for 循环对列表进行遍历,用 if...else 语句来判断是否达到买入点。

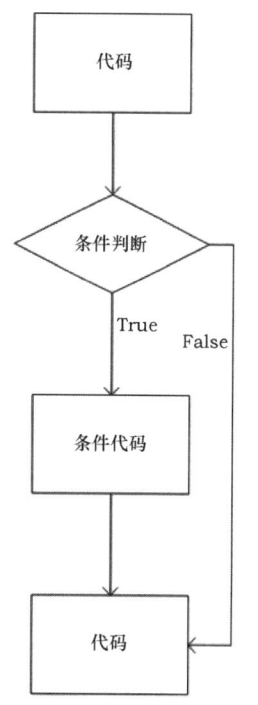

图 3.4 条件判断的执行过程

```
# 定义一个价格列表
price_list = [5.78, 5.80, 5.81, 5.82, 5.85, 5.87, 5.80]
# 定义一个买入价位
buy_price = 5.80
# 定义一个卖出价位
sell_price = 5.85
# 定义是否持仓
position = False
# for 循环遍历价格
for price in price_list:
    if price > buy_price and not position:
        print('buy at ', price)
        position = True
    else:
        print('do nothing')
```

输出结果如下,可以看出当价格达到 5.81 超过我们设定的买入价位时,执行了买入操作,由于 if 的条件代码中我们在执行完买入操作后,对 position 设置为了 False,这样在后面的遍历中就无法执行 if 中的代码了。

```
do nothing
do nothing
buy at  5.81
do nothing
do nothing
do nothing
do nothing
```

3.2.3 if...elif...else 多个条件判断的使用

当有多个需要判断的条件时，可以通过 if...elif...else 进行多个条件判断，多个条件可以通过多个 elif 语句实现，格式如下。

```
# if...elif...else 条件判断
if 条件1:
    条件代码1
elif 条件2:
    条件代码2
elif 条件3:
    条件代码3
else:
    代码
```

下面仍以 3.2.2 小节中的代码为例，之前的代码只是对买入进行了判断，那么卖出条件的判断如何实现呢？这时只需要加入一个 elif 语句，来判断是否达到卖出的条件从而执行卖出指令即可。

```
# 定义一个价格列表
price_list = [5.78, 5.80, 5.81, 5.82, 5.85, 5.87, 5.80]
# 定义一个买入价位
buy_price = 5.80
# 定义一个卖出价位
sell_price = 5.85
# 定义是否持仓
position = False
# for 循环遍历价格
for price in price_list:
    if price > buy_price and not position:
        print('buy at ', price)
        position = True
    elif price > sell_price and position:
        print('sell at ', price)
        position = False
    else:
        print('do nothing')
```

前面如果执行了买入操作，就会执行 position 赋值为 True 的操作，表示已经持仓，所以在通过 elif 进行判断时，不仅要判断是否价格达到了卖出价格，还要判断是否已经持仓。如果执行卖出操作和 position 赋值为 False 的操作，则表示没有持仓，可以继续执行后续的交易操作。上面代码的输出结果如下。

```
do nothing
do nothing
buy at 5.81
do nothing
do nothing
sell at 5.87
do nothing
```

3.3 循环语句：开启历史数据的回测

循环语句同样也是 Python 编程中常用到的语句，通过它可以对数据进行遍历或重复执行某项操作直至满足循环结束的条件。在量化交易中，我们常用循环语句来对历史数据进行回测以验证策略是否有效，或者在实盘交易中，通过循环语句不停地接收来自交易所的新数据，所以循环语句在 Python 量化交易中也起到非常重要的作用。

3.3.1 for 循环的使用

for 循环在前面的列表或条件判断语句的学习中也有涉及，它的作用就是对一个可迭代的对象，如列表、数组、字符串进行遍历，直至可迭代对象中的所有元素都被遍历完。for 循环的执行过程如图 3.5 所示，它在遍历时的基本语法格式如下。

```
# for 循环遍历
for var in var_list:
    do something
```

下面是通过 for 循环进行遍历价格列表的实例代码，可以直接对列表进行遍历，也可以通过内置函数 len() 和 range () 进行索引遍历，它们的作用分别是计算列表的长度和生成一个指定长度的序列数（从 0 到指定的长度 −1）。

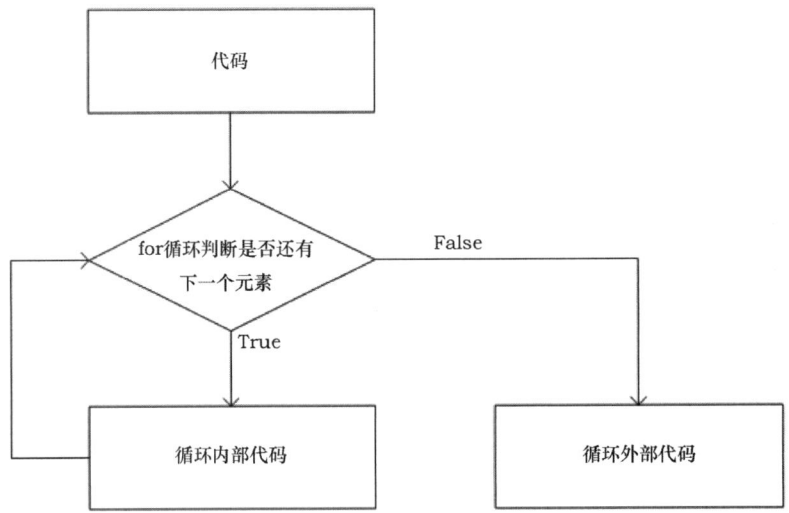

图 3.5　for 循环的执行过程

```
# 定义一个价格列表
price_list = [5.78, 5.80, 5.81, 5.82, 5.85, 5.87, 5.80]
# for 循环直接遍历列表
for price in price_list:
    print(' 当前的价格是 ', price)
# for 循环通过索引遍历列表
for i in range(len(price_list)):
    print(' 当前的价格是 ', price_list[i])
```

除对上面的一维列表进行遍历之外，还可以对二维列表，也就是嵌套的列表进行遍历。例如，一个存储高开低收价格的二维价格列表，如果要对每个价格都进行遍历，则需要使用 for 循环的嵌套。代码如下，首先通过上面的两种方式对这个二维列表进行遍历。第一种方法直接通过两个 for 循环进行遍历，第二种方法先通过内置函数 len() 和 range() 来生成列表的索引序。在进行第一层的 for 循环遍历时，由于第一层列表得到的每个元素仍是一个列表，所以还需要对这个列表再进行同样的遍历。

```
# 定义一个二维价格列表
price_list = [[5.78, 5.83, 5.77, 5.82], [5.77, 5.83, 5.77, 5.82],
              [5.72, 5.80, 5.71, 5.82]]
# for 循环遍历列表
for ohlc_price in price_list:
    for price in ohlc_price:
        print(' 当前的价格是 ', price)
# for 循环通过索引遍历列表
for i in range(len(price_list)):
    for j in range(len(price_list[i])):
        print(' 当前的价格是 ', price_list[i][j])
```

输出结果如下,通过上面代码的对比,可以看出直接对列表进行遍历的方式要简单很多,但是如果需要用到列表的索引,那么就只能通过索引的方式进行遍历了。

```
当前的价格是    5.78
当前的价格是    5.83
当前的价格是    5.77
当前的价格是    5.82
当前的价格是    5.77
当前的价格是    5.83
当前的价格是    5.77
当前的价格是    5.82
当前的价格是    5.72
当前的价格是    5.80
当前的价格是    5.71
当前的价格是    5.82
当前的价格是    5.78
当前的价格是    5.83
当前的价格是    5.77
当前的价格是    5.82
当前的价格是    5.77
当前的价格是    5.83
当前的价格是    5.77
当前的价格是    5.82
当前的价格是    5.72
当前的价格是    5.80
当前的价格是    5.71
当前的价格是    5.82
```

3.3.2 while 循环的使用

除 for 循环之外,通过 while 也可以进行循环操作,但是它需要指定一个循环结束的条件,即每循环一次进行一次条件判断,如果满足这个条件就继续进行循环,不满足这个条件就结束循环,while 循环的执行过程如图 3.6 所示。while 的基本语法格式如下。

```
# while 循环
while 条件判断:
    执行代码
```

从 while 循环的执行过程中可以看出,它和 for 循环的执行过程类似,但是 for 循环在执行时,待遍历的列表总是会遍历完的,也就是说,总会结束循环,但是在 while 中,如果条件一直满足,那么就将一直进行循环,这也就是我们常说的"死循环"。所以,为了避免出现这种情况,必须指定循环结束的条件。

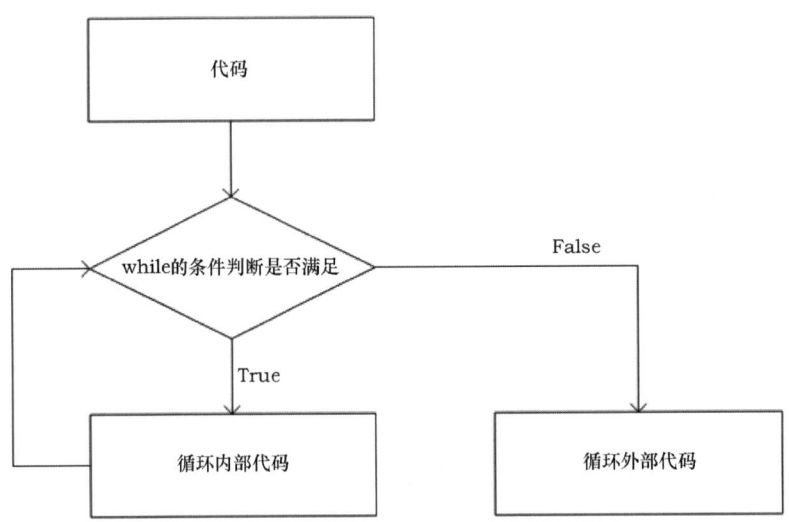

图 3.6 while 循环的执行过程

同样以 for 循环对列表的遍历为例,我们通过 while 循环来实现。由于 while 循环的结束需要一个判断条件,所以我们在外部定义一个变量用于计数,每次循环之后加一,直到 count 最后一次加一后的结果等于 len(price_list),此时不满足这个条件了即可结束循环。

```
# 定义一个价格列表
price_list = [5.78, 5.80, 5.81, 5.82, 5.85, 5.87, 5.80]
# 定义一个计数变量
count = 0
# while 循环进行遍历列表
while count != len(price_list):
    print(' 当前的价格是 ', price_list[count])
    count += 1
```

可以看出 while 循环进行遍历要比 for 循环遍历稍微复杂一些,通常 while 循环会与 break 语句搭配使用,后面我们会讲到。另外,while 循环同样也可以实现嵌套,大家可以对照上面 for 循环的例子,通过 while 循环来实现。

3.3.3 用 break 语句跳出循环

在循环的过程中,如果想要中断循环,就可以通过 break 语句来实现。

在 for 循环中,通过 break 语句可以实现中断遍历。代码如下,我们想查找一个列表中是否包含了某个元素,如果查到了就没有必要继续对这个列表进行遍历了,这时就可以通过 break 语句提前结束当前的循环。

```
# 定义一个列表
id_list = ['rb1901', 'rb1902', 'rb1903', 'rb1904', 'rb1905']
```

```python
# for 循环遍历
for id in id_list:
    print(' 当前遍历的 id ', id)
    # 如果当前遍历的 id 是 rb1904 就跳出循环
    if id == 'rb1904':
        break
```

输出结果如下,可以看出当遍历到 rb1904 时,遍历就结束了。

```
当前遍历的 id   rb1901
当前遍历的 id   rb1902
当前遍历的 id   rb1903
当前遍历的 id   rb1904
```

除与 for 循环搭配使用之外,break 语句还可以与 while 搭配使用。下面模拟一段接收价格数据的代码,首先需要定义一个循环外变量用于控制接收数据的长度,然后通过一个死循环来不断接收数据,内部通过一个 break 语句来控制循环的结束。

```python
# 定义一个价格序列
price_list = [3711, 3712, 3713, 3714, 3712, 3711, 3710]
# 定义一个控制变量
count = 0
# while 循环
while True:
    print(' 当前价格是: ', price_list[count])
    count += 1
    # 如果 count 加一后等于列表的长度就退出循环
    if count == len(price_list):
        break
```

通过上面的代码就可以实现对所有价格数据的接收,并且加入了 break 语句来控制循环的结束,这样就不会出现死循环了。

除上面的应用之外,break 语句还可以与循环的嵌套搭配使用,需要注意的是,break 语句结束的循环是当前 break 所在的循环,也就是说,如果有两层循环,break 处在内层循环就跳出该层的循环并继续执行外层循环的代码;break 处在外层循环就直接退出整个循环。

```python
# 定义一个二维序列
id_list = [['rb1901', 'rb1902', 'rb1903'], ['m1901', 'm1902', 'm1903'],
           ['a1901', 'a1902', 'a1903']]
# for 循环遍历
for ids in id_list:
    for id in ids:
        # 如果 id 等于 rb1903 就结束当前的循环
        if id == 'rb1903':
            break
```

```
        print(id)
```

输出结果如下,可以看出当 id 等于 rb1903 时,通过 break 跳出了循环,所以没有输出 rb1903,但是并没有全部跳出循环,只是结束了当前的内层循环,外层循环并没有结束。

```
rb1901
rb1902
m1901
m1902
m1903
a1901
a1902
a1903
```

3.3.4 用 continue 语句跳到下一轮循环

continue 语句也常用于循环控制当中,只不过 break 语句是跳出整个循环,而 continue 语句则是结束本次循环,继续下一轮的循环。

我们在遍历一个列表时,如果列表中的元素大于某个阈值就对它进行输出,小于某个阈值就进行下一轮循环,通过 continue 语句实现的代码如下。

```
# 定义一个价格序列
price_list = [3100, 3112, 3098, 3088, 3093, 3098, 3105]
# 定义一个阈值
threshold = 3100
# for 循环遍历
for price in price_list:
    # 如果小于阈值就进行下一轮循环
    if price < threshold:
        continue
    print('价格是 ', price)
```

输出结果如下,可以看出我们对所有大于阈值的数值进行了输出,小于阈值的数值因为通过 continue 语句直接跳到了下一轮循环,所以并没有输出。试想一下,如果把上面的 continue 语句换成 break 语句,那么结果会是怎么样呢?答案就是当遍历到 3098 时会直接退出循环,因此也就没有后面的输出结果了。

```
价格是  3100
价格是  3112
价格是  3105
```

另外,continue 语句同样也可以配合循环的嵌套进行使用,用法和 break 语句类似,也是针对它所在的循环中,跳出到外层循环。

3.4 函数：提高代码的利用率

本节将会对 Python 及其他语言中最为常用的一个概念，也就是函数进行讲解。通过函数，可以对一段经常用到的代码进行封装，从而实现代码的重复利用，减少代码量。在 Python 量化的过程中，我们可以将一段实现某个复杂功能的代码封装为函数，从而便于后面的调用。

3.4.1 函数的定义与调用

下面先对 Python 中函数的定义与调用进行学习。通常在定义一个函数之前，首先需要明确这个函数的功能是什么，也就是这个函数的内部代码实现；然后需要再确定这个函数是否需要传输数据用于中间的计算，也就是参数；最后还需要确定这个函数是否需要返回一个结果。Python 中函数的定义格式如下。

```python
# 函数声明
def func_name(parameters):
    # 功能代码
    do something
    # 返回结果
    return result
```

在函数的定义格式中需要注意以下几点。

- 函数是通过 def 关键字进行声明的，后面空格接一个函数的名称，通常这个函数的命名都具有实际意义，表示它的作用。
- 函数的参数是通过圆括号中的参数进行定义的，可以传入多个参数（多个参数之间通过逗号隔开），也可以一个参数也不传入。另外，这些参数在传入时还可以指定默认值。
- 函数通过 return 返回一个返回值，返回值可以是多个（多个返回值之间通过逗号隔开），也可以没有（相当于 None）。

例如，我们创建一个函数用于实现从一个价格列表中取出最大值。首先需要明确函数的功能是取一个列表的最大值，所以功能代码通过对一个列表进行循环遍历即可实现；然后既然是对一个价格列表进行操作，所以函数传入的参数就是一个列表；最后函数的返回值就是最后得到的列表中的最大值。

```python
# 定义一个函数用于实现计算一个列表中的最大值
def cal_max(price_list):
    # 定义一个变量用于表示最大值
    max_price = -999
```

```
    # 循环遍历列表
    for price in price_list:
        if price > max_price:
            max_price = price
    return max_price
```

在调用定义的函数时,只需要把所需的参数传入,然后通过一个变量来接收返回值即可。

```
# 参数列表
price_series = [3100, 3111, 3112, 3109, 3115, 3113]
# 定义变量接收函数返回值
price = cal_max(price_series)
# 输出返回值
print(price)        # 输出结果是 3115
```

通过上面的简单示例,我们对函数的实现有了大概的认识,接下来将对参数和返回值进行详细的讲解。

3.4.2 函数的参数与返回值

首先需要明确两个变量,在传入参数时,传入的变量叫作实际参数(简称实参),函数圆括号中的参数叫作形式参数(简称形参)。实参的作用是将传入的数据复制一份给形参,形参在函数中对这些数据进行删除、修改等操作时并不会对实参造成任何影响。

在参数传递时,实参的个数和位置必须与函数中定义的形参一致,否则会报错,代码如下。

```
# 定义一个函数
def print_information(id, price):
    print(' 合约 ', id, ' 的价格是 ', price)

# 定义变量
stock_id = 'rb1901'
stock_price = 3100
# 调用函数
print_information(stock_id, stock_price)  # 输出结果是 合约 rb1901 的价格是 3100
```

上面定义的函数声明了两个形参,如果我们只传入一个参数就会报错。另外,如果将两个实参的传入顺序更换,那么也会导致输出结果出错。所以,当有多个形参时,为了防止传入参数的顺序出错,可以指定参数的名称,代码如下。

```
# 定义变量
stock_id = 'rb1901'
stock_price = 3100
# 调用函数
```

```
print_information(id = stock_id, price = stock_price)
```

有时我们调用函数时，不一定需要对形参传递参数，这一般有两种情况，一种是这个函数没有任何形参，另一种是这个函数有形参但是有默认值。下面分别是没有形参时的和有形参但是有默认值时的函数调用示例。

```
# 定义一个没有形参的函数
def start_info():
    print('策略开始执行')

# 定义一个有形参但是有默认值的函数
def output_info(msg='默认输出的信息'):
    print(msg)
```

上面第一个函数是没有任何形参的，所以就不需要传递参数了。第二个函数有一个形参，如果不对这个函数的形参传递参数，它就会输出默认值；如果对这个函数的形参重新传递参数，它就会输出传递的参数值。

对于函数的返回值也有两种情况，一种是没有返回值，这类函数的作用通常是在函数内部输出一些信息；另一种是有一个返回值或多个返回值，这类函数的作用通常是通过计算得到一个或多个计算结果，然后进行返回。下面分别是没有返回值、有一个返回值和有多个返回值的示例。

```
# 定义一个没有返回值的函数
def calculate(a, b):
    print('a+b=', a + b)
    print('a*b=', a * b)

# 定义一个有一个返回值的函数
def calculate(a, b):
    return a + b

# 定义一个有多个返回值的函数
def calculate(a, b):
    return a + b, a * b
```

需要注意的是，当有多个返回值时，同时也需要用多个变量来接收，否则会报错，代码如下。

```
# 定义一个有多个返回值的函数
def calculate(a, b):
    return a + b, a * b

# 定义两个变量来接收返回值
result1, result2 = calculate(1, 2)
```

3.4.3 内置函数的使用

在明白了函数的定义与调用及函数的参数与返回值之后，再来对 Python 中一些常见的内置函数进行学习，这些内置函数就相当于已经事先定义和声明好了，只需要进行调用和使用就可以了。

前面在 3.1.1 小节的表 3.1 中总结了 Python 中的内置函数，使用它们可以帮助我们减少代码的工作量，如一些常见的输出函数 print()，求和函数 sum()，求最大值、最小值的函数 max() 和 min()，数据类型转换函数 str()、int() 等。除这些比较简单的函数之外，我们再对前面没有提到的，一些较为常用的内置函数进行学习。

1. 排序函数 sorted()

当需要对一个可迭代对象，如列表、数组等进行排序时，可以直接通过内置函数 sorted() 进行操作，返回一个排序后的结果，代码如下。

```
# 定义一个列表
price_list = [3100, 3120, 3101, 3111, 3115, 3128, 3121]
# 调用 sorted() 函数
sorted_price_list = sorted(price_list)
# 输出结果
print(sorted_price_list)   # 输出结果是 [3100, 3101, 3111, 3115, 3120, 3121, 3128]
```

默认是升序排序，如果想实现结果的降序排序，则可以在 sorted() 函数中设置一个参数 reverse=True，代码如下。

```
# 定义一个列表
price_list = [3100, 3120, 3101, 3111, 3115, 3128, 3121]
# 调用 sorted() 函数
sorted_price_list = sorted(price_list, reverse=True)
# 输出结果
print(sorted_price_list)   # 输出结果是 [3128, 3121, 3120, 3115, 3111, 3101, 3100]
```

上面的例子是对列表的排序，下面我们学习一个比较复杂但是还比较常用的排序——对字典的排序。因为字典是以键值对的形式进行存储的，所以就涉及键的排序和值的排序，下面我们先来对键进行排序。

首先定义一个字典用于表示合约和对应的价格。然后对合约按照字母的排列顺序进行排列，可以通过 sorted() 函数传入两个参数，一个是通过字典的 items() 函数返回一个元组列表，其中每个键值对被转换为一个元组；另一个是通过 lambda 表达式创建一个匿名函数，它相当于一个函数的映射，但是要比定义一个函数更有效率。匿名函数的作用就是传入一个可迭代对象，返回这个可迭代对象的第一个元素，等价于下面的 func() 函数的功能。因为通过 items() 返回的是一个元组列表，每个元组都包含键和值两个元素，这样就可以把键传递进去作为排序的依据。

```python
def func(x):
    return x[0]
```

对字典按照键进行排序的方式如下,其中 key 中的匿名函数也可以用上面的 func() 来代替。

```python
# 定义一个字典
future_dict = {'rb1901':3100, 'a1901':3200, 'm1901':3300, 'bu1901':2700}
# 按照键进行排序
sorted_future_dict = sorted(future_dict.items(), key=lambda x:x[0])
# 输出结果
print(sorted_future_dict)
# 输出结果是 [('a1901', 3200), ('bu1901', 2700), ('m1901', 3300), ('rb1901', 3100)]
```

在明白了上述原理之后,就不难理解字典按照值进行排序的方式了。同理,只需要在匿名函数中,传入可迭代对象的第二个元素,也就是对应元组中字典键值对中的值。这里模拟了一种按照评分对期货合约进行排序的方式,每个合约代码有一个评分,然后按照评分对所有的合约代码进行排序,代码如下。

```python
# 定义一个字典
future_dict = {'rb1901':0.80, 'rb1902':0.90, 'rb1903':0.95, 'rb1904':0.75}
# 字典排序
sorted_future_dict = sorted(future_dict.items(), key=lambda x:x[1])
# 输出结果
print(sorted_future_dict)
# 输出结果是 [('rb1904', 0.75), ('rb1901', 0.80), ('rb1902', 0.90), ('rb1903', 0.95)]
```

2. 打开文件函数 open()

在对文件进行操作时,可以通过 Python 中的内置函数 open() 进行操作,如我们经常会读取一些本地的历史数据,然后进行数据清洗或历史回测等。

Python 中的内置函数 open() 可以用于打开一个文件,并创建一个文件对象,然后可以针对这个文件对象进行一系列的读写等操作。下面的示例是对一个本地文件进行读取并输出的操作过程,首先需要通过给 open() 函数传入本地文件的路径,然后调用文件对象的 readlines() 函数,该函数返回的是这个文件每一行组成的列表,之后通过 for 循环对它进行遍历就可以了,最后需要对这个文件进行关闭。其中,文件路径中的"./"表示文件和代码是处于同一个路径下的。

```python
# 通过 open 函数打开文件
file = open('./sh000001.csv')
# 读取数据
for line in file.readlines():
    print(line)
# 关闭文件
file.close()
```

部分输出结果如下。

```
2018/6/1,3075.1372,3102.0880,3059.7857,3084.7536,129872199
2018/6/4,3091.1909,3098.4020,3076.9936,3083.4265,114593902
2018/6/5,3114.2055,3114.7687,3080.0457,3088.0076,118735592
2018/6/6,3115.1803,3117.5251,3103.5329,3109.1746,120196135
```

除对文件进行读取之外，也可以对文件进行写入的操作。首先在本地创建一个空文件（和当前代码在同一路径下），然后通过 open() 函数打开，这里需要添加一个 mode 参数，因为 open() 函数默认是 mode='r'，意思是只读，也就是我们只能对这个文件进行读取操作，所以如果想进行写入操作，就需要把 mode 修改为 'w'，意思是只写，这样就可以进行写入操作了，关于 mode 参数的设置可以参考表 3.4。

```
# 通过 open 函数打开文件
file = open('./data.csv', mode='w')
# 定义文件内容
data = ['1990/12/19,99.98,99.98,95.79,96.05,1260',
        '1990/12/20,104.39,104.39,99.98,104.30,197']
# 文件写入
for line in data:
    file.write(line)
    file.write('\n')
# 关闭文件
file.close()
```

表 3.4　Python 中 open() 函数的 mode 不同参数的作用

参数	说明
r	mode 的默认值，表示只能对文件进行读取操作
rb	以二进制的方式读取文件
r+	表示可以对打开的文件进行读和写的操作
rb+	以二进制的方式对文件进行读和写的操作
w	打开文件，只能进行写入操作，如果文件中原来有内容，则会被覆盖。如果文件不存在，则会创建新文件
wb	以二进制的方式打开文件，只能进行写入操作，如果文件中原来有内容，则会被覆盖。如果文件不存在，则会创建新文件
w+	打开文件，可以进行读取和写入操作，如果文件中原来有内容，则会被覆盖。如果文件不存在，则会创建新文件

续表

参数	说明
wb+	以二进制的方式打开文件，可以进行读取和写入操作，如果文件中原来有内容，则会被覆盖。如果文件不存在，则会创建新文件
a	打开文件，进行内容的追加。如果文件不存在，则创建新文件进行追加
ab	以二进制的方式打开文件，进行内容的追加。如果文件不存在，则创建新文件进行追加
a+	打开文件，进行内容的读取和追加。如果文件不存在，则创建新文件进行读取和追加
ab+	以二进制的方式打开文件，进行内容的读取和追加。如果文件不存在，则创建新文件进行读取和追加

注意：想要对文件进行追加写入，一定要用 a 或 a+，如果用 w 或 w+，就会将原来的内容覆盖掉。

3. 标准输入函数 input()

有时我们需要从控制台输入一些变量或参数，这时我们可以通过标准输入函数 input() 进行交互。它可以传入信息作为提示，然后将输入的结果作为一个字符串返回给接收的变量，代码如下。

```python
# 从控制台输入变量
a = input(' 请输入变量 ')
# 输出变量
print(type(a))
print(a)
```

在控制台的输出结果如下，需要注意的是，在 Python 3 版本中，无论从控制台中输入的是什么，都将以字符串的形式被处理，所以如果想转换为数值，就得进行字符串与数值型的转换操作。

```
请输入变量 123
<class 'str'>
123
```

3.5 面向对象：交易策略的实例化

面向对象是 Python 的一大特点，通过面向对象的方式可以使得开发的代码易于维护和扩展，降低各个模块之间的耦合性。在量化交易中，我们通过面向对象的思想对交易策略进行设计，可以使得交易策略更加规范和易于扩展，所以为了后面的进一步学习，我们需要对面向对象进行学习和理解。

3.5.1 类与对象的创建

面向对象中最重要的两个概念分别是类（Class）与对象（Instance），类相当于一个抽象的模板，而对象则是这个模板的一个实例化。在量化交易中有很多量化交易的策略，单纯只是说策略还是一个抽象的概念，但是一个基于双均线原理并有设定参数的具体的策略就是一个实例化的对象。

在 Python 中，创建类时，首先需要通过一个 class 关键字进行声明，后面接着类的名称，前面也有说到类的命名规则，一般都是首字母大写，之后再接一个圆括号，后面是一个冒号。创建对象时，则是以类名加圆括号赋值给一个变量，有时括号中还需要传递参数，得到的变量就是这个类的一个实例化对象。

```
# 创建一个类
class Strategy():
pass
# 创建一个对象
s = Strategy()
```

一个类总体上可以由两部分组成，即方法和属性，方法就是我们经常用到的函数，属性则是一些变量，如图 3.7 所示。类中的属性可以分为类变量和实例变量，类变量指的是从属于类模板的属性，这是一个公共的特征，如一个策略类都会有策略名称，这个策略的制作者等属性，这些都是公共的部分，而每个策略类的实例化对象则会有不同的参数变量或其他的属性，这些是属于对象的。

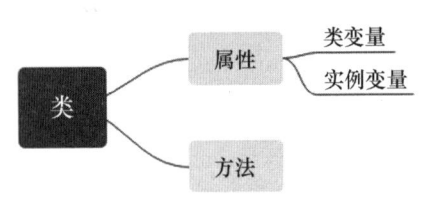

图 3.7 类的组成

下面是一个类创建和实例化的过程，首先创建一个 Strategy 类模板，这个类中包含了一个类变量和一个构造函数 __init__()，构造函数是在创建这个类对象实例时调用的函数，所以一般来说每个类都需要这样一个特殊的函数。另外，这个构造函数的括号中有两个参数，一个是 self，另一个是我们定义的参数，self 指的是这个类的实例化，也就是创建出的类对象，它是自己默认进行赋值的，所以不需要对它额外传递参数，只需要对定义的参数进行传递就可以了。其中，这个传递的参数被赋值给了 self.parameter，这个 self.parameter 变量是属于实例化对象的，所以它就是实例变量。紧接着，我们又创建了两个对象 s1 和 s2，它们在被创建时，如上面所说，会调用类的构造函数，所以需要传递 parameter 参数，然后分别输出类变量和两个对象的实例变量。

```
# 创建一个类
class Strategy():
    # 类变量
    strategy_name = 'CTA策略'
```

```
    # 构造函数
    def __init__(self, parameter):
        # 实例变量
        self.parameter = parameter

# 创建实例化对象 s1
s1 = Strategy(100)
print(Strategy.strategy_name)
print(s1.parameter)
# 创建实例化对象 s2
s2 = Strategy(120)
print(Strategy.strategy_name)
print(s2.parameter)
```

运行上面的代码，我们可以得到下面的结果，Strategy. strategy_name 是类变量，它从属于类，所以和对象无关。因此，两次的输出结果都是一样的。而 parameter 则是分别从属于两个对象的，我们在创建对象时进行了自定义的参数传递，所以它们的结果自然是不一样的。

```
CTA 策略
100
CTA 策略
120
```

3.5.2 面向对象的特点

面向对象有三个特点：封装、继承和多态，下面将针对这三个特点进行讲解和介绍。

1. 封装

下面先对面向对象的封装进行介绍。举个例子，我们写了一个策略，其中通过内部一些变量的计算得到了当前交易时机的判断，如果这些用于计算的变量像上面那样可以直接被调用和修改，那么就会导致最后的计算结果出现差错，从而产生决策错误，这是很严重的问题。因此，我们需要把这些关键而又隐私的变量设置为私有变量，而只保留用于外界调用的函数，这样就可以防止外部对这些变量进行修改了。

私有变量的设置是通过将变量名前面加入"__"来实现的，代码如下。

```
# 创建一个类
class Strategy():
    # 类变量
    strategy_name = 'CTA 策略'
    # 构造函数
    def __init__(self, parameter):
        # 实例变量
```

```
        self.parameter = parameter

    def trading(self, current_price):
        # 定义私有变量
        self.__target_price = 1000
        if current_price > self.__target_price:
            print('买入')
```

上面的代码在 Strategy 这个类中，创建了一个方法 trading()，作用是传递一个参数用于表示当前价格，然后和私有变量 __target_price 进行比较，如果大于这个值就执行买入操作。可以看出这个私有变量是非常关键的，如果可以从外部直接进行修改，那么会产生很大的影响，而通过把它定义为私有变量后，再从外部进行访问就会报错。

```
s = Strategy()
s.__target_price = 100    # 报错
```

通过上面的例子，读者也可以看出封装的好处，它可以通过定义私有变量把不需要对外提供的内容都进行隐藏。

2. 继承

在介绍继承这个特点之前，需要先明确子类和父类两者之间的关系。父类是要被继承的类，子类是通过继承父类得到的新类，子类一旦继承了父类，就有了父类的所有属性和方法，在编程中使用继承的好处是可以实现代码的重用。

举个例子，一开始我们有一个策略类可以用于股票的交易，因为股票通常只能进行做多和平多的操作，所以这个类中只有做多和平多这两个方法。而期货的交易除做多和平多之外，还可以进行做空和平空的操作，如果我们又想用这个策略对期货进行操作，在没接触继承这个概念之前，我们可能会针对期货再进行编写这个策略，但是这样就会进行很多重复性的工作，因为策略本身不需要太多变化，只需要增加两个方法即可，这时我们就可以通过 Python 中继承的特点进行编写了。

下面通过代码来对上面的过程进行实现，首先定义一个父类，这个父类是一个 Strategy 的类，除构造函数和类变量之外，还有两个方法，分别用于做多和平多操作；然后再创建一个子类，对这个父类进行继承，继承的方式只需要创建类时在圆括号中传入父类的名称即可。

```
# 创建一个父类
class Strategy():
    # 类变量
    strategy_name = 'CTA策略'
    # 构造函数
    def __init__(self, parameter):
        # 实例变量
        self.parameter = parameter
```

```python
    def long(self, price):
        print('在价位 ', price, '进行做多 ')

    def sell(self, price):
        print('在价位 ', price, '进行平多 ')

# 创建一个子类
class Strategy_Future(Strategy):
    def short(self, price):
        print('在价位 ', price, '进行做空 ')

    def cover(self, price):
        print('在价位 ', price, '进行平空 ')
```

因为子类继承父类之后就有了父类的所有属性和方法，并且我们对子类还添加了两个新的方法，所以同时还实现了子类对父类的扩展。

```python
# 创建子类实例化
s = Strategy_Future(100)
# 调用父类方法
s.long(1000)
# 调用子类方法
s.short(2000)
```

另外，需要注意的是，我们在通过子类创建对象时，还需要调用父类的构造函数，由于父类构造函数中需要传递参数，所以我们还需要进行参数传递的操作。

3. 多态

多态是面向对象的另外一个特点，它是建立在封装和继承的基础之上的。多态指的是事物的多种形态，在面向对象中的表现形式体现在子类对父类的不同表现，如父类是一个策略基类，它抽象了很多策略的基本属性和方法，而子类则可以是针对 CTA 的策略、价差交易的策略或高频交易的策略等。

```python
# 定义策略父类
class Strategy():
    def __init__(self):
        print('Strategy')

    def buy(self, price):
        print('在价位 ', price, '买入 ')

# 定义 CTA 策略子类
class CTAStrategy(Strategy):
    def __init__(self):
```

```python
        print('CTA Strategy')

# 定义价差交易策略子类
class SpreadTradingStrategy(Strategy):
    def __init__(self):
        print('Spread Trading Strategy')

# 定义高频交易策略子类
class HighFreStrategy(Strategy):
    def __init__(self):
        print('High Frequency Strategy')
```

多态的另外一种体现就是子类对父类同名方法的重写。当子类继承父类时，可以在子类中调用父类的方法，但是当父类提供的方法无法满足需求时，可以通过子类继承并对父类中的同名方法进行重写，这样再次通过子类调用时，就是重写后的方法了。

```python
# 定义策略父类
class Strategy():
    def __init__(self):
        print('Strategy')

    def buy(self, price):
        print(' 在价位 ', price, ' 买入 ')

# 定义CTA策略子类
class CTAStrategy(Strategy):
    def __init__(self):
        print('CTA Strategy')

    def buy(self, price, type='long'):
        if type == 'long':
            print(' 在价位 ', price, ' 做多 ')
        elif type == 'short':
            print(' 在价位 ', price, ' 做空 ')
        else:
            print('error')
```

如果我们没有进行子类对父类方法的重写，那么通过CTAStrategy子类调用buy()函数时调用的还是父类中的buy()函数，而通过重写操作可以将父类中的同名方法的实现完全覆盖掉。通过上面的例子可以看出多态的好处是可以增加程序的灵活性，无论场景如何变化都能够以不变应万变。同时，多态也增加了程序的扩展性，通过不同的子类来继承基类，可以实现子类对基类的扩展。

3.6 常用内置模块及模块的安装：解锁更多新功能

Python 的一大特点是具有丰富的库可供调用，这些库一般都是很多相关模块的集合。通过它们可以极大方便我们代码的编写，在接下来的内容中，我们将开始对 Python 中一些常用的内置模块进行学习，并且学习模块安装的两种方式，为后面的 Python 量化解锁更多功能。

注意：在 Python 中，具有某些功能的模块或包都可以被称为库，所以后面对这几个概念不再具体区分。

3.6.1 import 的使用

首先需要知道 Python 中的模块（Module）是什么，它是一个以 .py 为后缀的 Python 文件，模块中包含了函数、类等代码，其中实现了很多功能，我们可以通过 import 语句导入到当前的代码中进行直接调用。通过 import 语句导入模块有两种方式，一种是直接以 import 语句进行导入，另一种是 from ... import ...，其语法如下。

```
# 直接导入模块
import module_name
# 从模块中导入一部分
from module_name import func_name
```

第一种方式直接将模块引入到当前代码中，调用这个模块中的函数或类可以通过下面的方式进行调用。

```
# 直接导入模块
import module_name
# 调用函数
module_name.func_name()
# 调用类
module_name.class_name()
```

当模块名称太长时，还可以在导入时把原来的模块名用别名代替，其语法如下。

```
# 用别名代替模块名
import module_name as name
# 调用函数
name.func_name()
# 调用类
name.class_name()
```

第二种方式不会将模块中的所有内容导入到当前代码中，只是导入指定的函数或类的那部分，通过这种方式导入时就不需要像第一种方法以"模块名.函数名（类名）"的方式调用了，而是直接调用导入的函数或类。

```
# 从模块中导入一部分
from module_name import func_name, class_name
# 调用函数
func_name()
# 调用类
class_name()
```

通过第二种方式导入时，除单独导入需要的部分之外，还可以直接将该模块下的所有内容都进行导入，只需要将导入的部分用"*"代替就可以导入这个模块下的所有内容了。

```
# 从模块中导入所有内容
from module_name import *
# 调用函数
func_name()
# 调用类
class_name()
```

3.6.2 常用内置模块的介绍与使用

在学会了如何将模块导入之后，下面我们将开始对 Python 中一些常见的内置模块进行介绍并学习如何使用。

1. 时间模块 time

在使用一个交易策略时，除收益指标、风险指标之外，还需要考虑交易策略执行的时间，尤其是对一些高频策略来说。下面通过 time 模块来实现计算一个函数的运行时间。首先导入时间模块，然后通过之前面向对象的例子来实例化对象并调用其交易函数，在调用交易函数之前需要先调用 time.time() 函数，结束之后再调用 time.time() 函数，分别用于计算函数开始和结束的时间，最后让它们的结果做差就是这个函数的运行时间了。由于这段代码在 Python 中运行的速度非常快，所以在这个交易函数中调用了 time.sleep() 函数，它可以使当前函数休眠指定秒。

```
# 导入时间模块
import time

# 创建一个类
class Strategy():
    # 类变量
```

```python
    strategy_name = 'CTA策略'
    # 构造函数
    def __init__(self):
        pass

    def trading(self, current_price):
        # 定义私有变量
        self.__target_price = 1000
        if current_price > self.__target_price:
            # 休眠1秒
            time.sleep(1)
            print('买入')
# 实例化对象
s = Strategy()
# 计算开始时间
start = time.time()
# 运行函数
s.trading(1002)
# 计算结束时间
end = time.time()
# 输出运行时间
print(end-start)
```

通过上面的例子，我们对 time 模块下的 time() 函数和 sleep() 函数进行了学习，其中 time.time() 函数的作用是返回从 1970 年 1 月 1 日 0 点整到现在过了多少秒，如果我们想得到当前一个可读性的时间，则可以通过 time.strftime() 函数来实现，这个函数需要传入格式化符号来表示输出指定的时间形式，其中格式化符号如表 3.5 所示。

```python
# 导入时间模块
import time
# 输出时间
print(time.strftime('%H:%M'))
# 输出年月日
print(time.strftime('%Y-%m-%d'))
# 输出年月日时分秒
print(time.strftime('%Y/%m/%d %H:%M:%S'))
```

输出结果如下。

```
14:58
2019-11-10
2019/11/10 14:58:24
```

表 3.5 Python 中时间日期格式化符号

符号	说明
%Y	四位数的年份表示，如 1997
%y	两位数的年份表示，如 97
%m	月份表示，如 12
%d	天数表示，如 31
%H	24 小时制小时数
%I	12 小时制小时数
%M	分钟
%S	秒
%a	星期的简称，如 Sun
%A	星期的全称，如 Sunday
%b	月份的简称，如 Nov
%B	月份的全称，如 November

注意：表 3.5 中的时间日期格式化符号是区分大小写的，注意大写和小写各表示的意义。

2. 日期模块 datetime

在对 time 模块有了基本认识之后，再来学习一个与时间日期相关，并且更加高级的模块 datetime。在实际应用中 time 模块常常是用来进行定时或计算时间开销的，而 datetime 相当于对 time 进行了再次封装，扩展了更多方便的功能，所以进行日期时间的操作时，datetime 模块更为常用。

datetime 模块主要包含了四个类，分别是 date 日期类、time 时间类、datetime 日期时间类及 timedelta 时间间隔类。由于 date 和 time 两个类与 datetime 在使用方面并没有太多区别，所以下面主要针对其中最为常用的两个类 datetime 和 timedelta 进行介绍和学习。

首先通过 import 将 datetime 类进行引入，因为 datetime 是继承了 date 类，所以在创建一个 datetime 类对象时至少需要传入年月日的参数，同样也可以再对时分秒参数进行传递。

```
from datetime import datetime

# 创建一个 datetime 类对象
dt = datetime(2019, 1, 1)
dt2 = datetime(2019, 1, 1, 12, 00, 11)
```

但是，我们一般不会以参数传递的形式进行 datetime 类对象的创建，而是通过函数 datetime.now() 来进行创建，通过这个函数可以返回一个以当前年月日时分秒为默认参数的 datetime 类对象。

```python
from datetime import datetime

# 返回一个 datetime 类对象，表示当前的年月日时分秒
print(datetime.now())              # 2019-11-10 15:51:22.376150
print(type(datetime.now()))        # <class 'datetime.datetime'>
```

除此之外，在 datetime 类中有很多常用的类函数可以直接调用。当我们读取股票或金融数据文件时，日期时间通常是按照字符串形式进行读取的，这样我们就无法使用一些日期时间相关的函数进行操作了，而下面的代码则实现了日期时间字符串与 datetime 对象之间的相互转换。

```python
from datetime import datetime

# 将日期时间字符串转换为 datetime 对象
datetime_str = '2019/11/10 12:00:00'
datetime_obj = datetime.strptime(datetime_str, '%Y/%m/%d %H:%M:%S')
print(datetime_obj)
print(datetime_obj.year)
print(datetime_obj.month)
print(datetime_obj.day)
print(type(datetime_obj))
# 输出结果
# 2019-11-10 12:00:00
# 2019
# 11
# 10
# <class 'datetime.datetime'>

# 将 datetime 对象转换为日期时间字符串
datetime_obj = datetime.now()
datetime_str = datetime_obj.strftime('%Y/%m/%d')
print(datetime_str)
print(type(datetime_str))
# 输出结果
# 2019/11/10
# <class 'str'>
```

在进行算术运算时，一般可以通过算术运算符来实现。而对日期时间进行运算时，则可以通过下面这个 timedelta 类来实现，它的作用是计算两个 datetime 之间的差值。如果我们想知道 100 天之前的今天是几月几日，则可以通过 timedelta 来实现，具体的用法如下。

```python
from datetime import datetime, timedelta

# 当前的 datetime 对象
now_datetime = datetime.now()
# 创建 timedelta 对象
```

```
interval = timedelta(days=100)
# 计算 100 天之前
before_datetime = now_datetime - interval
print(before_datetime)              # 2019-08-02 16:44:45.782608
print(type(before_datetime))        # <class 'datetime.datetime'>
```

3. 格式解析模块 json

json 是一种轻量级的数据交换格式，易于人的编写和机器的解析，在后面的关于获取历史数据的章节中，我们会介绍如何通过新浪财经（其具有相关接口可提供全球市场行情数据）获取历史数据，而通过新浪财经获取历史数据返回的结果是 json 格式的，所以我们需要先学习一下如何对这些数据进行格式的转换。

首先需要明确序列化和反序列化这两个过程，对象的序列化就是将对象转换为字节序列的过程，对象的反序列化就是将字节序列恢复为对象的过程。在网络传输的过程中，一个对象通常是要被进行序列化操作，转换为字节序列进行传输，然后在接收端再进行反序列化操作，将字节序列再恢复为对象。json 模块中主要有两个函数，一个是 jumps()，另一个是 loads()，它们的作用分别是将 Python 对象转换为 json 字符串和将 json 字符串解析为 Python 对象，这实际上就是序列化和反序列化的操作。

下面的代码就是通过新浪财经获取期货历史数据并进行解析的过程。首先导入需要的模块，其中 urllib 模块的功能是用于对 url 进行操作，后面将会对它进行介绍，这里只需要知道它可以用于获取期货历史数据就可以了。代码中 rsp.read() 返回得到的是 json 的字节序列，对于字节序列我们是没有办法进行直接操作和使用的，所以需要调用 json.loads() 函数将 json 的字节序列转换为 Python 对象，字节序列被转换后得到的结果是列表，这样就可以进行遍历、索引等操作了。

```
import urllib.request as urllib2
import json

# 创建新浪 API Demo 来获取历史数据
class SinaDemo():
    def __init__(self):
        pass

    def getData(self):
        # 获取历史数据
        id = 'rb1901'
        url='http://stock2.finance.sina.com.cn/futures/api/json.php/IndexService.get
            InnerFuturesMiniKLine5m?symbol=' + id
        req = urllib2.Request(url)
        rsp = urllib2.urlopen(req)
```

```python
        # 结果是 json
        res = rsp.read()
        res_json = json.loads(res)

        print(type(res))            # 结果是 <class 'bytes'>
        print(type(res_json))       # 结果是 <class 'list'>
        print(res)
        print(res_json)

if __name__ == '__main__':
    sd = SinaDemo()
    sd.getData()
```

其中，对上面 res 和 res_json 的结果进行输出可以看出，第一条输出结果前面有个 b，表示这是字节序列，第二条输出结果则是我们所熟悉的列表。

```
b'[["2019-01-15 23:00:00", "3202.000", "3202.000", "3200.000", "3200.000", "86"], ...
[['2019-01-15 23:00:00', '3202.000', '3202.000', '3200.000', '3200.000', '86'], ...
```

在了解了如何解析 json 数据之后，再来学习如何将 Python 对象转换为 json 字符串。有时我们需要在网络中传送一些数据信息，这时就可以把需要传送的数据转换为 json 格式。下面是将一个字典类型的数据转换为 json 字符串的例子。

```python
import json
def sendData():
    dict = {'stock_id':'sh000001', 'price':3100, 'vol':100}
    json_dict = json.dumps(dict)
    print(type(dict))           # <class 'dict'>
    print(type(json_dict))      # <class 'str'>
```

3.6.3 模块安装的两种方式

在前面的部分中，我们对 Python 中一些常见的模块进行了学习，而这些也只是 Python 众多模块中的冰山一角，为了可以在今后的学习中解锁更多 Python 中的模块，我们接下来将进行模块安装的学习。下面主要介绍模块安装最常见的两种方式。

1. pip 安装

pip 是一个 Python 的包管理工具，可以实现对包的查找、下载、安装、卸载等操作，在安装 Anaconda 时 pip 就已经一起安装了。虽然 Anaconda 在安装时已经包含了很多库和模块，但是还有一些第三方的模块它并没有包含，这时我们就需要自行安装了。下面以金融数据包 Tushare 的安装为例进行介绍。首先在 PyCharm 中输入下面的代码导入 Tushare 包。

```
import tushare
```

你会发现这行代码是报错的,提示找不到该模块,因为 Anaconda 中并没有安装 Tushare。下面打开开始菜单,找到 Anaconda Prompt 并单击,如图 3.8 所示。

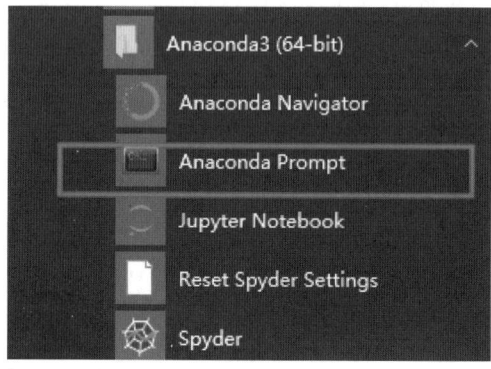

图 3.8　pip 安装 Tushare

进入 Anaconda Prompt 窗口之后,输入下面的命令,就可以自动将 Tushare 及其依赖的库或模块进行安装了。

```
pip install tushare
```

在 Anaconda Prompt 中的运行结果如下。

```
(base) C:\Users\Frankie>pip install tushare
Collecting tushare
Using cached https://files.pythonhosted.Org/packages/bf/3f/149ef2a80cddd24410e678
8228a22f3b3afb5c55c765a223a5c7ecf93ec
f/tushare-1.2.48-py3-none-any.whl
Installing collected packages: tushare
Successfully installed tushare-1.2.48
(base) C:\Users\Frankie>|
```

在完成了安装之后,我们再输入下面的命令检查一下 Anaconda 中所有安装的库,从结果中可以看到 Tushare 已经成功安装了。

```
pip list
```

最后再回到 PyCharm 中,可以看到之前报错的那行代码也不再报错了。

除 pip 安装之外,也可以通过 Anaconda 中自带的包管理器 conda 进行安装,代码如下。

```
conda install numpy
```

相比于 pip,conda 具有更强的通用性,但是考虑到 conda 源的版本更新比较慢,所以后面的安装我们都将以 pip 方式安装为主。

有时在安装一些库时，需要指定安装版本，我们只需要通过 pip 安装时加上两个等号再追加其指定的版本即可。例如，安装 1.18.1 版本的 NumPy 库，代码如下。

```
pip install numpy==1.18.1
```

我们经常使用的一些库也在不断地被维护和更新，所以当我们需要更新某个库时可以通过下面的命令，需要注意的是，upgrade 前面是两个"-"符号。

```
pip install --upgrade numpy
```

在卸载某个库时，如卸载 NumPy 库可以输入下面的命令，然后可以看到提示 Proceed (y/n)?，表示询问是否确认卸载，只需要输入 y 即可。

```
pip uninstall numpy
```

有时通过 pip 安装或更新一些库时，速度会非常慢或报 ConnectTimeoutError 错误。这是因为 pip 下载库的源地址是国外的站点，所以有时就会下载特别慢。这时可以通过一些国内的镜像网站来下载，这些镜像网站如下。

阿里云 https://mirrors.aliyun.com/pypi/simple/

中国科技大学 https://pypi.mirrors.ustc.edu.cn/simple/

豆瓣 (douban) https://pypi.douban.com/simple/

清华大学 https://pypi.tuna.tsinghua.edu.cn/simple/

中国科学技术大学 https://pypi.mirrors.ustc.edu.cn/simple/

在通过这些镜像地址安装库时，只需要在更新或安装命令之后添加 --index-url 命令及上面的某个地址即可，以豆瓣为例，代码如下。

```
pip install --index-url https://pypi.douban.com/simple numpy
```

2. 手动安装

有时一些库或模块通过 pip 进行安装时会出现各种各样的问题，这时我们可以通过手动安装的方式来解决。下面以量化工具库 Ta-Lib 的安装为例进行介绍。

首先进入 Python 的拓展包安装的网站：https://www.lfd.uci.edu/~gohlke/pythonlibs，然后按"Ctrl+F"键搜索 Ta-Lib，找到对应平台的版本，图 3.9 中选中的版本是 Python 3.7 的 Windows 64 位的 Ta-Lib。

```
TA-Lib, a wrapper for the TA-LIB Technical Analysis Library.
    TA_Lib-0.4.17-cp27-cp27m-win32.whl
    TA_Lib-0.4.17-cp27-cp27m-win_amd64.whl
    TA_Lib-0.4.17-cp35-cp35m-win32.whl
    TA_Lib-0.4.17-cp35-cp35m-win_amd64.whl
    TA_Lib-0.4.17-cp36-cp36m-win32.whl
    TA_Lib-0.4.17-cp36-cp36m-win_amd64.whl
    TA_Lib-0.4.17-cp37-cp37m-win32.whl
    TA_Lib-0.4.17-cp37-cp37m-win_amd64.whl
    TA_Lib-0.4.17-cp38-cp38-win32.whl
    TA_Lib-0.4.17-cp38-cp38-win_amd64.whl
```

图 3.9 Ta-Lib 库的手动安装

将 Ta-Lib 库下载完成之后，将它放在一个目录下，如 G 盘下 G:\TA_Lib-0.4.17-cp37-cp37m-win_amd64.whl。然后再次打开 Anaconda Prompt，输入下面的命令，即可完成安装。

```
pip install G:\TA_Lib-0.4.17-cp37-cp37m-win_amd64.whl
```

在 Anaconda Prompt 中的运行结果如下。

```
(base) C:\Users\Frankie>pip install G:\TA_Lib-0.4.17-cp37-cp37ra-win_arad64.whl
Processing g:\ta_lib~0.4.17-cp37-cp37ra-win_arad64.whl
Installing collected packages: TA-Lib
Successfully installed TA-Lib-0.4.17
(base) C:\Users\Frankie>_
```

上面的安装路径是由下载好的 Ta-Lib 所在目录决定的，同理，其他拓展包的安装也可以通过上面的方式进行手动安装，但需要注意的是，选择的版本一定要和当前的环境相匹配。

 本章小结

在本章内容中，我们结合量化交易场景对 Python 的基础知识进行了学习，包括基本变量的类型，条件、循环等语句，以及后面比较抽象的函数和面向对象的知识，最后又对 Python 中一些常用模块及模块的安装进行了学习。由于本章涉及的内容比较多，所以需要大家多练习和琢磨，以便与后面将要学习的知识融会贯通。

高级篇

在高级篇中，我们结合丰富的量化金融实例，详细介绍 Numpy、Pandas、Matplotlib 等数据分析库的基本用法，以及 Ta-Lib、Tushare、Statsmodels 等量化交易常用库的使用。

第 4 章　用 NumPy 来进行数据操作
第 5 章　借助 Pandas 进行数据分析
第 6 章　通过 Matplotlib 对数据可视化
第 7 章　历史数据的获取
第 8 章　量化交易的利器
第 9 章　时间序列分析

第 4 章
用 NumPy 来进行数据操作

在本章中,我们将开始进行 Python 数据分析和计算中最为常用的 NumPy 库的学习。NumPy 库中的数组 Ndarray,可以存储大量的高维数组或矩阵,而且 NumPy 中也包含了大量的数学运算的函数库,可以方便地进行各种复杂的运算。所以,对于依赖数据分析和操作的量化交易来说,学习 NumPy 库是很有帮助的。

本章主要涉及的知识点

- NumPy 库的介绍与安装。
- NumPy 数组 Ndarray 的创建与基本操作。
- NumPy 常见函数的使用。
- NumPy 在金融数据中的一些应用。

注意:Python 中的内置数组(array.array)只能存储一维数据,并且缺少数组计算的函数,所以后面我们用到的数组都将以 NumPy 数组 Ndarray 为主。

4.1 NumPy 库的介绍与安装

NumPy 库是科学计算及数据分析的基础库，它整合了 C、C++、Fortran 语言的代码，所以在执行时效率更高。也就是说，其内部功能在调用时，其实是调用了很多 C 语言的实现逻辑，并且 NumPy 在创建数组时，底层是通过 C 语言的机制进行内存分配的，也就是实现一连串连续的内存区域用于数据的存储，相比于 Python 的不连续存放数据的方式，这样自然可以极大提高数据的索引和执行效率。最后，NumPy 还是后面将要学习的 Pandas、Statsmodels 等库的基础。

由于在安装 Anaconda 时，已经将 NumPy 默认一同安装了，所以不需要重复安装。只需要在 PyCharm 中导入 NumPy 库来看一下是否报错即可。

```
import numpy as np
```

我们在使用 NumPy 时，一般会习惯使用 np 作为它的别名来进行使用。如果没有用 Anaconda，或者没有安装 NumPy，则可以通过上一章节中介绍的模块安装的方式来对 NumPy 进行安装，只需要进入 Anaconda Prompt，输入下面的安装命令即可。

```
pip install numpy
```

如果本地已经安装过 NumPy，则会提示已经安装过。

```
(base) C:\Users\Frankie>pip install numpy
Requirement already satisfied: numpy in e:\python\anaconda3\lib\site-packages (1.15.4)
```

4.2 Ndarray 数组

在确认 NumPy 已经在计算机上安装成功后，接下来我们将对 NumPy 中最为核心的数据结构 Ndarray（N-dimensional array）进行学习。

4.2.1 Ndarray 数组的创建

数组不同于列表，数组的大小是固定的，并且数组内的元素类型相同。因为只有这样，才便于有效地进行向量或矩阵运算。在导入 NumPy 之后，可以通过 np.array() 来创建数组，传入一个列表，如果列表是一维的，数组就是一维的，如果想创建二维或多维数组，则可以传入二维或多维列表。

```
import numpy as np

# 创建一维数组
arr1 = np.array([5.80, 5.90, 5.85, 5.90, 6.00])
# 创建二维数组
arr2 = np.array([[5.80, 5.90, 5.85, 5.90], [5.85, 5.90, 5.85, 5.95]])
```

如果想得到数组的维度，则可以通过 shape 的属性获取。

```
print(arr1.shape)    # (5,)
print(arr2.shape)    # (2, 4)
```

可以看出第一个数组是一个一维数组，有 5 个元素；第二个数组则是一个二维数组，结构是 2×4，即 2 行 4 列。

除通过传入列表的方式创建数组之外，还可以通过 np.empty()、np.zeros() 及 np.ones() 来创建数组。通过 np.empty() 可以创建一个未初始化的数组，其中需要指定创建数组的 shape 及类型（默认是 float 类型）。

```
# np.empty 的创建方式
empty_arr = np.empty(shape=(2, 4), dtype=int)
print(empty_arr)
```

输出结果是一个 2×4 的数组。

```
[[602167472     367 602168176     367]
 [601405360     367 603301872     367]]
```

np.zeros() 的作用是创建一个指定 shape 的数组，其中的元素都是以 0 来进行填充。

```
# np.zeros 的创建方式
zeros_arr = np.zeros(shape=(2, 4))
print(zeros_arr)
```

输出结果是一个 2×4 的数组，每个元素都是 0。

```
[[0. 0. 0. 0.]
 [0. 0. 0. 0.]]
```

np.ones() 的作用和 np.zeros() 一样，都是用于创建指定 shape 的数组，只不过它默认每个元素都是 1。

4.2.2 Ndarray 数组的索引与切片

Ndarray 数组的索引和切片方式与列表类似，索引同样是从下标 0 到 $n-1$，也是通过方括号"[]"进行索引和切片，如下面的索引方式。

```
# 创建一维数组
arr1 = np.array([5.80, 5.90, 5.85, 5.90, 6.00])
# 第一个元素
print(arr1[0])
```

输出结果如下。

```
5.80
```

切片就是从原数组中切割出一个新数组,它也可以通过方括号来实现,其中需要指定切割的开始和结束位置,中间用冒号隔开。

```
# 对索引位置 2:4 的元素进行切片
print(arr1[2:4])
# 对索引 2 到最后的元素进行切片
print(arr1[2:])
```

输出结果如下。

```
[5.85 5.90]
[5.85 5.90 6.00]
```

除可以通过上面的方式进行切片操作之外,也可以通过内置函数 slice() 来创建切片对象,切片对象在创建时可以传入 start、stop 及 step 参数来分别作为开始、结束及步长的设置,代码如下。

```
# 创建一维数组
arr1 = np.array([5.85, 5.95, 5.85, 5.90, 6.10, 6.00])
# 创建切片对象,从索引位置1到4,默认步长是1
s1 = slice(1, 4)
print(arr1[s1])
# 创建切片对象,从索引位置1到5,步长为2
s2 = slice(1, 5, 2)
print(arr1[s2])
```

输出结果如下。

```
[5.95 5.85 5.90]
[5.95 5.90]
```

在进行数组的切片时,切片的开始位置是包括在内的,而结束位置是不包括的,如 [2:6],索引位置 2 的数据是会被取到的,而索引位置 6 的数据则是取不到的。

下面对多维数组的索引和切片进行学习,以二维数组为例,在进行索引时,我们需要分别对数组的行和列进行索引,用一个逗号来分隔行和列这两个维度。一个二维数组的行和列的索引如图 4.1 所示。

	0	1	2
0	5.85	5.95	5.85
1	5.90	6.10	6.00
2	5.95	6.15	6.05

图 4.1 一个二维数组的结构

对照其位置，我们可以通过下面的方式进行索引。

```
# 创建二维数组
arr2 = np.array([[5.85, 5.95, 5.85], [5.90, 6.10, 6.00], [5.95, 6.15, 6.05]])

# 索引行位置1，列位置1的数据
print(arr2[1, 1])
# 索引行位置2，列位置2的数据
print(arr2[2, 2])
```

输出结果如下。

```
6.10
6.05
```

在进行切片时，我们可以分别对行和列进行切片。

```
# 行索引1到最后的切片
print(arr2[1:])
# 行索引0到2，列索引0到2的切片
print(arr2[0:2, 0:2])
# 行索引1到最后，列索引1到最后的切片
print(arr2[1:, 1:])
```

输出结果如下。

```
[[5.90 6.10 6.00]
 [5.95 6.15 6.05]]
[[5.85 5.95]
 [5.90 6.10]]
[[6.10 6.00]
 [6.15 6.05]]
```

在进行二维数组的切片时，行或列的切片的开始位置是包括在内的，而结束位置是不包括的，如 [0:2, 0:2]，行和列索引位置0的数据是会被取到的，而行和列索引位置2的数据则是取不到的。

4.2.3 Ndarray 数组的常用运算

Ndarray 数组对象可以直接调用其内部的函数来实现很多运算，下面就以一些常见的运算进行介绍。

1. 转置操作

有时我们在建立模型时，输入会是一个矩阵的形式，这时就需要对它进行转置以满足设定的输入结构，转置的过程如图 4.2 所示，代码如下。

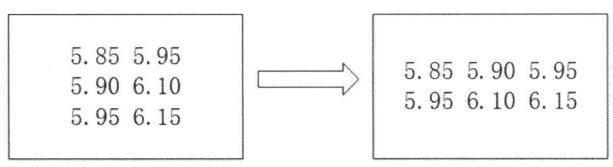

图 4.2 二维数组的转置操作

```
# 创建二维数组
arr2 = np.array([[5.85, 5.95], [5.90, 6.10], [5.95, 6.15]])
# 数组的转置
arr2_T = arr2.T
# 输出结果
print(arr2_T)
# 转置前的 shape
print(arr2.shape)
# 转置后的 shape
print(arr2_T.shape)
```

输出结果如下,可以看出经过转置之后得到的矩阵的 shape 发生了变化,即行和列进行了调换。

```
[[5.85 5.90 5.95]
 [5.95 6.10 6.15]]
(3, 2)
(2, 3)
```

2. 最值索引操作

有时我们不光需要得到一组数据的最值,还需要得到最值对应的索引位置。如一组股票数据,我们需要得到最大值或最小值的索引位置,代码如下。

```
import numpy as np

# 创建一个一维数组
arr2 = np.array([5.90, 5.85, 5.80, 5.70, 5.75, 5.80, 5.90, 6.00, 5.95])
# 最大值的索引
print(arr2.argmax())      # 7
# 最小值的索引
print(arr2.argmin())      # 3
```

3. 数值运算操作

Ndarray 数组还有一个好处就是可以直接对数组中的数据进行数值运算,如求最值、求平均值、求和等操作,代码如下。

```
import numpy as np
```

```python
# 创建一个一维数组
arr = np.array([5.90, 5.85, 5.80, 5.70, 5.75, 5.80, 5.90, 6.00, 5.95])
# 求最大值
print(arr.max())
# 求最小值
print(arr.min())
# 求平均值
print(arr.mean())
# 求方差
print(arr.std())
# 求和
print(arr.sum())
```

输出结果如下。

```
6.00
5.70
5.85
0.091
52.65
```

4.3 NumPy 的常用操作

除 Ndarray 数组之外，NumPy 库中还有其他函数可以实现很多功能，下面就通过这些函数来实现一些常用的操作。

4.3.1 数组的增删操作

Ndarray 对象不同于列表，其内部没有像 append() 或 delete() 一样可以直接进行追加或删除元素的函数，但是可以通过 np.append() 或 np.delete() 函数进行增删操作。np.append() 函数的作用是在原数组的基础上进行追加，需要传入追加的值，其可以是一个数值也可以是一个列表。

```python
# 创建一个一维数组
arr1 = np.array([5.90, 5.85, 5.80, 5.70])
# 追加元素
result = np.append(arr1, 5.85)
print(result)
# 追加列表
result = np.append(arr1, [5.90, 5.85])
```

```
print(result)
```

输出结果如下。

```
[5.90 5.85 5.80 5.70 5.85]
[5.90 5.85 5.80 5.70 5.90 5.85]
```

np.delete() 函数的作用是对原数组中指定索引位置的数据进行删除,索引位置可以是单个位置也可以用列表来表示索引位置。

```
# 创建一个一维数组
arr1 = np.array([5.90, 5.85, 5.80, 5.70])
# 删除指定索引位置的元素
result = np.delete(arr1, 2)
print(result)
# 删除多个索引位置的元素
result = np.delete(arr1, [1,2,3])
print(result)
```

输出结果如下。

```
[5.90 5.85 5.70]
[5.90]
```

4.3.2 数组的拼接操作

前面介绍的 np.append() 函数主要侧重于数组的追加操作,下面介绍的 np.concatenate() 函数则更侧重于数组的拼接操作,如在行或列的基础上拼接数组。下面的示例是向一个 2×4 的二维数组中追加一行数据,也就是向一个 2 行 4 列的二维数组中追加一行数据。

```
import numpy as np

prices = np.array([[3700, 3710, 3705, 3715], [3705, 3710, 3715, 3710]])
current_price = np.array([[3710, 3715, 3720, 3715]])
# 数组拼接(行)
result = np.concatenate((prices, current_price), axis=0)
# 输出结果
print(result)
```

输出结果如下。

```
[[3700 3710 3705 3715]
 [3705 3710 3715 3710]
 [3710 3715 3720 3715]]
```

上面的代码实现了将数组在行的方向上进行拼接,下面的代码实现的是将数组在列的方向上进行拼接。其中，我们定义了一个 2×3 的二维数组，也就是 2 行 3 列的数组。在这个二维数组中，列分别表示开盘价、最高价和最低价，现在我们需要做的是将上面的每列价格数据中拼接一列收盘价。

```
prices = np.array([[3705, 3715, 3700], [3705, 3715, 3700]])
close_prices = np.array([[3710], [3710]])
# 数组拼接（列）
result = np.concatenate((prices, close_prices), axis=1)
# 输出结果
print(result)
```

输出结果如下。

```
[[3700 3710 3705 3715]
 [3705 3710 3715 3710]]
```

可以看出在对原数组的行和列进行拼接组成新数组时，需要修改 np.concatenate() 函数中的 axis 参数，其中 0 表示在行方向的拼接，1 表示在列方向的拼接。另外，还需要注意的是，两个拼接的数组维度需要一样，如上面的例子中待拼接的数组都是二维的。

4.3.3 数组的分割操作

有时需要对数组进行分割操作，如我们读取了一个存放股票数据的文件，数据是按照高开低收的形式一同进行存放的，如果我们想分别得到每组的高开低收数据，这时就需要对数组进行分割操作。数组的分割可以通过 np.split() 函数来实现，代码如下。

```
import numpy as np

# 创建一维数组
prices = np.array([5.85, 5.80, 5.90, 5.95, 5.85, 5.90,
                   5.90, 5.95, 5.85, 5.80, 5.90, 6.00,])
# 将价格数组进行分割
oglc_prices = np.split(prices, 3)
# 输出结果
print(oglc_prices)
```

输出结果是将原数组平均分成 3 份，每份有 4 个数据元素。

```
[array([5.85, 5.80, 5.90, 5.95]), array([5.85, 5.90, 5.90, 5.95]),
 array([5.85, 5.80, 5.90, 6.00])]
```

上面是对一维数组进行分割，当数据上升到二维数组时，就多了行和列的分割操作。这时可以通过 np.vsplit() 和 np.hsplit() 函数进行操作。首先定义一个二维数组，然后分别通过 np.hsplit() 按列和 np.vshplit() 按行对数组进行分割操作，代码如下。

```python
# 创建一个二维数组 4 行 6 列
arr2 = np.ones(shape=(4, 6))
# 按行分割为两份
arr2_split = np.vsplit(arr2, 2)
# 输出结果
print(arr2)
print(np.shape(arr2))
print(arr2_split)
print(np.shape(arr2_split))

# 创建一个二维数组 4 行 6 列
arr2 = np.ones(shape=(4, 6))
# 按列分割为两份
arr2_split = np.hsplit(arr2, 2)
# 输出结果
print(arr2)
print(np.shape(arr2))
print(arr2_split)
print(np.shape(arr2_split))
```

输出结果如下,可以看出按行分割实际上是将原数组 shape 的第一位分成指定的份数,按列分割则是将原数组 shape 的第二位分成指定的份数,这样得到的结果实际上就是一个三维数组。

```
[[1. 1. 1. 1. 1. 1.]
 [1. 1. 1. 1. 1. 1.]
 [1. 1. 1. 1. 1. 1.]
 [1. 1. 1. 1. 1. 1.]]
(4, 6)
[array([[1., 1., 1., 1., 1., 1.],
       [1., 1., 1., 1., 1., 1.]]), array([[1., 1., 1., 1., 1., 1.],
       [1., 1., 1., 1., 1., 1.]])]
(2, 2, 6)

[[1. 1. 1. 1. 1. 1.]
 [1. 1. 1. 1. 1. 1.]
 [1. 1. 1. 1. 1. 1.]
 [1. 1. 1. 1. 1. 1.]]
(4, 6)
[array([[1., 1., 1.],
       [1., 1., 1.],
       [1., 1., 1.],
       [1., 1., 1.]]), array([[1., 1., 1.],
       [1., 1., 1.],
       [1., 1., 1.],
       [1., 1., 1.]])]
(2, 4, 3)
```

4.3.4 数组的 reshape 操作

对数组的 reshape 操作也是很重要的操作，前面提到的数组的分割操作中，如果高开低收的价格数据一开始不知道有几组，就无法确定分割的组数，而通过下面的 np.reshape() 函数就可以解决这个问题。

```python
# 创建一维数组
prices = np.array([5.85, 5.80, 5.90, 5.95, 5.85, 5.90,
                   5.90, 5.95, 5.85, 5.80, 5.90, 6.00,])
# 将价格数组进行 reshape 操作
result = np.reshape(prices, newshape=(-1, 4))
# 输出结果
print(result)
```

在上面的代码中，用到了 np.reshape() 函数，除将需要进行 reshape 的数组传入之外，我们还需要传入一个参数叫作 newshape，也就是转换后的结果的 shape，这里的参数是一个元组，其中 –1 表示行，因为不知道有几行，所以传入 –1 表示未知；4 表示列，代表转换后的数组有 4 列。这样就可以将数组转换为 n 行 4 列了，输出结果如下。

```
[[5.85 5.80 5.90 5.95]
 [5.85 5.90 5.90 5.95]
 [5.85 5.80 5.90 6.00]]
```

按照上面的原理，我们同样可以将其他 shape 的数组进行转换，但是前提是转换前后的数组的元素个数是保持一致的。如 2×6 的数组可以转换为 3×4 的数组，但是无法转化为 3×6 的数组，代码如下。

```python
# 创建一维数组
prices = np.array([[5.85, 5.80, 5.90, 5.85, 5.90, 5.90],
                   [5.95, 5.85, 5.80, 5.90, 6.00, 6.10]])
# 将价格数组进行 reshape 操作
result = np.reshape(prices, newshape=(3, 4))
# 输出结果
print(result)

# 创建一维数组
prices = np.array([[5.85, 5.80, 5.90, 5.85, 5.90, 5.90],
                   [5.95, 5.85, 5.80, 5.90, 6.00, 6.10]])
# 将价格数组进行 reshape 操作
result = np.reshape(prices, newshape=(3, 6))
# 输出结果
print(result)
```

输出结果如下，其中只有第一种是正确的，第二种会报错。

```
[[5.85 5.80 5.90 5.85]
 [5.90 5.90 5.95 5.85]
 [5.80 5.90 6.00 6.10]]

ValueError: cannot reshape array of size 12 into shape (3,6)
```

4.3.5 随机数的生成

在 NumPy 库中有一个 random 模块,通过这个模块可以生成特定数值类型的随机数,或者服从某种分布的随机数。

下面的示例是生成随机整数或浮点数。其中,np.random.random_integers() 和 np.random.randint() 的作用都是生成随机整数,都需要传入生成随机整数的范围和 size(下面的代码中都是 3 行 2 列)。两种方法的区别在于前者生成整数的范围区间是闭区间,而后者生成整数的范围区间是左闭右开。np.random.random_sample() 的作用是生成指定 size 的浮点型数据,范围是 0 到 1,但是不包括 1。

```
import numpy as np

# 生成随机整数,范围是[0, 10]
randoms = np.random.random_integers(low=0, high=10, size=(3, 2))
print(randoms)
# 生成随机整数,范围是[0, 10)
randoms = np.random.randint(low=0, high=10, size=(3, 2))
print(randoms)
# 生成随机浮点数,范围是[0, 1)
randoms = np.random.random_sample(size=(5))
print(randoms)
```

输出结果如下。

```
[[ 2 5]
 [ 0 5]
 [10 3]]
[[5 7]
 [8 2]
 [6 3]]
[0.63693248 0.90918420 0.52957903 0.36336826 0.73463279]
```

除生成指定类型的随机数之外,我们还可以生成指定分布的随机数,如正态分布、二项分布、均匀分布。在下面的代码中,第一种生成服从正态分布的随机数,正态分布的均值被指定为 0,标准差是 1;第二种生成服从二项分布的随机数,n 是试验次数,p 是概率;第三种生成服从均匀分布的随机浮点数,范围是 0 到 1。

```
# 生成服从正态分布的随机数
```

```
randoms = np.random.normal(loc=0, scale=1, size=(3, 2))
print(randoms)
# 生成服从二项分布的随机数
randoms = np.random.binomial(n=1, p=0.5, size=(3, 2))
print(randoms)
# 生成服从均匀分布的随机浮点数，范围是[0, 1)
randoms = np.random.rand(5)
print(randoms)
```

输出结果如下。

```
[[1.49049234  0.04569582]
 [0.80199191 -0.23984309]
 [1.06842221 -0.58137029]]
[[0 1]
 [0 0]
 [0 0]]
[0.05713878 0.42730137 0.82836298 0.12476427 0.50233550]
```

4.4 NumPy 在金融数据中的应用

通过前面对 NumPy 的学习，我们已经初步掌握了 NumPy 的数组及常见函数的使用，下面我们将通过 NumPy 结合金融数据进行一些实际的应用，从而可以在今后的学习和使用中融会贯通。

4.4.1 收益率的计算

我们在对金融数据进行分析时，不仅需要分析资产的价格，还需要分析资产的收益率。因为资产的收益率可以体现资产的投资机会，并且与投资规模无关，另外，收益率比价格更容易处理，并且具有更好的统计性质。所以，经常需要通过资产的价格来计算其收益率，下面就以股票数据为例，通过 NumPy 来实现收益率的计算。

收益率有两种常见的表现形式，一种是简单收益率，另一种是对数收益率。简单收益率是指两个相邻价格之间的差值，而对数收益率是所有价格取对数之后的差值。

在下面的实现过程中，首先定义一个数组表示股票收盘价的价格序列，然后通过 np.diff() 函数对传入的数组进行计算，这个函数默认返回一个由相邻数组元素的差值构成的数组，所以得到结果要比原先的数组长度少一个。

```python
import numpy as np

# 定义价格序列
close_price = np.array([10.81, 10.85, 10.92, 10.75, 10.59,
                        10.86, 11.02, 11.13, 11.34])
# 计算简单收益率
sim_return_rate = np.diff(close_price)
# 输出结果
print(sim_return_rate)
```

输出结果如下。

```
[ 0.04  0.07 -0.17 -0.16  0.27  0.16  0.11  0.21]
```

在计算对数收益率之前,需要先对价格序列取对数,然后再把对数化后的数据传入np.diff()函数。

```python
# 定义价格序列
close_price = np.array([10.81, 10.85, 10.92, 10.75, 10.59,
                        10.86, 11.02, 11.13, 11.34])
# 计算对数收益率
log_return_rate = np.diff(np.log(close_price))
# 输出结果
print(log_return_rate)
```

输出结果如下。

```
[ 0.00369345  0.00643089 -0.01569022 -0.01499559  0.02517615  0.01462549
  0.00993236  0.01869213]
```

经过前面知识的学习,我们可以通过函数封装的思想对上面的两种收益率的计算方法进行封装,从而便于调用和拓展。例如,我们定义了一个名为 cal_return_rate 的函数,它需要传入一个价格序列和一个 type 参数来表示我们要求哪种收益率。通过这种函数封装的方式来实现某个功能可以减少代码量并便于调用。后面的学习过程中,我们也会通过函数的方式来对某种功能的实现进行封装。

```python
# 定义计算收益率的函数
def cal_return_rate(price_series, type='sim'):
    if type == 'sim':
        return np.diff(price_series)
    elif type == 'log':
        return np.diff(np.log(price_series))
    else:
        print('error')
```

4.4.2 滑动窗口的实现

滑动窗口（Sliding Window）在分析金融衍生品数据，或者建立回测模型时会经常用到。它先指定一定长度的窗口，然后将这个窗口应用于大量的数据中，尤其是流式数据，之后的分析就会基于这个窗口中的数据，每个窗口的数据分析结束后，窗口再继续位移一个单位，如图 4.3 所示。滑动窗口可以极大减少内存的消耗，并且可以对数据的当前特征进行分析。包括后面的指标计算、机器学习模型的预测都需要用到滑动窗口，所以下面就来对滑动窗口进行代码实现。

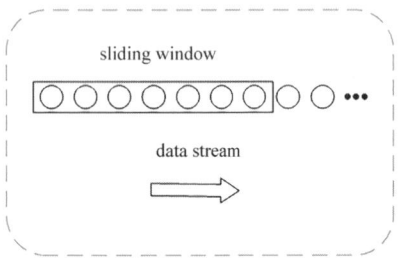

图 4.3 滑动窗口在数据流中的使用

为了便于调用，同样也是通过一个函数的形式来封装滑动窗口的功能实现。首先定义一个名为 cal_sliding_window 的函数，并且需要传入两个参数，一个是要进行计算滑动窗口的序列 series，另一个是指定滑动窗口大小的 size；然后再定义一个数组，它的 shape 是 len(series) – size + 1 行，size 列，如一个长度为 9 的序列，滑动窗口的大小是 3，即 len(series) 为 9，size 为 3，这样得到的滑动窗口就有 9 – 3 + 1 = 7 个，每个窗口有 3 个数据，实际上结构就是一个 7×3 的二维数组；之后需要通过 for 循环遍历序列，这里遍历的索引是从 0 到 len(series) – size 的，所以一共有 len(series) – size + 1 个数据；每次通过滑动窗口截取序列数据中长度为 size 的数据，并赋值给 windows_arr 数组，最后遍历结束，将结果返回。这里滑动窗口的计算代码虽然不多，但是有些计算的部分需要深入理解，读者可以在草稿纸上画一下整个过程来加深印象。

```
# 定义滑动窗口
def cal_sliding_window(series, size):
    # 定义一个数组存储每个滑动窗口
    windows_arr = np.zeros(shape=(len(series) - size + 1, size))
    # 遍历序列
    for i in range(len(series) - size + 1):
        # 截取窗口
        window = series[i : i + size]
        windows_arr[i] = window
    return windows_arr
```

调用这个函数时，我们还是通过上面定义的价格序列数组。

```
# 调用上面的函数
windows = cal_sliding_window(close_price, 3)
# 输出结果
print(windows)
```

输出结果如下，可以看出得到的是一个 7×3 的二维数组，其中每个窗口的数据相对于之前的窗口都向前移动了一个单位。

```
[[10.81 10.85 10.92]
 [10.85 10.92 10.75]
 [10.92 10.75 10.59]
 [10.75 10.59 10.86]
 [10.59 10.86 11.02]
 [10.86 11.02 11.13]
 [11.02 11.13 11.34]]
```

4.4.3 10 日和 20 日均线的计算

在股票市场中，10 日均线（MA10）和 20 日均线（MA20）常常被用来作为两种技术指标，用来判断当前市场的趋势情况。因此，也有很多策略如 CTA 策略都会依赖均线作为买卖的信号，具体在后面的章节中也会涉及。下面我们将以 10 日和 20 日均线的计算为例实现相关代码。

在下面的代码中，首先定义一个名为 cal_MA 的函数，传入的参数是一个表示要计算 MA 指标的 series 序列和一个表示计算 MA 周期的参数 period，它的默认值是 10，也就是默认计算 MA10 指标；然后定义一个长度为 len(series) – period + 1 的数组，用于存储 MA 指标，这是因为一个长度为 len(series) 的序列在指定周期为 period 的前提下，得到的 MA 指标序列的长度为 len(series) – period + 1；之后因为 MA 指标在计算时需要用到滑动窗口，因此可以调用前面定义的函数来计算滑动窗口；接着通过 for 循环遍历每个滑动窗口，并通过 np.mean() 函数计算滑动窗口的均值并将其赋予 ma_arr 数组；最后再将结果返回。

```python
# 计算均线
def cal_MA(series, period=10):
    # 定义数组存储 MA
    ma_arr = np.zeros(shape=len(series) - period + 1)
    # 先将数据转换为滑动窗口
    windows = cal_sliding_window(series, period)
    for i in range(len(windows)):
        ma_arr[i] = np.mean(windows[i])
    return ma_arr
```

在调用上面的函数之前，我们可以通过前面学习的随机数的生成来生成一个随机的价格序列，然后将这个序列传入上面的函数中，默认得到的结果是 MA10 指标序列，如果要得到 MA20 指标序列，则只需要传入 period=20 即可。

```python
# 定义价格序列
price = np.random.normal(loc=10, scale=1, size=20)
# 计算 MA 指标
ma_arr = cal_MA(price)
```

```
# 输出结果
print(ma_arr)
```

输出结果如下,由于上面定义的随机价格序列的长度为 20,所以计算得到的 MA10 指标序列的长度就是 11。

```
[ 9.97191349 10.05506281 10.17038249 10.24985912 10.48649388 10.64704711
 10.58058174 10.65921476 10.51231993 10.48006682 10.39874511]
```

4.5 本章小结

经过本章内容的学习,我们对 NumPy 这个常用于数据分析和处理的库有了基本的认识。首先学习了 Ndarray 数组的用法和常用的运算,然后又对 NumPy 中常用的函数进行了学习,最后结合金融量化场景下的应用对 NumPy 进行了进一步的学习。在后面的学习中,NumPy 也会继续作为一个常用的库帮助我们解决量化领域中的一系列问题。

第 5 章
借助 Pandas 进行数据分析

在本章中，我们将开始进行 Pandas 的学习，它是一种基于 NumPy 的数据分析库。其中，包含了功能强大的数据结构及丰富的函数库，为数据分析提供了极大的便利。因此，在量化交易领域中，Pandas 也是作为一种常用的库用于对金融数据的分析和处理，所以学习 Pandas 是非常有必要的。

本章主要涉及的知识点

- Pandas 库的介绍与安装。
- Pandas 的数据结构 Series 的使用。
- Pandas 的数据结构 DataFrame 的使用。
- Pandas 中一些常用函数的使用。
- Pandas 在金融数据中的应用。

注意：Pandas 中很多功能的实现是建立在 NumPy 基础上的，所以在使用 Pandas 之前需要确保 NumPy 已经安装。

5.1 Pandas 库的介绍与安装

Pandas 是一个功能强大的数据分析的工具库,它是在 NumPy 的基础上进行实现的,所以也包含了数据运算的基本功能。Pandas 中包含了两种常用的数据结构:Series 和 DataFrame,可以快速便捷地用于数据的表示,另外,Pandas 中丰富的函数库也为我们提供了很多种数据处理和分析方法,所以 Pandas 也被称为"数据分析的瑞士军刀"。

同 NumPy 一样,在安装 Anaconda 时,已经将 Pandas 默认一同安装了,所以不需要重复安装。只需要在 PyCharm 中导入 Pandas 库来看一下是否报错即可。

```
import pandas as pd
```

与导入 NumPy 库时一样,我们也习惯用别名来对 Pandas 进行表示。如果本地没有安装 Pandas,则可以通过前面章节中介绍的模块安装的方式来对 Pandas 进行安装。

5.2 Series 类型数据

在确认 Pandas 已经在计算机上安装成功后,接下来将进行 Pandas 中数据结构 Series 的学习。Series 可以看作是一个一维数组,只不过它相比于普通的一维数组多了数据的标签,所以 Series 要比数组的实际意义更强。

5.2.1 Series 对象的创建

Series 是一个类,所以我们需要通过 Series 的构造函数来创建它的实例化对象。在此之前需要先导入 Pandas 包,然后传入数据的 index 属性和 values 属性,它们分别表示数据的标签或索引和数据的值,下面展示了一个简单的 Series 对象的创建。

```
import pandas as pd

# 创建一个 Series 对象
sr = pd.Series(data=[3700, 3705, 3710, 3715, 3710],
               index=['11/01', '11/02', '11/03', '11/04', '11/05'])
# 输出 Series 对象
print(sr)
```

上面是一个创建 Series 对象的简单示例，其中数据的值是价格序列，数据的索引是时间序列，这样创建的 Series 对象相比于一维数组更具有实际意义。上面代码的输出结果如下。

```
11/01    3700
11/02    3705
11/03    3710
11/04    3715
11/05    3710
dtype: int64
```

除上面的方式之外，我们在创建 Series 对象时，也可以不指定数据的 index 属性，这样得到的 Series 序列的 index 就是默认的 0 到 $n-1$（n 是数据值的长度），代码如下。

```python
# 创建一个 Series 对象
sr = pd.Series(data=[3700, 3705, 3710, 3715, 3710])
# 输出 Series 对象
print(sr)
# 输出 Series 对象索引的值
print(sr.index.values)
```

输出结果如下，其中 sr.index 得到的是一个索引对象，为了得到其具体的值可以通过 sr.index.values 属性来得到，得到的结果是一个数组。

```
0    3700
1    3705
2    3710
3    3715
4    3710
dtype: int64
[0 1 2 3 4]
```

除得到 Series 对象索引的值之外，我们还可以通过 sr.values 属性来得到 Series 对象中数据的值。

```python
# 创建一个 Series 对象
sr = pd.Series(data=[3700, 3705, 3710, 3715, 3710])
# 输出 Series 对象中数据的值
print(sr.values)
```

同样，得到的结果也是一个数组。

```
[3700 3705 3710 3715 3710]
```

从上面的示例中可以看出，每个数据的值都有其对应的标签或索引，所以从另外的角度来看，Series 也可以看作是一个字典。因此，Series 对象也可以通过传入一个字典来创建。

```python
# 创建一个字典
dict = {'11/01':3700, '11/02':3705, '11/03':3710, '11/04':3715, '11/05':3710}
```

```
# 创建一个 Series 对象
sr = pd.Series(data=dict)
```

通过字典的方式创建得到的 Series 对象的结果和第一种方式创建得到的结果一样,并且通过字典的方式创建得到的 Series 对象会根据指定的 keys 值进行排序。

Series 对象及其索引还具有 name 属性,所以还可以对它及其索引的 name 赋值,从而使得结果更具有实际意义。

```
# 创建一个字典
dict = {'11/01':3700, '11/02':3705, '11/03':3710, '11/04':3715, '11/05':3710}
# 创建一个 Series 对象
sr = pd.Series(data=dict)
# 指定 Series 的 name 和索引的 name
sr.index.name = 'date'
sr.name = 'prices'
# 输出 Series 对象
print(sr)
```

输出结果如下,可以看出 Series 的索引中增加了我们的指定名称,并且 Series 对象的 Name 也变为了我们的指定名称。

```
date
11/01    3700
11/02    3705
11/03    3710
11/04    3715
11/05    3710
Name: prices, dtype: int64
```

5.2.2 Series 对象的索引与切片

Series 的索引方式可以类比一维数组,可以通过数值位置进行索引,其索引同样是从 0 开始的,代码如下。

```
# 创建一个 Series 对象
sr = pd.Series(data=[3700, 3705, 3710, 3715, 3710],
               index=['11/01', '11/02', '11/03', '11/04', '11/05'])
# 索引 Series 对象
print(sr[2])
```

输出结果如下。

```
3710
```

除数组的位置索引方式之外,Series 对象还有一种便捷的索引方式就是通过其指定的标签索引来实现。

```python
# 创建一个 Series 对象
sr = pd.Series(data=[3700, 3705, 3710, 3715, 3710],
               index=['11/01', '11/02', '11/03', '11/04', '11/05'])
# 索引 Series 对象（通过标签索引）
print(sr['11/03'])
```

上面的索引方式得到的结果和位置索引得到的结果是一样的。

同样，也可以对 Series 对象进行切片索引，其方式也类似于一维数组的切片索引方式，只不过对于已指定标签索引的 Series 对象，我们还可以通过其标签进行切片索引。下面仍以上面的数据为例：

```python
# 创建一个 Series 对象
sr = pd.Series(data=[3700, 3705, 3710, 3715, 3710],
               index=['11/01', '11/02', '11/03', '11/04', '11/05'])
# Series 对象的切片索引（通过位置索引进行切片索引）
print(sr[0:2])
# Series 对象的切片索引（通过标签索引进行切片索引）
print(sr['11/01':'11/03'])
```

通过标签进行切片索引时，索引开始和结束位置的值都是包括在内的，而位置索引的方式只包括开始位置的值，而不包括结束位置的值，所以输出结果如下。

```
11/01    3700
11/02    3705
dtype: int64
11/01    3700
11/02    3705
11/03    3710
dtype: int64
```

此外，Series 对象也可以通过布尔值进行索引，下面的示例中通过传入布尔表达式来筛选出 Series 中满足条件的数据。

```python
# 创建一个 Series 对象
sr = pd.Series(data=[3700, 3705, 3710, 3715, 3710],
               index=['11/01', '11/02', '11/03', '11/04', '11/05'])
# 索引 Series 对象（通过布尔值）
print(sr>= 3710)
print(sr[sr>= 3710])
```

其中，sr>= 3710 表达式得到的是一个布尔数值组成的 Series 的结果，然后通过这个布尔结果来作为我们筛选的条件，输出结果如下。

```
11/01    False
```

```
11/02    False
11/03    True
11/04    True
11/05    True
dtype: bool
11/03    3710
11/04    3715
11/05    3710
dtype: int64
```

通过布尔值进行索引，在处理金融数据时也是一种很有效的方式。例如，我们要筛选出某个价格区间的数据进行单独分析，或者筛选出一些异常数据时，可以通过这种方式进行索引。

5.2.3　Series 对象的常用操作

除前面介绍的 Series 对象中的 index、values、name 等属性之外，Series 对象中还有很多函数可以提供数据分析和处理的方法，下面就以其中几个较为常用的函数进行介绍。

1. 差分操作

Series 对象可以通过其内部的函数计算数据的差分，从而可以计算金融衍生品数据的价差等。

```
# 创建一个 Series 对象
sr = pd.Series(data=[3700, 3705, 3710, 3715, 3710],
               index=['11/01', '11/02', '11/03', '11/04', '11/05'])
# 计算差分
print(sr.diff())
```

执行上述代码得到的结果同样也是一个 Series 对象，并且 diff() 函数默认的差分是一阶的，所以如果想得到高阶差分，则可以指定其参数 periods 的值。

```
11/01    NaN
11/02    5.0
11/03    5.0
11/04    5.0
11/05   -5.0
dtype: float64
```

2. 拼接操作

Series 对象也可以进行拼接的操作，拼接操作可以通过 append() 函数来实现。下面的代码实现了两个 Series 的拼接操作。

```
# 创建一个 Series 对象
sr1 = pd.Series(data=[3700, 3705, 3710, 3715, 3710],
```

```
            index=['11/01', '11/02', '11/03', '11/04', '11/05'])
# 创建另一个 Series 对象
sr2 = pd.Series(data=[3715, 3715, 3720, 3715, 3725],
            index=['11/06', '11/07', '11/08', '11/09', '11/10'])
# Series 拼接操作
result = sr1.append(sr2)
# 输出结果
print(result)
```

进行拼接后得到的结果依旧是一个 Series 对象,它是两个 Series 的索引标签和值的结果的拼接,具体如下。

```
11/01    3700
11/02    3705
11/03    3710
11/04    3715
11/05    3710
11/06    3715
11/07    3715
11/08    3720
11/09    3715
11/10    3725
dtype: int64
```

3. 删除操作

Series 对象中没有 delete 函数,但是对于其中数据的删除可以通过 drop() 函数来实现,通过指定需要删除的数据的索引标签可以实现对指定数据的删除。

```
# 创建一个 Series 对象
sr = pd.Series(data=[3700, 3705, 3710, 3715, 3710],
            index=['11/01', '11/02', '11/03', '11/04', '11/05'])
# Series 对象的删除操作
result = sr.drop(['11/01', '11/02'])
# 输出结果
print(result)
```

对于有索引标签的 Series 来说,传入函数的参数就是指定的索引标签,如果没有索引标签,则以默认的数值索引进行删除操作。上面代码的输出结果如下。

```
11/03    3710
11/04    3715
11/05    3710
dtype: int64
```

5.3 DataFrame 类型数据

下面我们将进行 Pandas 中另一个数据结构 DataFrame 的学习。简单来说，DataFrame 可以看作是一个二维数组，它既具有行索引，又具有列索引。类比 Series，DataFrame 也可以看作是多个具有共同索引的 Series 的组合。因此，DataFrame 具有更强的数据表现形式。

5.3.1 DataFrame 对象的创建

同 Series 一样，DataFrame 在 Pandas 中也是一个类。因此，在创建 DataFrame 实例化对象时也需要用到其对应的构造函数。DataFrame 和 Series 不同之处在于前者传入的 data 参数是二维的，并且还需要传入一个列索引。下面的代码创建了一个 DataFrame 对象表示一个股票的高开低收价格，其中行索引是日期，通过 index 参数进行指定；列索引是对应的价格，通过 columns 参数进行指定。

```
import pandas as pd

# 定义一个二维价格序列数据（Open High Low Close）
ohlc_data = [[16.45,16.48,16.31,16.41], [16.30,16.30,15.70,15.85],
             [15.75,15.87,15.63,15.86], [15.89,15.92,15.55,15.59]]
# 定义行索引
date_index = ['2019-11-19', '2019-11-20', '2019-11-21', '2019-11-22']
# 定义列索引
ohlc_columns = ['Open', 'High', 'Low', 'Close']
# 创建一个 DataFrame 对象
df = pd.DataFrame(data=ohlc_data, index=date_index, columns=ohlc_columns)
# 输出结果
print(df)
```

输出结果如下，可以看出相比于一个二维数组的存储方式，DataFrame 通过设置行索引和列索引可以使得数据的呈现结果更具有实际意义和可读性。

```
            Open   High    Low  Close
2019-11-19  16.45  16.48  16.31  16.41
2019-11-20  16.30  16.30  15.70  15.85
2019-11-21  15.75  15.87  15.63  15.86
2019-11-22  15.89  15.92  15.55  15.59
```

除上面这种指定数据、列索引及行索引的创建方式之外，我们同样也可以通过字典来创建 DataFrame，其中字典中的 key 对应的就是列索引，value 就是这列中的数据。

```
# 定义一个字典
dict = {'date':['2019-11-19', '2019-11-20', '2019-11-21', '2019-11-22'],
        'open':[16.45, 16.30, 15.75, 15.89],
        'high':[16.48, 16.30, 15.87, 15.92],
        'low':[16.31, 15.70, 15.63, 15.55],
        'close':[16.41, 15.85, 15.86, 15.86]}
# 创建一个 DataFrame 对象
df = pd.DataFrame(data=dict)
# 输出结果
print(df)
```

输出结果如下。

```
        date   open   high    low  close
0  2019-11-19  16.45  16.48  16.31  16.41
1  2019-11-20  16.30  16.30  15.70  15.85
2  2019-11-21  15.75  15.87  15.63  15.86
3  2019-11-22  15.89  15.92  15.55  15.86
```

相比于前面创建 DataFrame 的方式，这种方式没有指定行索引，所以系统会自动创建 0 到 $n-1$ 的行索引。如果想得到和前面一样的结果，那么只需要在创建 DataFrame 之后，通过 set_index() 指定行索引为其中的某列即可。

```
df = pd.DataFrame(data=dict)
df = df.set_index('date')
```

如果要获取一个 DataFrame 对象中数据的值，则可以通过 values 属性来获取。下面仍以上面的 DataFrame 为例：

```
# 输出 DataFrame 对象中数据的值
print(df.values)
```

得到的结果是一个二维数组。

```
[[16.45 16.48 16.31 16.41]
 [16.30 16.30 15.70 15.85]
 [15.75 15.87 15.63 15.86]
 [15.89 15.92 15.55 15.59]]
```

如果要获取一个 DataFrame 对象中的列索引和行索引，则可以分别通过其行和列的索引属性来获取，这样得到的是一个索引对象，所以还需要调用这个对象的 values 属性。

```
# 输出行索引的值
print(df.index.values)
# 输出列索引的值
print(df.columns.values)
```

得到的结果是一个一维数组。

```
['2019-11-19' '2019-11-20' '2019-11-21' '2019-11-22']
['Open' 'High' 'Low' 'Close']
```

5.3.2　DataFrame 对象的索引与切片

DataFrame 对象的索引和切片操作可以类比二维数组，其中 DataFrame 中的索引就是对某行某列的数据进行选取，以得到指定位置的数据；而切片则是对多行多列的数据进行选取，以得到指定区域的数据。在对 DataFrame 进行索引时，如果想通过方括号"[]"的索引方式来索引某行或某列，则只能实现列的索引。下面的示例是通过方括号索引某一列或某一行。

```
# 定义一个二维价格序列数据（Open High Low Close）
ohlc_data = [[16.45,16.48,16.31,16.41], [16.30,16.30,15.70,15.85],
             [15.75,15.87,15.63,15.86], [15.89,15.92,15.55,15.59]]
# 定义行索引
date_index = ['2019-11-19', '2019-11-20', '2019-11-21', '2019-11-22']
# 定义列索引
ohlc_columns = ['Open', 'High', 'Low', 'Close']
# 创建一个DataFrame对象
df = pd.DataFrame(data=ohlc_data, index=date_index, columns=ohlc_columns)

# []索引方式
print(df['Open'])
print(df['2019-11-19'])
```

上面对行和列的索引中，只有第一种索引方式是正确的，结果得到的是 Open 列组成的一个 Series 对象。而第二种方式则会报错，理解了 DataFrame 通过方括号进行索引，实际上是以列进行的索引之后，其报错的原因就显而易见了，报错原因是 DataFrame 中没有列名为 2019-11-19 的列。

```
2019-11-19    16.45
2019-11-20    16.30
2019-11-21    15.75
2019-11-22    15.89
Name: Open, dtype: float64

KeyError: '2019-11-19'
```

如果想要用方括号进行某行的索引，则可以通过指定行索引的值的方式来实现，代码如下。

```
# 索引某一行
print(df[df.index=='2019-11-19'])
```

这样得到的就是指定的某行了。

```
            Open   High    Low  Close
2019-11-19  16.45  16.48  16.31  16.41
```

由于 DataFrame 的行和列索引可以是默认的数值索引，也可以是指定的标签索引，所以最为推荐的方式是分别通过 DataFrame 中的 loc 方法或 iloc 方法进行索引或切片操作。其中，如果我们指定了 DataFrame 的行和列的索引标签，则可以通过 loc 方法进行索引或切片操作。其中，在进行索引或切片时，只需要传入行或列对应的索引标签即可。首先定义一个 DataFrame 对象，代码如下。

```
# 定义一个二维价格序列数据（Open High Low Close）
ohlc_data = [[16.45,16.48,16.31,16.41], [16.30,16.30,15.70,15.85],
             [15.75,15.87,15.63,15.86], [15.89,15.92,15.55,15.59]]
# 定义行索引标签
date_index = ['2019-11-19', '2019-11-20', '2019-11-21', '2019-11-22']
# 定义列索引标签
ohlc_columns = ['Open', 'High', 'Low', 'Close']
# 创建一个 DataFrame 对象
df = pd.DataFrame(data=ohlc_data, index=date_index, columns=ohlc_columns)
# 输出 DataFrame 对象
print(df)
```

输出结果如下，可以看出这个 DataFrame 对象具有行和列的索引标签。

```
            Open   High    Low  Close
2019-11-19  16.45  16.48  16.31  16.41
2019-11-20  16.30  16.30  15.70  15.85
2019-11-21  15.75  15.87  15.63  15.86
2019-11-22  15.89  15.92  15.55  15.59
```

然后通过 loc 方法对这个 DataFrame 对象进行索引和切片操作，需要注意的是，loc 或 iloc 后面是一个方括号"[]"，而不是圆括号"()"。其中，方括号中的第一个参数表示行的索引，通过它可以指定某行或多行；第二个参数表示列的索引，通过它可以指定某列或多列。

```
# 输出行索引标签是 2019-11-19 的数据
print(df.loc['2019-11-19'])
# 输出行索引标签是 2019-11-19，列标签索引是 Close 的数据
print(df.loc['2019-11-19', 'Close'])
# 输出行索引标签从 2019-11-19 到 2019-11-21 的数据
print(df.loc['2019-11-19':'2019-11-21'])
# 输出行索引标签从 2019-11-19 到 2019-11-21，列标签是 High、Low 的数据
print(df.loc['2019-11-19':'2019-11-21', ['High', 'Low']])
# 输出所有列索引标签是 Close 的数据
print(df.loc[:, 'Close'])
```

通过上面的方式可以很方便地对具有索引标签的 DataFrame 中指定位置的数据进行索引操作，或者对指定区域的数据进行切片操作。另外，通过上面的方式进行切片时，如果指定的是

DataFrame 中的多行和多列，那么得到的结果还是一个 DataFrame 对象；如果索引的是 DataFrame 的某一列，那么得到的结果是一个 Series 对象；如果索引的是指定某行某列的数据，那么返回的就是特定类型的数据。上面代码的输出结果如下。

```
Open    16.45
High    16.48
Low     16.31
Close   16.41
Name: 2019-11-19, dtype: float64
16.41
            Open   High    Low  Close
2019-11-19  16.45  16.48  16.31  16.41
2019-11-20  16.30  16.30  15.70  15.85
2019-11-21  15.75  15.87  15.63  15.86
            High    Low
2019-11-19  16.48  16.31
2019-11-20  16.30  15.70
2019-11-21  15.87  15.63
2019-11-19    16.41
2019-11-20    15.85
2019-11-21    15.86
2019-11-22    15.59
Name: Close, dtype: float64
```

如果我们想对上面已经定义了行和列索引标签的 DataFrame 对象，通过数值索引的方式得到相同结果，即如下面的索引方式。

```
# 输出行索引是 0 的数据
print(df.loc[0])
# 输出行索引是 0，列标签是 3 的数据
print(df.loc[0, 3])
# 输出行索引从 0 到 2 的数据
print(df.loc[0:2])
# 输出行索引从 0 到 2，列索引是 1 和 2 的数据
print(df.loc[0:2, [1, 2]])
# 输出所有列索引是 3 的数据
print(df.loc[:, 3])
```

执行上述代码得到的结果是每一种方式都会报错，因为对于指定了行和列索引标签的 DataFrame，只能通过 loc 方法进行标签索引。所以，当我们没有指定 DataFrame 对象中的行和列的索引标签时，也就是默认的数值索引，此时可以通过 iloc 方法进行索引或切片操作。首先还是创建一个 DataFrame 对象，只不过不为它设置行和列的标签索引。

```
# 定义一个二维价格序列数据（Open High Low Close）
ohlc_data = [[16.45,16.48,16.31,16.41], [16.30,16.30,15.70,15.85],
```

```
                [15.75,15.87,15.63,15.86], [15.89,15.92,15.55,15.59]]
# 创建一个 DataFrame 对象
df = pd.DataFrame(data=ohlc_data)
# 输出 DataFrame 对象
print(df)
```

输出结果如下，可以看出它的行和列的索引都是默认的数值类型。

```
       0      1      2      3
0  16.45  16.48  16.31  16.41
1  16.30  16.30  15.70  15.85
2  15.75  15.87  15.63  15.86
3  15.89  15.92  15.55  15.59
```

此时，将上面报错的索引方式都换成 iloc 方法，即可得到与之前一样的输出结果。

```
# 输出行索引是 0 的数据
print(df.iloc[0])
# 输出行索引是 0，列标签是 3 的数据
print(df.iloc[0, 3])
# 输出行索引从 0 到 2 的数据
print(df.iloc[0:2])
# 输出行索引从 0 到 2，列索引是 1 和 2 的数据
print(df.iloc[0:2, [1, 2]])
# 输出所有列索引是 3 的数据
print(df.iloc[:, 3])
```

除上面的 loc 和 iloc 方法之外，通过调用 DataFrame 对象的 values 属性可以返回一个二维数组，借助二维数组的索引和切片操作也可以实现上述功能。

5.3.3 DataFrame 对象的常用操作

在 DataFrame 对象中也有很多方法可以用于一系列的操作，下面就以其中几个较为常用的操作为例进行介绍。

1. 分组操作

在使用 Pandas 时，有些场景中需要对数据内部进行分组操作处理。例如，一组期货数据，我们需要按照期货合约代码进行分组，然后分别对每组进行分析，这时可以通过 DataFrame 对象中的 groupby() 方法来解决。在通过 Pandas 进行数据分析时，groupby() 函数是一个数据分析辅助利器。

在下面的代码中，首先创建了一个 DataFrame 对象，其中包含了两种期货合约品种（rb1910 和 rb1911）的价格和交易量等信息。

```
# 定义一个字典
dict = {'date':['2019-10-10', '2019-10-11', '2019-10-14',
```

```
                '2019-10-10', '2019-10-11', '2019-10-14'],
        'id':['rb1910', 'rb1910', 'rb1910', 'rb1911', 'rb1911', 'rb1911'],
        'close':[3585, 3603, 3645, 3534, 3503, 3500],
        'vol':[32640, 8040, 10320, 164, 10, 314],}
# 创建一个 DataFrame 对象
df = pd.DataFrame(data=dict)
# 输出 DataFrame 对象
print(df)
```

输出结果如下。

```
        date      id  close    vol
0  2019-10-10  rb1910   3585  32640
1  2019-10-11  rb1910   3603   8040
2  2019-10-14  rb1910   3645  10320
3  2019-10-10  rb1911   3534    164
4  2019-10-11  rb1911   3503     10
5  2019-10-14  rb1911   3500    314
```

然后调用 df.groupby()，按期货合约的 id 进行分组，因为其中只有两种期货合约，所以结果自然是被分成了两组。这里需要注意的是，通过 DataFrame 对象的 groupby() 方法进行分组时，得到的结果是一个 DataFrameGroupBy 对象。

```
# 进行分组
grouped_df = df.groupby('id')
# 输出结果的类型
print(type(grouped_df))
```

输出结果如下。

```
<class 'pandas.core.groupby.generic.DataFrameGroupBy'>
```

因为结果不是一个 DataFrame 或 Series 对象，这就意味着之前 DataFrame 或 Series 对象中一系列方法和函数无法使用了，但是 DataFrameGroupBy 对象中同样也提供了很多函数和方法可以用于对每组数据的分析，这也是 DataFrame 或 Series 对象无法实现的，代码如下。

```
# 进行分组
grouped_df = df.groupby('id')
# 输出每一组的大小
print(grouped_df.size())
# 输出每一组的均值
print(grouped_df.mean())
# 输出每一组的个数
print(grouped_df.count())
# 输出每一组的最大值
print(grouped_df.max())
```

```
# 输出每一组的最小值
print(grouped_df.min())
```

输出结果如下,可以看出通过分组操作可以实现按组进行数据分析。

```
id
rb1910    3
rb1911    3
dtype: int64
           close          vol
id
rb1910  3611.000000  17000.000000
rb1911  3512.333333    162.666667
        date  close  vol
id
rb1910    3      3    3
rb1911    3      3    3
        date        close  vol
id
rb1910  2019-10-14  3645   32640
rb1911  2019-10-14  3534     314
        date        close  vol
id
rb1910  2019-10-10  3585   8040
rb1911  2019-10-10  3500     10
```

如果我们想从 DataFrameGroupBy 对象中取出每一组的数据,则可以通过 get_group() 方法,结果返回一个按照分组得到的 DataFrame 对象,由此可以看出,通过 groupby() 函数进行数据分组还可以起到数据筛选的作用,代码如下。

```
# 进行分组
grouped_df = df.groupby('id')
# 取出 id 为 rb1910 的那组数据
df = grouped_df.get_group('rb1910')
# 输出结果
print(df)
```

执行上述代码得到的结果是 id 为 rb1910 的组构成的 DataFrame 对象。

```
        date        id      close  vol
0  2019-10-10  rb1910  3585   32640
1  2019-10-11  rb1910  3603    8040
2  2019-10-14  rb1910  3645   10320
```

2. 文件导出操作

在得到一个 DataFrame 对象后,有时我们需要对它进行本地化操作,也就是以一个文件的形式进行导出，一般导出的文件格式都会选择 CSV 格式。CSV 格式是一种非常通用的文件格式，CSV 文件可以被记事本或 Excel 打开，而我们常用的金融衍生品价格等数据也常常会选择以 CSV 格式进行储存。DataFrame 对象中的 to_csv() 方法就可以实现将一个 DataFrame 转换为 CSV 文件。

下面仍以前面的数据为例，我们通过 to_csv() 函数进行导出，其中传入一个文件名，它会默认在当前路径，也就是我们的代码文件所在的目录下创建一个名为 data.csv 的文件。

```python
# 定义一个字典
dict = { 'date':['2019-10-10', '2019-10-11', '2019-10-14',
                 '2019-10-10', '2019-10-11', '2019-10-14'],
         'id':['rb1910', 'rb1910', 'rb1910', 'rb1911', 'rb1911', 'rb1911'],
         'close':[3585, 3603, 3645, 3534, 3503, 3500],
         'vol':[32640, 8040, 10320, 164, 10, 314],}
# 创建一个 DataFrame 对象
df = pd.DataFrame(data=dict)
# 导出 CSV 文件
df.to_csv('data.csv')
```

打开这个创建的文件可以看到下面的内容，其中数据之间通过逗号隔开。

```
,date,id,close,vol
0,2019-10-10,rb1910,3585,32640
1,2019-10-11,rb1910,3603,8040
2,2019-10-14,rb1910,3645,10320
3,2019-10-10,rb1911,3534,164
4,2019-10-11,rb1911,3503,10
5,2019-10-14,rb1911,3500,314
```

通过上面的方式导出的 CSV 文件还有一个特点就是它默认导出了 DataFrame 的行索引，如果我们不希望导出行索引，则可以在 to_csv() 函数中指定相关参数，代码如下。

```python
# 导出 CSV 文件
df.to_csv('data.csv', index=None)
```

以这种方式导出的 CSV 文件就不存在行索引了，输出结果如下。

```
date,id,close,vol
2019-10-10,rb1910,3585,32640
2019-10-11,rb1910,3603,8040
2019-10-14,rb1910,3645,10320
2019-10-10,rb1911,3534,164
2019-10-11,rb1911,3503,10
2019-10-14,rb1911,3500,314
```

3. 可视化操作

Series 或 DataFrame 中还存在一些绘图的方法，可以很方便地进行可视化操作。

首先导入所依赖的包，可以看到除 Pandas 之外，还导入了 Matplotlib 中的 pyplot 模块，其中 Matplotlib 是用于 Python 可视化的库，通过它可以对数据进行各种形式的可视化展示，后面的章节将会进行详细介绍，现在主要还是以 DataFrame 对象中的可视化方法为例进行介绍。然后创建一个 DataFrame 对象，其中包含了收盘价、交易量的信息。

```
import pandas as pd
import matplotlib.pyplot as plt

# 定义数据
data = [{'date': '11-22', 'close': 3655.0, 'vol': 3398450},
        {'date': '11-25', 'close': 3697.0, 'vol': 4167718},
        {'date': '11-26', 'close': 3611.0, 'vol': 3850800},
        {'date': '11-27', 'close': 3596.0, 'vol': 3012176},
        {'date': '11-28', 'close': 3618.0, 'vol': 3804958},]
# 创建一个 DataFrame 对象
df = pd.DataFrame(data=data)
# 设置日期为行索引标签
df = df.set_index('date')
# 输出结果
print(df)
```

上面我们将日期作为了这个 DataFrame 的行索引，所以输出结果如下。

```
        close    vol
date
11-22   3655.0  3398450
11-25   3697.0  4167718
11-26   3611.0  3850800
11-27   3596.0  3012176
11-28   3618.0  3804958
```

之后调用 DataFrame 对象的 plot() 方法，通过它可以对所有数值型数据进行可视化，除调用 plot() 方法之外，还需要调用前面导入的模块的 show() 方法用于显示图像。

```
# 调用 plot() 方法
df.plot()
# 显示图像
plt.show()
```

绘制的图像如图 5.1 所示，因为交易量和价格数据在数值上差别很大，所以纵坐标轴主要以交易量的数值为主，图中只能看到交易量变化的折线图。另外，图像的横坐标的标签就是我们之前指定的 DataFrame 的行索引标签。

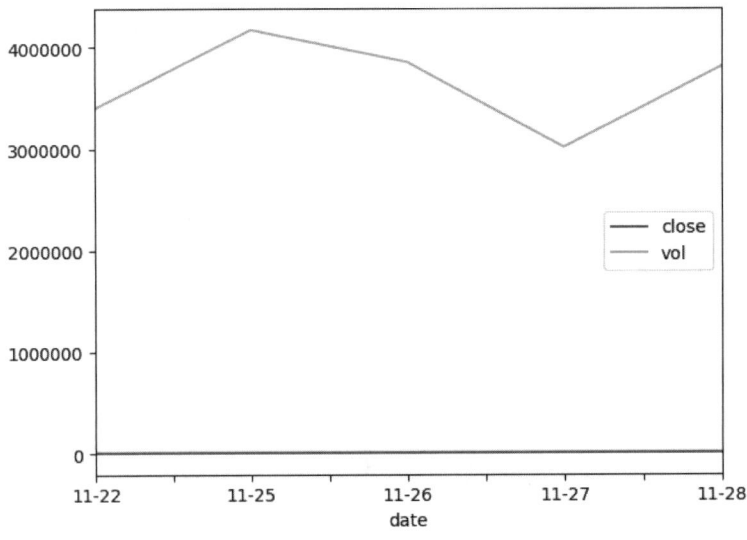

图 5.1　价格和交易量的图像

上面的图像并不是我们所期望的理想图，因为它没有体现出价格的变化，所以我们可以分别进行图像绘制。代码如下，首先取出 close 这一列，然后对得到的 Series 对象调用 plot() 方法。

```
# 调用 plot() 方法
df['close'].plot()
# 显示图像
plt.show()
```

绘制的图像如图 5.2 所示，可以看到对 DataFrame 中某一列进行索引得到的 Series 对象同样可以调用 plot() 方法，并且可以对一列数据单独进行绘制。

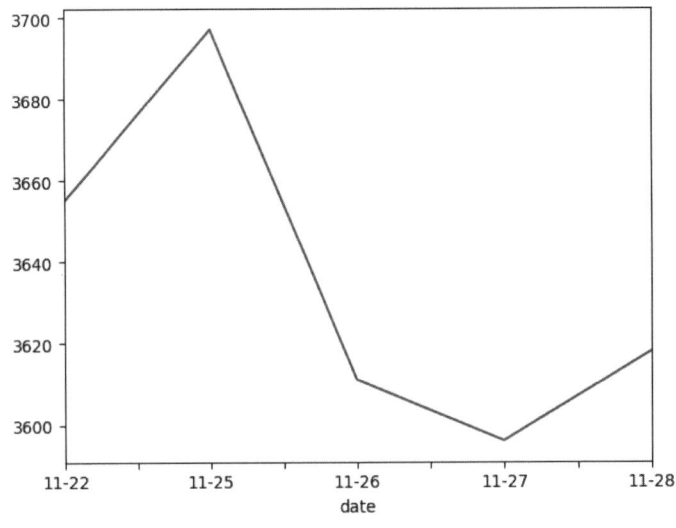

图 5.2　价格的折线图

从上面的示例中可以看出，plot() 方法默认的绘制方式是折线图，而我们平时接触的交易量的图像都是以柱状图的形式进行展示的，这时只需要在 plot() 方法中对参数 kind 进行设置即可。

```
# 调用 plot() 方法
df['vol'].plot(kind='bar')
# 显示图像
plt.show()
```

绘制的图像如图 5.3 所示。

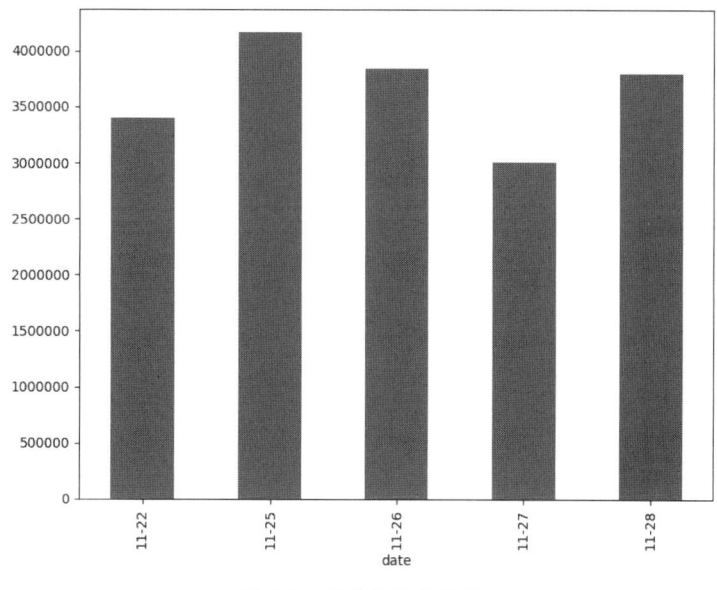

图 5.3　交易量的柱状图

plot() 函数中的 kind 参数默认是折线图的绘制方式。除 kind 参数之外，plot() 函数还有很多参数可以用于设置图像的样式，表 5.1 中展示了几种常用的参数及其说明。

表 5.1　plot() 函数中的参数及其说明

参数	说明
kind	绘制图像的样式，有 line、bar、hist、box、pie 等
figsize	图像的大小，传入一个元组 (宽度，高度)
use_index	是否使用索引作为刻度的标签，默认是 True
title	图像的标题
legend	是否显示图例，默认是 True
fontsize	字体的大小，int 类型

参数	说明
xticks	x 轴刻度标签
yticks	y 轴刻度标签
grid	图像背景是否加网格，默认是 False

4. 统计运算操作

DataFrame 中还有很多用于统计运算操作的方法，通过它们可以很方便地对数据进行统计分析，如求平均值、求和等。

下面仍以前面的 DataFrame 为例，调用 DataFrame 中三种常见的统计方法，分别是求和、求平均值及求汇总统计（是一种从多个角度进行统计的方法）。

```
# 定义数据
data = [{'date': '11-22', 'close': 3655.0, 'vol': 3398450},
        {'date': '11-25', 'close': 3697.0, 'vol': 4167718},
        {'date': '11-26', 'close': 3611.0, 'vol': 3850800},
        {'date': '11-27', 'close': 3596.0, 'vol': 3012176},
        {'date': '11-28', 'close': 3618.0, 'vol': 3804958},]
# 创建一个 DataFrame 对象
df = pd.DataFrame(data=data)
# 设置日期为行索引标签
df = df.set_index('date')
# 求和操作
print(df.sum())
# 求平均值操作
print(df.mean())
# 求汇总统计
print(df.describe())
```

输出结果如下。

```
close        18177.0
vol       18234102.0
dtype: float64
close         3635.4
vol        3646820.4
dtype: float64
            close           vol
count     5.00000  5.000000e+00
mean   3635.40000  3.646820e+06
std      40.70995  4.478869e+05
min    3596.00000  3.012176e+06
```

```
25%    3611.00000    3.398450e+06
50%    3618.00000    3.804958e+06
75%    3655.00000    3.850800e+06
max    3697.00000    4.167718e+06
```

除上面的几种方法之外，表 5.2 中还列举了其他常见的统计方法。

表 5.2 DataFrame 中常见的统计方法

方法名称	说明
min, max	求最小值和最大值
median	求中位数
var	求方差
std	求标准差
argmin, argmax	求最小值和最大值的索引位置
count	求样本的数目
cumsum	求累积和
cummin, cummax	求累积和的最小值和最大值
skew	求偏度值
kurt	求峰度值

5.4　Pandas 中常用函数的使用

本节将介绍 Pandas 中一些常用函数的使用，这些函数可以协助我们对数据进行载入、清洗及转换等操作。

5.4.1　文件读取的操作

前面举的例子，由于篇幅的限制，所以都是以自定义的方式来模拟一段数据，下面通过对文件的读取进行学习后，我们将开始引入真实数据（用到的数据将会在本书的附件中），从而更加契合量化金融实际场景。

前面介绍了如何将一个 DataFrame 转换为 CSV 文件并进行本地存储，下面将介绍如何通过

Pandas 读取一个 CSV 文件。首先将本书附件中一个名为 000001_Daily_2006_2018.csv（其中包含了 sh000001 从 2006 年到 2018 年的日线价格和成交量的数据）的文件拷贝到当前的路径下，也就是和我们的代码在同一个路径下；然后通过 Pandas 中的 read_csv() 方法进行读取，代码如下。

```
import pandas as pd

# 读取 CSV 文件
df = pd.read_csv('./000001_Daily_2006_2018.csv')
# 输出前 5 行
print(df.head(5))
```

在调用 read_csv() 方法时，需要传入一个文件路径参数，默认是以当前代码所在目录为根路径。通过 read_csv() 方法可以得到一个 DataFrame 对象，通过 head() 可以输出其前 5 行。

```
        date      Close      High       Low      Open       Vol
0  2005/11/25  1114.916  1115.081  1107.213  1113.283  15509150
1  2005/11/28  1110.823  1119.345  1106.943  1113.829  12852408
2  2005/11/29  1096.986  1110.305  1095.344  1109.569  11879938
3  2005/11/30  1099.261  1099.577  1090.723  1095.299  10875975
4   2005/12/1  1098.747  1104.563  1094.438  1098.784   8932119
```

在 read_csv() 中还有很多参数可以进行设置，如果我们只需要读取数据中的某几列，则可以通过参数 usecols 进行设置。下面代码中的 0、1、2 就意味着只读取第 0、1、2 列的数据。

```
# 读取 CSV 文件
df = pd.read_csv('000001_Daily_2006_2018.csv', usecols=[0, 1, 2])
# 输出前 5 行
print(df.head(5))
```

输出结果如下。

```
        date      Close      High
0  2005/11/25  1114.916  1115.081
1  2005/11/28  1110.823  1119.345
2  2005/11/29  1096.986  1110.305
3  2005/11/30  1099.261  1099.577
4   2005/12/1  1098.747  1104.563
```

此外，read_csv() 中还有一个经常用到的属性叫作 header，它用于指定列名所在的行数，对于像上面这类原本就具有列名的数据中，header 默认是 None，如果没有列名，header 就是 0，也就是默认文件第一行作为列名。下面我们引入另一个文件 SP_Daily_2000_2017.csv（美国标准普尔指数从 2000 年到 2017 年的日线数据），这个文件中没有包含列名。

```
# 读取 CSV 文件
df = pd.read_csv('SP_Daily_2000_2017.csv', usecols=[0, 1, 2, 3, 4])
```

```python
# 输出前5行
print(df.head(5))
```

输出结果如下，可以看到该结果默认将第一行的数据作为了列名。

```
    2000-1-3   1469.250000  1478.000000  1438.359985  1455.219971
0   2000-1-4   1455.219971  1455.219971  1397.430054  1399.420044
1   2000-1-5   1399.420044  1413.270020  1377.680054  1402.109985
2   2000-1-6   1402.109985  1411.900024  1392.099976  1403.449951
3   2000-1-7   1403.449951  1441.469971  1400.729980  1441.469971
4   2000-1-10  1441.469971  1464.359985  1441.469971  1457.599976
```

上面这种情况，header 默认是 0，这时我们可以通过 names 参数来进行列名的设置。

```python
# 读取 CSV 文件
df = pd.read_csv('SP_Daily_2000_2017.csv', usecols=[0, 1, 2, 3, 4],
                 names=['Date', 'Open', 'High', 'Low', 'Close'])
# 输出前5行
print(df.head(5))
```

通过指定 names 参数，我们就可以对不存在列名的原数据指定列名了。

```
     Date       Open         High         Low          Close
0  2000-1-3   1469.250000  1478.000000  1438.359985  1455.219971
1  2000-1-4   1455.219971  1455.219971  1397.430054  1399.420044
2  2000-1-5   1399.420044  1413.270020  1377.680054  1402.109985
3  2000-1-6   1402.109985  1411.900024  1392.099976  1403.449951
4  2000-1-7   1403.449951  1441.469971  1400.729980  1441.469971
```

如果我们想指定数据中的某一行开始作为列名，则可以通过 header 参数进行设置，如下面代码中的 header=2，表示原数据中的第三行作为列名，然后设置 name 属性，这样得到的 DataFrame 就是从第四行开始的。

```python
# 读取 CSV 文件
df = pd.read_csv('SP_Daily_2000_2017.csv', usecols=[0, 1, 2, 3, 4], header=2,
                 names=['Date', 'Open', 'High', 'Low', 'Close'])
# 输出前5行
print(df.head(5))
```

输出结果如下。

```
     Date        Open         High         Low          Close
0  2000-1-6    1402.109985  1411.900024  1392.099976  1403.449951
1  2000-1-7    1403.449951  1441.469971  1400.729980  1441.469971
2  2000-1-10   1441.469971  1464.359985  1441.469971  1457.599976
3  2000-1-11   1457.599976  1458.660034  1434.420044  1438.560059
4  2000-1-12   1438.560059  1442.599976  1427.079956  1432.250000
```

按照这种方式，也可以为有列名的数据重新设置列名。因为有列名的数据中，header 默认是 None，所以只需要指定 header=0，也就是原数据的第一行，然后通过 names 属性重新设置列名即可。

```
# 读取 CSV 文件
df = pd.read_csv('000001_Daily_2006_2018.csv', usecols=[0, 1, 2, 3, 4], header=0,
        names=['Date', 'Open_price', 'High_price', 'Low_price', 'Close_price'])
# 输出前 5 行
print(df.head(5))
```

输出结果如下，可以看到原数据的列名被替换了。

```
        Date  Open_price  High_price  Low_price  Close_price
0  2005/11/25    1114.916    1115.081   1107.213     1113.283
1  2005/11/28    1110.823    1119.345   1106.943     1113.829
2  2005/11/29    1096.986    1110.305   1095.344     1109.569
3  2005/11/30    1099.261    1099.577   1090.723     1095.299
4   2005/12/1    1098.747    1104.563   1094.438     1098.784
```

5.4.2 缺失数据的处理

在实际的应用场景中，我们无法保证数据的完整性，如金融衍生品的数据中常常会存在一些缺失值，对于这种情况，Pandas 中也有相应的方法可以应对，下面就对处理缺失值的方法进行介绍。

在 Pandas 中，缺失的数值类型数据用 NaN（Not a Number）来表示。下面创建一个 DataFrame 对象，其中的缺失值通过 NumPy 中的 NaN 来表示。

```
import pandas as pd
import numpy as np

# 定义一个字典
dict = {'date':['2019-11-19', '2019-11-20', '2019-11-21', '2019-11-22'],
        'open':[16.45, 16.30, np.nan, 15.89],
        'high':[16.48, 16.30, 15.87, 15.92],
        'low':[16.31, np.nan, 15.63, 15.55],
        'close':[16.41, 15.85, 15.86, 15.86]}
# 创建一个 DataFrame 对象
df = pd.DataFrame(data=dict)
# 输出结果
print(df)
```

输出结果如下，可以看出在 DataFrame 中缺失的数据被 NaN 代替。

```
         date   open   high    low  close
0  2019-11-19  16.45  16.48  16.31  16.41
1  2019-11-20  16.30  16.30    NaN  15.85
```

```
2  2019-11-21    NaN  15.87  15.63  15.86
3  2019-11-22  15.89  15.92  15.55  15.86
```

下面引入 Pandas 中的 isnull() 方法来对缺失数据进行判断,在这个方法中需要传入一个 DataFrame 或 Series 对象。这里需要注意的是,对于 np.nan 的判断不能通过 "==" 进行判断,因为 np.nan==np.nan 的结果是 False(两个不是数值类型的变量之间无法直接进行比较),所以只能通过特定的方法,如用下面的 pd.isnull() 进行判断。

```
# 判断缺失数据
print(pd.isnull(df))
# 判断缺失数据
print(df.isnull())
```

可以得到一个布尔值数据组成的结果。

```
    date   open   high    low  close
0  False  False  False  False  False
1  False  False  False   True  False
2  False   True  False  False  False
3  False  False  False  False  False
```

Pandas 中还有一个名为 notnull() 的方法,从字面意思就可以看出它的作用与 isnull() 相反,是用来判断非缺失数据的。

```
# 判断非缺失数据
print(pd.notnull(df))
# 判断非缺失数据
print(df.notnull())
```

输出结果如下。

```
   date   open  high    low  close
0  True   True  True   True   True
1  True   True  True  False   True
2  True  False  True   True   True
3  True   True  True   True   True
```

在判断缺失值之后,我们需要对包含缺失值的数据进行处理,处理的方式有两种,一种是删除包含缺失值的那条数据,另一种则是对缺失值进行填充。删除数据的方法是通过 dropna() 方法,下面仍以上面的 DataFrame 为例对这种方法进行介绍。

在 DataFrame 或 Series 对象中都具有 dropna() 这个方法,针对之前的 DataFrame 对象直接调用这个方法看一下会有什么作用。

```
# 删除缺失值所在行
```

```
print(df.dropna())
```

输出结果如下，可以看到默认方式下，这个方法会将包含缺失值的行数据删除。

```
        date   open   high    low  close
0  2019-11-19  16.45  16.48  16.31  16.41
3  2019-11-22  15.89  15.92  15.55  15.86
```

如果想删除缺失值所在的列，则可以通过 axis 参数进行设置，它的作用就是删除缺失值所在行或列，默认 axis=0，表示删除行，如果想删除列，则可以将 axis 设置为 1。

```
# 删除缺失值
print(df.dropna(axis=1))
```

输出结果如下，可以看到包含缺失值的列被删除。

```
        date   high  close
0  2019-11-19  16.48  16.41
1  2019-11-20  16.30  15.85
2  2019-11-21  15.87  15.86
3  2019-11-22  15.92  15.86
```

接下来，我们再重新创建一个 DataFrame 对象，代码如下。

```
# 定义一个字典
dict = {'date':['2019-11-19', '2019-11-20', '2019-11-21', np.nan],
        'open':[16.45, 16.30, np.nan, np.nan],
        'high':[16.48, 16.30, 15.87, np.nan],
        'low':[16.31, np.nan, 15.63, np.nan],
        'close':[16.41, 15.85, 15.86, np.nan]}
# 创建一个 DataFrame 对象
df = pd.DataFrame(data=dict)
# 输出结果
print(df)
```

输出结果如下，可以看出除第一行之外，这个 DataFrame 中其他行都具有缺失值。

```
        date   open   high    low  close
0  2019-11-19  16.45  16.48  16.31  16.41
1  2019-11-20  16.30  16.30    NaN  15.85
2  2019-11-21    NaN  15.87  15.63  15.86
3         NaN    NaN    NaN    NaN    NaN
```

针对这种情况，如果我们直接以默认的方式进行删除，就只会剩下一行数据。所以，在 dropna() 方法中还有一个参数 how 可以根据数据的缺失程度进行删除，它的默认值是 any，作用是某一行或某一列中只要存在缺失值就将这一行或这一列删除；另一个参数值是 all，作用是某一行或某一列中只有都是缺失值时才会将这一行或这一列删除，代码如下。

```
# 删除缺失值所在行，只要存在缺失值就删除
print(df.dropna())
# 删除缺失值所在行，只有都是缺失值才删除
print(df.dropna(how='all'))
```

输出结果如下，可以看到第一种方式将所有存在缺失值的行都进行了删除，而第二种方式则只是将所有数据都缺失的行进行了删除。

```
        date   open   high    low  close
0  2019-11-19  16.45  16.48  16.31  16.41
        date   open   high    low  close
0  2019-11-19  16.45  16.48  16.31  16.41
1  2019-11-20  16.30  16.30    NaN  15.85
2  2019-11-21    NaN  15.87  15.63  15.86
```

除对缺失值进行删除之外，下面介绍另一种方法 fillna()，它的作用是对缺失值进行填充。这个方法默认情况下传入的参数是 value，用来表示填充缺失值的值，我们对前面第一个 DataFrame 进行操作。

```
# 填充缺失值
df = df.fillna(15.00)
# 输出补充缺失值后的 DataFrame
print(df)
```

输出结果如下，可以看到之前缺失的值都已经被填充了。

```
        date   open   high    low  close
0  2019-11-19  16.45  16.48  16.31  16.41
1  2019-11-20  16.30  16.30  15.00  15.85
2  2019-11-21  15.00  15.87  15.63  15.86
3  2019-11-22  15.89  15.92  15.55  15.86
```

除直接对 DataFrame 进行操作之外，也可以按照 DataFrame 中的某列进行填充，也就是对 Series 进行操作。下面我们对 DataFrame 的某列进行填充，并以这列的均值作为填充值。相比之下，以这种方式进行填充要比直接以某个值进行填充更具有实际意义。

```
# 填充缺失值
df['open'] = df['open'].fillna(df['open'].mean())
df['low'] = df['low'].fillna(df['low'].mean())
# 输出补充缺失值后的 DataFrame
print(df)
```

输出结果如下。

```
        date       open   high    low  close
0  2019-11-19  16.450000  16.48  16.31  16.41
```

```
1  2019-11-20  16.300000  16.30  15.83  15.85
2  2019-11-21  16.213333  15.87  15.63  15.86
3  2019-11-22  15.890000  15.92  15.55  15.86
```

在 fillna() 方法中还有一个比较有用的参数 method，它有两个值，一个是 ffill，另一个是 bfill，分别表示以缺失值前面和后面的值来进行填充。这里前面和后面是根据 axis 参数而定的，如果 axis=0，则表示以纵向的数据来填充缺失值；如果 axis=1，则表示以横向的数据来填充缺失值。这里需要注意的是，这个 method 参数和 value 参数不能同时存在。

```
# 填充缺失值，纵向上面的值进行填充
print(df.fillna(method='ffill', axis=0))
# 填充缺失值，横向后面的值进行填充
print(df.fillna(method='bfill', axis=1))
```

输出结果如下，可以看到第一种方式将纵向上面的值进行了填充，第二种方式将横向后面的值进行了填充。

```
        date   open   high    low  close
0  2019-11-19  16.45  16.48  16.31  16.41
1  2019-11-20  16.30  16.30  16.31  15.85
2  2019-11-21  16.30  15.87  15.63  15.86
3  2019-11-22  15.89  15.92  15.55  15.86
        date   open   high    low  close
0  2019-11-19  16.45  16.48  16.31  16.41
1  2019-11-20  16.30  16.30  15.85  15.85
2  2019-11-21  15.87  15.87  15.63  15.86
3  2019-11-22  15.89  15.92  15.55  15.86
```

5.4.3 数据的拼接操作

有时我们需要将分布在多个文件中的数据进行合并分析，这时就需要用到 Pandas 中提供的数据拼接操作了，通过其提供的方法可以将不同来源的数据根据其共同的索引方式进行连接，从而实现对多种数据的分析。

Pandas 中提供了多种方法可以实现对数据的拼接操作，一种方法是 concat() 方法，它可以实现对 DataFrame 对象进行横向或纵向的拼接。代码如下，首先通过读取 CSV 文件来创建两个 DataFrame 对象，这两个文件分别是来自两段螺纹钢期货的 1 分钟数据。

```
import pandas as pd

# 读取两个文件
df1 = pd.read_csv('rb_data1.csv')
```

```
df2 = pd.read_csv('rb_data2.csv')
# 输出结果
print(df1)
print(df2)
```

输出结果如下。

```
            Datetime    Open    High     Low   Close
0  2017-07-31 21:00:00  3710.0  3721.0  3710.0  3718.0
1  2017-07-31 21:01:00  3720.0  3724.0  3718.0  3723.0
2  2017-07-31 21:02:00  3722.0  3723.0  3718.0  3720.0
3  2017-07-31 21:03:00  3720.0  3724.0  3720.0  3723.0
            Datetime    Open    High     Low   Close
0  2017-07-31 21:04:00  3722.0  3725.0  3721.0  3724.0
1  2017-07-31 21:05:00  3723.0  3727.0  3722.0  3724.0
2  2017-07-31 21:06:00  3724.0  3733.0  3724.0  3732.0
3  2017-07-31 21:07:00  3732.0  3733.0  3727.0  3728.0
```

通过 concat() 方法进行拼接时，需要传入一个序列，其中这个序列中每个元素代表要被拼接的对象。

```
# 拼接操作
result = pd.concat([df1, df2])
# 拼接后的结果
print(result)
```

输出结果如下。

```
            Datetime    Open    High     Low   Close
0  2017-07-31 21:00:00  3710.0  3721.0  3710.0  3718.0
1  2017-07-31 21:01:00  3720.0  3724.0  3718.0  3723.0
2  2017-07-31 21:02:00  3722.0  3723.0  3718.0  3720.0
3  2017-07-31 21:03:00  3720.0  3724.0  3720.0  3723.0
0  2017-07-31 21:04:00  3722.0  3725.0  3721.0  3724.0
1  2017-07-31 21:05:00  3723.0  3727.0  3722.0  3724.0
2  2017-07-31 21:06:00  3724.0  3733.0  3724.0  3732.0
3  2017-07-31 21:07:00  3732.0  3733.0  3727.0  3728.0
```

除可以进行行的拼接之外，concat() 方法还可以实现列的拼接，将 axis 参数（默认是 0）改为 1 即可。下面再读取一个文件，其中包含了螺纹钢期货 1 分钟级别的成交量、持仓量等信息。

```
# 读取文件
df3 = pd.read_csv('rb_data3.csv')
# 输出结果
print(df3)
```

输出结果如下。

```
        OPi      Vol   Open_pos   Close_pos
0   3091264   79574      39682       39892
1   3093226   27100      14531       12569
2   3094334   22632      11870       10762
3   3095256   17878       9400        8478
```

然后将 df1 和 df3 再进行列的拼接。

```
# 拼接操作
result = pd.concat([df1, df3], axis=1)
# 拼接后的结果
print(result)
```

输出结果如下，可以看到通过设置 axis 参数可以实现两个 DataFrame 之间列的拼接。另外，concat() 方法除可以对 DataFrame 之间进行拼接之外，也可以实现对多个 Series，或者 DataFrame 和 Series 之间的拼接操作。

```
             Datetime    Open    High   ...    Vol   Open_pos   Close_pos
0   2017-07-31 21:00:00  3710.0  3721.0  ...  79574      39682       39892
1   2017-07-31 21:01:00  3720.0  3724.0  ...  27100      14531       12569
2   2017-07-31 21:02:00  3722.0  3723.0  ...  22632      11870       10762
3   2017-07-31 21:03:00  3720.0  3724.0  ...  17878       9400        8478
```

除上面的方式之外，在 DataFrame 中还有一个 append() 方法可以实现数据在行上的拼接操作。下面仍以上面的 df1 和 df2 为例，通过调用 df1 对象的 append() 方法就可以实现将 df2 进行拼接。

```
# 拼接操作
result = df1.append(df2, ignore_index=True)
# 拼接后的结果
print(result)
```

需要注意的是，通过 append() 方法进行拼接时，需要设置一个参数 ingore_index=True（默认是 False），因为在 df1 和 df2 中数据的行索引默认都是从 0 开始的，所以如果以默认的方式进行拼接，那么得到的结果的行索引将会重复。通过上面的方法得到的结果如下。

```
             Datetime    Open    High     Low   Close
0   2017-07-31 21:00:00  3710.0  3721.0  3710.0  3718.0
1   2017-07-31 21:01:00  3720.0  3724.0  3718.0  3723.0
2   2017-07-31 21:02:00  3722.0  3723.0  3718.0  3720.0
3   2017-07-31 21:03:00  3720.0  3724.0  3720.0  3723.0
4   2017-07-31 21:04:00  3722.0  3725.0  3721.0  3724.0
5   2017-07-31 21:05:00  3723.0  3727.0  3722.0  3724.0
6   2017-07-31 21:06:00  3724.0  3733.0  3724.0  3732.0
7   2017-07-31 21:07:00  3732.0  3733.0  3727.0  3728.0
```

5.5 Pandas 对金融数据的操作

下面将介绍 Pandas 对金融数据的操作，在本节内容中，我们将把 Pandas 应用于金融数据中，并结合真实金融数据进行实际操作。

5.5.1 技术指标的整合

在对一组数据进行分析时，尤其是金融衍生品数据，我们不仅需要根据现有的数据进行分析和推断，还需要对现有的数据进行进一步计算从而得到一些更具有直观性或价值性的数据。下面就介绍如何通过 Pandas 对金融衍生品一些常用的技术指标数据进行计算，并将其整合到先前的数据中。

RSI（Relative Strength Index）称为相对强弱指标。它可以表示市场一定时期的景气程度。RSI 可以用来评估多空力量的强弱程度，所以它可以作为一种超买超卖指标，RSI 已经成为技术分析中使用最为广泛的技术指标之一。下面就以 RSI 指标为例，将这个指标整合到原数据中。

首先看一下 RSI 指标的计算方法，它是根据 N 日收盘涨幅与涨跌幅度之间的比率得到的，也就是 N 日 RSI =(N 日收盘涨幅)/(N 日涨跌幅)，或者可以通过简单平均值的方式进行计算，公式如下。

$$\text{RS} = \frac{\text{MA}(U, N)}{\text{MA}(D, N)}, \quad \text{RSI} = \left(1 - \frac{1}{1+\text{RS}}\right) \times 100\%$$

式中，MA(U, N) 表示 N 日收盘涨幅的移动平均值，MA(D, N) 表示 N 日收盘跌幅的移动平均值。

根据上面的计算方法，先实现一个函数用于计算 RSI 指标（后面学习 Ta-Lib 库之后，就可以通过一个函数轻松计算包括 RSI 在内的各种技术指标了），其中具体的逻辑实现如下。

```python
def cal_RSI(close, periods):
    # 序列的长度
    length = len(close)
    # 定义序列
    rsies = [np.nan] * length
    if length <= periods:
        return rsies
    # 平均上涨幅度
    up_avg = 0
    # 平均下降幅度
    down_avg = 0
    # 计算第一个周期内的 RSI 指标
    first_t = close[:periods + 1]
```

```python
    for i in range(1, len(first_t)):
        if first_t[i] >= first_t[i - 1]:
            up_avg += first_t[i] - first_t[i - 1]
        else:
            down_avg += first_t[i - 1] - first_t[i]
    up_avg = up_avg / periods
    down_avg = down_avg / periods
    rs = up_avg / down_avg
    rsies[periods] = 100 - 100 / (1 + rs)
    # 计算后面的 RSI 指标
    for j in range(periods + 1, length):
        if close[j] >= close[j - 1]:
            up = close[j] - close[j - 1]
            down = 0
        else:
            up = 0
            down = close[j - 1] - close[j]
        up_avg = (up_avg * (periods - 1) + up) / periods
        down_avg = (down_avg * (periods - 1) + down) / periods
        rs = up_avg / down_avg
        rsies[j] = 100 - 100 / (1 + rs)
    return pd.Series(rsies)
```

上面的函数需要传入一个收盘价的序列数据（这里的收盘价还是用到前面的股票日线数据）和周期参数（RSI 指标常用周期是 14），可以得到一个 RSI 指标的 Series 对象，然后将得到的数据赋值给 DataFrame 的一列新的列，这样即可将计算得到的数据整合到先前的 DataFrame 中。

```python
# 读取文件
df = pd.read_csv('./000001_Daily_2006_2018.csv')
# 计算 RSI 指标，并创建 RSI 数据列
df['RSI'] = cal_RSI(df['Close'])
# 输出结果
print(df[14:])
```

输出结果如下，可以看到相比于之前的 DataFrame，新的 DataFrame 中多了一列 RSI 指标，通过整合后的数据，可以借助技术指标来更直观地判断当前行情和趋势。利用同样的方式，也可以整合更多的技术指标来协助我们进行量化分析。

	date	Close	High	...	Open	Vol	RSI
14	2005/12/15	1123.5550	1134.8530	...	1125.6720	16824259	54.753232
15	2005/12/16	1127.5080	1127.9410	...	1122.7330	12610777	56.777986
16	2005/12/19	1131.7510	1134.5000	...	1127.8370	12228678	58.903762
17	2005/12/20	1136.3420	1136.3860	...	1131.7960	11712710	61.131330
18	2005/12/21	1130.7590	1142.3930	...	1135.9770	12292322	57.079474

5.5.2 多周期 K 线数据的合成

在处理金融数据时，有时需要对不同周期的 K 线数据进行处理。例如，我们有 1min 的 K 线数据，但是需要对 5min 的 K 线数据进行分析。对于这种情况，同样可以通过 Pandas 进行处理。

下面读取一个 CSV 文件，其中包含了期货 rb1710 的 1min 数据。

```
import pandas as pd

# 读取文件
df = pd.read_csv('rb1710_1min.csv')
# 输出结果
print(df)
```

输出结果如下，可以看到每个数据之间的间隔是 1min。

```
              Datetime    Open    High     Low   Close    Vol
0  2017-07-31 21:00:00  3710.0  3721.0  3710.0  3718.0  79574
1  2017-07-31 21:01:00  3720.0  3724.0  3718.0  3723.0  27100
2  2017-07-31 21:02:00  3722.0  3723.0  3718.0  3720.0  22632
3  2017-07-31 21:03:00  3720.0  3724.0  3720.0  3723.0  17878
4  2017-07-31 21:04:00  3722.0  3725.0  3721.0  3724.0  16826
...                ...     ...     ...     ...     ...    ...
```

如果想把这个 1min 的 K 线数据转换为 5min 级别的 K 线数据，需要做的就是在每个 5 分钟内的数据中以第一个数据的开盘价作为这个 5min 的 K 线数据的开盘价，其中的最高价和最低价分别作为 5min 的 K 线数据的最高价和最低价，最后一个数据作为这个 5min 的 K 线数据的收盘价。5min 的 K 线数据的交易量则是对这段时间每个 1min 数据的交易量进行求和。如果按照这种规则编写就一定能进行实现，但是 Pandas 中提供了一种方法可以直接对上面的过程进行实现，可以极大提高开发效率。

在 DataFrame 对象中有一个 resample() 方法，通过它可以进行数据的不同周期之间的转换。代码如下，首先需要对 Datetime 这列进行处理，通过 Pandas 中的 to_datetime() 方法将 Datetime 字符串转换为 datetime 对象，并将 Datetime 这列作为 DataFrame 对象的行索引。

```
# 设置 Datetime 列为 datetime 对象
df['Datetime'] = pd.to_datetime(df['Datetime'])
```

```python
# 将Datetime作为行索引
df = df.set_index('Datetime')
```

然后需要定义一个转换的匹配规则，下面的匹配规则中对每列数据的处理的方式进行了规定，可以看到 Open 列是取第一个数据，High 列和 Low 列分别是取最大和最小的数据，Close 列则是取最后一个数据，Vol 列是进行求和。

```python
# 定义转换匹配规则
rule_dict = {
    'Open':'first',
    'High':'max',
    'Low':'min',
    'Close':'last',
    'Vol':'sum'
}
```

最后调用 resample() 方法，其中第一个参数表示转换的周期，5T 表示对原数据每隔 5 个单位进行一次转换操作；closed 参数表示这个数据区间包含左边还是右边，因为我们计算的 5 分钟级别的数据是以每 5 分钟的第一个数据作为开盘价的，所以参数值设置为 left，表示包含左边的数据；label 参数表示转换后的新数据的行索引标签是这个区间的左边还是右边，如对于区间 21：00 到 21：05，right 表示右边的标签，即 21：05。后面再对这个方法的结果调用 apply() 方法，并传入前面定义的匹配规则，这样就可以按照前面的规则进行计算了。

```python
# 数据转换
result = df.resample('5T', closed='left', label='right').apply(rule_dict)
# 输出转换后的结果
print(result)
```

输出结果如下，可以看到新的数据是一个 5min 级别的数据。

```
                      Open    High     Low   Close     Vol
Datetime
2017-07-31 21:05:00  3710.0  3725.0  3710.0  3724.0  164010
2017-07-31 21:10:00  3723.0  3733.0  3722.0  3728.0   91644
2017-07-31 21:15:00  3727.0  3732.0  3725.0  3727.0   50516
2017-07-31 21:20:00  3727.0  3730.0  3724.0  3728.0   44930
2017-07-31 21:25:00  3727.0  3729.0  3720.0  3720.0   49112
...                    ...     ...     ...     ...     ...
```

通过上面的 K 线数据的合成方式，不仅可以得到 5min 级别的 K 线数据，还可以得到其他级别的 K 线数据。因为我们在制定量化交易策略时会针对不同周期的数据，所以学习对于不同周期的 K 线数据的合成是很有用处的。

5.6 本章小结

经过本章内容的学习，我们对 Pandas 库有了一个基本的认识。首先学习了 Pandas 中两个最为重要的数据结构：Series 和 DataFrame，并分别学习了它们的创建、索引及常用操作；然后又对 Pandas 中另外一些常用的函数进行了学习，并通过它们实现了文件读取、缺失数据处理及数据拼接等操作；最后结合金融量化场景，又学习了 Pandas 对金融数据的实际应用，包括技术指标的整合及多周期 K 线数据的合成，这些基本知识将会对以后的学习起到很大的帮助。

第 6 章
通过 Matplotlib 对数据可视化

在前面的章节中，我们掌握了数据的基本分析和处理的方法，为了更进一步地对数据进行分析，可视化的过程必不可少。所以，本章将通过 Python 中用于数据可视化的 Matplotlib 库进行数据的直观展示。

本章主要涉及的知识点

- Matplotlib 库的介绍与安装。
- Matplotlib 库绘制常见图像。
- Matplotlib 库对图像信息的基本设置。
- Matplotlib 库创建多个子图。
- 金融数据的可视化操作。

注意：通过 Matplotlib 库可以对 Pandas 或 NumPy 的数据结构进行非常方便的可视化操作，如 Ndarray、Series 及 DataFrame，所以 Matplotlib 库常常和 Pandas 或 NumPy 一同使用。

6.1 Matplotlib 库的介绍与安装

Matplotlib 库是一种功能强大的 Python 绘图库，通过简单的几行代码就可以实现对数据进行各种形式的可视化，并且 Matplotlib 库还可以将可视化的结果导出为常见的各种图像格式。如今有不少绘图库都是以 Matplotlib 为底层进行开发的，如 seaborn、holoviews、mpl_finance 库等。

同 NumPy 和 Pandas 一样，在安装 Anaconda 时，已经将 Matplotlib 默认一同安装了。在使用 Matplotlib 库时，主要会用到其中的 pyplot 子模块进行图像绘制，所以先导入 pyplot 模块看一下是否会报错。

```
import matplotlib.pyplot as plt
```

在使用时，为了方便操作，一般也会为 pyplot 模块指定一个别名为 plt。如果本地没有安装 Matplotlib，则可以通过前面章节中介绍的模块安装的方式来对 Matplotlib 进行安装。

6.2 Matplotlib 的基本操作

在确保 Matplotlib 库已经安装后，首先通过前面学习的读取文件的方法读取一段股票数据，然后再对其中的数据进行可视化操作。代码如下，首先通过 Pandas 中的 read_csv() 方法读取之前用到的股票数据；然后通过 plt 下的 figure() 方法创建当前的画布对象，也就是当前图像会被显示在这张画布中；之后调用 plt 下的 plot() 方法，并将 DataFrame 对象中的收盘价数据作为参数传入其中；最后调用 plt 下的 show() 方法，这样就可以对收盘价数据进行可视化了。

```python
import pandas as pd
import matplotlib.pyplot as plt

# 读取文件
df = pd.read_csv('000001_Daily_2006_2018.csv')[:100]
# 创建图像对象
fig = plt.figure()
# 绘制图像
plt.plot(df['Close'])
# 图像显示
plt.show()
```

可视化效果如图 6.1 所示。

上面提到了通过 plt.figure() 方法可以创建当前的图像画布。因此，如果我们需要在不同的画布中绘制图像，就需要再次调用这个方法。

```
# 读取文件
df = pd.read_csv('000001_Daily_2006_2018.csv')[:100]
# 创建图像对象
fig = plt.figure()
# 绘制图像
plt.plot(df['Close'])
# 创建图像对象
fig = plt.figure()
# 绘制图像
plt.plot(df['Open'])
# 图像显示
plt.show()
```

这样，除显示收盘价的图像之外，还会再显示一个开盘价的图像，如图 6.2 所示。这是通过两张画布分别显示两个图像，在后面的内容中我们将会介绍如何在一张画布中显示多个子图。

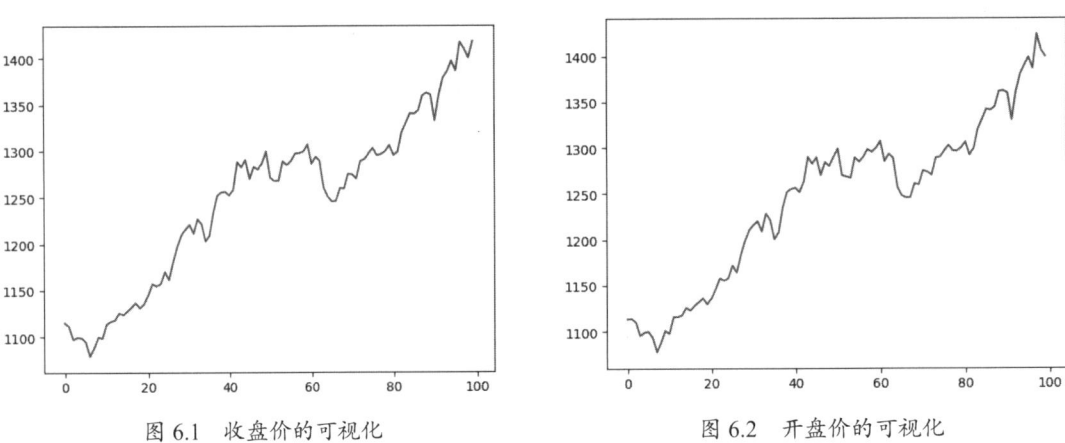

图 6.1　收盘价的可视化　　　　　图 6.2　开盘价的可视化

如果想将图像进行保存，则可以在上面代码的图像显示之前再追加一行代码。

```
# 图像保存
plt.savefig('pic_name.png')
```

通过上面这行代码可以实现将生成的图像保存到本地，其中图像后缀可以是常见的 .png、.pdf、.svg 等格式。需要注意的是，savefig() 方法一定要在 show() 之前调用，因为 show() 方法调用之后就会默认创建一张新的空画布，所以如果在 show() 之后调用，就会导出一张空白的图像。

除通过调用 savefig() 函数来保存图像之外，还可以直接通过弹出的绘图进行保存。例如，在生成一张如图 6.3 所示的图像时，我们可以直接通过单击图中矩形标注的保存按钮将其保存到本地。

如果 PyCharm 没有弹出图像，而将图像输出在控制台，则可以执行菜单栏中的"File"→"Setting"命令，然后在"Python Scientific"中找到图 6.4 标注的地方进行修改，选中复选框将在控制台输出，不选即可直接弹出图像。

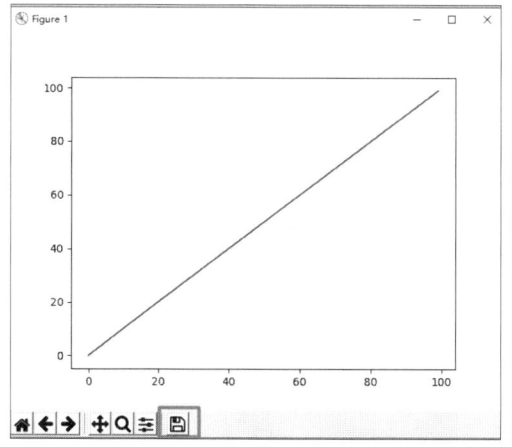

图 6.3　图像的保存

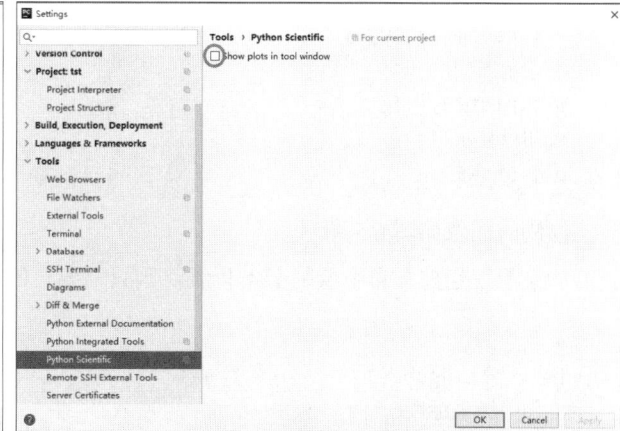

图 6.4　设置图像的输出方式

6.3　Matplotlib 绘制常见图像

本节将会介绍几种不同的数据可视化的方式，包括折线图、直方图及饼形图，除这几种数据的展示方式之外，Matplotlib 还提供了其他的可视化方法，想了解更多的用法可以参考 Matplotlib 的官方文档，其中提供了更加丰富的数据展示方法供使用者学习和参考。

6.3.1　折线图的绘制

折线图是一种常用的数据展示的方式，如价格的走势图。通过 plot() 方法默认绘制的就是折线图，在使用 plot() 方法绘制折线图时，可以直接传入 Series 或 DataFrame 对象，如 6.2 节中的例子，plot() 方法会默认绘制其中的数值型数据，这样得到的图像分别是一条或多条折线，其中得到的图像的横坐标是 Series 或 DataFrame 对象的行索引。

当传入的参数不是 Series 或 DataFrame 对象时，可以分别指定图像的横纵坐标对应的数据。代码如下，图像的纵坐标数据通过一个 Ndarray 数组创建，横坐标数据通过 range() 函数生成一段长度为 len(y) 的数据，其值为从 0 到 len(y) – 1。这里需要注意的是，在通过这种方式进行绘制时，指定的横纵坐标数据的长度必须一样，否则会报错。

```python
# 创建图像对象
fig = plt.figure()
# 图像纵坐标数据
y = np.array([1000, 1001, 1003, 1006, 1002, 1006])
# 图像横坐标数据
x = range(len(y))
# 绘制图像
plt.plot(x, y)
# 图像显示
plt.show()
```

绘制的图像如图 6.5 所示。

如果想在当前画布中绘制多条折线，则只需要再次调用 plot() 方法来绘制另外的折线即可。

```python
# 创建图像对象
fig = plt.figure()
# 图像纵坐标数据
y = np.array([1000, 1001, 1003, 1006, 1002, 1006])
y2 = np.array([1003, 1005, 1006, 1004, 1002, 1006])
# 图像横坐标数据
x = range(len(y))
x2 = range(len(y2))
# 绘制图像
plt.plot(x, y)
plt.plot(x2, y2)
# 图像显示
plt.show()
```

绘制的图像如图 6.6 所示，可以看到通过 Matplotlib 库绘制多条折线图时，会自动将两条不同的折线用不一样的颜色进行区分，关于颜色的设置在后面的部分将会介绍。另外，不仅仅是折线图，后面介绍的其他图像的绘制也可以通过多次调用相关的绘制方法，来实现在当前的画布中绘制多个需要绘制的图像。

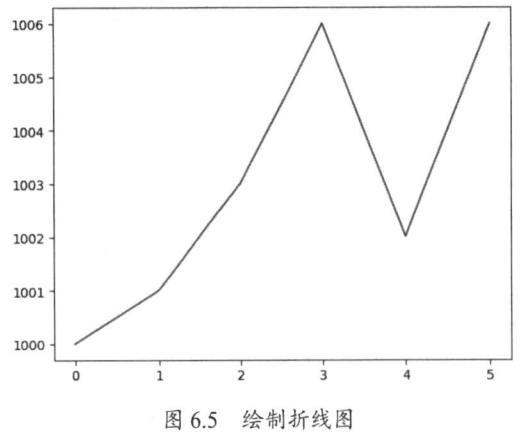

图 6.5 绘制折线图

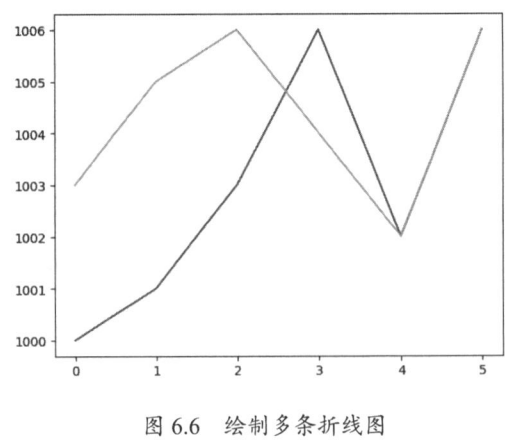

图 6.6 绘制多条折线图

6.3.2 直方图的绘制

直方图也称为质量分布图，常用于衡量数据的统计分布情况，横轴是数据间隔，纵轴表示数据分布于数据间隔中的个数。直方图在量化金融中也会经常用到，如统计一段时间的价格序列的分布情况。

直方图的绘制是通过 hist() 方法实现的，同 plot() 方法一样，hist() 方法和 Series 或 DataFrame 对象也具有联系，所以可以直接传入 Series 或 DataFrame 对象，这样会分别得到一个或多个分布直方图。代码如下，用到了前面的股票数据，然后取出其中前 100 条数据，并对其中的收盘价数据绘制直方图。

```
# 读取文件
df = pd.read_csv('000001_Daily_2006_2018.csv')[:100]
# 创建图像对象
fig = plt.figure()
# 绘制直方图像
plt.hist(df['Close'])
# 图像显示
plt.show()
```

绘制的图像如图 6.7 所示，其中的横坐标等间隔地划分了这 100 条收盘价的数据分布，纵坐标表示处于每个间隔中的数据出现的次数，其中每个纵向的条形状也称为 bin 或箱，每个 bin 中数据出现次数之和为 100，通过直方图的形式就可以很直观地对一段时期的价格分布进行展示。

另外，可以看到上面的方式默认生成了 10 个 bin，如果想指定生成 bin 的个数，则可以通过 bins 参数进行设定，代码如下。

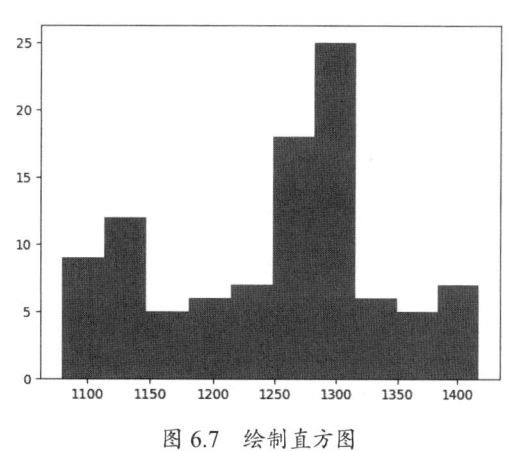

图 6.7　绘制直方图

```
# 读取文件
df = pd.read_csv('000001_Daily_2006_2018.csv')[:100]
# 创建图像对象
fig = plt.figure()
# 绘制直方图像
plt.hist(df['Close'], bins=5)
# 图像显示
plt.show()
```

绘制的图像如图 6.8 所示，可以看到通过设置 bins 参数可以改变生成的 bin 的个数。

如果 hist() 方法传入的参数不是 Series 或 DataFrame 对象，那么通过 hist() 方法进行调用时，就需要传入需要绘制的数据及 bin 的个数了。代码如下，首先通过 NumPy 下的 random 模块随机生成 100 个均值为 1000 且标准差为 10 的正态分布数据，然后通过 range() 方法定义 bin 的范围从 960 到 1040，并且间隔为 10。

```python
# 定义数据
data = np.random.normal(1000, 10, 100)
# 定义 bins
bins = range(960, 1040, 10)
# 创建图像对象
fig = plt.figure()
# 绘制直方图像
plt.hist(data, bins=bins)
# 图像显示
plt.show()
```

绘制的图像如图 6.9 所示。

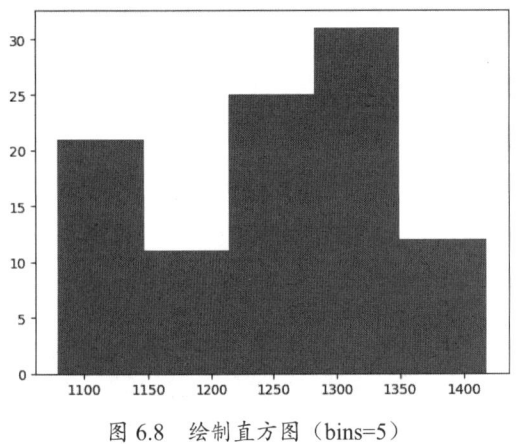

图 6.8　绘制直方图（bins=5）

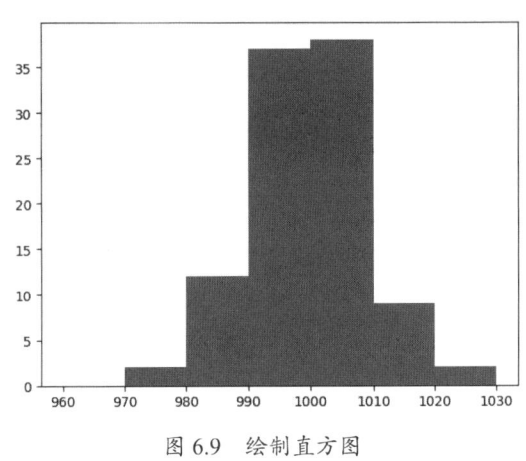

图 6.9　绘制直方图

6.3.3　柱状图的绘制

柱状图也是一种常用来对金融数据进行展示的方式，如股票或期货的成交量数据等一般都是通过柱状图的形式进行展示。柱状图的绘制是通过 bar() 方法实现的，其中传入两个参数，一个表示横轴的刻度，另一个表示纵轴的刻度。在下面的代码中，仍以前面用到的股票数据为例，横轴表示日期，纵轴表示对应的成交量信息。

```python
# 读取文件
df = pd.read_csv('000001_Daily_2006_2018.csv')[:10]
```

```
# 创建图像对象
fig = plt.figure()
# 绘制柱状图像
plt.bar(df['date'], df['Vol'])
# 图像显示
plt.show()
```

绘制的图像如图 6.10 所示，可以看到在柱状图中，每一条柱表示的是每个日期对应的成交量大小。

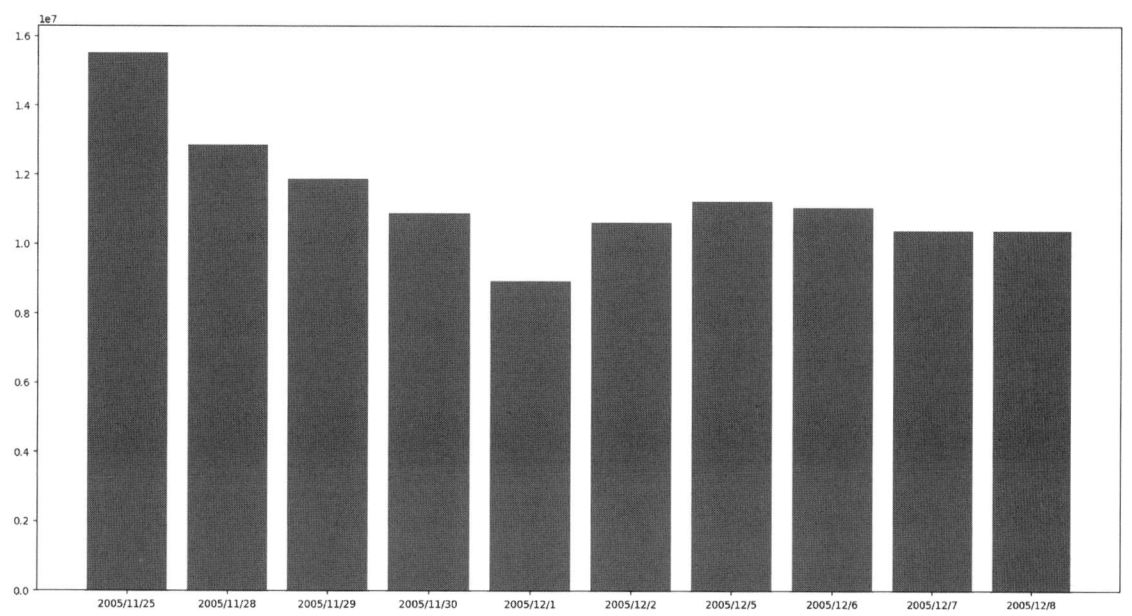

图 6.10　绘制柱状图

除绘制上面的垂直柱状图之外，还可以通过 barh() 方法绘制水平柱状图，只需要把上面代码中 bar() 方法替换为 barh() 方法即可。

```
# 读取文件
df = pd.read_csv('000001_Daily_2006_2018.csv')[:10]
# 创建图像对象
fig = plt.figure()
# 绘制柱状图像
plt.barh(df['date'], df['Vol'])
# 图像显示
plt.show()
```

绘制的图像如图 6.11 所示。

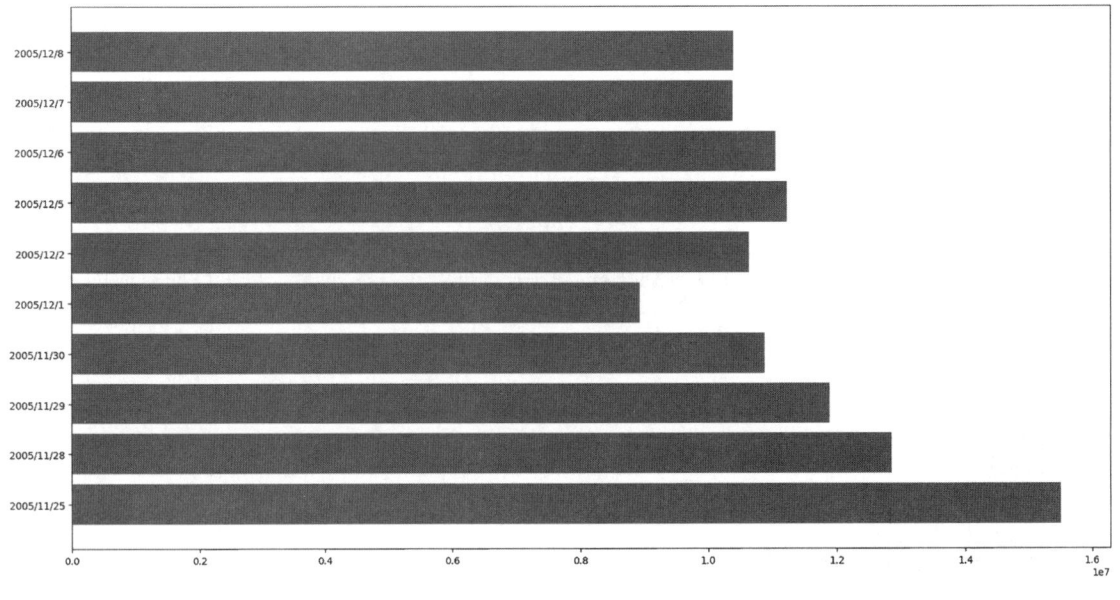

图 6.11 绘制柱状图（水平柱状图）

6.3.4 散点图的绘制

散点图可以用于分析两个一维数据序列之间的关系，如在股票市场中分析两种股票之间的关系，在期货市场中配对品种的选择，或者在机器学习中，通过分析两个变量之间的相关关系从而拟合出一条回归线。

散点图的绘制是通过 scatter() 方法实现的。代码如下，仍以前面用到的股票数据为例进行分析，scatter() 因为是检验两个一维序列之间的关系，所以同样需要接受两个参数来分别表示横轴数据和纵轴数据，这里将股票数据的收盘价和开盘价作为参数进行传入。

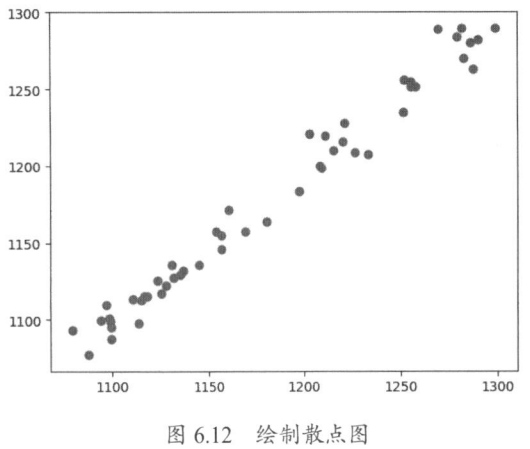

图 6.12 绘制散点图

```
# 读取文件
df = pd.read_csv('000001_Daily_2006_2018.
                 csv')[:50]
# 创建图像对象
fig = plt.figure()
# 绘制散点图像
plt.scatter(df['Close'], df['Open'])
# 图像显示
plt.show()
```

绘制的图像如图 6.12 所示，可以看到每个点对应的分别是同一时间点的收盘价和开盘价，另外，通过它们构成的散点图可以看到收盘价和开盘价之间的关系基本上可以通过一条直线来拟合。

6.3.5 饼形图的绘制

饼形图可以用来表示不同种数据在数据总额中所占的百分比，所以当我们对某种数据与总体数据之间的关系进行分析时，可以通过饼形图进行可视化。

饼形图的绘制是通过 pie() 方法实现的。代码如下，首先定义了数据 x 表示每份数据的份额，label 表示每份数据的标签；然后调用 pie() 方法，其中参数 autopct 表示数据的显示方式，下面代码中该参数值表示显示一个有一位小数的浮点数。

```
# 创建图像对象
fig = plt.figure()
# 图像数据和标签的设置
x = [30, 20, 10, 40]
label = ['A', 'B', 'C', 'D']
# 绘制图像
plt.pie(x, labels=label, autopct='%1.1f%%')
# 图像显示
plt.show()
```

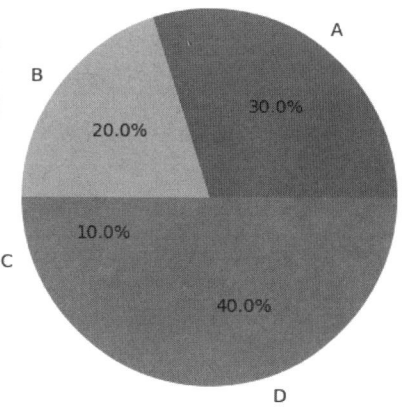

绘制的图像如图 6.13 所示。

图 6.13　绘制饼形图

6.4　Matplotlib 对图像属性的设置

前面我们学习了 Matplotlib 库的基本使用方式及常见图像的绘制，但是通过默认方式生成的图像可能并不会达到我们预想的效果，所以本节将介绍如何对图像的属性进行设置，包括图像标题、线条类型、图例等的设置。通过属性的设置，可以使图像更具有直观性并包含更多的信息。

6.4.1　图像标题的设置

图像的标题对于图像来说是非常重要的信息，图像标题可以通过 pyplot 模块中的 title() 方法进行设置，代码如下。

```
# 读取文件
df = pd.read_csv('000001_Daily_2006_2018.csv')[:100]
# 创建图像对象
fig = plt.figure()
# 设置标题
plt.title('000001 Daily Close Price')
```

```
# 绘制图像
plt.plot(df['Close'])
# 图像显示
plt.show()
```

绘制的图像如图 6.14 所示，默认情况下图像的标题居中显示，title() 方法中也有 loc 属性（默认是 center）可以设置标题偏左（left）或偏右（right）。

需要注意的是，在设置中文标题时，默认情况下中文会被显示为乱码，所以一般在导入 Matplotlib 库时，需要修改 pyplot 模块中字体设置的参数。另外，除中文字符会出现乱码之外，图像中的负号也无法正常显示，所以还需要修改负号的显示，修改方法如下。

```
import matplotlib.pyplot as plt

# 解决中文显示问题
plt.rcParams['font.sans-serif'] = ['KaiTi']        # 指定字体为楷体
plt.rcParams['axes.unicode_minus'] = False         # 解决负号无法显示的问题
```

这样就可以在图像中显示中文了，可视化效果如图 6.15 所示。

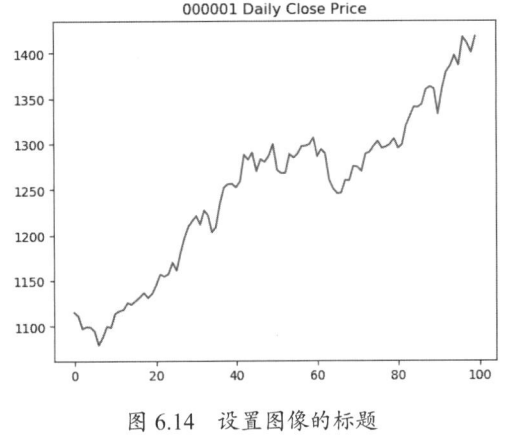

图 6.14　设置图像的标题

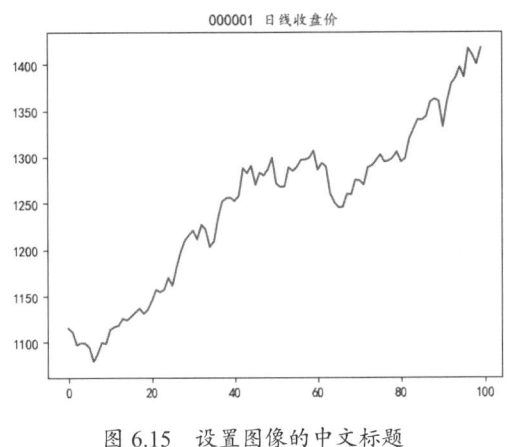

图 6.15　设置图像的中文标题

通过对 rcParams 进行设置之后，全局显示的字体就是指定的字体了。在 title() 方法中还有一个 fontdict 参数，从这个参数中可以看出，它是一个 dict，即字典类型的参数，其作用是对字体进行设置。通过这个参数可以设置标题字体的样式、大小等属性。设置的方式只需定义一个表示字体的 dict，然后传入 title() 方法中的 fontdict 参数即可。

```
# 设置字体样式
title_font_dict = {
    'family':'KaiTi',           # 字体样式
    'size':16,                  # 字体大小
    'weight':'normal',          # 字体粗度
    'color':'darkred'           # 字体颜色
```

```
}
# 设置标题
plt.title('000001 日线收盘价', fontdict=title_font_dict)
```

6.4.2 坐标轴标签的设置

除图像的标题之外，图像的坐标轴标签也可以进行设置，从而使得图像更具有实际意义。设置的方式是通过 pyplot 模块中的 xlabel() 和 ylabel() 方法，仍以前面的数据为例，代码如下。

```
# 解决中文显示问题
plt.rcParams['font.sans-serif'] = ['KaiTi']    # 指定字体为楷体
plt.rcParams['axes.unicode_minus'] = False     # 解决负号无法显示的问题

# 读取文件
df = pd.read_csv('000001_Daily_2006_2018.csv')[:100]
# 创建图像对象
fig = plt.figure()
# 设置标题
plt.title('000001 日线收盘价')
# 绘制图像
plt.plot(df['Close'])
# 设置图像的坐标轴标签
plt.xlabel('Time')
plt.ylabel('Price')
# 图像显示
plt.show()
```

需要注意的是，如果坐标轴的标签中也包含中文，那么同样需要在导入包之后，设置中文字体。绘制的图像如图 6.16 所示。

另外，在 xlabel() 和 ylabel() 方法中，也有 fontdict 参数，所以也可以像对标题设置字体的方式一样进行坐标轴标签字体样式的设置。

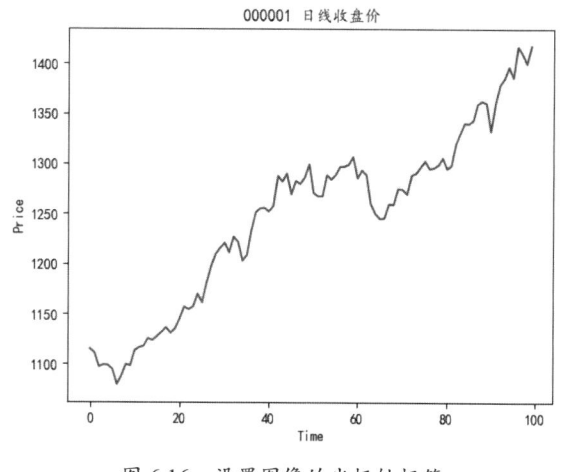

图 6.16 设置图像的坐标轴标签

6.4.3 坐标轴刻度和范围的设置

一般情况下，我们在绘制图像时，坐标轴的刻度间隔是按照默认方式设置的，而有时我们需要对数据的刻度做进一步的划分，所以就会用到对坐标轴刻度及范围的设置。在

pyplot 模块中，我们可以通过 xlim() 和 ylim() 方法及 xticks() 和 yticks() 方法分别对坐标轴的范围和精度进行设置。

通过 xlim() 和 ylim() 方法可以分别对坐标轴的范围进行指定，方法就是分别指定 xmin、xmax、ymin 和 ymax 参数，代码如下。

```python
# 读取文件
df = pd.read_csv('000001_Daily_2006_2018.csv')[:100]
# 创建图像对象
fig = plt.figure()
# 设置标题
plt.title('000001 Daily Close Price')
# 绘制图像
plt.plot(df['Close'])
# 设置坐标轴的刻度范围
plt.ylim(ymin=1000, ymax=1500)
plt.xlim(xmin=20, xmax=80)
# 图像显示
plt.show()
```

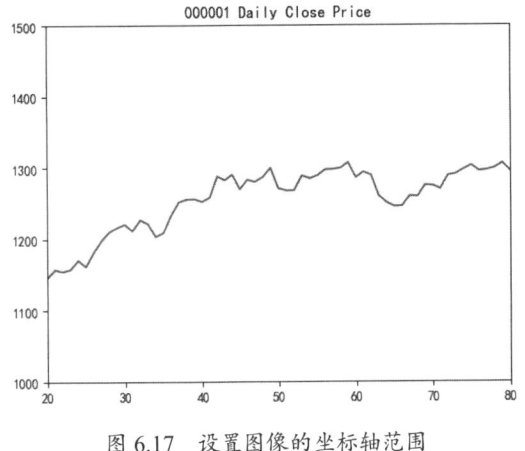

图 6.17　设置图像的坐标轴范围

绘制的图像如图 6.17 所示，可以看出通过指定 x 和 y 轴的范围可以对数据指定的区间进行可视化。

另外，除对范围的两端进行指定之外，还可以只对范围的一端进行指定，也就是对于 x 轴来说，只传入 xmin 或 xmax 参数。

接下来介绍如何对区间范围的精度进行设置，方法就是通过 xticks() 和 yticks() 方法。这些方法都需要指定一个刻度列表，在下面的示例中，通过 range() 方法生成了刻度的列表，如 x 轴的刻度列表 range(20, 80 + 1, 5) 表示刻度从 20 到 80，间隔是 5。

```python
# 读取文件
df = pd.read_csv('000001_Daily_2006_2018.csv')[:100]
# 创建图像对象
fig = plt.figure()
# 设置标题
plt.title('000001 Daily Close Price')
# 绘制图像
plt.plot(df['Close'])
```

```
# 设置坐标轴的刻度范围
plt.ylim(ymin=1000, ymax=1500)
plt.xlim(xmin=20, xmax=80)
# 设置坐标轴的刻度精度
plt.xticks(range(20, 80 + 1, 5))
plt.yticks(range(1000, 1500 + 1, 50))
# 图像显示
plt.show()
```

绘制的图像如图 6.18 所示，可以看到图像中横、纵坐标的刻度都被设置为指定间隔的刻度。另外，除可以按照上述方式设置等间隔的刻度之外，还可以通过传入一个自定义的列表来设置刻度。因为 xticks() 和 yticks() 方法都需要知道坐标轴的范围，所以通常会和 xlim() 及 ylim() 方法一同使用。

另外，在 xticks() 和 yticks() 方法中还有一个常用到的参数叫作 rotation，它的作用是将刻度标签旋转一定角度。当坐标轴刻度的标签长度较长时，可以将标签旋转一定角度来使其显示完整。在下面的代码中，我们将数据的日期作为刻度的标签，如果按照默认方式进行显示，刻度标签可能就会显示不全，所以可以对刻度标签进行一定角度的旋转。

图 6.18 设置图像的坐标轴刻度

```
# 读取文件
df = pd.read_csv('000001_Daily_2006_2018.csv')[:100]
df = df.set_index('date')
# 创建图像对象
fig = plt.figure()
# 设置标题
plt.title('000001 Daily Close Price')
# 绘制图像
plt.plot(df['Close'])
# 设置坐标轴的刻度范围和刻度标签
plt.xlim(xmin=20, xmax=80)
plt.xticks(range(20, 80 + 1, 10), rotation=45)
# 图像显示
plt.show()
```

经过对刻度标签进行旋转，得到的图像可视化效果如图 6.19 所示。

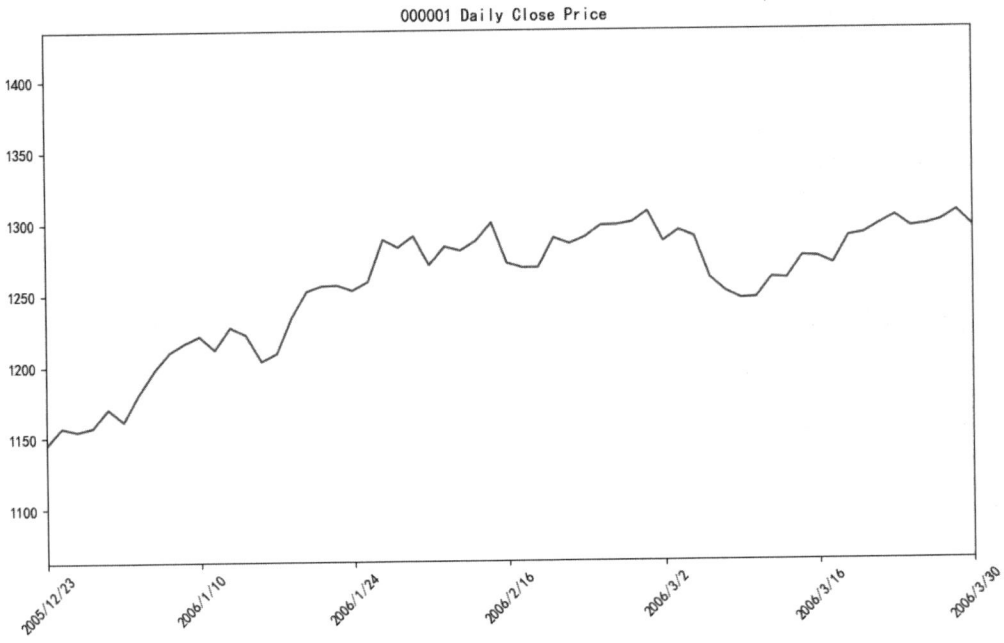

图 6.19 设置图像的坐标轴刻度的旋转角度

6.4.4 线条类型的设置

当绘制多条线条时，需要对不同线条进行区分，所以就需要对线条的类型进行设置。而在前面提到的 plot() 方法中还有很多参数可以用来对线条的类型进行设置，包括线条的颜色、样式及标记。

线条颜色可以通过 color 或 c 参数进行设置。color 参数的常用参数值如表 6.1 所示。

表 6.1 plot() 方法的 color 参数常用值

符号	说明
b	蓝色
g	绿色
r	红色
c	蓝绿色
k	黑色
y	黄色

在 plot() 方法中还有一个 marker 参数，它的作用是对线条添加标记点，通过对线条添加标记点可以凸显实际中的每个数据点在线条中的位置。marker 参数的常用参数值如表 6.2 所示。

表 6.2　plot() 方法的 marker 参数常用值

符号	说明
.	点标记
,	像素标记
o	圆形标记
v	下三角标记
^	上三角标记
<	左三角标记
>	右三角标记
s	正方形标记
p	五角星标记
*	星号标记
D	菱形标记
+	加号标记

除对线条的颜色和标记进行设置之外，plot() 中还有一个参数 linestyle 可以对线条的样式进行设置。linestyle 参数的常用参数值如表 6.3 所示。

表 6.3　plot() 方法的 linestyle 参数常用值

符号	说明
-	实线
--	虚线
-.	点虚线
:	点线

以上三种常用线条类型设置的具体方式如下面的代码所示，其中绘制了多条曲线并通过设置三种线条类型参数进行区分。

```
# 读取文件
df = pd.read_csv('000001_Daily_2006_2018.csv')[:30]
# 创建图像对象
fig = plt.figure()
# 设置标题
plt.title('000001 Daily Price')
```

```
# 绘制图像
plt.plot(df['Close'], c='r', linestyle='-', marker='o')
plt.plot(df['High'], c='g', linestyle='--', marker='*')
plt.plot(df['Low'], c='c', linestyle='-.', marker='^')
plt.plot(df['Open'], c='y', linestyle=':', marker='D')
# 图像显示
plt.show()
```

通过设置线条类型得到的图像可视化效果如图 6.20 所示。

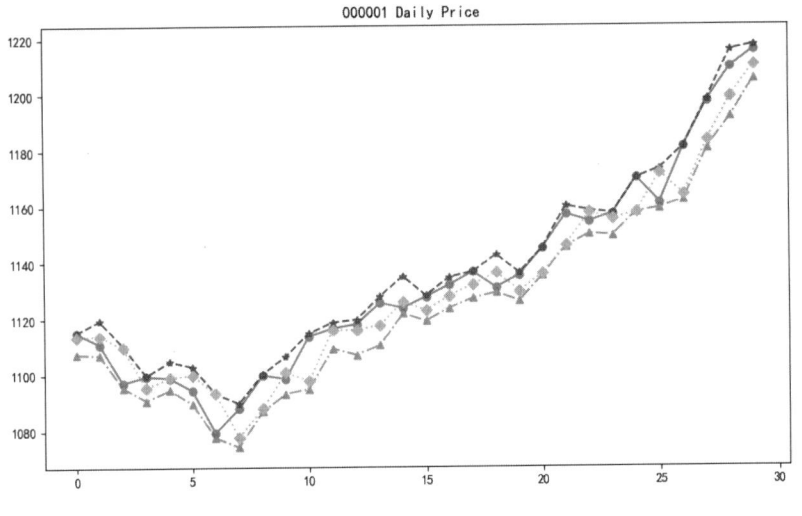

图 6.20　设置图像的线条类型

6.4.5　图例的设置

图例可以对各个绘制的数据进行解释或简短描述，所以在绘制图像时，为了使观察者明白各种数据的意义，添加图例很有必要。在 pyplot 模块中，可以通过 legend() 方法来添加图例。

通过 legend() 方法添加和设置图例的方式如下面的代码所示，只需要在调用 plot() 的方法中分别为每个折线图添加一个 label 参数，这个参数值就是要显示的图例，最后再直接调用 legend() 方法即可。

```
df = pd.read_csv('000001_Daily_2006_2018.csv')[:30]
# 创建图像对象
fig = plt.figure()
# 设置标题
plt.title('000001 Daily Price')
# 绘制图像
plt.plot(df['Close'], c='r', linestyle='-', marker='o', label='Close Price')
```

```
plt.plot(df['High'], c='g', linestyle='--', marker='*', label='High Price')
plt.plot(df['Low'], c='c', linestyle='-.', marker='^', label='Low Price')
plt.plot(df['Open'], c='y', linestyle=':', marker='D', label='Open Price')
# 添加图例
plt.legend()
# 图像显示
plt.show()
```

绘制的图像如图 6.21 所示，可以看到在生成的图像的左上角出现了图例。这里需要注意的是，当绘制的对象是 Series 时，在调用 legend() 方法之前不设置 label 参数也会显示图例，默认的 label 值是 Series 对象的列名。

同其他方法类似，在 legend() 方法中也有很多参数可以对图像的图例进行设置。其中，loc 参数较为常用，它可以设置图例在图像中的位置，它的参数值可以是数字或字符串，如表 6.4 所示。

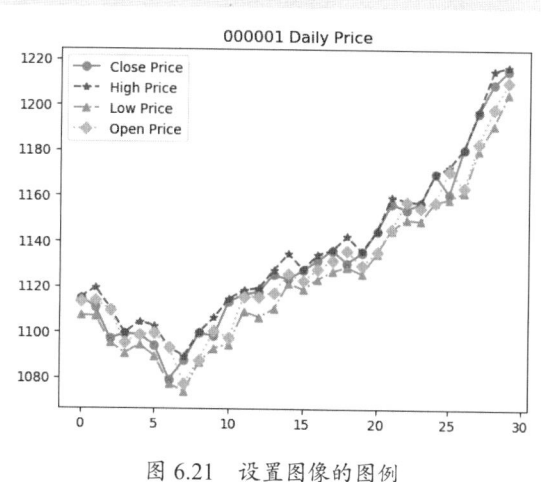

图 6.21　设置图像的图例

表 6.4　legend() 方法的 loc 参数常用值

参数（数字/字符串）	说明
0/best	默认设置最适合的位置
1/upper right	右上角
2/upper left	左上角
3/lower left	左下角
4/lower right	右下角
5/right	右边
6/center left	中间偏左
7/center right	中间偏右
8/lower center	中间偏下
9/upper center	中间偏上
10/center	中间

6.4.6 图像标注的设置

有时为了突出图像中的某个部分，可以在图像中添加标注使其更加明显，这些标注可以是箭头或文字。在 pyplot 模块中，可以通过 annotate() 方法来设置图像的标注。

在使用 annotate() 方法进行标注时，首先需要传入要标注的文字，以及标注的位置也就是标注点的坐标。在下面的代码中，annotate() 方法中传入的第一个参数表示标注的文字；xy 参数表示标注点的坐标位置；xytext 参数表示文字的坐标位置；arrowprops 参数是箭头设置的参数，箭头默认位置是从 xytext 指向 xy，它的参数值是一个字典，可以通过 arrowstyle 来指定箭头的样式，箭头的样式参数可以参考表 6.5。

```
# 读取文件
df = pd.read_csv('000001_Daily_2006_2018.csv')[:30]
# 创建图像对象
fig = plt.figure()
# 设置标题
plt.title('000001 Daily Price')
# 绘制图像
plt.plot(df['Close'])
# 添加图像标注
plt.annotate(s='buy', xy=(6, df['Close'][6]), xytext=(6, df['Close'][6] + 20),
            arrowprops={'arrowstyle':'->'})
plt.annotate(s='sell', xy=(24, df['Close'][24]), xytext=(24, df['Close'][24] + 20),
            arrowprops={'arrowstyle':'->'})
# 图像显示
plt.show()
```

表 6.5 arrowstyle 的参数值及其说明

参数	说明
-	默认方式，无箭头
->	单向箭头
<-	反向的单向箭头
<->	双向箭头
-|>	三角形箭头
<|-	反向的三角形箭头

绘制的图像如图 6.22 所示，可以看到在图像中通过箭头和文字对买点、卖点进行了标注。

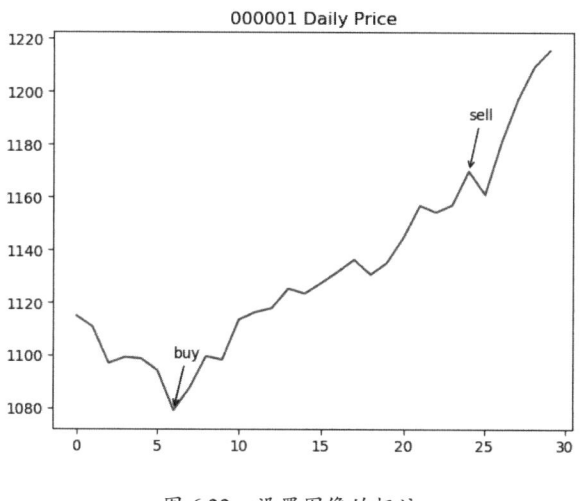

图 6.22　设置图像的标注

6.4.7　图像背景的设置

为了使坐标轴上的点更好地与图像进行对应，可以对图像进行背景设置，pyplot 模块中的 grid() 方法可以按照坐标的间隔生成背景网格。在下面的代码中，grid() 方法设置了两个参数，第一个参数是布尔值，表示是否显示背景网格；第二个参数表示在哪个方向上生成网格，参数值有 x、y 和 both（默认），如果设置为 x 或 y，则背景将只有 x 或 y 轴方向的垂直线或水平线。

```
# 读取文件
df = pd.read_csv('000001_Daily_2006_2018.csv')[:30]
# 创建图像对象
fig = plt.figure()
# 设置标题
plt.title('000001 Daily Price')
# 绘制图像
plt.plot(df['Close'])
# 图像背景的设置
plt.grid(True, axis='both')
# 图像显示
plt.show()
```

绘制的图像如图 6.23 所示，可以看到通过设置背景网格，可以更好地将坐标轴上的点与图像进行对应。

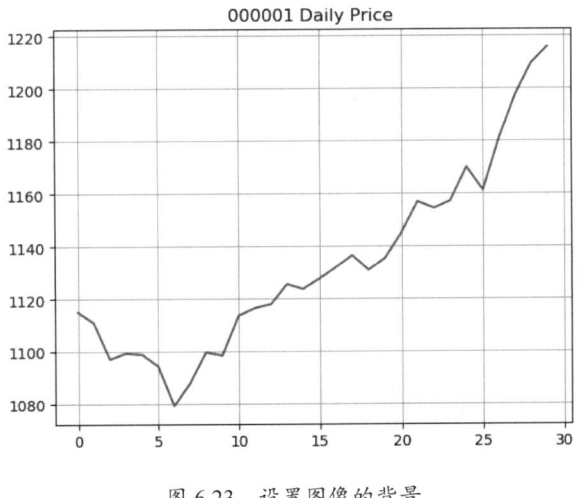

图 6.23　设置图像的背景

6.5 Matplotlib 绘制多个子图

在前面部分的介绍中，我们都是在一张画布中绘制一个图像，而有时则需要在一个图像中绘制多个子图。在 Matplotlib 库中同样也提供了相关的方法来实现多个子图的绘制，下面就来介绍如何实现。

6.5.1 子图的添加

在此之前创建画布是通过 plt.figure() 方法来实现的，而子图的绘制其实就相当于把这张画布分成多个区域，然后分别在每个区域中进行单独绘制，划分子图的常用方式是通过画布对象中的 add_subplot() 方法。这个方法返回一个 ax 对象，也就是相当于当前画布中的一部分区域。在下面的代码中，可以看到在创建 ax1 对象时 add_subplot() 中传入的参数是 411，这个数字的前两位表示把当前画布划分为 4×1 的分布形式，也就是有四个区域，ax1 对象则占用了其中的第一个区域，以此类推，ax2、ax3 及 ax4 对象则分别占用了第二个、第三个及第四个区域。同理，也可以设置多个不同划分的方式，如将画布划分为 $n\times m$（n 行 m 列），每个 ax 对象占据其中的第某个区域。

```
df = pd.read_csv('000001_Daily_2006_2018.csv')[:30]
# 创建图像对象
fig = plt.figure()
# 划分子图
ax1 = fig.add_subplot(411)
ax2 = fig.add_subplot(412)
```

```
ax3 = fig.add_subplot(413)
ax4 = fig.add_subplot(414)
# 在每个子图中进行图像绘制
ax1.plot(df['Close'], c='r', linestyle='-', marker='o')
ax2.plot(df['High'], c='g', linestyle='--', marker='*')
ax3.plot(df['Low'], c='c', linestyle='-.', marker='^')
ax4.plot(df['Open'], c='y', linestyle=':', marker='v')
# 图像显示
plt.show()
```

在 ax 对象中可以直接通过前面绘图的方法如 plot()、scatter()、hist() 等，在单独的区域中绘制图像。上面代码实现了在四个区域中分别绘制收盘价、最高价、最低价及开盘价的图像，绘制的图像如图 6.24 所示。

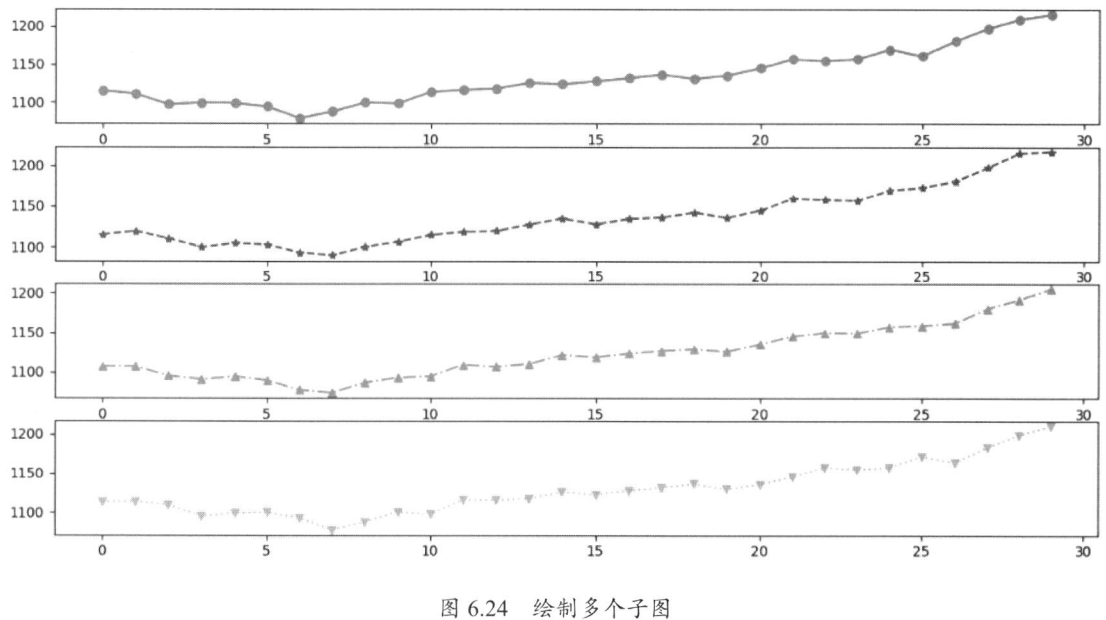

图 6.24　绘制多个子图

6.5.2　子图属性的设置

在每个子图中也可以分别设置子图的图像属性，如图像的标题、坐标轴、图例和背景等。只是在对子图设置图像属性时，用到的方法名称有些不同于 pyplot 中的方法，如标题、坐标刻度等方法名称需要在名称之前加入 set 前缀，代码如下。

```
df = pd.read_csv('000001_Daily_2006_2018.csv')[:100]
# 创建图像对象
fig = plt.figure()
# 划分子图
ax1 = fig.add_subplot(211)
```

```python
ax2 = fig.add_subplot(212)
# 在每个子图中进行图像绘制
ax1.plot(df['Close'])
ax2.plot(df['High'], label='High')
ax2.plot(df['Low'], label='Low')
# 设置每个子图的图像属性
ax1.set_title('Close Price')
ax1.set_xlim(xmin=20, xmax=80)
ax1.set_ylim(ymin=1000, ymax=1500)
ax1.grid(True)
ax2.set_title('High & Low Price')
ax2.set_xticks(range(20, 80 + 1, 5))
ax2.set_yticks(range(1000, 1500 + 1, 50))
ax2.legend()
# 调整子图之间的间距
plt.tight_layout()
# 图像显示
plt.show()
```

上面代码对两个子图分别进行了图像属性的设置，有些方法除名称有所不同之外，参数的设置与前面介绍的通过 pyplot 调用的方法一样，可视化效果如图 6.25 所示。

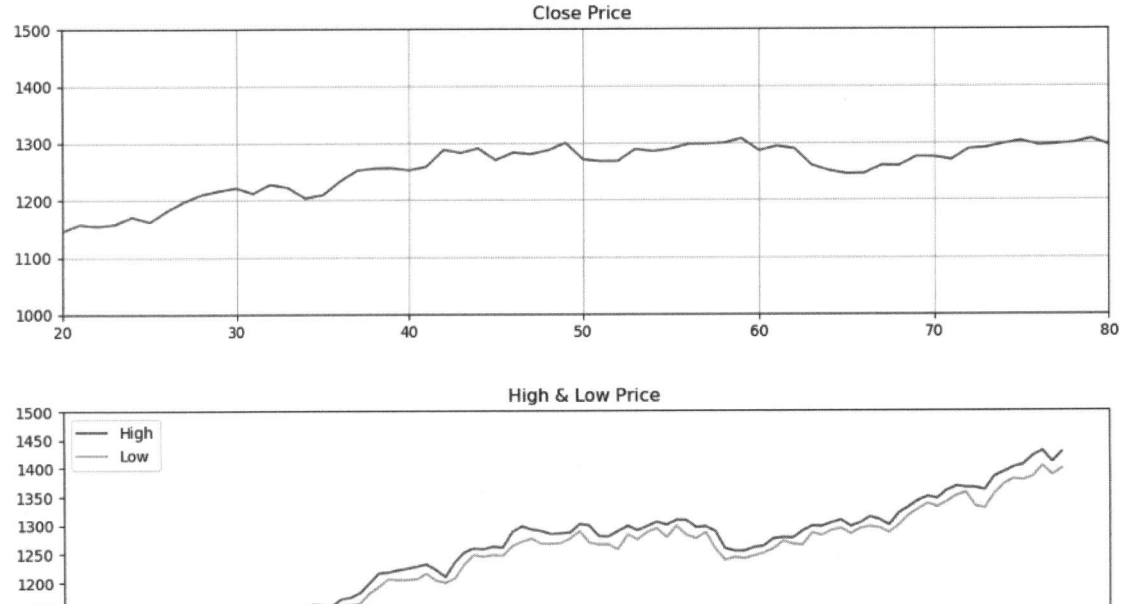

图 6.25　多个子图的属性设置

 **6.6 金融数据的可视化操作**

经过前面知识的学习,我们已经基本掌握了对数据的多种可视化操作,下面将结合真实股票数据,并通过常见的金融数据的表现形式对数据进行可视化。

6.6.1 K 线数据的可视化

在进行 K 线数据可视化之前,需要安装一个 mpl_finance 库,它之前是 Matplotlib 库下的 finance 模块,但是在 Matplotlib 2.2 版本之后 finance 模块被替换为 mpl_finance 库,所以我们在使用之前需要通过 pip 进行安装,安装的方式可以参考 3.6.3 小节的内容。

K 线数据的可视化主要是通过 mpl_finance 库中的 candlestick2_ohlc() 方法来实现的,从这个方法名称中就可以看出它的作用是绘制蜡烛图,也就是 K 线图。代码如下,首先创建一个子图 ax 对象;然后按照方法名称 ohlc,也就是高开低收的顺序传入对应的价格数据;之后对 colordown 和 colorup 参数进行设置,它们分别表示上涨的颜色和下跌的颜色;最后再对每个 K 线的宽度参数 width 进行设置。

```
# 读取数据
df = pd.read_csv('000001_Daily_2006_2018.csv')[:50]
# 创建图像对象
fig = plt.figure()
# 添加子图
ax = fig.add_subplot(111)
# 绘制K线图
mpf.candlestick2_ohlc(ax, df['Open'], df['High'], df['Low'], df['Close'],
                      colordown='green', colorup='red', width=0.6)
# 显示图像
plt.show()
```

绘制的图像如图 6.26 所示。

通过 candlestick2_ohlc 方法绘制 K 线图时,因为需要传入一个 ax 子图对象,所以我们同样也可以对 ax 对象进行图像属性的设置,如标题、坐标轴范围等。

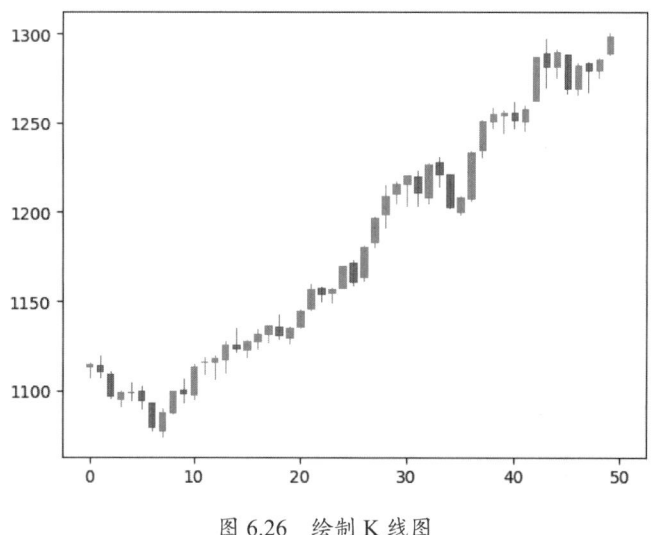

图 6.26 绘制 K 线图

6.6.2 成交量的可视化

除 K 线图的绘制方法之外，mpl_finance 库中也提供了成交量的绘制方法，方法名称是 volume_overlay。在使用这个方法时，同样需要传入一个子图对象 ax，然后是开盘价、收盘价及成交量，传入开盘价和收盘价的目的是确定每个成交量 Bar 的颜色，之后同样需要设置上涨、下跌的颜色及 Bar 的宽度。在下面的代码中，我们另外创建了一个 ax 对象用于绘制成交量，然后将前面的 K 线数据与成交量一并显示在一张画布中。

```
# 读取数据
df = pd.read_csv('000001_Daily_2006_2018.csv')[:50]
# 创建图像对象
fig = plt.figure()
# 添加子图
ax1 = fig.add_subplot(211)
ax2 = fig.add_subplot(212)
# 绘制 K 线图
mpf.candlestick2_ohlc(ax1, df['Open'], df['High'], df['Low'], df['Close'],
                      colordown='green', colorup='red', width=0.6)
mpf.volume_overlay(ax2, df['Open'], df['Close'], df['Vol'], colordown='green',
                   colorup='red', width=0.6)
# 显示图像
plt.tight_layout()
plt.show()
```

绘制的图像如图 6.27 所示。

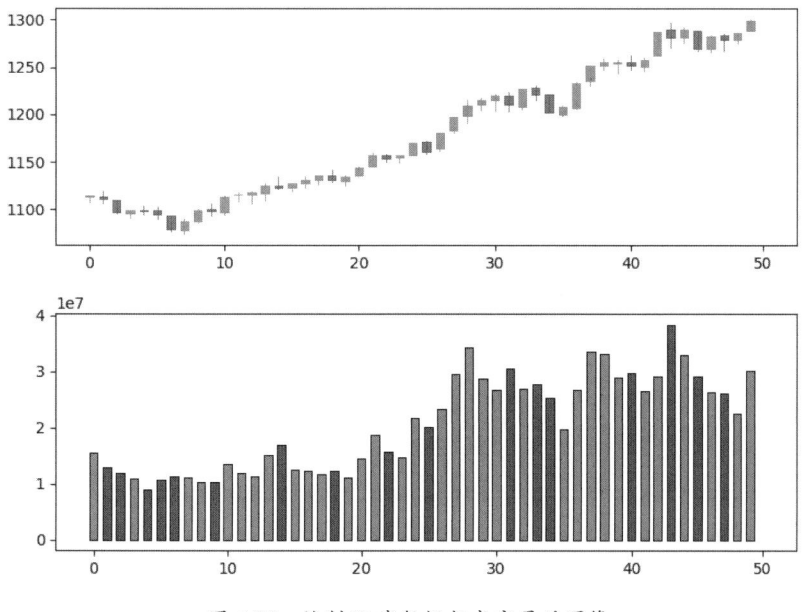

图 6.27　绘制 K 线数据与成交量的图像

运用上面的方法和思路，也可以绘制其他的金融数据图像。在后面的章节中，在学习了常用技术指标（如 ATR、MACD、RSI 等）的计算后，也同样可以将计算得到的技术指标进行可视化处理。

 本章小结

在本章内容中，首先学习了 Python 数据可视化库 Matplotlib 的基本操作；然后学习了常用的可视化方式，如折线图、直方图、柱状图、散点图、饼形图等，具体使用哪种方式可以根据实际数据的情况和可视化需求进行选择；之后为了使得图像中包含更多直观的信息，又学习了图像属性的设置，通过设置图像的标题、刻度、图例及标注等，可以使观察者对图像信息一目了然；接着为了在一张画布中显示多个子图，又介绍了如何添加子图并对每个子图的属性进行设置；最后学习了金融数据的常用表现形式，也就是 K 线数据及成交量图像的绘制。

第 7 章
历史数据的获取

在进行量化策略研究和开发的过程中,首先需要做的就是获取历史数据,只有得到历史数据,才能做进一步的研究,所以历史数据的获取对于量化研究是必不可少的。本章将介绍多种获取股票、期货等金融衍生品历史数据的方法。

本章主要涉及的知识点

- 通过 Tushare 库获取历史数据。
- 通过新浪财经 API 获取历史数据。
- 通过 Pandas_datareader 获取历史数据。
- 其他获取历史数据的方式。

注意:历史数据的主要作用是通过对过去数据的分析来制定量化策略等,它代表的是股票或期货等金融衍生品在历史维度上的信息。

7.1 通过 Tushare 库获取历史数据

Tushare 库是一个免费、开源的 Python 财经数据库，它主要实现对股票等金融数据从数据采集、清洗加工到数据存储的过程，能够为金融量化分析人员提供快速、整洁和多样的便于分析的数据，所以接下来介绍如何用 Tushare 库获取金融历史数据。另外，本节介绍的只是 Tushare 库的一些常用功能，更多内容可以参考新版 Tushare 的官方文档。

7.1.1 Tushare 库的介绍与安装

Tushare 库从发布到现在，得到了广大用户的支持，并且 Tushare 作为一个开源的项目一直在保持更新，所以对于需要对金融数据进行分析的人来说，Tushare 是一个非常合适的历史数据获取的工具。另外，Tushare 返回的绝大部分数据都是 Pandas 中的 DataFrame 格式，所以便于我们进一步结合 Pandas、NumPy、Matplotlib 库等进行进一步的数据分析和可视化操作。

因为 Tushare 库用到了 Pandas 库和 lxml 库，所以在安装之前，需要确保 Pandas 库和 lxml 库已经安装。Tushare 的安装与其他库的安装方式一样，同样可以在 Anaconda Prompt 中通过 pip 进行安装。

```
pip install tushare
```

安装完成之后导入 Tushare 库，通常我们习惯于以 ts 作为 Tushare 库的别名。

```
import tushare as ts
```

因为 Tushare 库的旧版本中的一些接口，如历史行情数据的获取等不再进行维护，所以接下来的内容将以 Tushare 的新版本 Tushare Pro 为例进行介绍。相比于旧版本 Tushare，Tushare Pro 的数据更稳定，质量也更好。

在使用 Tushare Pro 之前，需要先去 Tushare 官网进行注册，如图 7.1 所示。

注册成功后，登录进入个人主页，如图 7.2 所示。

图 7.1　Tushare 的注册

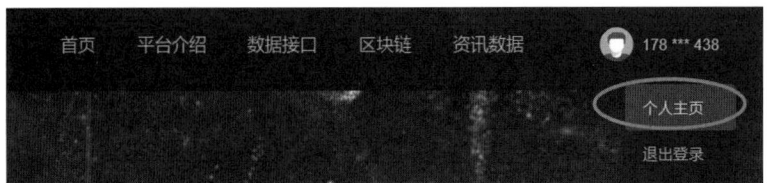

图 7.2　Tushare 个人主页

在个人主页中找到接口 TOKEN，然后单击图 7.3 中圆圈标注的按钮来获取 Token 并进行复制保存，这个 Token 将作为获取数据的凭证。

图 7.3　Tushare 获取 Token

7.1.2　Tushare 获取股票历史行情数据

在确保 Tushare 库已经安装成功并且获取 Token 之后，下面先来介绍如何用 Tushare 库获取股票历史行情数据。代码如下，首先导入 Tushare 库，然后设置前面获取的 Token，最后调用初始化接口。

```
import tushare as ts

# 设置 Token
ts.set_token('your token')
# 初始化接口
ts_pro = ts.pro_api()
```

经过初始化之后，就可以通过 Tushare 提供的方法来获取历史数据了。我们可以调用其中的 daily() 方法来获取指定股票的日线数据，其中参数信息如下。

- ts_code：要获取的股票代码，格式需要按照代码加证券所代码的形式（如 000001.SZ、600848.SH）。
- start_date：开始日期，格式为 YYYYMMDD。
- end_date：结束日期，格式为 YYYYMMDD。

```
# 获取历史数据
```

```
df = ts_pro.daily(ts_code='600848.SH', start_date='20191101', end_date='20191201')
# 输出结果
print(df)
```

输出结果如下，可以看到得到的结果是一个 DataFrame 对象，其中包含了股票代码（ts_code）、交易日期（trade_date）、开盘价（open）、最高价（high）、最低价（low）、收盘价（close）、昨收盘价（pre_close）、涨跌额（change）、涨跌幅（pct_chg）、成交量（vol）和成交额（amount）。

```
     ts_code  trade_date   open   high  ...  change  pct_chg       vol      amount
0  600848.SH    20191129  23.65  23.77  ...   -0.40  -1.6913  49726.90  115677.275
1  600848.SH    20191128  24.20  24.29  ...   -0.53  -2.1919  48400.78  115730.812
2  600848.SH    20191127  24.60  24.66  ...   -0.28  -1.1447  31196.94   76005.876
3  600848.SH    20191126  24.88  24.94  ...   -0.31  -1.2515  47671.86  117692.851
4  600848.SH    20191125  24.45  24.77  ...    0.30   1.2260  34728.89   85298.707
5  600848.SH    20191122  24.41  24.79  ...    0.05   0.2048  34373.94   83902.745
```

在 daily() 方法中还可以设置一个 fields 参数，用于返回指定的 DataFrame 对象的列数据，参数值是一个字符串，每个列名之间用逗号隔开，代码如下。

```
# 获取历史数据
df = ts_pro.daily(ts_code='600848.SH', start_date='20191101', end_date='20191201',
                  fields='ts_code,open,high,low,close')
# 输出结果
print(df)
```

通过指定 fields 参数之后，得到的 DataFrame 对象中就只包含了股票代码（ts_code）、开盘价（open）、最高价（high）、最低价（low）和收盘价（close）。另外，除 daily() 方法之外，后面介绍到的方法都可以通过 fields 参数来获取指定列组成的 DataFrame 对象。

```
     ts_code   open   high    low  close
0  600848.SH  23.65  23.77  23.00  23.25
1  600848.SH  24.20  24.29  23.61  23.65
2  600848.SH  24.60  24.66  24.13  24.18
3  600848.SH  24.88  24.94  24.46  24.46
4  600848.SH  24.45  24.77  24.04  24.77
5  600848.SH  24.41  24.79  24.01  24.47
```

同样的方式，除日线数据之外，周线数据和月线数据则可以分别通过 weekly() 和 monthly() 方法以同样的参数形式来获取。需要注意的是，目前分钟级别数据的标准接口在 Tushare Pro 中还未上线，但是可以在旧版中获取，由于两个版本的 Tushare 同时兼容，所以可以一同使用。下面介绍如何获取分钟级别的股票数据。

在旧版的 Tushare 中可以直接通过 get_hist_data() 方法来获取分钟、日线、周线等历史数据，但是此接口以后将不再进行维护，所以用户也可以根据自己对于数据的需求来自行选择。通过 get_ hist_data() 方法来获取历史数据的方式如下。

```
import tushare as ts

# 获取历史数据
df = ts.get_hist_data(code='600848')
# 输出结果
print(df)
```

默认情况下，返回的数据是传入的代码对应的股票在过去到现在一段时间的日线数据，结果是一个 DataFrame 对象，其中包含了日期（date）、开盘价（open）、最高价（high）、收盘价（close）、最低价（low）、成交量（vol）、价格变动（price_chang）、涨跌幅（pct_chg）、5 日均价（ma5）、10 日均价（ma10）、20 日均价（ma20）、5 日均量（v_ma5）、10 日均量（v_ma10）、20 日均量（v_ma20）和换手率（turnover）。

	open	high	close	low	...	ma20	v_ma5	v_ma10	v_ma20
date					...				
2019-12-16	24.38	25.12	24.97	24.25	...	24.220	69433.31	56191.73	48065.38
2019-12-13	24.29	24.75	24.20	24.11	...	24.194	65487.87	54734.88	45474.98
2019-12-12	24.12	24.24	24.13	24.01	...	24.200	49640.56	48309.55	42184.10
2019-12-11	23.77	24.25	24.13	23.77	...	24.239	48060.95	48797.63	41252.95
2019-12-10	23.88	23.88	23.74	23.55	...	24.277	46092.23	45902.55	39836.81
...	...	...	...	...	...	...	...	...	...

如果想获取指定时间、指定频率的数据，则可以通过其中的 start、end 和 ktype 参数进行操作，这三个参数的设置如下。

- start：格式为 YYYY-MM-DD，默认是可获取到的最早日期。
- end：格式为 YYYY-MM-DD，默认是当前最近的交易日期。
- ktype：D 表示日线数据，W 表示周线数据，M 表示月线数据，5、15、30、60 分别表示 5 分钟、15 分钟、30 分钟、60 分钟数据，默认是 D。

具体操作代码如下。

```
# 获取历史数据
df = ts.get_hist_data(code='600848', start='2019-11-01', end='2019-12-01',
                     ktype='60')
# 输出结果
print(df)
```

输出结果如下，需要注意的是，通过 Tushare 获取股票历史数据时，分钟级别的数据只可以获取最近一段时间的数据，日线、周线或月线级别则可以获取很长一段时间的数据。

	open	high	close	...	v_ma10	v_ma20	turnover
date				...			

```
2019-11-29 15:00:00  23.15  23.36  23.23  ...  11326.8   9600.89   0.11
2019-11-29 14:00:00  23.07  23.19  23.15  ...  11033.4   9554.27   0.12
2019-11-29 11:30:00  23.34  23.34  23.08  ...  10883.7   9439.33   0.17
2019-11-29 10:30:00  23.65  23.77  23.34  ...  10626.0   9209.93   0.22
2019-11-28 15:00:00  23.93  23.94  23.64  ...   9246.2   8813.79   0.28
...                   ...    ...    ...   ...     ...       ...    ...
2019-11-04 10:30:00  28.11  28.21  27.40  ...  25152.1  27671.20   0.83
2019-11-01 15:00:00  27.87  28.04  28.00  ...  19591.6  25416.40   0.47
2019-11-01 14:00:00  27.70  27.90  27.87  ...  17235.2  24037.50   0.26
2019-11-01 11:30:00  27.58  27.92  27.70  ...  21203.4  23505.20   0.26
2019-11-01 10:30:00  27.15  27.67  27.58  ...  21892.0  22849.30   0.35

[84 rows x 14 columns]
```

7.1.3 Tushare 获取涨跌停股票数据

下面仍以 Tushare Pro 版本的使用为例进行介绍。在分析近期强势或弱势股票时，需要获取每日涨跌停的股票，在 Tushare Pro 中同样提供了相关的方法。获取涨跌停股票的方法为 limit_list()，具体使用方式如下。

```python
# 设置 Token
ts.set_token('your token')
# 初始化接口
ts_pro = ts.pro_api()
# 获取涨跌停股票数据
df = ts_pro.limit_list()
# 输出结果
print(df)
```

输出结果如下，同之前的方法类似，获取的结果同样也是一个 DataFrame 对象，其中包含了交易日期（trade_date）、股票代码（ts_code）、股票名称（name）、收盘价（close）、涨跌幅（pct_chg）、振幅（amp）、封单金额/日成交金额（fc_ratio）、封单手数（fl_ratio）、封单金额（fd_amout）、首次涨停时间（first_time）、最后封板时间（last_time）、打开次数（open_times）、涨跌停强度（strth）和涨停/跌停（limit）。

```
  trade_date    ts_code    name   close  ...  last_time  open_times  strth    limit
0  20191217  300081.SZ   恒信东方   12.00  ...   13:00:03        4    55.061610    U
1  20191217  603738.SH   泰晶科技   18.83  ...   10:59:25        0    56.282066    U
2  20191217  600654.SH   *ST 中安   1.46  ...   13:25:26        4    55.405018    U
3  20191217  600812.SH   华北制药   10.38  ...   14:56:32        9     9.424337    U
4  20191217  300303.SZ   聚飞光电    6.03  ...   10:26:12        5    58.547512    U
...    ...      ...       ...     ...   ...      ...       ...        ...      ...
```

默认方式下，调用这个方法得到的结果是最近几个交易日的 1000 支涨停股票的数据，如果要获取指定日期或跌停的股票，则可以通过其中的参数来设置。

- trade_date：交易日期，格式为 YYYYMMDD。
- ts_code：股票代码。
- limit_type：涨跌停类型，U 表示涨停，D 表示跌停。
- start_date：开始日期，格式为 YYYYMMDD。
- end_date：结束日期，格式为 YYYYMMDD。

下面的示例是获取指定交易日所有的跌停股票数据。

```
# 设置 Token
ts.set_token('your token')
# 初始化接口
ts_pro = ts.pro_api()
# 获取涨跌停股票数据
df = ts_pro.limit_list(trade_date='20191101', limit_type='D')
# 输出结果
print(df)
```

输出结果如下。

```
   trade_date    ts_code    name    close  ...  last_time  open_times       strth  limit
0    20191101  603787.SH   新日股份   17.78  ...   09:25:00           0  100.000000      D
1    20191101  002359.SZ   *ST北讯    1.57  ...   09:32:06           0   75.829560      D
2    20191101  600677.SH   航天通信    7.06  ...   09:25:05           0   70.536050      D
3    20191101  603738.SH   泰晶科技   16.56  ...   09:41:54           4   58.133137      D
4    20191101  300667.SZ   必创科技   28.86  ...   14:48:42          15   56.417225      D
5    20191101  300435.SZ   中泰股份   11.97  ...   14:43:00          52   54.403080      D
6    20191101  002919.SZ   名臣健康   18.90  ...   10:57:03          11   53.736526      D
7    20191101  002634.SZ   棒杰股份    8.50  ...   13:26:18          18   50.377660      D
8    20191101  600747.SH   退市大控    0.38  ...   09:25:03           0    0.000000      D
9    20191101  600767.SH   ST运盛     5.50  ...   09:25:03           0    0.000000      D

[10 rows x 14 columns]
```

7.1.4 Tushare 获取期货合约信息

Tushare Pro 中也提供了很多方法来获取期货合约信息。具体的使用方法是通过 fut_basic() 方法来获取，调用的方式如下。

```
# 设置 Token
ts.set_token('your token')
# 初始化接口
```

```
ts_pro = ts.pro_api()
# 获取期货合约信息
df = ts_pro.fut_basic(exchange='DCE', fut_type='1')
# 输出结果
print(df)
```

输出结果如下，返回的 DataFrame 对象中包含了合约代码（ts_code）、交易标识（symbol）、交易市场（exchange）、中文简称（name）、合约产品代码（fut_code）、合约乘数（mltiplier）、交易计量单位（trade_unit）、交易单位（per_unit）、报价单位（quote_unit）、最小报价单位说明（quote_unit_desc）、交割方式说明（d_mode_desc）、上市日期（list_date）、最后交易日期（delist_date）、交割月份（d_month）和最后交割日（last_ddate）。

	ts_code	symbol	exchange	...	delist_date	d_month	last_ddate
0	FB1508.DCE	FB1508	DCE	...	20150814	201508	20150819
1	M1508.DCE	M1508	DCE	...	20150814	201508	20150819
2	Y1508.DCE	Y1508	DCE	...	20150814	201508	20150819
3	BB1508.DCE	BB1508	DCE	...	20150814	201508	20150819
4	JM1508.DCE	JM1508	DCE	...	20150814	201508	20150819
...	...	...	...	...	...	...	...

同样也可以通过设置 fut_basic() 方法的参数来获取不同的信息。

- exchange：交易所代码，CFFEX 表示中金所，DCE 表示大商所，CZCE 表示郑商所，SHFE 表示上期所，INE 表示上海国际能源交易中心。
- fut_type：合约类型，1 表示普通合约，2 表示主力与连续合约。

7.1.5 Tushare 获取期货历史行情数据

在获取了期货合约信息之后，我们可以通过获取的合约代码、交易所代码等信息来获取期货历史行情数据。Tushare Pro 中提供了期货日线数据的获取方法 fut_daily()，获取的方式如下。

```
# 设置 Token
ts.set_token('your token')
# 初始化接口
ts_pro = ts.pro_api()
# 获取期货历史行情数据
df = ts_pro.fut_daily(ts_code='RB2005.SHF')
# 输出结果
print(df)
```

输出结果如下，返回的 DataFrame 对象中包含了过去一段时间的期货历史行情数据，其中包含了合约代码（ts_code）、交易日期（trade_date）、昨收盘价（pre_close）、昨结算价（pre_settle）、开盘价（open）、最高价（high）、最低价（low）、收盘价（close）、结算价（settle）、收盘价与昨结算价价差（change1）、结算价与昨结算价价差（change2）、成交量（vol）、成交金额（amount）、持仓量（oi）、持仓量变化（oi_chg）和交割结算价（delv_settle）。

```
     ts_code  trade_date  pre_close  ...        amount         oi     oi_chg
0  RB2005.SHF    20191218     3484.0  ...  6.815001e+06  2573956.0  -21954.0
1  RB2005.SHF    20191217     3480.0  ...  8.325820e+06  2595910.0    9622.0
2  RB2005.SHF    20191216     3523.0  ...  1.459646e+07  2586288.0   59534.0
3  RB2005.SHF    20191213     3524.0  ...  1.000079e+07  2526754.0   15474.0
4  RB2005.SHF    20191212     3537.0  ...  1.119910e+07  2511280.0   49160.0
...        ...         ...        ...  ...           ...        ...        ...
```

可以通过下面的参数来对 fut_daily() 方法的返回结果进行设置。

- trade_date：交易日期，格式为 YYYYMMDD。
- ts_code：TS 合约代码，需要按照 Tushare 格式进行指定。
- exchange：交易所代码。
- start_date：开始日期，格式为 YYYYMMDD。
- end_date：结束如期，格式为 YYYYMMDD。

7.1.6　Tushare 获取期权合约数据

同期货一样，Tushare Pro 中也提供了期权合约数据及行情数据的获取方式。下面介绍如何获取期权合约数据，代码如下。

```python
# 设置 Token
ts.set_token('your token')
# 初始化接口
ts_pro = ts.pro_api()
# 获取期权合约数据
df = ts_pro.opt_basic(exchange='DCE')
# 输出结果
print(df)
```

输出结果如下，返回的 DataFrame 对象中包含了合约代码（ts_code）、交易市场（exchange）、合约名称（name）、合约单位（per_unit）、标准合约代码（opt_code）、合约类型（opt_type）、期权类型（call_put）、行权方式（exercise_type）、行权价格（exercise_price）、结算月（s_month）、到期日（maturity_date）、挂牌基准价（list_price）、开始交易日期（list_date）、最后交易日期（delist_date）、最后行权日期（last_edate）、最后交割日期（last_ddate）、报价单位（quote_unit）和最小价格波幅（min_price_chg）。

```
          ts_code      exchange  ...  quote_unit  min_price_chg
0  M1805-P-2600.DCE       DCE    ...  人民币元 / 吨            0.5
1  M1805-P-2700.DCE       DCE    ...  人民币元 / 吨            0.5
```

2	M1805-P-2750.DCE	DCE ...	人民币元/吨	0.5
3	M1805-P-2850.DCE	DCE ...	人民币元/吨	0.5
4	M1803-P-3050.DCE	DCE ...	人民币元/吨	0.5
...	...	...	...	...

获取的期权合约信息可以通过 opt_basic() 方法的参数来设置。

- exchange：交易所代码。
- call_put：期权类型。

7.1.7　Tushare 获取期权历史行情数据

在获取了期权合约数据之后，我们可以通过获取的合约代码、交易所代码等信息来获取期权历史行情数据。获取期权日线数据的方式如下。

```
# 设置 Token
ts.set_token('your token')
# 初始化接口
ts_pro = ts.pro_api()
# 获取期权历史行情数据
df = ts_pro.opt_daily(ts_code='M1805-C-3000.DCE')
# 输出结果
print(df)
```

输出结果如下，返回的 DataFrame 对象中包含了合约代码（ts_code）、交易日期（trade_date）、交易市场（exchange）、昨结算价（pre_settle）、昨收盘价（pre_close）、开盘价（open）、最高价（high）、最低价（low）、收盘价（close）、结算价（settle）、成交量（vol）、成交金额（amount）和持仓量（oi）。

	ts_code	trade_date	exchange	...	vol	amount	oi
0	M1805-C-3000.DCE	20180410	DCE	...	0.0972	2283910.0	0.0
1	M1805-C-3000.DCE	20180409	DCE	...	0.0652	2012620.0	2498.0
2	M1805-C-3000.DCE	20180404	DCE	...	0.0694	1016990.0	2712.0
3	M1805-C-3000.DCE	20180403	DCE	...	0.0450	612470.0	2886.0
4	M1805-C-3000.DCE	20180402	DCE	...	0.1292	1962920.0	2958.0
...	...	...	...		...	...	...

opt_daily() 方法的参数如下。

- ts_code：合约代码。
- trade_date：交易日期。
- start_date：开始日期。
- end_date：结束日期。
- exchange：交易所。

7.1.8 Tushare 获取新闻快讯

在 Tushare Pro 版本中，也将逐步开放互联网相关的特色数据的获取方式。目前已经开放了新闻快讯的数据获取方式，可供大家进行舆情监测、市场情绪等方面的研究。新闻快讯的获取的方式是通过 news() 方法来获取，代码如下。

```
# 设置 Token
ts.set_token('your token')
# 初始化接口
ts_pro = ts.pro_api()
# 获取新闻快讯
df = ts_pro.news(src='sina', start_date='20191101', end_date='20191102')
# 输出结果
print(df)
```

输出结果如下，返回的 DataFrame 对象中包含了新闻时间（datetime）、内容（content）、标题（title）和分类（channels）。

```
                datetime              content                title
0  2019-11-01 23:58:06   苹果股价涨超 2%，盘中续刷历史新高。
1  2019-11-01 23:52:29   道指上涨约 270 点，涨幅扩大至 1%，蓝筹股苹果涨幅也扩大至 2%，波音
                         目前涨超 1.3%。WBA...
2  2019-11-01 23:47:10   【花旗：欧元区财政立场很可能已经给欧元区 2019 年经济带来支撑】在某
                         种程度上来说，欧元区的财 ...
3  2019-11-01 23:42:14   在岸人民币兑美元（CNY）北京时间 23:30 收报 7.0372 元，较周四夜盘收
                         盘上涨 29 点。成 ...
4  2019-11-01 23:35:33   焦炭夜盘收涨 0.06%，焦煤收跌 1.50%，动力煤收涨 0.63%。 橡胶夜盘收
                         跌 0.17%，...
```

news() 方法的参数如下。

- start_date：开始日期。
- end_date：结束日期。
- src：新闻来源，sina 表示新浪财经的实时资讯，wallstreetcn 表示华尔街见闻快讯，10jqka 表示同花顺财经新闻，eastmoney 表示东方财富财经新闻，yuncaijing 表示云财经新闻。

7.1.9 Tushare 通用行情接口

除前面介绍的几种获取数据的方法之外，Tushare Pro 中也提供了通用行情数据获取的接口，这个接口目前整合了包括股票、指数、数字货币、ETF 基金、期货及期权的行情数据，未来还将包括外汇在内的所有交易行情数据。下面介绍如何通过这个接口来获取一些常用的数据。

通用接口的名称是 pro_bar()，只要已经通过 ts.set_token() 设置了 Token，就可以直接通过

ts.pro_bar() 来调用。通过此接口获取股票数据的方法如下，其中 ts_code、asset 及 freq 是必须要设置的参数，分别表示证券代码、资产类型（E 表示股、I 表示沪深指数、C 表示数字货币、FT 表示期货、FD 表示基金、O 表示期权、CB 表示可转债，默认是 E）及数据频度（支持分钟 min、日 D、周 W、月 M 的频度，默认是 D）。

```
import tushare as ts

# 设置 Token
ts.set_token('your token')
# 获取历史数据
df = ts.pro_bar(ts_code='000001.SZ', start_date='20191010', end_date='20191020', asset='E',
            freq='D')
# 输出结果
print(df)
```

上面展示了获取 000001.SZ 股票从 2019 年 10 月 10 日到 2019 年 10 月 20 日的日线数据的方法，输出结果如下。

```
    ts_code  trade_date   open   high  ...  change  pct_chg         vol       amount
0  000001.SZ   20191018  16.80  17.04  ...   -0.19  -1.1377  1196799.14  1999012.671
1  000001.SZ   20191017  16.90  17.00  ...   -0.09  -0.5360  1126182.22  1887045.621
2  000001.SZ   20191016  17.26  17.44  ...   -0.39  -2.2701  1267671.21  2146150.627
3  000001.SZ   20191015  17.25  17.35  ...   -0.04  -0.2323   881955.42  1503633.369
4  000001.SZ   20191014  16.97  17.60  ...    0.41   2.4390  1557637.45  2688929.547
5  000001.SZ   20191011  16.20  16.95  ...    0.57   3.5099  1405422.82  2335030.599
6  000001.SZ   20191010  16.27  16.27  ...   -0.01  -0.0615   879746.62  1418751.875
```

获取其他类型的金融数据可以通过修改 asset 参数来实现。例如，下面展示了如何获取期货的 5 分钟级别的数据。

```
import tushare as ts

# 设置 Token
ts.set_token('your token')
# 获取历史数据
df = ts.pro_bar(ts_code='RB1910.SHF', start_date='20191010', end_date='20191015', asset='FT',
            freq='5min')
# 输出结果
print(df)
```

输出结果如下。

```
     ts_code            trade_time  open  close  high   low  vol  amount
0  RB1910.SHF  2019-10-14 23:00:00  3616   3616  3616  3616    0       0
1  RB1910.SHF  2019-10-14 22:55:00  3616   3616  3616  3616    0       0
```

```
2   RB1910.SHF  2019-10-14 22:50:00  3616  3616  3616  3616    0          0
3   RB1910.SHF  2019-10-14 22:45:00  3616  3616  3616  3616    0          0
4   RB1910.SHF  2019-10-14 22:40:00  3618  3616  3618  3616  300   10851600
5   RB1910.SHF  2019-10-14 22:35:00  3624  3618  3624  3618   60    2170800
6   RB1910.SHF  2019-10-14 22:30:00  3624  3624  3624  3624    0          0
...
```

其他数据的获取方式与上述两个例子类似，这里不再赘述，如果有具体需求，则可以参考 Tushare Pro 的官方文档。

7.2 通过新浪财经 API 获取历史数据

除采用现有的 Python 库获取历史数据之外，也可以直接通过一些财经门户网站的接口也就是 API 来获取，常用的财经 API 有新浪财经 API、雅虎财经 API、网易财经 API 等。通过 API 调用获取数据的方式都比较类似，所以下面以新浪财经 API 获取历史数据为例进行介绍。

7.2.1 通过新浪财经 API 获取股票历史数据

API（Application Programming Interface）实际上就是一些预先定义好的函数，它们可以实现一些计算、获取数据等功能，并且这个函数会提供一个供外界直接调用的接口。所以，通过 API 我们可以不需要访问源码或理解其中的内部工作原理就可以获取其提供的服务。

新浪财经 API 支持的股票数据的周期有 5 分钟、15 分钟、30 分钟及 60 分钟数据，对应的接口如下。

```
5 分钟：
http://quotes.sina.cn/cn/api/json_v2.php/CN_MarketDataService.getKLineData?symbol=
sh000001&scale=5&datalen=1023

15 分钟：
http://quotes.sina.cn/cn/api/json_v2.php/CN_MarketDataService.getKLineData?symbol=
sh000001&scale=15&datalen=1023

30 分钟：
http://quotes.sina.cn/cn/api/json_v2.php/CN_MarketDataService.getKLineData?symbol=
sh000001&scale=30&datalen=1023
```

60 分钟：
http://quotes.sina.cn/cn/api/json_v2.php/CN_MarketDataService.getKLineData?symbol=sh000001&scale=60&datalen=1023

在上面的 API 的 url 中，symbol 表示要获取的股票代码，scale 表示时间周期，datalen 表示数据的长度，其中最大就是 1023 条，下面通过一个函数来实现用上面的 API 获取股票数据。

首先需要导入用到的 Python 库，由于需要发起 http 请求，所以需要用到 urllib 库。通过 API 返回的数据是 json 类型，所以需要对 json 数据进行解析，这就需要用到 json 库。另外，可以把数据转换为我们熟悉的 DataFrame 对象的形式，所以还需要用到 Pandas 库。

```python
from urllib import request
import json
import pandas as pd
```

然后定义一个函数，因为需要根据股票的 id、周期及长度来获取指定的股票数据，所以需要定义这三个参数。从前面的 API 的 url 中可以看出，每个不同周期的 url 是有公共部分的，所以可以把公共部分用一个字符串代替，其中参数的部分用大括号"{}"作为占位符（{0} 表示第一个参数，也就是对应 format() 方法中的 id 参数，以此类推），并通过 format() 方法来匹配，这样就可以将传入这个函数的参数插入到 url 中了。之后通过 request 模块中的 Request 向这个 url 目标发起 http 请求，也就是向新浪财经 API 发起请求，返回的响应通过 request 模块中的 urlopen 来获取，并通过 read() 方法读取响应的结果。由于结果是 json 的序列化数据，所以需要通过 json 模块下的 loads() 方法来解析，将结果转换为 Python 对象。

```python
def get_stock_data(id, scale, data_len):
    # 拼接 API 的 url
    url = 'http://quotes.sina.cn/cn/api/json_v2.php/CN_MarketDataService.getKLineData?symbol={0}&scale={1}&datalen={2}'.format(id, scale, data_len)
    # 发起请求
    req = request.Request(url)
    # 获取响应
    rsp = request.urlopen(req)
    # 读取响应结果
    res = rsp.read()
    # 将 json 序列转换为 Python 对象
    res_json = json.loads(res)
    # 输出结果
    print(res_json)
```

到这里，先输出一下结果。

```python
if __name__ == '__main__':
    get_stock_data('sh000001', 5, 3)
```

输出结果如下。

```
[{'day': '2019-12-20 14:50:00', 'open': '3007.521', 'high': '3008.564',
  'low': '3005.245', 'close': '3005.572', 'volume': '643500500',
  'ma_price5': 3009.160, 'ma_volume5': 430611940,
  'ma_price10': 3009.810, 'ma_volume10': 381741610,
  'ma_price30': 3015.639, 'ma_volume30': 343189810},
 {'day': '2019-12-20 14:55:00', 'open': '3004.809', 'high': '3005.444',
  'low': '3002.556', 'close': '3002.953', 'volume': '829295700',
  'ma_price5': 3007.407, 'ma_volume5': 531666480,
  'ma_price10': 3008.901, 'ma_volume10': 437021300,
  'ma_price30': 3015.166, 'ma_volume30': 358902647},
 {'day': '2019-12-20 15:00:00', 'open': '3002.260', 'high': '3004.938',
  'low': '3002.260', 'close': '3004.938', 'volume': '817498600',
  'ma_price5': 3006.112, 'ma_volume5': 628340940,
  'ma_price10': 3008.104, 'ma_volume10': 484525010,
  'ma_price30': 3014.699, 'ma_volume30': 376652227}]
```

从输出结果中可以看到，json 序列被转换为了一个列表，其中每个时间点的数据是一个字典类型对象。所以，为了使数据的可读性更强，接下来对得到的结果，也就是列表进行遍历，其中每次遍历得到的是一个时间点上的字典对象，最后再将结果转换为一个 DataFrame 对象。完整代码如下（可在附件中获取源代码）。

```python
def get_stock_data(id, scale, data_len):
    # 拼接 API 的 url
    url = 'http://quotes.sina.cn/cn/api/json_v2.php/CN_MarketDataService.
        getKLineData?symbol={0}&scale={1}&datalen={2}'.format(id, scale, data_len)
    # 发起请求
    req = request.Request(url)
    # 获取响应
    rsp = request.urlopen(req)
    # 读取响应结果
    res = rsp.read()
    # 将 json 序列转换为 Python 对象
    res_json = json.loads(res)
    # bar 列表
    bar_list = []
    # 将结果逆序
    res_json.reverse()
    # 遍历列表
    for dict in res_json:
        bar = {}
        bar['date'] = dict['day']
        bar['open'] = float(dict['open'])
        bar['high'] = float(dict['high'])
```

```
            bar['low'] = float(dict['low'])
            bar['close'] = float(dict['close'])
            bar['vol'] = int(dict['volume'])
            bar_list.append(bar)
    # 将结果转换为 DataFrame 对象
    df = pd.DataFrame(data=bar_list)
    return df

if __name__ == '__main__':
    df = get_stock_data('sh000001', 5, 5)
    print(df)
```

输出结果如下,其中包含了我们指定的股票 sh000001 的 5 条 5 分钟级别的数据。

```
                  date     open     high      low    close        vol
0  2019-12-20 15:00:00  3002.260  3004.938  3002.260  3004.938  817498600
1  2019-12-20 14:55:00  3004.809  3005.444  3002.556  3002.953  829295700
2  2019-12-20 14:50:00  3007.521  3008.564  3005.245  3005.572  643500500
3  2019-12-20 14:45:00  3008.232  3009.882  3007.231  3008.468  480069400
4  2019-12-20 14:40:00  3011.593  3011.646  3008.553  3008.629  371340500
```

7.2.2 通过新浪财经 API 获取期货历史数据

同股票数据一样,首先介绍一下新浪财经提供的期货 API 接口,期货 API 接口支持的周期有 5 分钟、15 分钟、30 分钟、60 分钟及日线数据。下面是新浪期货的商品期货 API 接口。

5 分钟:
http://stock2.finance.sina.com.cn/futures/api/json.php/IndexService.getInnerFuturesMiniKLine5m?symbol=rb1910

15 分钟:
http://stock2.finance.sina.com.cn/futures/api/json.php/IndexService.getInnerFuturesMiniKLine15m?symbol=rb1910

30 分钟:
http://stock2.finance.sina.com.cn/futures/api/json.php/IndexService.getInnerFuturesMiniKLine30m?symbol=rb1910

60 分钟:
http://stock2.finance.sina.com.cn/futures/api/json.php/IndexService.getInnerFuturesMiniKLine60m?symbol=rb1910

日线:
http://stock2.finance.sina.com.cn/futures/api/json.php/IndexService.getInnerFuturesDailyKLine?symbol=rb1910

股指期货同商品期货的 API 接口类似,也是支持 5 分钟、15 分钟、30 分钟、60 分钟及日线数据,具体如下。

```
5 分钟:
http://stock2.finance.sina.com.cn/futures/api/json.php/CffexFuturesService.getCffexFu
turesMiniKLine5m?symbol=IF1908

15 分钟:
http://stock2.finance.sina.com.cn/futures/api/json.php/CffexFuturesService.getCffexFu
turesMiniKLine15m?symbol=IF1908

30 分钟:
http://stock2.finance.sina.com.cn/futures/api/json.php/CffexFuturesService.getCffexFu
turesMiniKLine30m?symbol=IF1908

60 分钟:
http://stock2.finance.sina.com.cn/futures/api/json.php/CffexFuturesService.getCffexFu
turesMiniKLine60m?symbol=IF1908

日线:
http://stock2.finance.sina.com.cn/futures/api/json.php/CffexFuturesService.getCffexFu
turesDailyKLine?symbol=IF1908
```

期货历史数据与股票历史数据的获取方式类似,区别就在于 API 接口有些许不同,另外就是期货接口获取的 json 解析后的对象是列表的嵌套,而不是字典嵌套于列表中。下面就直接附上商品期货历史数据获取的代码,由于原理和前面股票的获取方式一样,因此不再赘述。

```python
def get_future_data(id, scale):
    # 拼接 API 的 url
    url = 'http://stock2.finance.sina.com.cn/futures/api/json.php/IndexService.
        getInnerFuturesMiniKLine{0}m?symbol={1}'.format(scale, id)
    # 发起请求
    req = request.Request(url)
    # 获取响应
    rsp = request.urlopen(req)
    # 读取响应结果
    res = rsp.read()
    # 将 json 序列转换为 Python 对象
    res_json = json.loads(res)
    # bar 列表
    print(res_json)
    bar_list = []
    # 将结果逆序
    res_json.reverse()
    # 遍历列表
```

```python
    for line in res_json:
        bar = {}
        bar['date'] = line[0]
        bar['open'] = float(line[1])
        bar['high'] = float(line[2])
        bar['low'] = float(line[3])
        bar['close'] = float(line[4])
        bar['vol'] = int(line[5])
        bar_list.append(bar)
    # 将结果转换为 DataFrame 对象
    df = pd.DataFrame(data=bar_list)
    return df

if __name__ == '__main__':
    df = get_future_data('rb1910', 5)
    print(df)
```

输出结果如下。

```
                  date    open    high     low   close  vol
0  2019-10-08 13:40:00  3656.0  3656.0  3656.0  3656.0  180
1  2019-10-08 13:55:00  3665.0  3665.0  3665.0  3665.0  120
2  2019-10-08 14:05:00  3656.0  3657.0  3656.0  3657.0  300
3  2019-10-08 14:10:00  3655.0  3655.0  3654.0  3654.0  180
4  2019-10-08 14:20:00  3654.0  3654.0  3654.0  3654.0   60
```

7.3 通过 Pandas_datareader 获取历史数据

下面介绍另一种获取历史数据的库 Pandas_datareader，它可以从国内外很多数据源中抓取数据，并将它们转换为 Pandas 中的 DataFrame 格式。

7.3.1 Pandas_datareader 介绍

从名字中可以看出 Pandas_datareader 库和 Pandas 库是有联系的，因为 Pandas_datareader 之前是 Pandas 库下的 io 模块，从 Pandas 0.19.0 版本之后，pandas.io 的导入方式就被 pandas_datareader 库代替了。所以，在使用 pandas_datareader 之前，需要先对这个库进行安装。

```
pip install pandas_datareader
```

安装成功后，我们在代码中对 pandas_datareader 库进行导入。

```
import pandas_datareader
```

7.3.2 通过 Pandas_datareader 获取股票历史数据

在 Pandas_datareader 库中，我们常用到的是其中的 data 模块，通过这个模块可以从专业财经网站提供的 API 接口中获取股票等金融数据，获取的方式如下。

```
import pandas_datareader.data as web

# 从雅虎数据源获取股票数据
data = web.DataReader('600789.SS', data_source='yahoo', start='2019-01-01',
                      end='2019-10-01')
# 输出结果
print(data)
```

通常，我们习惯于将 Pandas_datareader 下的 data 模块以 Web 的别名进行使用，然后调用 DataReader() 方法，在获取国内股市中的数据时，需要采用"股票代码+对应股市"的输入方式，如代码中的 600789.SS，SS 表示上证股票，SZ 则表示深证股票。

除获取国内的股票之外，也可以获取国外的股票，只需把股票代码进行更换即可，如 AAPL（苹果）、AMZN（亚马逊）、TSLA（特斯拉）等。DataReader 目前支持很多数据源，如雅虎财经、谷歌财经、圣路易斯联邦储备银行等，如上面代码是以雅虎财经为例。通过上面代码得到的结果是一个 DataFrame 对象，其中包含了所查询股票的高开低收价格、交易量及复权价格信息。

```
                High      Low     Open    Close      Volume  Adj Close
Date
2019-01-02   5.87692  5.67692  5.83077  5.70000  17560873.0   5.672954
2019-01-03   5.80000  5.65385  5.74615  5.67692  13773575.0   5.649983
2019-01-04   5.88462  5.53846  5.61538  5.86154  21168428.0   5.833727
2019-01-07   6.21538  5.87692  5.61538  6.08462  30923326.0   6.055749
2019-01-08   6.15385  5.99231  6.07692  6.15385  19538967.0   6.124650
...              ...      ...      ...      ...         ...        ...
```

7.4 其他获取历史数据的方式

前面介绍的获取金融衍生品历史数据的方式足以应付大多数量化场景对数据的需求，但是如果对数据有更高的要求，如高频策略需要更高频率甚至是 Tick 级别的数据，那么通过上面的方法就无法获取了。因为金融衍生品的数据量本身就比较庞大，高频率的数据则需要占据更多的硬盘资源，这样一些免费的数据获取方式就很难再提供相关的获取途径了。所以，如果需要更加灵活、精度更高的数据，则可以通过一些数据服务商来获取。提供相关服务的机构有很多，如 Wind、RQData、JQData 等，它们都具有金融数据库，并且会对历史数据进行整理和数据清洗等，除提供全面的基础金融数据之外，还会提供一些特色的增值服务。

7.5 本章小结

本章重点学习了如何获取历史数据。首先介绍了 Python 中的金融数据库 Tushare，通过它可以方便地获取各种股票、期货等金融衍生品的历史数据；然后介绍了新浪财经 API，学习了如何通过它来获取股票、期货等历史数据；最后介绍了 Pandas_datareader 库，通过它可以获取很多国内外数据源提供的数据。

第 8 章

量化交易的利器

在进行量化交易和研究时,对各种技术指标或风控指标的计算是必不可少的,手动去实现这些指标必然是一项烦琐而又复杂的工作,所以本章将介绍各种技术指标及风控指标,并通过两种量化交易的利器库去实现这些指标的计算,最后还将通过介绍的技术指标实现两种 CTA 量化交易策略。

本章主要涉及的知识点

- 学习 MA、RSI、ATR 等常用市场指标。
- 学习如何通过 Ta-Lib 库计算市场指标。
- 学习策略收益率、年化收益率等风险指标。
- 学习如何通过 FFn 库计算各种风险指标。
- 学习两种经典策略的实现。

注意:对于各种市场技术指标和风控指标,我们不仅需要学会如何通过 Python 库进行调用,更需要了解其计算原理,这样才能在实际应用中有的放矢。

8.1 Ta-Lib 库的介绍与安装

我们先来了解一下 Ta-Lib（Technological Analysis Library）库。Ta-Lib 库被广泛应用于各种交易软件、回测系统中，用于对金融数据进行技术分析，它包含了 150 多种市场技术指标，如 MACD、RSI、Bollinger Bands 等。此外，它还包含了对 K 线组合形态的模式识别功能，如锤子线、两只乌鸦、十字星线等形态。下面先来对 Ta-Lib 库进行安装。

```
pip install Ta-Lib
```

需要注意的是，直接通过 pip 安装 Ta-Lib 库可能会出现很多问题。所以，就需要用到 3.6.3 小节介绍的手动安装的方式，Ta-Lib 库的手动安装的过程在 3.6.3 小节中具体说明了，这里不再赘述。

8.2 市场技术指标的计算

在量化交易的技术面分析中，除基本的价格、成交量信息之外，市场技术指标也是重要的参考依据。然而，每种市场技术指标都具有其实际的应用背景，所以下面就来介绍一下常用的市场技术指标，以及如何通过 Ta-Lib 库进行调用。

8.2.1 MA 指标

MA（Moving Average）指标被称为移动平均线指标，简称均线指标。它是根据 N 日收盘价取平均后得到的一条曲线，在 K 线图中，MA 的计算周期通常选用 5 日、10 日及 20 日，分别用来表示市场在短、中、长期的价格趋势。在不考虑价格突然变动的前提下，MA 指标可以判断当前价格总体趋势，有助于选择入市和离市的时机。它的计算方法如下。

$$MA(N) = (N\text{日收盘价之和}) / N$$

在 Ta-Lib 库中计算 MA 指标，只需要调用 MA 方法，传入数据的收盘价及需要计算的周期即可。代码如下，以前面章节介绍的 Tushare 库来获取平安银行的历史数据，并将得到的结果保存到本地，后面将会以这个数据为例讲解各种技术指标的实现方式。另外，在下面的代码中需要注意的是，我们需要对 Tushare 获取的数据先进行逆序，这样便于按时间的顺序进行操作。

```
import tushare as ts
```

```
ts_pro = ts.pro_api('your token')
# 获取历史数据
df = ts_pro.daily(ts_code='000001.SZ', start_date='20190801', end_date='20191201',
                  fields='ts_code,trade_date,open,high,low,close,vol')
# 逆序
df = df.reindex(index=df.index[::-1])
# 保存到本地
df.to_csv('./000001.SZ.csv', index=None)
```

下面调用 Ta-Lib 库中的 MA 函数,其中在计算收盘价的 MA 指标时,需要传入股票数据的收盘价,还需要一个参数用于确定计算的 MA 的周期。

```
import talib
import pandas as pd
import mpl_finance as mpf
import matplotlib.pyplot as plt

# 读取文件
df = pd.read_csv('000001.SZ.csv')
# 计算 MA 指标
ma_df = talib.MA(df['close'], timeperiod=5)
# 输出结果
print(ma_df)
```

得到的结果是一个 DataFrame 对象,因为上面代码计算的 MA 的周期是 5,至少需要 5 个数据才能进行计算,所以前四个 MA 值是 NaN。

```
0        NaN
1        NaN
2        NaN
3        NaN
4      13.620
         ...
```

下面对 MA 指标进行可视化,从而直观地看一下它的作用。首先进行 K 线数据可视化,然后绘制三种周期下的 MA 指标。

```
import talib
import pandas as pd
import mpl_finance as mpf
import matplotlib.pyplot as plt

# 读取文件
df = pd.read_csv('000001.SZ.csv')
# 计算 MA 指标
```

```
ma5_df = talib.MA(df['close'], timeperiod=5)
ma10_df = talib.MA(df['close'], timeperiod=10)
ma20_df = talib.MA(df['close'], timeperiod=20)
# 可视化
fig = plt.figure()
ax = fig.add_subplot(111)
# 绘制 MA 指标
ax.plot(ma5_df, label='MA5')
ax.plot(ma10_df, label='MA10')
ax.plot(ma20_df, label='MA20')
# 绘制 K 线图
mpf.candlestick2_ohlc(ax, df['open'], df['high'], df['low'], df['close'], width=0.6,
                      colorup='red', colordown='green')
plt.legend()
plt.show()
```

可视化效果如图 8.1 所示。

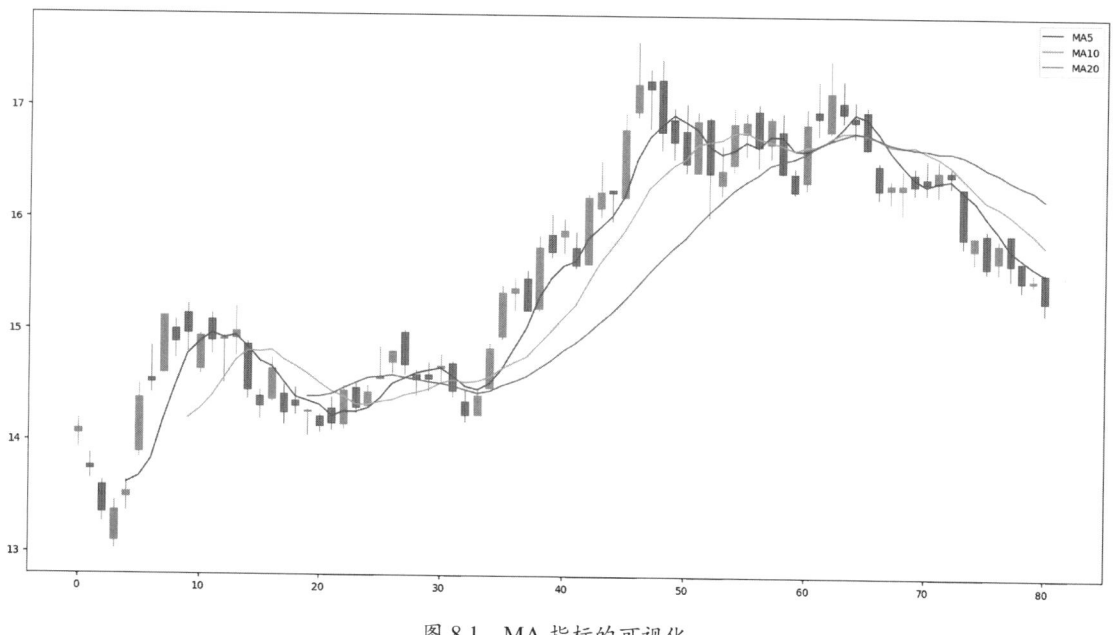

图 8.1　MA 指标的可视化

8.2.2　MACD 指标

MACD（Moving Average Convergence and Divergence）指标被称为异同移动平均线指标，是由查拉尔·阿佩尔（Geral Appel）于 1970 年提出的技术指标。MACD 通过收盘价短期的指数移动平均线与长期的指数移动平均线之间的聚合与分离状况，来表示当前市场是否具有合适的买卖机会。MACD 在计算时需要计算 12 日快速移动平均线（EMA12）和 26 日慢速移动平均线（EMA26），然后将两者之间的差值表示为 DIFF，之后计算 DIFF 的 9 个周期的移动平均线 DEA，最后将 DIFF 和 DEA 的差值作为 MACD 的柱状图。MACD 指标的具体计算方法如下。

（1）计算快速和慢速移动平均值 EMA。

$$EMA(12) = 前一日 EMA(12) \times 11/13 + 今日收盘价 \times 2/13$$
$$EMA(26) = 前一日 EMA(26) \times 25/27 + 今日收盘价 \times 2/27$$

（2）计算离差值 DIFF。

$$DIFF = EMA(12) - EMA(26)$$

（3）计算 DIFF 的移动平均值 DEA。

$$DEA(9) = 前一日 DEA(9) \times 8/10 + 今日 DIFF \times 2/10$$

（4）计算 MACD 柱状图。

$$MACD = (DIFF - DEA) \times 2$$

经过上面的计算就可以得到 MACD 指标，它通常是由两线一柱组成，也就是快速线 DIFF 和慢速线 DEA 及柱状图 MACD。下面介绍如何通过 Ta-Lib 库来实现 MACD 指标的计算。代码如下，首先调用 Ta-Lib 库中的 MACD 方法，它需要传入股票的收盘价数据，以及快速移动平均值和慢速移动平均值的周期 fastperiod 和 slowperiod 及 DEA 的周期 signalperiod，结果返回的是计算得到的 DIFF、DEA 及 MACD 的柱状值。

```
# 读取文件
df = pd.read_csv('000001.SZ.csv')
# 计算MACD指标
diff, dea, macd = talib.MACD(df['close'], fastperiod=12, slowperiod=26,
                             signalperiod=9)
# 输出结果
print(diff.dropna())
print(dea.dropna())
print(macd.dropna())
```

输出结果如下，需要注意的是，在计算 MACD 指标时，需要先缓存足够长时间的数据才能进行计算。所以，结果是从第 33 个索引位置，也就是第 34 个数据开始得到有效值的。

```
33     0.010708
34     0.040232
35     0.102790
        ...
78    -0.181511
79    -0.206140
80    -0.239041
dtype: float64
```

```
33    0.023015
34    0.026458
35    0.041725
       ...
78   -0.042410
79   -0.075156
80   -0.107933
dtype: float64

33   -0.012307
34    0.013773
35    0.061066
       ...
78   -0.139100
79   -0.130984
80   -0.131108
dtype: float64
```

下面对 MACD 指标进行可视化，其中在绘制柱状图时，因为正负值不一样的 Bar 的颜色不同，所以需要通过 np.where() 方法进行处理，np.where(macd > 0, macd, 0) 的作用实现了将 MACD 中所有大于 0 的值进行保存，其余的值设置为 0；np.where(macd < 0, macd, 0) 的作用实现了将 MACD 中所有小于 0 的值进行保存，其余的值设置为 0，这样绘制两次即可实现对 MACD 的 Bar 的可视化。

```python
import numpy as np
import mpl_finance as mpf
import matplotlib.pyplot as plt

# 读取文件
df = pd.read_csv('000001.SZ.csv')
# 计算 MACD 指标
diff, dea, macd = talib.MACD(df['close'], fastperiod=12, slowperiod=26,
                             signalperiod=9)
# 可视化
fig = plt.figure()
ax1 = fig.add_subplot(211)
ax2 = fig.add_subplot(212)
# 绘制 K 线图
mpf.candlestick2_ohlc(ax1, df['open'], df['high'], df['low'], df['close'], width=0.6,
                      colorup='red', colordown='green')
# 绘制 DIFF 和 DEA 曲线
ax2.plot(diff, label='DIFF')
ax2.plot(dea, label='DEA')
# 分别得到 MACD 的 Bar 是正值和负值的数据
macd_red = np.where(macd>0, macd, 0)
```

```
macd_green = np.where(macd<0, macd, 0)
# 绘制 MACD Bar
ax2.bar(range(len(macd)), macd_red, width=0.6, facecolor='red', label='MACD')
ax2.bar(range(len(macd)), macd_green, width=0.6, facecolor='green', label='MACD')
# 显示图像
plt.legend()
plt.show()
```

可视化效果如图 8.2 所示,可以看到 MACD 指标从第 33 个索引位置开始进行绘制。

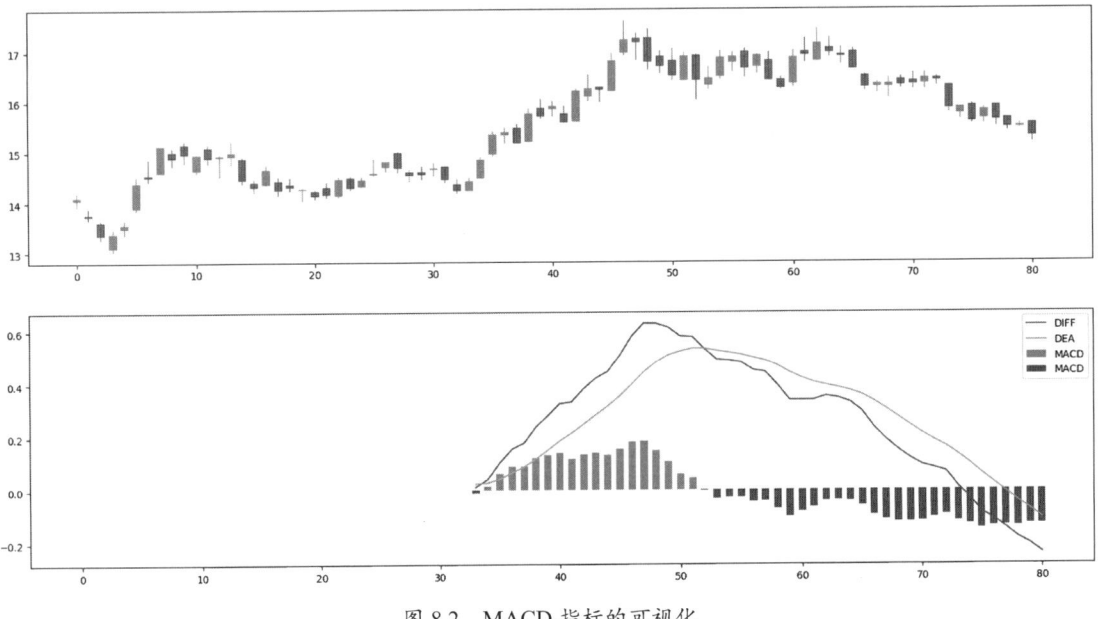

图 8.2 MACD 指标的可视化

8.2.3 RSI 指标

RSI(Relative Strength Index)指标被称为相对强弱指标,是由威尔斯·威尔德(Wells Wilder)提出的一种表示市场一定时期的景气程度的指标。在股票等金融衍生品市场中,它可以用来评估多空力量的强弱程度,所以把它作为一种超买超卖的指标。RSI 已经成为技术分析中使用最为广泛的技术指标之一。

RSI 的计算方法很简单,它是根据 N 日收盘涨幅与涨跌幅之间的比率得到的,即 N 日 RSI = (N 日收盘涨幅) / (N 日涨跌幅) ×100 或通过简单平均值的方式进行表示,公式如下。

$$\text{RS} = \frac{\text{MA}(U, N)}{\text{MA}(D, N)}, \quad \text{RSI} = \left(1 - \frac{1}{1+\text{RS}}\right) \times 100\%$$

式中,$\text{MA}(U, N)$ 表示 N 日收盘涨幅的移动平均值,$\text{MA}(D, N)$ 表示 N 日收盘跌幅的移动平均值。

通常情况下，N 的选取一般是 6 或 14，分别作为短周期和长周期的曲线。根据上面的公式也可以看出，RSI 的范围是 0 到 100，通常情况下，RSI 处于 30 到 70 之间，当 RSI 处于 10 到 20 之间时，市场处于超卖状态，后市大概率会出现价格的反弹回升；当 RSI 处于 80 到 90 之间时，市场处于超买状态，后市大概率会出现价格回落。

下面介绍如何通过 Ta-Lib 库来实现 RSI 指标的计算。在调用 RSI 方法时，需要传入收盘价数据和计算周期参数，通常情况下，RSI 的计算周期设置为 14。

```
# 读取文件
df = pd.read_csv('000001.SZ.csv')
# 计算 RSI 指标
rsi = talib.RSI(df['close'], timeperiod=14)
# 输出结果
print(rsi.dropna())
```

输出结果如下，因为当 timeperiod 设置为 14 时，至少需要 14 个数据才能计算 RSI 指标，所以结果是从索引位置 14 开始出现有效值的。

```
14    54.957507
15    52.706374
16    57.282667
17    51.026957
18    51.875925
       ...
```

下面对 RSI 指标进行可视化。需要注意的是，在绘制 RSI 指标折线图时，由于获取的 RSI 指标数据是从索引位置 14 才开始出现有效值的，所以默认情况下进行绘制时，它是从索引位置 14 开始绘制的。为了与上面的 K 线图的坐标位置相对应，可以在 RSI 指标绘制的图像中，先在第一个点处添加一个位置点 (0, mean(rsi))，这样进行显示时上下坐标轴的起始位置就是一样的了。后面的指标可视化也是一样的道理。

```
# 读取文件
df = pd.read_csv('000001.SZ.csv')
# 计算 RSI 指标
rsi = talib.RSI(df['close'], timeperiod=14)
# 可视化
fig = plt.figure()
ax1 = fig.add_subplot(211)
ax2 = fig.add_subplot(212)
# 绘制 K 线图
mpf.candlestick2_ohlc(ax1, df['open'], df['high'], df['low'], df['close'], width=0.6,
                      colorup='red', colordown='green')
# 绘制 RSI 曲线
ax2.plot(0, np.mean(rsi))    # 使上下坐标对应
```

```
ax2.plot(rsi, label='RSI')
# 显示图像
plt.legend()
plt.show()
```

可视化效果如图 8.3 所示。

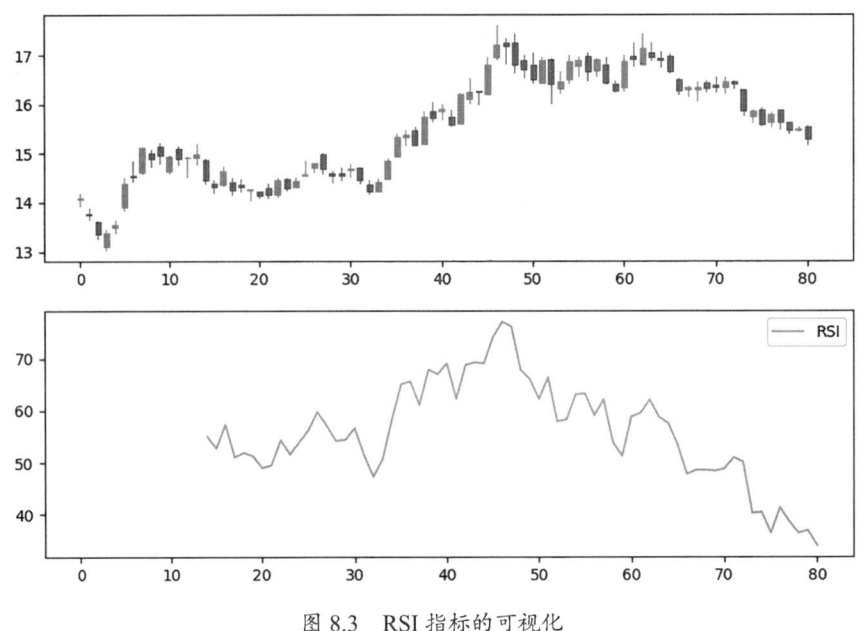

图 8.3 RSI 指标的可视化

8.2.4 KDJ 指标

KDJ 指标（KDJ Index）被称为随机指标，是由乔治·莱恩（George Lane）首创，KDJ 指标最早用于期货市场的研究，现在 KDJ 指标同前面的 RSI 指标一样，作为一种动量指标，常用于股市中的中短期趋势分析及超买超卖判断，也是股票和期货市场中最为常用的技术指标之一。在对 KDJ 指标进行计算时，主要考虑了最高价、最低价及收盘价之间的关系，同时也结合了动量观念、强弱指标及移动平均的特点，所以可以更为全面地对当前行情进行判断。

KDJ 指标由三根线组成，移动速度最快的是 J 线，其次是 K 线，最慢的是 D 线，具体计算方法如下。

（1）计算 N 周期的 RSV 值（未成熟随机指标），即通过 N 日内的最低价、最高价及第 N 日的收盘价进行计算。

$$\text{RSV}(N) = \frac{\text{Close}(N) - \text{Low}(N)}{\text{High}(N) - \text{Low}(N)} \times 100$$

（2）计算当前时刻的 K 值和 D 值，即分别是 N_k 周期的 RSV 的移动平均和 N_d 周期的 K 值的移动平均。

$$K(t) = MA(RSV, N_k)$$

$$D(t) = MA(K, N_d)$$

（3）计算当前时刻的 J 值。

$$J(t) = 3 \times K(t) - 2 \times D(t)$$

其中，如果前一日的 K 和 D 的值没有，则用 50 代替。通常情况下，N 的取值为 9。

KDJ 指标在实际应用中，主要是从 K、D、J 值三者之间的大小或三条曲线之间的关系进行行情的判断。一般情况下，如果 K、D、J 值都大于 50，则为多头市场，后期看涨；反之，如果 K、D、J 值都小于 50，则为空头市场，后期看跌。但是，当 KDJ 值大于或小于一定范围时，容易出现钝化的现象，也就是变化不明显，所以就需要结合其他指标进行分析。或者从三条曲线的关系上来看，多头情况下，当 J 线大于 K 线，K 线大于 D 线并出现交叉时，意味着上涨趋势，此时的信号类似于双均线策略中发出的信号，是一种买入信号；相反，空头情况下，则意味着下跌趋势，是一种卖出信号。

下面介绍如何通过 Ta-Lib 库来实现 KDJ 指标的计算。在 Ta-Lib 库中没有 KDJ 的方法，而是 STOCH 方法，它需要传入数据的最高价、最低价、收盘价，以及 fastk_period、slowk_period 和 slowd_period（分别表示 RSV 的周期、K 值计算时的周期和 D 线计算时的周期），返回的是 K 值和 D 值，代码如下。

```
# 读取文件
df = pd.read_csv('000001.SZ.csv')
# 计算KDJ指标
K, D = talib.STOCH(df['high'], df['low'], df['low'], fastk_period=9,
                   slowk_period=3, slowd_period=3)
J = 3 * K - 2 * D
# 输出结果
print(K.dropna())
print(D.dropna())
print(J.dropna())
```

输出结果如下，因为 RSV 需要 9 个周期的数据，K 值和 D 值需要 3 个周期的数据，所以有效值是从索引位置 12 开始的。

```
12    7.125345e+01
13    6.974137e+01
       ...
79    1.436782e+00
```

```
80    1.436782e+00
Length: 69, dtype: float64
12    7.561222e+01
13    7.282273e+01
       ...
79    4.789272e-01
80    9.578544e-01
Length: 69, dtype: float64
12    6.253589e+01
13    6.357867e+01
       ...
79    3.352490e+00
80    2.394636e+00
Length: 69, dtype: float64
```

下面对 KDJ 指标进行可视化，因为得到的 KDJ 指标包含了三条线，所以需要对这三条曲线进行绘制。

```
# 读取文件
df = pd.read_csv('000001.SZ.csv')
# 计算 KDJ 指标
K, D = talib.STOCH(df['high'], df['low'], df['close'], fastk_period=9,
                   slowk_period=3, slowd_period=3)
J = 3 * K - 2 * D
# 可视化
fig = plt.figure()
ax1 = fig.add_subplot(211)
ax2 = fig.add_subplot(212)
# 绘制 K 线图
mpf.candlestick2_ohlc(ax1, df['open'], df['high'], df['low'], df['close'], width=0.6,
                      colorup='red', colordown='green')
# 绘制 KDJ 曲线
ax2.plot(0, np.mean(K))       # 使上下坐标对应
ax2.plot(K, label='K')
ax2.plot(D, label='D')
ax2.plot(J, label='J')
# 显示图像
plt.legend()
plt.show()
```

可视化效果如图 8.4 所示，可以看出 J 线的变化速度明显快于 K 线和 D 线，K 线的变化速度则稍快于 D 线。

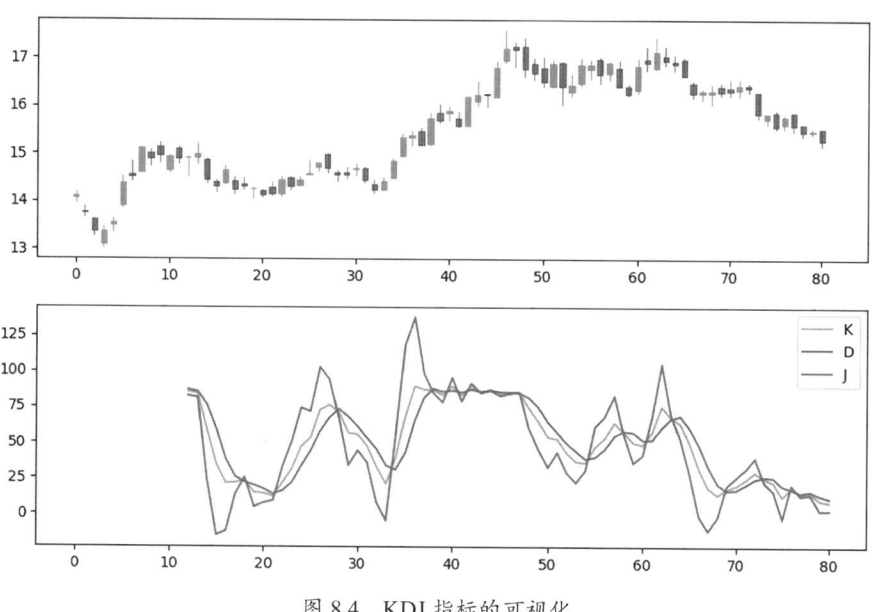

图 8.4　KDJ 指标的可视化

8.2.5　CCI 指标

CCI（Commodity Channel Index）指标被称为顺势指标，是唐纳德·兰伯特（Donald Lambert）于 20 世纪 80 年代提出的指标。CCI 指标可以用于判断金融衍生品价格是否超出常态分布的范围，同样也是一种判断超买超卖的指标。不同于 KDJ 指标、威廉指标等具有 0~100 的上下界限，CCI 指标波动于正无穷到负无穷之间。因此，不会出现指标钝化等现象。

CCI 指标的计算方法如下。

（1）计算 N 日的最高价、最低价和第 N 日收盘价的平均值 TP = (High(N) + Low(N) + Close(N)) / 3。

（2）计算 N 日收盘价的移动平均　MA = Average(Close, N)。

（3）计算 N 日价格偏离　MD = Average(MA – Close, N)。

（4）计算 N 日 CCI(N) = (TP – MA) / MD / 0.015。

CCI 指标虽然没有运行区域的限制，但是通常情况下会设置一个相对的参考区域：+100 和 –100，即 +100 以上为超买区，–100 以下为超卖区，在两者之间为震荡区。

下面介绍如何通过 Ta-Lib 库来实现 CCI 指标的计算。因为在计算 CCI 指标时需要用到最高价、最低价及收盘价信息，所以需要将这三种价格作为参数，timeperiod 参数计算的是 N 日周期，通常设置为 14。

```
# 读取文件
df = pd.read_csv('000001.SZ.csv')
# 计算 CCI 指标
CCI = talib.CCI(df['high'], df['low'], df['close'], timeperiod=14)
# 输出结果
print(CCI.dropna())
```

输出结果如下。

```
13    71.461132
14    19.304764
15   -17.983055
16     7.189319
17   -67.708333
       ...
```

下面对 CCI 指标进行可视化。

```python
# 读取文件
df = pd.read_csv('000001.SZ.csv')
# 计算 CCI 指标
CCI = talib.CCI(df['high'], df['low'], df['close'], timeperiod=14)
# 可视化
fig = plt.figure()
ax1 = fig.add_subplot(211)
ax2 = fig.add_subplot(212)
# 绘制 K 线图
mpf.candlestick2_ohlc(ax1, df['open'], df['high'], df['low'], df['close'], width=0.6,
                      colorup='red', colordown='green')
# 绘制 CCI 曲线
ax2.plot(0, np.mean(CCI))  # 使上下坐标对应
ax2.plot(CCI, label='CCI')
# 显示图像
plt.legend()
plt.show()
```

可视化效果如图 8.5 所示。

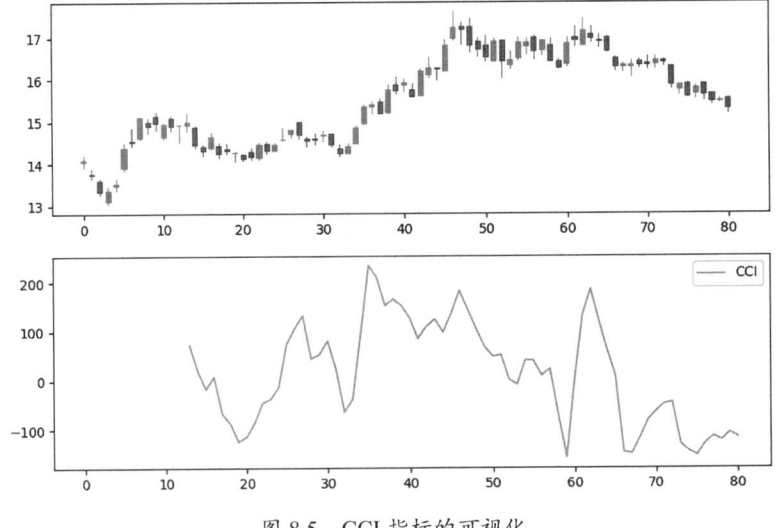

图 8.5　CCI 指标的可视化

8.2.6 ATR 指标

ATR（Average True Range）指标被称为真实波幅指标，也称为均幅指标或真实波动均值指标，是一种表示市场变化率的指标。它是由威尔斯·威尔德（Welles Wilder）于 1978 年在 *New Concepts in Technical Trading Systems* 中提出。ATR 指标并不能直接反映价格的走势或趋势，而只是反映了价格的波动程度。

在计算平均真实波幅之前需要先计算真实波幅 TR（True Range），ATR 指标的计算方法如下。

（1）计算当前交易日最高价 High(T) 和最低价 Low(T) 之间的价差。

（2）计算前一交易日收盘价 Close($T-1$) 和当前交易日最高价 High(T) 之间的价差绝对值。

（3）计算前一交易日收盘价 Close($T-1$) 和当前交易日最低价 Low(T) 之间的价差绝对值。

（4）计算今日最高价与最低价的价差振幅，昨日收盘价与今日最高价的价差振幅，昨日收盘价与今日最低价的价差振幅三者之间的最大值。

$$TR = \max(High(T) - Low(T), abs(Close(T-1) - High(T)), abs(Close(T-1) - Low(T)))$$

（5）计算 N 日 ATR，即 TR 的 N 日移动平均值。

$$ATR = MA(TR, N)$$

ATR 指标常用于表示趋势的开始或反转，较低的 ATR 表示平稳、冷清的市场环境。而长时间的低 ATR 则可能是市场积蓄力量并开始下一种趋势的征兆，这种趋势可能是当前趋势的继续或是趋势的反转；较高的 ATR 表示波动大、交易频繁的市场环境，而高 ATR 意味着短时间的价格大幅变动，通常这种情况不会维持太长时间。

ATR 也可以用来动态设置交易的止盈和止损价位，由于 ATR 表示一段时间的波动真实范围，所以可以用于动态设定止盈和止损价位。

此外，ATR 还可以用来动态设置仓位，如海龟交易策略中就以交易标的的 ATR 来设置仓位，高 ATR 意味着高风险，因此应设定较低的仓位。具体可以参考海龟交易策略中仓位的设置。

ATR 指标在 Ta-Lib 库中的实现代码如下，在计算 ATR 指标时需要用到最高价、最低价及收盘价信息，所以需要将相应的价格信息传入。另外，ATR 指标需要计算 N 个周期 TR 的移动平均值，通常周期为 14。

```
# 读取文件
df = pd.read_csv('000001.SZ.csv')
# 计算 ATR 指标
ATR = talib.ATR(df['high'], df['low'], df['close'], timeperiod=14)
# 输出结果
print(ATR.dropna())
```

输出结果如下。

```
14    0.473571
15    0.457602
16    0.455630
17    0.458800
18    0.443171
       ...
```

下面对 ATR 指标进行可视化。

```python
# 读取文件
df = pd.read_csv('000001.SZ.csv')
# 计算 ATR 指标
ATR = talib.ATR(df['high'], df['low'], df['close'], timeperiod=14)
# 可视化
fig = plt.figure()
ax1 = fig.add_subplot(211)
ax2 = fig.add_subplot(212)
# 绘制 K 线图
mpf.candlestick2_ohlc(ax1, df['open'], df['high'], df['low'], df['close'], width=0.6,
                      colorup='red', colordown='green')
# 绘制 ATR 曲线
ax2.plot(0, np.mean(ATR))   # 使上下坐标对应
ax2.plot(ATR, label='ATR')
# 显示图像
plt.legend()
plt.show()
```

可视化效果如图 8.6 所示。

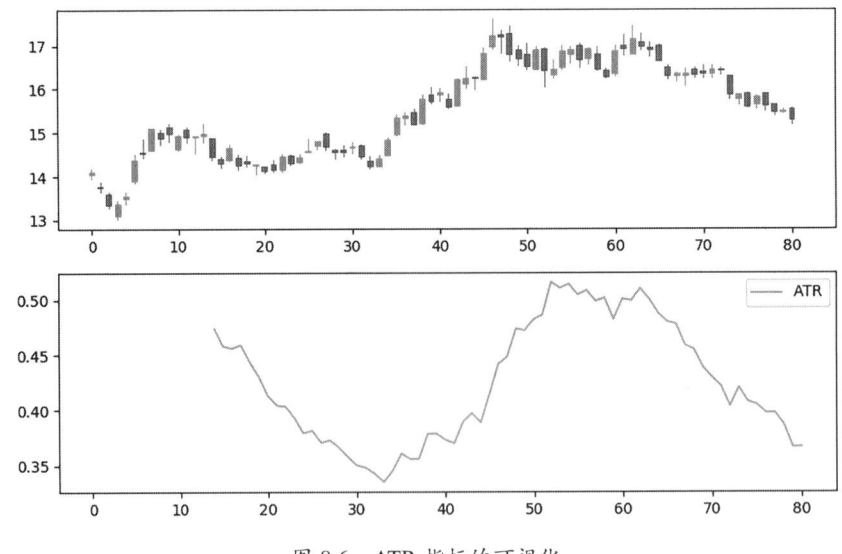

图 8.6 ATR 指标的可视化

8.2.7 OBV 指标

OBV（On Balance Volume）指标被称为能量潮指标，是由美国投资分析家葛兰维（Joe Granville）所创。OBV 是一种成交量指标，它通过统计成交量变动的趋势来推测股票价格的走势。通常在对 OBV 进行可视化时，它一般是以 N 字型进行波动，对于逐渐推进上升的 N 字型走势称为上升潮，对于上升潮中的回落称为跌潮。OBV 是通过成交量来推测当前市场的推动力，通常需要配合价格趋势进行分析。一般当 OBV 指标与价格同时缓慢上升时，意味着买方的力量逐渐加强，具有多头趋势，可以作为看多的信号；当 OBV 指标与价格同时缓慢下降时，意味着卖方的力量逐渐加强，具有空头趋势，可以作为看空的信号。

OBV 指标的计算方法很简单，它首先以某日为基准，逐日计算累计的成交量。如果本日收盘价高于昨日收盘价，就加上当日的成交量作为本日的 OBV；如果本日收盘价低于昨日收盘价，就减去当日的成交量作为本日的 OBV。

下面介绍如何通过 Ta-Lib 库来实现 OBV 指标的计算。在通过 Ta-Lib 库进行 OBV 指标的调用时，需要把收盘价、交易量信息作为参数传入。

```
# 读取文件
df = pd.read_csv('000001.SZ.csv')
# 计算 OBV 指标
OBV = talib.OBV(df['close'], df['vol'])
# 输出结果
print(OBV)
```

输出结果如下。

```
0       527981.28
1      -441945.18
2     -1335027.60
3      -452528.47
4       340510.52
       ...
```

下面对 OBV 指标进行可视化。通常在对 OBV 指标进行可视化时，OBV 指标会由两条线组成，分别表示 OBV 线和 OBV 的均线。

```
# 读取文件
df = pd.read_csv('000001.SZ.csv')
# 计算 OBV 指标
OBV = talib.OBV(df['close'], df['vol'])
# 计算 OBV 的 9 日均线
OBV_MA = talib.MA(OBV, timeperiod=9)
# 可视化
fig = plt.figure()
```

```
ax1 = fig.add_subplot(211)
ax2 = fig.add_subplot(212)
# 绘制 K 线图
mpf.candlestick2_ohlc(ax1, df['open'], df['high'], df['low'], df['close'], width=0.6,
                      colorup='red', colordown='green')
# 绘制 OBV 曲线
ax2.plot(OBV, label='OBV')
ax2.plot(OBV_MA, label='OBV_MA9')
# 显示图像
plt.legend()
plt.show()
```

可视化效果如图 8.7 所示。

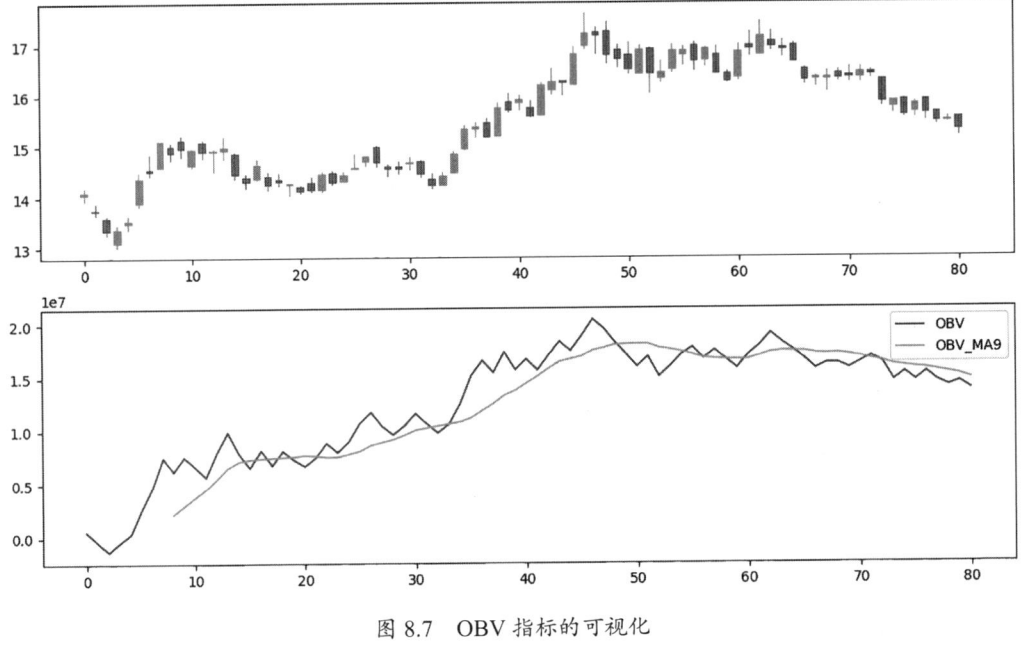

图 8.7 OBV 指标的可视化

8.3 K 线组合的模式识别

我们不光可以通过 Ta-Lib 库计算各种市场技术指标来辅助我们进行量化交易，在 Ta-Lib 库中还提供了一些 K 线组合的模式识别方法，如常见的晨星、昏星、锤子线等 K 线组合，Ta-Lib 库中对应的方法可以帮助我们将它们进行匹配并筛选，下面就介绍一些常见的 K 线组合及如何通过 Ta-Lib 库来实现模式识别。

8.3.1 晨星

晨星（Morning Star），也称为早晨之星，它是一种三日的 K 线组合形态，第一日是阴线，第二日价格振幅较小，第三日出现阳线，其一般形态如图 8.8 所示。晨星的 K 线组合形态一般出现在下跌趋势之后，预示着价格的上升回调。其在作为交易信号使用时，通常会结合交易量的指标。

下面介绍如何通过 Ta-Lib 库来实现晨星 K 线形态的识别。为了便于演示，仍以前面通过 Tushare 获取的历史数据为例进行代码的编写。这种形态的识别是通过 Ta-Lib 库中的 CDLMORNINGSTAR 方

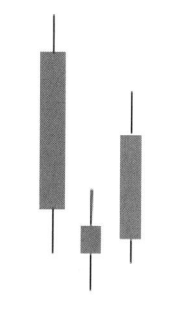

图 8.8　晨星 K 线形态

法来实现的，这个方法需要传入高开低收的价格信息，其得到的结果是 {–100, 0, 100} 中的一个值，其中 –100 和 100 分别表示识别的是卖出和买入的信号，0 则表示未识别。需要注意的是，Ta-Lib 库中其他 K 线组合的模式识别方法的参数和返回值与其相同。

```
# 读取文件
df = pd.read_csv('000001.SZ.csv')
# 识别晨星的 K 线组合
nums = talib.CDLMORNINGSTAR(df['open'], df['high'], df['low'], df['close'])
# 输出结果
print(nums)
```

通过 CDLMORNINGSTAR 方法得到的结果是一个 Series 对象，其每个索引对应的值是识别的结果。

```
0    0
1    0
2    0
3    0
4    0
5    0
...  ...
```

为了将识别的结果进行可视化，下面将通过 CDLMORNINGSTAR 方法得到的索引位置在原 K 线图中进行标注。因为晨星是一种买入信号，所以需要获取的是返回结果为 100 的索引位置，其中在识别到的 K 线的最高价上面通过箭头来标注。

```
# 读取文件
df = pd.read_csv('000001.SZ.csv')
# 识别晨星的 K 线组合
nums = talib.CDLMORNINGSTAR(df['open'], df['high'], df['low'], df['close'])
# 可视化
```

```
fig = plt.figure()
ax = fig.add_subplot(111)
# 绘制 K 线图
mpf.candlestick2_ohlc(ax, df['open'], df['high'], df['low'], df['close'], width=0.6,
                      colorup='red', colordown='green')
# 标注识别 K 线组合的位置
index = nums[nums==100].index.values
for i in index:
    ax.annotate(s='', xy=(i, df['high'][i]), xytext=(i, df['high'][i] + 0.5),
                arrowprops={'arrowstyle':'->'})
plt.show()
```

可视化效果如图 8.9 所示，可以看到在这段价格的走势中出现了两次晨星的走势。需要注意的是，图中的标注点是该组合形态的最后一根 K 线的位置上，即出现反转的阳线上。

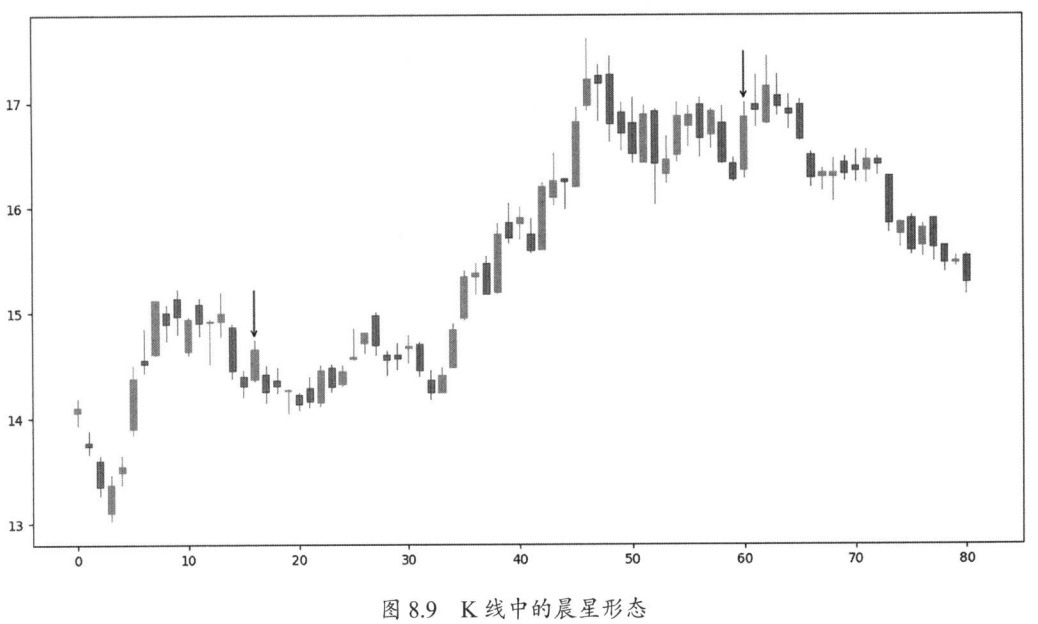

图 8.9　K 线中的晨星形态

8.3.2　昏星

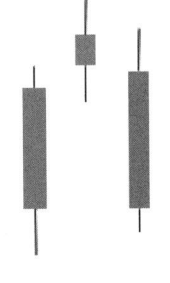

昏星（Evening Star），也称为黄昏之星。它与晨星类似，也是一种三日的 K 线组合形态，第一日为阳线，第二日价格振幅较小，第三日为阴线，其一般形态如图 8.10 所示。但是，它的作用和晨星反向，它通常出现在一段上升趋势中，预示着顶部的价格反转。

在 Ta-Lib 库中，识别昏星 K 线模式的方法叫作 CDLEVENINGSTAR，同前面的晨星方法一样，同样需要传入高开低收的价格信息。在下面的

图 8.10　昏星 K 线形态

代码中，用到的数据是深证代码为000008的股票数据，时间是从2019年1月1日到2019年8月1日。另外，与前面的晨星代码不同的是，昏星是卖出信号，所以需要获取的是返回结果为−100的索引位置。

```
# 读取文件
df = pd.read_csv('000008.SZ.csv')
# 识别昏星的K线组合
nums = talib.CDLEVENINGSTAR(df['open'], df['high'], df['low'], df['close'])
# 可视化
fig = plt.figure()
ax = fig.add_subplot(111)
# 绘制K线图
mpf.candlestick2_ohlc(ax, df['open'], df['high'], df['low'], df['close'], width=0.6,
                      colorup='red', colordown='green')
# 标注识别K线组合的位置
index = nums[nums==-100].index.values
print(index)
for i in index:
    ax.annotate(s='', xy=(i, df['high'][i]), xytext=(i, df['high'][i] + 0.15),
                arrowprops={'arrowstyle':'->'})
plt.show()
```

可视化效果如图8.11所示，可以看出识别到的昏星的K线组合在一段上涨趋势的顶部，在此之后，价格出现了明显的反转。

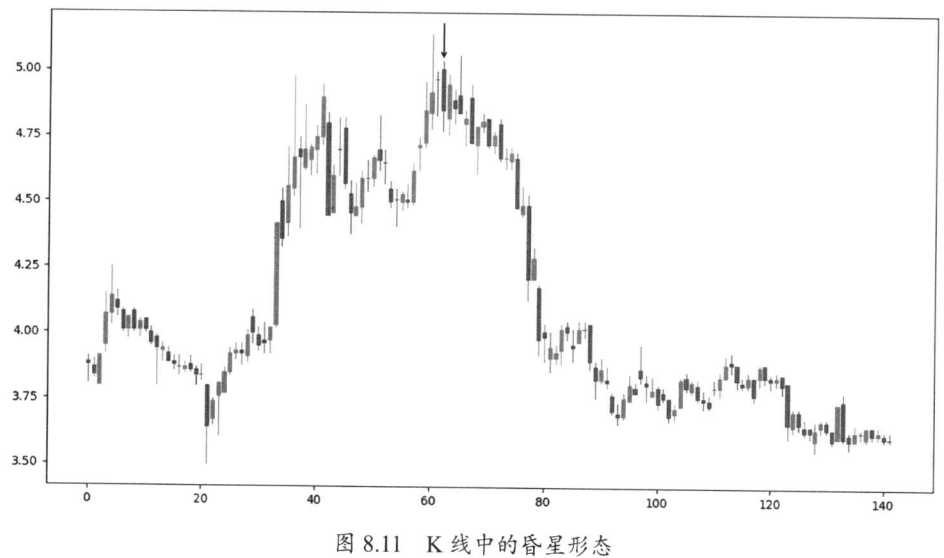

图8.11　K线中的昏星形态

8.3.3　锤子线

锤子线（Hammer）是一种单日的K线形态，因其形态类似一把锤子，所以被命名为锤子线。它通常出现在一段下跌趋势之后，预示着价格见底。通常其形态实体较短，下影线很长，

没有上影线，如图 8.12 所示。当锤子线的实体颜色为红色，且下影线越长时，其参考意义也就越强。

在 Ta-Lib 库中，识别锤子线的方法叫作 CDLHAMMER。在下面的代码中，用到了前面的深证 000001 股票数据，开始时间是 20190801，结束时间是 20191201。锤子线同样也是买入信号，所以需

图 8.12　锤子线 K 线形态

要获取的是返回结果为 100 的索引位置。

```
# 读取文件
df = pd.read_csv('000001.SZ.csv')
# 识别锤子线的 K 线模型
nums = talib.CDLHAMMER(df['open'], df['high'], df['low'], df['close'])
# 可视化
fig = plt.figure()
ax = fig.add_subplot(111)
# 绘制 K 线图
mpf.candlestick2_ohlc(ax, df['open'], df['high'], df['low'], df['close'], width=0.6,
                      colorup='red', colordown='green')
# 标注识别 K 线组合的位置
index = nums[nums==100].index.values
for i in index:
    ax.annotate(s='', xy=(i, df['high'][i]), xytext=(i, df['high'][i] + 0.5),
                arrowprops={'arrowstyle': '->'})
plt.show()
```

可视化效果如图 8.13 所示，可以看到第一个锤子线形态之后的价格出现了反转，而第二个锤子线形态之后的价格并没有出现反转。

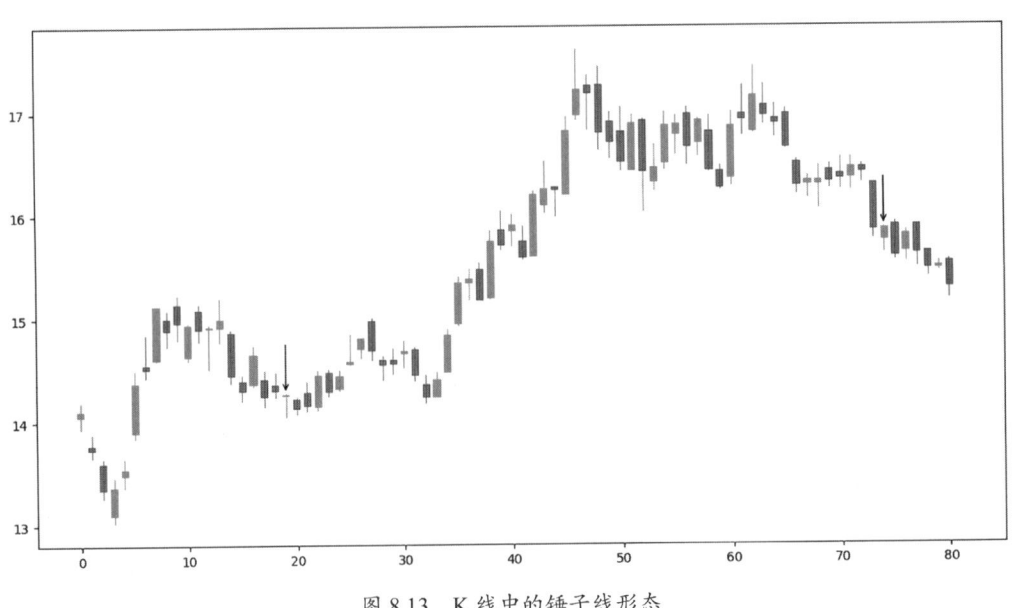

图 8.13　K 线中的锤子线形态

8.3.4　上吊线

上吊线（Hanging Man），也称为倒锤子线，同锤子线一样，也是一种单日的 K 线形态，但意义和锤子线相反。它通常出现在一段上升趋势之后，预示着价格反转。上吊线通常为较小的实体，伴随着较长的下影线，如图 8.14 所示。当上吊线的实体颜色为绿色，且下影线越长时，其参考意义也就越强。另外，需要注意的是，锤子线和上吊线在使用时，不仅需要判断其形态的出现，还需要结合其出现在价格区间的顶端还是底端，通常锤子线出现在价格区间底端，上吊线出现在价格区间顶端。

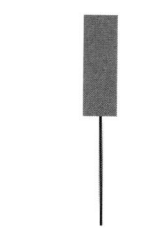

图 8.14　上吊线 K 线形态

在 Ta-Lib 库中，识别上吊线的方法叫作 CDLHANGINGMAN。在下面的代码中，用到了前面的深证 000008 股票数据，开始时间是 20190801，结束时间是 20191201。上吊线是卖出信号，所以需要获取的是返回结果为 –100 的索引位置。

```python
# 读取文件
df = pd.read_csv('000008.SZ.csv')
# 识别上吊线的K线模型
nums = talib.CDLHANGINGMAN(df['open'], df['high'], df['low'], df['close'])
# 可视化
fig = plt.figure()
ax = fig.add_subplot(111)
# 绘制K线图
mpf.candlestick2_ohlc(ax, df['open'], df['high'], df['low'], df['close'], width=0.6,
                      colorup='red', colordown='green')
# 标注识别K线组合的位置
index = nums[nums==-100].index.values
for i in index:
    ax.annotate(s='', xy=(i, df['high'][i]), xytext=(i, df['high'][i] + 0.2),
                arrowprops={'arrowstyle': '->'})
plt.show()
```

可视化效果如图 8.15 所示，可以看到四条上吊线，其中第一个和最后一个上吊线出现之后，价格出现了反转。

8.3.5　捉腰带线

捉腰带线（Belt Hold）是一种两日的 K 线组合形态，通常出现在一段下跌趋势中。在捉腰带线的 K 线组合中，通常第一日为阴线，第二日为阳线，阳线的开盘价为当日最低价，收盘价接近最高价，预示着价格的上涨，其一般形态如图 8.16 所示。

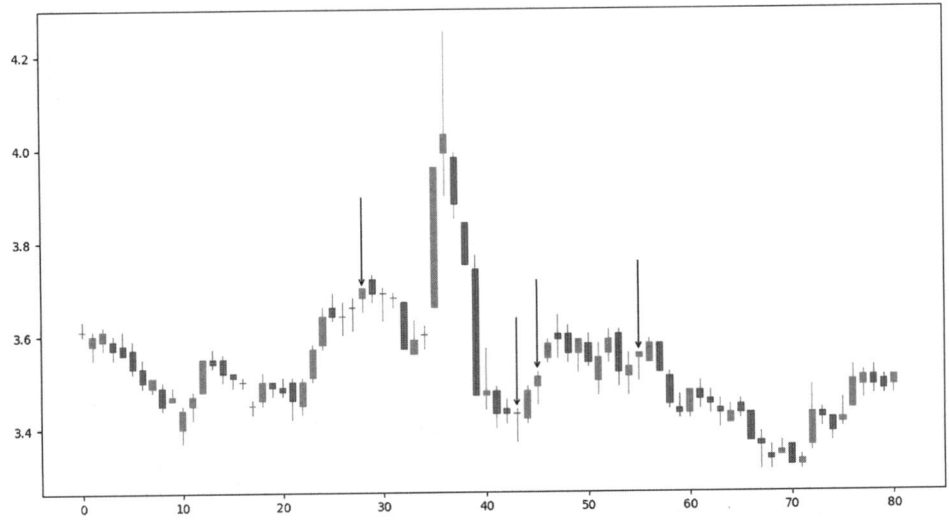

图 8.15 K 线中的上吊线形态

图 8.16 捉腰带线 K 线形态

在 Ta-Lib 库中，识别捉腰带线的方法叫作 CDLBELTHOLD。在下面的代码中，用到了前面的深证 000001 股票数据，开始时间是 20190801，结束时间是 20191201。捉腰带线是买入信号，所以需要获取的是返回结果为 100 的索引位置。

```python
# 读取文件
df = pd.read_csv('000001.SZ.csv')
# 识别捉腰带线的 K 线模型
nums = talib.CDLBELTHOLD(df['open'], df['high'], df['low'], df['close'])
# 可视化
fig = plt.figure()
ax = fig.add_subplot(111)
# 绘制 K 线图
mpf.candlestick2_ohlc(ax, df['open'], df['high'], df['low'], df['close'], width=0.6,
                      colorup='red', colordown='green')
# 标注识别 K 线组合的位置
index = nums[nums==100].index.values
for i in index:
    ax.annotate(s='', xy=(i, df['high'][i]), xytext=(i, df['high'][i] + 0.5),
                arrowprops={'arrowstyle': '->'})
plt.show()
```

可视化效果如图 8.17 所示，可以看到捉腰带线的 K 线形态出现了多次，并且该形态多次出现之后，价格出现了上升。

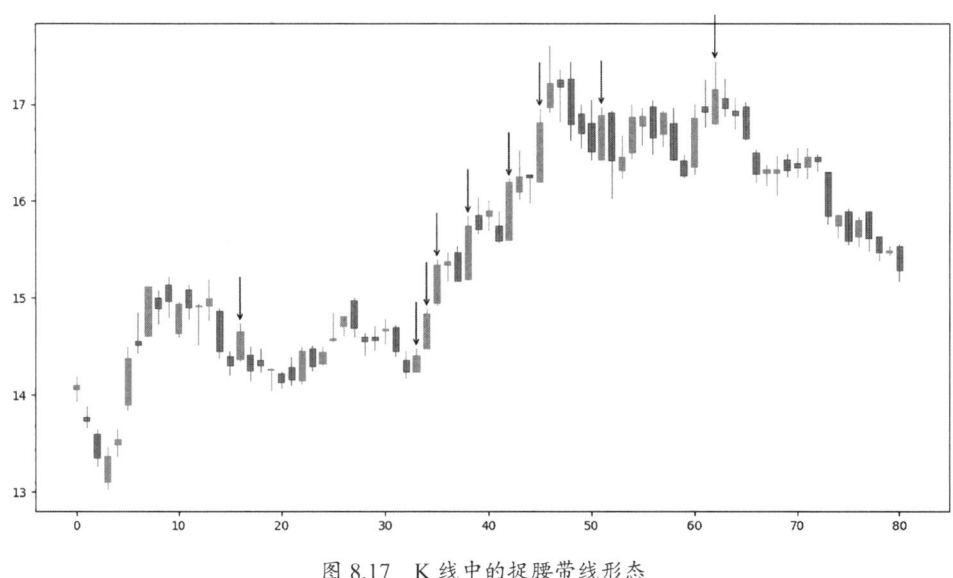

图 8.17　K 线中的捉腰带线形态

8.4　FFn 库的介绍与安装

下面介绍的 FFn（Financial Functions for Python）是一个包含许多有用功能的 Python 库，它的作用是为从事量化交易的工作者提供很多的量化分析方法，包括回测结果的度量和评估及图形化和数据转换。

由于 FFn 库是基于数据分析常用库如 Pandas、NumPy、Scipy 等开发的，所以在使用 FFn 库时需要依赖相关的环境。一般通过 Anaconda 进行安装的 Python 环境足以满足 FFn 库的需要，但是在 Anaconda 中没有自带 FFn 库，所以我们还需要通过 pip 进行安装。

```
pip install ffn
```

安装成功后，即可在 PyCharm 中进行导入。

```
import ffn
```

8.5　风险指标的计算

在对一个策略进行历史回测时，评估量化策略是否有效是一项重要的环节。在量化回测过程中，经常用风险指标对策略的回测结果进行客观的评估，常用的风险指标有年化收益率、最大回撤率、Alpha、Beta 等。

每种风险指标都有其应用的场景和分析的角度，所以本节将介绍每种风险指标的计算方法及原理，并且还会介绍如何通过前面安装的 FFn 库来实现各种风险指标的计算。

8.5.1 策略收益率

策略收益率（Total Returns）是一个用于衡量策略好坏的最为直观的概念。它代表了策略从开始到结束，总资产的变化率。策略收益率的计算方法如下。

$$\text{Total Returns} = (P_{end} - P_{start}) / P_{start} \times 100\%$$

式中，P_{start} 和 P_{end} 分别代表策略开始时和结束时的资产数额。

下面介绍如何通过 FFn 库来实现策略收益率的计算。在下面的代码中，calc_total_return() 方法用于计算策略收益率，需要传入的参数是累计资产序列，它是一个 Series 对象。

```
import ffn
import pandas as pd

# 累计资产序列
series = pd.Series([10000, 10100, 10300, 10600])
# 计算收益率
result = ffn.calc_total_return(series)
# 输出结果
print(result)
```

在上面的代码中，创建了一个 Series 对象，其中传入的数据表示模拟资产在一段时间内的变化，它可能是 4 天，也可能是 4 个月。上面代码的输出结果如下，可以看到得到的结果是一个收益率的浮点数表现形式。

```
0.060
```

8.5.2 策略年化收益率

策略年化收益率（Total Annualized Returns）也是一个常用的风险指标。很多人常常容易把策略年化收益率和策略年收益率混淆，年化收益率是把当前的收益率换算成年收益率来计算的，当前的收益率可能是一周的收益率，也可能是一个月的收益率，它是真正获取到的收益率，而年化收益率是一种理论收益率，并不是真正获取到的收益率。年化收益率是变动的，它通常并不会和年收益率相等，一般情况下，年化收益率都要高于实际的年收益率。

日收益率转换为年化收益率的计算方法如下。

$$\text{Total Annualized Returns} = \left((1+P)^{\frac{250}{n}} - 1\right) \times 100\%$$

式中，n 为策略执行的时间，P 为这段时间内的策略收益率。

在 FFn 库中，有一个 annualize() 方法，它可以将一段时间的收益率转换为年化收益率。它需要传入三个参数，一个参数表示需要转换的收益率，另一个参数表示获取这个收益率的时间长度，最后一个参数表示一年中交易日的时间长度，其中我们通常会选择以 250 日表示一年中交易日的时间长度。在下面的代码中，我们将前面的累计资产序列表示为 4 日的累计资产变化序列，然后计算得到 4 日的资产收益率，并将其转换为年化收益率。

```
# 累计资产序列
series = pd.Series([10000, 10100, 10300, 10600])
# 计算收益率
result = ffn.calc_total_return(series)
# 将日收益率转换为年化收益率
ann_result = ffn.annualize(result, 4, one_year=250)
# 输出结果
print(ann_result)
```

输出结果如下，可以看出年化收益率与实际收益率的计算周期长度及这段时间的收益有着密切的关系。例如，如果策略能在当前市场环境中持续盈利，那么这段时间策略的年化收益率就会很高，但是策略通常无法在一年的时间中一直保持盈利，所以在参考年化收益率时，通常需要结合计算时的市场情况及时间周期进行判断。

```
37.16
```

8.5.3 贝塔

在介绍贝塔（Beta）之前，需要先介绍基准收益率（Benchmark Returns）。基准收益率也称为基准折现率，它是衡量一个策略表现好坏的基本标准。例如，一个股票策略一年的收益率有 50%，但是这一年来上证指数上涨了 100%，所以在评判一个策略好坏时还需要制定一个基本标准来衡量它的优劣性，这个标准就是基准收益率。一般对于股票策略来说，上证指数常作为其评判的基准，如果策略的收益率高于上证指数的收益率，那么就叫作跑赢了基准收益率；如果低于上证指数的收益率，那么就叫作跑输了基准收益率。所以，一个好的策略的收益率至少要高于基准收益率。

贝塔是用于衡量策略与基准之间的相关性的指标。在一个股票策略中，基准如果选取为上证指数，那么贝塔就用于衡量策略对于指数变化的敏感性或相关性，即如果上证指数上涨了 1%，策略上涨了 1.5%，那么贝塔就是 1.5；反之，如果上证指数下跌了 1%，策略下跌了 1.5%，那么贝塔就是 −1.5。所以，当市场处于牛市时，贝塔值大的策略占优；当市场处于熊市时，贝塔值小的策略占优。贝塔通常也会被解释为系统性风险，当贝塔大于 1 时，表示策略的波动大于基准；当贝塔小于 1 时，表示策略的波动小于基准。

贝塔的计算方法如下。

$$\text{Beta} = \frac{\text{Cov}(D_p, D_m)}{\text{Var}(D_m)}$$

式中，$\text{Cov}(D_p, D_m)$ 表示策略日收益序列和基准收益序列的协方差，$\text{Var}(D_m)$ 表示基准收益序列的方差。

8.5.4　阿尔法

前面介绍的贝塔是策略在市场中面临的系统性风险，下面介绍的阿尔法（Alpha）表示的是策略在市场中面临的非系统性风险。它表示获取与市场波动无关的收益，也就是不依赖市场的上涨而获得的收益。简单来说，如一个策略获得了 20% 的收益率，而基准获得了 10% 的收益率，那么阿尔法就是 10%。

阿尔法的计算方法如下。

$$\text{Alpha} = R_p - [R_f + \text{Beta} * (R_m - R_f)]$$

式中，R_p 表示策略的年化收益率，R_m 表示基准的年化收益率，Beta 表示策略的贝塔值，R_f 表示无风险利率。其中，无风险利率表示将资金投资于某一项没有任何风险的投资对象而能得到的利息率，可以把它简单理解为银行的存款利率，数值通常设置为 0.04。

所以，根据上面的公式可以得知，当阿尔法大于 0 时，表示策略相对于风险获得了超额收益；当阿尔法等于 0 时，表示策略相对于风险获得了适当收益；当阿尔法小于 0 时，表示策略相对于风险获得了较少收益。

8.5.5　夏普比率

对于量化投资来说，往往高收益伴随着高风险，很多人都希望可以做到风险和收益的平衡。下面介绍的夏普比率（Sharpe Ratio）就是用于衡量每承担一个单位风险的情况下，所获得的无风险收益率的超额回报是多少的指标。夏普比率越高，说明在承担一定风险的情况下，所获得的超额回报也就越高；反之，夏普比率越低甚至为负时，说明在承担一定风险的情况下，所获得的超额回报越少或没有。所以，一般情况下，夏普比率越高越好。

夏普比率的计算方法如下。

$$\text{Sharpe Ratio} = \frac{R_p - R_f}{\sigma_p}$$

式中，R_p 表示策略的年化收益率，R_f 表示无风险利率，σ_p 表示策略收益的波动率（策略收益率的年化标准差）。

夏普比率在 FFn 库中的实现方法为 calc_sharpe()，它需要传入收益率序列作为参数。因此，在下面的代码中，首先通过 to_returns() 方法计算资产的简单收益率，然后将结果传入 calc_sharpe() 方法来计算夏普比率。

```
# 累计资产序列
series = pd.Series([10000, 10100, 10300, 10200, 10100, 10200, 10300])
# 计算资产简单收益率
returns = ffn.to_returns(series)
# 计算夏普比率
sharpe = ffn.calc_sharpe(returns)
# 输出结果
print(sharpe)
```

输出结果如下。

```
0.414
```

8.5.6 最大回撤率

最大回撤率（Maximum Drawdown）同夏普比率一样，也是用于衡量策略风险的指标。它描述的是策略的最大亏损情况，即在一段时间内，资产从高峰跌落至低谷的幅度。因此，最大回撤率通常越小越好。

最大回撤率的计算方法如下。

$$\text{Maximum Drawdown} = \frac{P_x - P_y}{P_x}$$

式中，P_x 和 P_y 分别表示资产一段时间的最高值和最低值。

最大回撤率在 FFn 库中的实现方法为 calc_max_drawdown()，它需要传入资产序列作为参数，代码如下。

```
# 累计资产序列
series = pd.Series([10000, 10100, 10300, 10200, 10100, 10200, 10300])
# 计算资产的最大回撤率
max_drawdown = ffn.calc_max_drawdown(series)
# 输出结果
print(max_drawdown)
```

输出结果如下。

```
-0.019
```

8.5.7 索提诺比率

索提诺比率（Sortino Ratio）与夏普比率类似，只不过前者描述的是策略在单位下行风险下所能获得的超额收益。这里的下行风险指的是向下波动的风险，也就是策略亏损的风险。因此，索提诺比率与夏普比率一样，也是比率越高越好。

索提诺比率的计算方法如下。

$$\text{Sortino Ratio} = \frac{R_p - R_f}{\sigma_d}$$

式中，R_p 表示策略的年化收益率，R_f 表示无风险利率，σ_d 表示策略的下行波动率。

索提诺比率在 FFn 库中的实现方法为 calc_sortino_ratio()，同夏普比率一样，它也需要传入收益率序列作为参数。因此，在下面的代码中，首先通过 to_returns() 方法计算资产的简单收益率，然后将结果传入 calc_sortino_ratio() 方法来计算索提诺比率。

```
# 累计资产序列
series = pd.Series([10000, 10100, 10300, 10200, 10100, 10200, 10300])
# 计算资产简单收益率
returns = ffn.to_returns(series)
# 计算索提诺比率
sortino = ffn.calc_sortino_ratio(returns)
# 输出结果
print(sortino)
```

输出结果如下。

```
0.992
```

8.5.8 胜率和盈亏比

胜率和盈亏比也是常用于衡量策略好坏的风险指标。胜率，顾名思义就是获胜的概率，在量化交易中就是指赚钱的交易次数除以总的交易次数，例如，在 10 次交易中，有 8 次交易是赚钱的，那么胜率就是 80%。而盈亏比指的是在总的交易中，盈利的金额除以亏损的金额，例如，在一段时间的交易中，盈利了 12000，亏损了 8000，那么盈亏比就是 1.5。

所以，对于一个优秀的交易策略来说，胜率和盈亏比同等重要。但是，大多数情况下，两者很难兼得。对于一些像 CTA 之类的策略来说，虽然胜率较低，但是盈亏比较高，也就意味着虽然获利的次数较少，但是每次获利时可以得到很高的利润，这样就可以抵消多次的亏损，从而实现整体的盈利。还有就是像一些高频交易或配对交易策略，交易的次数很多，但是频繁的开平仓获得的利润空间就会很少，这样的策略一般盈亏比接近 1，但是胜率较高，也可以实现整体盈利。

8.6 两种经典策略的实现

在了解了 Ta-Lib 库和 FFn 库的基本使用方式之后，为了加深印象并学以致用，本节将基于前面学习的 Python 量化工具库实现两种经典的策略，并用 FFn 库对策略回测结果进行分析。

8.6.1 双均线策略

本小节介绍的双均线策略是一种经典的趋势跟踪策略，也就是常说的金叉死叉信号组合得到的策略，常用于捕捉一段大趋势。

双均线策略的思想很简单，是根据长短周期的价格的移动平均线之间的关系来确定买卖点。其中，短周期均线和长周期均线分别代表近期的走势和长期的走势，当短周期均线从下向上突破长周期均线时，意味着当前时间段具有上涨趋势，突破点也就是常说的金叉，这是多头信号；当长周期均线从上向下突破短周期信号时，则意味着当前时间段具有下跌趋势，突破点也就是常说的死叉，这是空头信号。如图 8.18 所示，其中长周期均线是 MA20，短周期均线是 MA10。

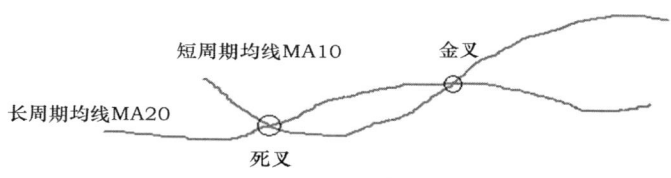

图 8.18　双均线策略的形态

下面是双均线策略的代码编写思路。

- 数据准备：通过 Tushare Pro 获取用于策略验证的股票数据，并提取出收盘价用于历史回测。
- 策略编写：计算价格的长短周期移动平均线。当短周期移动平均线 MA10 从下向上穿过长周期均线 MA20 时，为买入信号；当长周期移动平均线 MA20 从上向下穿过短周期均线 MA10 时，为卖出信号。
- 回测结果评估：通过 FFn 库来计算各种风险指标，并对策略的回测结果进行评估。

首先需要获取用于历史回测的数据。先通过 Tushare Pro 获取平安银行的股票日线数据，时间是从 2018 年 1 月 1 日到 2019 年 12 月 30 日，再从获取的数据中只选取日期和收盘价，并将其保存到本地。

```
import tushare as ts

ts_pro = ts.pro_api('your token')
```

```python
# 获取平安银行的历史数据
df = ts_pro.daily(ts_code='000001.SZ', start_date='20180101', end_date='20191230')
# 逆序
df = df.reindex(index=df.index[::-1])
# 用到的列
used_cols = ['trade_date', 'close']
df = df[used_cols]
# 保存到本地
df.to_csv('./000001.SZ.csv', index=None)
```

然后是策略的编写，需要导入用到的库并定义全局变量，其中每个变量的含义在下面的代码中进行了注释。

```python
import pandas as pd
import numpy as np
import matplotlib.pyplot as plt
import ffn

# 是否持仓
hold = False
# 持仓数
pos = 0
# 回测资金
capital = 100000
# 剩余资金
rest = 0
# 手续费万分之三
fee = 0.0003
# 每日资金数列表
capital_list = []
# 20日均线数组
MA20_array = np.zeros(20)
# 10日均线数组
MA10_array = np.zeros(10)
# 读取历史数据
df = pd.read_csv('./000001.SZ.csv')
```

之后对历史数据进行遍历。先取出每行数据中的收盘价和日期，再将前面定义的 MA10 和 MA20 数据平移一个单位，并将新数据追加到两个数组中。由于 MA20 指标至少需要 20 个数据，所以如果数据小于 20 个就通过 continue 语句跳转到下一次循环。当数据达到需要的缓存数目后，再计算相应的 MA10 和 MA20 指标。

```python
# 遍历历史数据
for i in range(len(df)):
```

```python
price = df.loc[i, 'close']
date = df.loc[i, 'trade_date']
# 价格序列平移
MA10_array[0:9] = MA10_array[1:10]
MA20_array[0:19] = MA20_array[1:20]
# 将新数据追加到数组末端
MA10_array[-1] = price
MA20_array[-1] = price
# 如果小于 20 个数据就跳过
if i < 20:
    continue
# 计算 MA 指标
MA10 = MA10_array.mean()
MA20 = MA20_array.mean()
```

在计算得到 MA 指标之后，下面来判断是否达到了开仓和平仓信号。如果 MA10 指标大于 MA20 指标且没有持仓，就以当前价格进行买入开仓（因为股票买入的仓位数需要是 100 的倍数，所以先计算开仓数，这里设置的是每次开仓全仓买入；因为全仓买入后还有剩余资金，所以还需要记录剩余资金，这里将手续费也考虑了进去；之后将持仓状态设置为 True，并输出当前的交易操作）；如果 MA10 指标小于 MA20 指标且持仓，就进行平仓（以当前的价格乘仓位数并扣除手续费，最后再加上剩余资金来计算平仓后的资金；之后将持仓数目设置为 0，持仓状态设置为 False，并输出当前的交易操作）。

```python
# 判断是否达到开仓和平仓信号
if MA10 >= MA20 and hold == False:
    # 计算开仓数目
    pos = int(capital / price / 100) * 100
    # 剩余资金
    rest = capital - pos * price * (1 + fee)
    # 持仓设置为 True
    hold = True
    print('buy at', date, 'price', price, 'capital', capital)
elif MA10 < MA20 and hold == True:
    # 计算平仓后的资金
    capital = pos * price * (1 - fee) + rest
    # 持仓数设置为 0
    pos = 0
    # 持仓设置为 False
    hold = False
    print('sell at', date, 'price', price, capital, capital)
```

接着计算每日的资金数目，如果持仓，总资金就是当前的市值加上剩余资金；如果没有持仓，总资金就是当前的资金数。

```
    # 计算每日的资金数目
    if hold == True:
        # 如果持仓,就记录当前市值
        capital_list.append(rest + pos * price)
    else:
        # 如果没有持仓,就记录当前资金
        capital_list.append(capital)
```

输出结果如下,可以看到控制台中输出了每次的交易记录及资金的变化。

```
buy at 20180130 price 13.65 capital 100000
sell at 20180206 price 14.00 capital 102494.44650000000
buy at 20180418 price 11.50 capital 102494.44650000000
sell at 20180504 price 10.68 capital 95137.22590000000
buy at 20180723 price 9.42 capital 95137.22590000000
sell at 20180813 price 9.05 capital 91381.81590000002
buy at 20180827 price 10.43 capital 91381.81590000002
sell at 20180918 price 10.08 capital 88283.28480000002
...
```

最后通过 Matplotlib 库及 FFn 库对回测结果进行可视化并计算风险指标。

```
# 将资金序列转换为 Series 对象
capital_series = pd.Series(capital_list)
# 计算资金序列的简单收益率
capital_returns = ffn.to_returns(capital_series)
# 计算收益率
print(ffn.calc_total_return(capital_series))
# 计算最大回撤率
print(ffn.calc_max_drawdown(capital_series))
# 计算夏普比率
print(ffn.calc_sharpe(capital_returns))
# 可视化资金曲线
plt.plot(range(len(capital_list)), capital_list)
plt.show()
```

输出结果如下,可以看到策略的收益率为 0.22,最大回撤率为 –0.23,夏普比率为 0.036。

```
0.22267539847024254
-0.23702968890874887
0.036213259830546644
```

策略的资金曲线如图 8.19 所示。

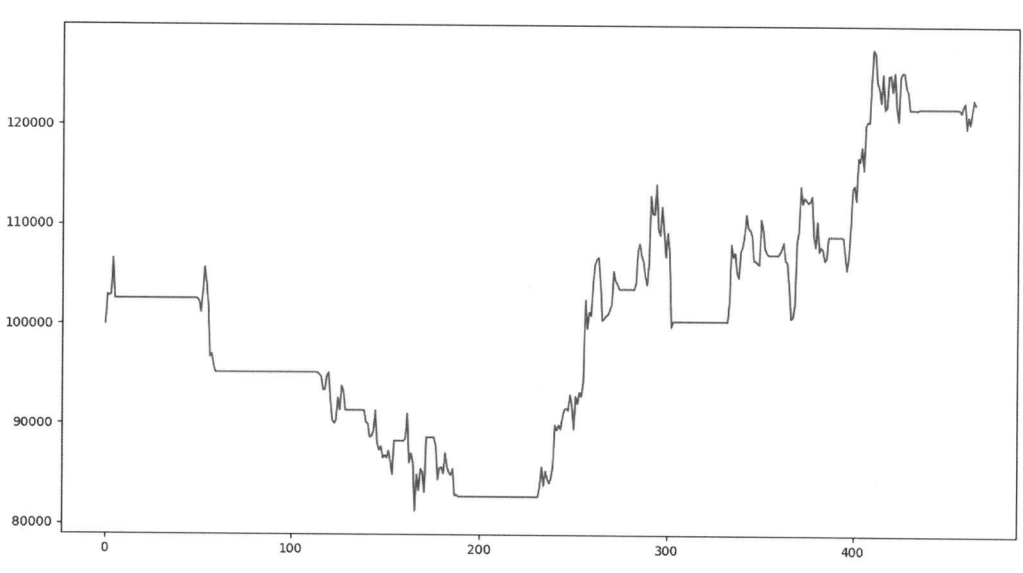

图 8.19 双均线策略的资金曲线

8.6.2 RSI 策略

前面介绍了一种双均线策略,其思想主要是根据长短周期 MA 指标的关系来判断买卖时机。下面介绍一种基于 RSI 指标的策略,其主要是根据买卖双方力量之间的对比来判断买卖点。

关于 RSI 指标,在前面的内容中介绍过,它是通过一段时间价格变动情况来计算市场买卖力量的对比,从而推测未来价格变动的技术指标。当 RSI 大于 80 时,称为处于超买区,意味着未来价格可能会出现下跌;当 RSI 小于 20 时,称为处于超卖区,意味着未来价格可能会出现上涨。图 8.20 所示为 000001 的 6 日 RSI 指标。

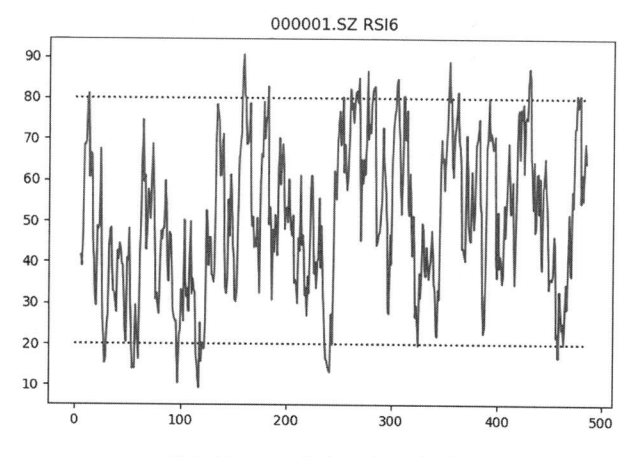

图 8.20 RSI 指标及超买超卖线

下面是 RSI 策略的代码编写思路。

- 数据准备:通过 Tushare Pro 获取用于策略验证的股票数据,并提取出收盘价用于历史回测。
- 策略编写:通过 Ta-Lib 库计算价格的 6 日 RSI 指标,当 RSI 小于 20 时,作为买入信号,此时进行买入;当 RSI 大于 80 时,作为卖出信号,此时进行卖出。

- 回测结果评估：通过 FFn 库来计算各种风险指标，并对策略的回测结果进行评估。

首先需要获取用于回测的历史数据，为了方便起见，仍以前面双均线用到的股票数据为例进行介绍。然后是策略的编写，需要导入用到的库并定义全局变量，其中每个变量的含义在下面的代码中进行了注释。

```python
import pandas as pd
import numpy as np
import matplotlib.pyplot as plt
import ffn
import talib

# 是否持仓
hold = False
# 持仓数
pos = 0
# 回测资金
capital = 100000
rest = 0
# 手续费万分之三
fee = 0.0003
# 每日盈亏列表
captial_list = []
# 用于计算 RSI 指标的数组
rsi6_array = np.zeros(7)
# 读取数据
df = pd.read_csv('./000001.SZ.csv')
```

之后是类似双均线策略的编写，不同的是，这里通过 Ta-Lib 库来计算 RSI 指标，因为 RSI6 至少需要 6 个数据才能计算，所以这里将定义的缓存数组长度设置为 7，然后通过 Ta-Lib 库计算的结果取最后一个值即为当前的 RSI6。

```python
# 遍历历史数据
for i in range(len(df)):
    price = df.loc[i, 'close']
    date = df.loc[i, 'trade_date']
    # 价格序列平移
    rsi6_array[0:6] = rsi6_array[1:7]
    # 将新数据追加到数组末端
    rsi6_array[-1] = price
    # 如果小于等于6个数据就跳过
    if i <= 6:
        continue
    # 计算 RSI 指标
    rsi6 = talib.RSI(rsi6_array, timeperiod=6)[-1]
```

在计算得到 RSI 指标之后，下面来判断是否达到了开仓和平仓信号。如果 RSI6 指标小于等于 20 且没有持仓，就以当前价格进行买入开仓；如果 RSI6 指标大于等于 80 且持仓，就进行平仓。买入和卖出同双均线策略一样，分别是全仓买入和全仓卖出并扣除手续费。接着计算每日的资金数目。

```python
# 判断是否达到开仓信号
if rsi6 <= 20 and hold == False:
    # 计算开仓数目
    pos = int(capital / price / 100) * 100
    # 剩余资金
    rest = capital - pos * price * (1 + fee)
    # 持仓设置为 True
    hold = True
    print('buy at', date, 'price', price, 'captital', capital)
elif rsi6 >= 80 and hold == True:
    # 计算平仓后的资金
    capital = pos * price * (1 - fee) + rest
    # 持仓数设置为 0
    pos = 0
    # 持仓设置为 False
    hold = False
    print('sell at', date, 'price', price, 'captital', capital)
# 计算每日的市值
if hold == True:
    # 如果持仓，就记录当前市值
    captial_list.append(rest + pos * price)
else:
    # 如果没有持仓，就记录当前资金
    captial_list.append(capital)
```

输出结果如下。

```
buy at 20180129 price 13.74 captital 100000
sell at 20180226 price 12.63 captial 91951.04080000002
buy at 20180302 price 11.95 captital 91951.04080000002
sell at 20180413 price 11.57 captial 89009.41520000002
buy at 20180504 price 10.68 captital 89009.41520000002
sell at 20180514 price 11.18 captial 93104.98380000002
buy at 20180523 price 10.65 captital 93104.98380000002
sell at 20180710 price 8.98 captial 78524.74950000002
buy at 20180717 price 8.72 captital 78524.74950000002
sell at 20180724 price 9.40 captial 84595.82550000004
...
```

最后通过 Matplotlib 库及 FFn 库对回测结果进行可视化并计算风险指标。

```python
# 将资金序列转换为 Series 对象
capital_series = pd.Series(captial_list)
# 计算资金序列的简单收益率
capital_returns = ffn.to_returns(capital_series)
# 计算收益率
print(ffn.calc_total_return(capital_series))
# 计算最大回撤率
print(ffn.calc_max_drawdown(capital_series))
# 计算夏普比率
print(ffn.calc_sharpe(capital_returns))
# 可视化资金曲线
plt.plot(range(len(captial_list)), captial_list)
plt.show()
```

输出结果如下，可以看到策略的收益率为 0.43，最大回撤率为 –0.28，夏普比率为 0.06。

```
0.43520635100000127
-0.28884181214412963
0.06105129335157815
```

策略的资金曲线如图 8.21 所示。

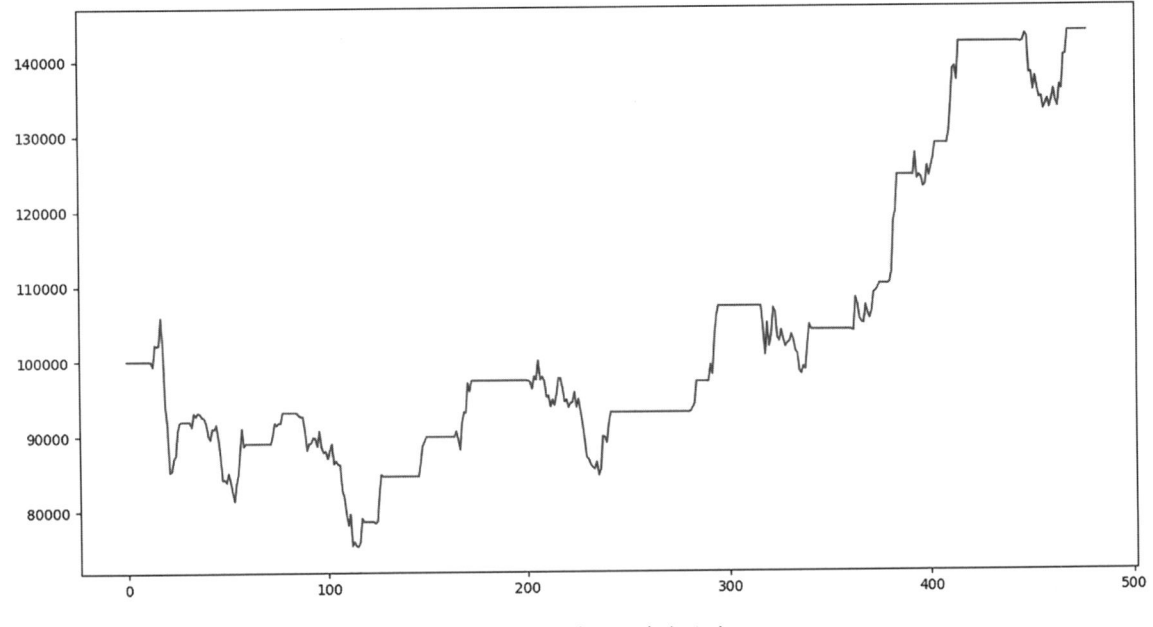

图 8.21　RSI 策略的资金曲线

需要注意的是，前面介绍的基于双均线策略及 RSI 策略的回测系统都只是最简单的回测系统，并没有考虑实际交易时的滑点和委托行为等因素。完整的基于事件驱动的回测系统还需要有事件模块及事件队列模块，分别用于产生订单并进行交易的撮合和事件管理。另外，在这个回测系统中也没有对策略中的参数，如均线和 RSI 指标的时间周期长度进行优化。最后，一个稳定的策略还需要加入止盈和止损点以减小最大回撤率。因此，前面这两种回测系统还有很多可以改进的地方。

 本章小结

在本章内容中，首先介绍了一个 Python 金融量化库 Ta-Lib，通过 Ta-Lib 库可以方便地计算各种市场技术指标，然后介绍了几种常见的指标及如何通过 Ta-Lib 库进行实现。另外，Ta-Lib 库还可以对 K 线组合的模式进行识别，所以又介绍了几种常见的 K 线组合及如何通过 Ta-Lib 库进行识别。由于篇幅的限制，本章对 Ta-Lib 库的介绍只是其在金融量化中实际应用的一部分，其他的功能及应用可以在今后的学习和实践中去掌握。除 Ta-Lib 库之外，FFn 库也是 Python 量化交易中的利器。风险指标对于衡量一个策略是非常重要的，所以本章介绍了如何通过 FFn 库来计算各种风险指标。最后，我们通过学习并实现两种经典的量化策略来对前面学习的内容进行了巩固，同时也熟悉了量化策略回测的过程，为后面的学习和今后的实际操作做了铺垫。

第 9 章

时间序列分析

　　时间序列在量化金融领域中具有广泛的应用，也是金融量化分析中的重要组成部分。时间序列分析的技术有很多，只有对它们有一定的认识和理解，才能正确地使用它们。时间序列分析的目的是通过对已经发生的历史数据进行分析，从而更好地预测未来，包括金融衍生品的价格、资产收益等。因此，学习时间序列分析是很有必要的。

本章主要涉及的知识点

- 学习常用时间序列分析库 Statsmodels 的使用。
- 学习时间序列的平稳性、相关性及协整性分析。
- 学习常见的时间序列模型。
- 学习如何将时间模型应用于股票市场。

　　注意：本章内容主要是带领大家对时间序列分析方法进行初步认识，目的是结合 Python 进行实践，如果想进一步深入理解和学习时间序列知识，则可以通过网络或其他资料进行深入学习。

9.1 Statsmodels 库的介绍与安装

Statsmodels 是 Python 中一个功能强大的统计分析库，其中包含了时间序列分析、回归分析及各种假设检验等功能。

首先在 Anaconda Prompt 中安装 Statsmodels 库。

```
pip install statsmodels
```

安装成功后，在 PyCharm 中导入 Statsmodels 库。Statsmodels 库中的 api 模块是最为常用的，所以我们一般会按照如下方式导入 api 模块。

```
import statsmodels.api as sm
```

9.2 时间序列的基本概念

什么是时间序列呢？直观来看就是一系列的数值，按照某种时间关系组合在一起，包括获取的股票或其他金融衍生品的价格序列、成交量序列，甚至是通过 Ta-Lib 库计算得到的技术指标序列都是时间序列。它们都是通过某个系统在各个时刻的离散或连续的数值组成的集合，由于它们可能存在着某种规律或特征，所以可以借助时间序列的分析方法来进行推测。

9.3 时间序列相关性分析

相关性是指两个变量之间的关联性，自相关性则是指一个时间序列的两个不同时间点间的变量是否相互关联。时间序列具有自相关性是进行时间序列分析的前提，如果时间序列不具有自相关性，那么就无法将过去与未来进行联系，根据过去来推测未来也将毫无意义。本节将简单介绍几个统计学概念，然后一步步探究时间序列的相关性。

9.3.1 协方差和自协方差

首先介绍方差（Variance）的概念。设随机变量 X 的均值 $E(X) = m$，则描述 X 的取值与它的均值之间的偏差程度大小的数字特征就是方差。需要注意的是，不能直接通过 $E(X-m)$ 来表示方差，因为 $E(X-m) = E(X) - m = 0$，这样 X 的正负偏离就抵消了。所以，先将 $X-m$ 平方后再求其均值，也就是偏差的平方，公式如下。

$$\text{Var}(X) = E[(X - E(X))^2]$$

在对方差的概念有所了解之后，接下来介绍协方差（Covariance）的概念。不同于方差只表示一个变量的偏差程度，协方差表示的是两个变量的总体偏差。如果两个变量的变化趋势一致，那么这两个变量的协方差就是正值；如果两个变量的变化趋势相反，那么这两个变量的协方差就是负值。

根据前面方差的定义，$\text{Var}(X) = E[(X - E(X))(X - E(X))]$，如果将其中的一个 X 与 $E(X)$ 用另一个变量 Y 表示，即 $E[(X - E(X))(Y - E(Y))]$，这样得到的就是协方差的表达式。

$$\text{Cov}(X, Y) = E[(X - E(X))(Y - E(Y))]$$

从表达式中也可以看出方差是协方差的一种特殊情况。另外，关于协方差有几个重要的性质。

- 如果变量 X 和 Y 相互独立，则 $\text{Cov}(X, Y) = 0$。
- $[\text{Cov}(X, Y)]^2 \leq \text{Var}(X)\text{Var}(Y)$，当且仅当变量 X 和 Y 之间有严格的线性关系时等号成立。

在了解了协方差之后，再来介绍一下自协方差（Autocovariance）的概念。如果用随机变量 X 表示一段时间序列，X_t 表示变量在 t 时刻的取值，则 X_{t-l} 表示变量在 $t-l$ 时刻的取值，X_{t-l} 也称为变量 X_t 滞后 l 期或 l 阶的随机变量。因此，自协方差描述的就是时间序列变量与其滞后项之间的协方差，则随机变量 X_t 与其滞后 l 期的随机变量 X_{t-l} 之间的自协方差的表达式如下。

$$\text{ACov}_l = E[(X_t - E(X_t))(X_{t-l} - E(X_{t-l}))] = \text{Cov}(X_t, X_{t-l})$$

其中，当 l 为 0 时，即为随机变量 X_t 的方差。

9.3.2 自相关和偏自相关系数

从前面自协方差的表达式中可以看出，自协方差的大小与随机变量的大小有很大关系，当 X_t 放大 10 倍时，自协方差将放大 100 倍，所以不能仅仅靠其值的大小来判断相关性的大小。因此，这里引入了自相关系数（Autocorrelation Coefficient）的概念。

自相关系数是由自协方差除以变量的方差得到的，则随机变量 X_t 与其滞后 l 期的随机变量 X_{t-l} 之间的自相关系数的表达式如下。

$$\text{AC}_l = \text{Cov}(X_t, X_{t-l}) / \text{Var}(X_t)$$

由前面可知，变量 X_t 的方差表示为 $E[(X_t - E(X_t))(X_t - E(X_t))]$，变量 X_t 和 X_{t-l} 的自协方差表示为 $E[(X_t - E(X_t))(X_{t-l} - E(X_{t-l}))]$，可以看出自协方差和方差的基本单位是一样的，这样就使得根据两者的比值得到的自相关系数不会因变量 X_t 的单位大小而受到影响。

自相关系数刻画的变量在不同时刻的相关程度，试想一下，对于一段股票或期货的价格序列，在研究它前天价格与今天价格的相关系数时，今天价格同时也会受到昨天价格的影响。也就是说，在计算随机变量 X_t 与它的滞后 k 阶的变量 X_{t-k} 的相关系数时，会受到中间的 $k-1$ 个随机变量的影响。因此，为了衡量过去单独某个时刻对现在的影响，所以引入了偏自相关系数（Partial Autocorrelation Coefficient），变量 X_t 与其滞后 l 期的随机变量 X_{t-l} 之间的偏自相关系数的表达式如下。

$$PAC_l = Corr(X_t, X_{t-l} | X_{t-1}, X_{t-2}, \cdots, X_{t-l+1})$$

由上式可以看出，变量 X_t 与其滞后 l 期的随机变量 X_{t-l} 之间的偏自相关系数是它们之间的条件自相关系数，就是在给定随机变量 $X_{t-1}, X_{t-2}, \cdots, X_{t-l+1}$ 的条件下，或者是剔除了中间 $l-1$ 个变量的干扰后，X_t 与 X_{t-l} 的相关程度。

本小节介绍的自相关系数和偏自相关系数都是用来刻画同一变量在不同时刻的相关程度的，如一只股票当前价格与过去价格之间的关系。由于它们的证明和计算过于复杂，这里不做太多说明，在实际中只需要知道若相关系数越大，则相关性越强。另外，自相关性需要和两种随机变量或多种随机变量之间的相关性分析进行区分，如在后面实战中会讲到的配对交易策略，其在选择配对品种时，需要选择两种走势相关的品种，所以这时需要分析两种变量之间的相关性。

9.3.3 自相关和偏自相关系数的计算

在对自相关系数和偏自相关系数的概念有了大致了解之后，下面将介绍如何通过前面安装的 Statsmodels 库来实现自相关系数和偏相关系数的计算。

首先需要导入相关的模块，在 Statsmodels 库的 tsa.api 模块中有 acf() 和 pacf() 函数，它们分别可以用于计算时间序列的自相关系数和偏自相关系数。这里以前面用到的平安银行的股票日线数据为例进行分析，先读取股票数据，再通过这两个函数来计算这只股票数据的自相关系数和偏自相关系数。其中，acf() 和 pacf() 函数的参数类似，需要传入一个用于计算的序列数据，常用的参数还有 nlags，表示计算自相关或偏自相关系数的阶数，默认是 40。

```
import statsmodels.tsa.api as smt
import pandas as pd
import matplotlib.pyplot as plt

# 读取数据
df = pd.read_csv('000001.SZ.csv')
# 将日期设置为索引
df.index = pd.to_datetime(df['trade_date'], format='%Y%m%d')

# 计算自相关系数和偏自相关系数
ac = smt.acf(df['close'], nlags=30)
```

```
pac = smt.pacf(df['close'], nlags=30)
# 输出结果
print(ac)
print(pac)
```

输出结果如下。

```
[1.00000000 0.98971604 0.97920806 0.96904454 0.95754723 0.94778249
 0.93955972 0.93090625 0.92220362 0.91413189 0.90377775 0.89382955
 0.88383969 0.87405185 0.86458787 0.85707935 0.84931826 0.84107973
 0.83353708 0.82604665 0.81859870 0.81140934 0.80385442 0.79590697
 0.78831472 0.78016663 0.77193062 0.76440248 0.75667938 0.74922707
 0.74071727]
[ 1.00000000  0.99175669 -0.01991434  0.01493234 -0.08878375  0.10338433
  0.08273834 -0.02445415 -0.02248929  0.03030576 -0.12916373  0.03154464
 -0.02725506  0.03702272 -0.01367783  0.10762326 -0.02741715 -0.02412569
  0.01534224  0.04537083  0.00399371  0.00424708 -0.04353295 -0.00859356
 -0.01281012 -0.02475068 -0.00900840  0.03214845 -0.01997889  0.02431314
 -0.10198052]
```

为了更好地对自相关系数和偏自相关系数进行可视化，还可以调用 smt.graphics 下的 plot_acf() 和 plot_pacf() 函数，它们分别可以计算自相关系数和偏自相关系数，并对它们进行可视化，代码如下。

```
fig = plt.figure()
# 设置子图
ts_ax = fig.add_subplot(311)
acf_ax = fig.add_subplot(312)
pacf_ax = fig.add_subplot(313)
# 绘制图像
ts_ax.set_title('time series')
acf_ax.set_title('autocorrelation coefficient')
pacf_ax.set_title('partial autocorrelation coefficient')
ts_ax.plot(df['close'])
smt.graphics.plot_acf(df['close'], lags=30, ax=acf_ax)
smt.graphics.plot_pacf(df['close'], lags=30, ax=pacf_ax)
# 自适应布局
plt.tight_layout()
plt.show()
```

可视化效果如图 9.1 所示。其中，图中的柱条图的高度表示自相关系数或偏自相关系数的大小，深色区域表示 95% 的显著性区间，当柱条超过这个区域时，说明对应的自相关系数或偏自相关系数显著不为 0，在这个区域内可以认为对应的自相关系数或偏自相关系数为 0。从自相关系数的图中可以看出，该价格序列存在明显的自相关性，并且随着阶数的增加，显著性区域也越大，说明越久远时刻的数据与当前时刻的数据的相关程度越低。从偏自相关系数的图中可以看出，1阶偏自相关系数明显在深色区域之外，说明1阶滞后的价格与当前价格的相关性是显著的，如果用X表示价格序列，那么X_t和X_{t-1}之间存在明显的相关性。

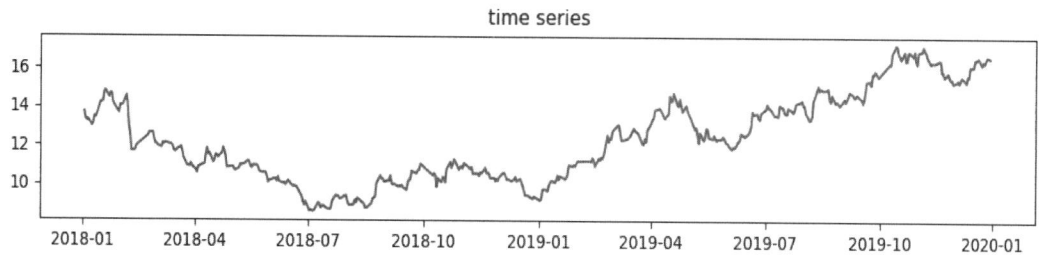

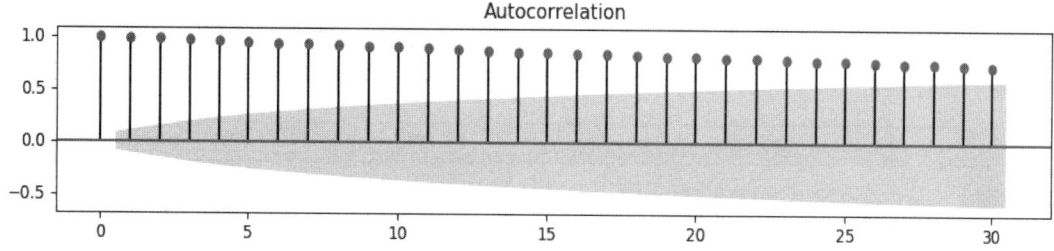

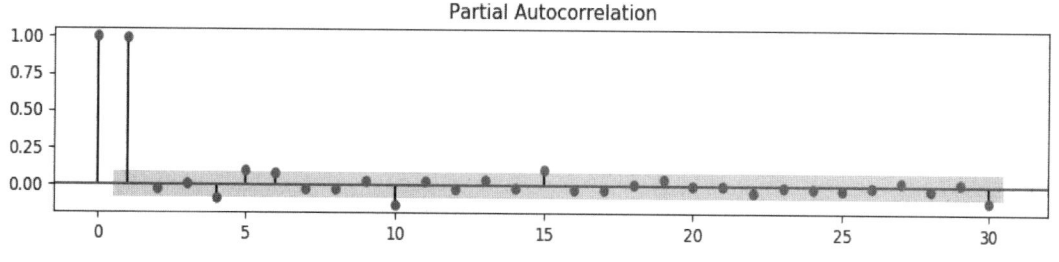

图 9.1　平安银行的股票数据的自相关系数和偏自相关系数图

时间序列平稳性分析

　　本节将介绍什么是平稳的时间序列及平稳时间序列的特征和意义，并通过直观概念带大家理解时间序列的平稳性，最后介绍如何检验一段时间序列是否平稳，并通过Statsmodels库进行编程实现。

9.4.1 平稳性

什么是平稳的时间序列呢？首先从直观上来感受一下不同形态的时间序列，如图 9.2 所示。

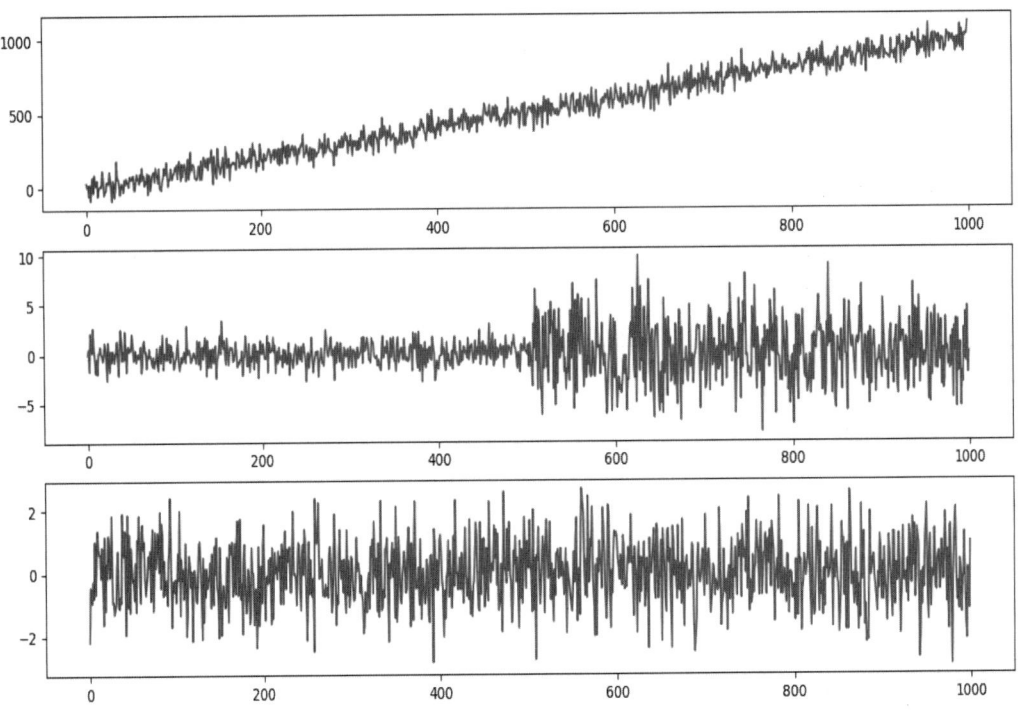

图 9.2　几种不同形态的时间序列

在图 9.2 中的三段时间序列中只有最后一段时间序列是平稳的。第一段时间序列具有明显的趋势性，所以它是不平稳的；第二段时间序列前后两段的方差发生了明显的波动变化，所以它是不平稳的；最后一段时间序列则是围绕在一条水平线上，以大致相同的幅度上下波动，所以它是平稳的。因此，平稳的时间序列具有以下特征。

- 时间序列的均值不随时间而变化。如果时间序列的均值随时间变化，就会出现明显的趋势或周期性变化，如图 9.2 中的第一段时间序列。
- 时间序列的方差不随时间而变化。如果时间序列的方差随时间变化，就会导致前后的波动不一样，如图 9.2 中的第二段时间序列。
- 时间序列的自协方差不随时间而变化。如果时间序列的自协方差随时间变化，就会导致时间序列数据的前后相关性发生变化。

因此，如果时间序列是平稳的，那么其未来的数据和现在的数据就会具有相同的统计特征，这样对于未来数据的预测就会简单得多。反之，如果时间序列是不平稳的，那么其统计特征只存在于当前，并不会延伸到未来，这样基于当前时间序列数据的研究就会变得没有意义。

9.4.2 平稳性检验

从前面的介绍中可知，如果保证了时间序列的平稳性，那么对于未来的预测就会简单很多。然而，我们分析的大多数时间序列都是不平稳的，如金融衍生品时间序列。下面就来介绍几种平稳性检验的方法。

最直观的方法就是通过前面介绍的平稳时间序列的特征，来观察时间序列的形状是否满足这些条件。例如，下面的两种形态的时间序列，第一种时间序列叫作白噪声（White Noise），白噪声序列具有均值、方差及自协方差不随时间变化的特点，所以从定义看它是平稳的时间序列。当白噪声序列的均值为 0 时，该白噪声也叫作高斯白噪声序列，服从于正态分布，一般表示为 $\epsilon_t \sim N(0,\sigma^2)$。当滞后 l 不为 0 时，白噪声的自协方差为 0，说明白噪声序列中每个时刻的数据之间不存在相关性，也就是说，白噪声过程是一个纯随机的过程。第二种时间序列叫作随机游走（Random Walk）过程，它的表示形式是 $X_t = X_{t-1} + \epsilon_t$，可以看出这个过程的每个时刻值是在上个时刻的基础上随机加入白噪声组成的，所以随机游走是一个随机的过程。如果一个时间序列是随机游走模型，那么它将无法预测。下面来模拟这两种时间序列的过程。

```
# 样本数
n_sample = 1000
# 白噪声过程
w = np.random.normal(size=n_sample)
# 随机游走过程
x = np.zeros(n_sample)
for t in range(n_sample):
    x[t] = x[t - 1] + w[t]
# 可视化
fig = plt.figure()
ax_w = fig.add_subplot(211)
ax_x = fig.add_subplot(212)
ax_w.set_title('White Noise')
ax_x.set_title('Random Walk')
ax_w.plot(w)
ax_x.plot(x)
plt.show()
```

两种序列的可视化效果如图 9.3 所示。

从图 9.3 中也可以明显地看出，白噪声序列围绕着常数 0 上下波动，并且波动的幅度大致相同，所以可以判断它是平稳的时间序列。而随机游走序列则呈现出趋势性，明显不符合平稳时间序列的特征，所以它不是平稳的时间序列。

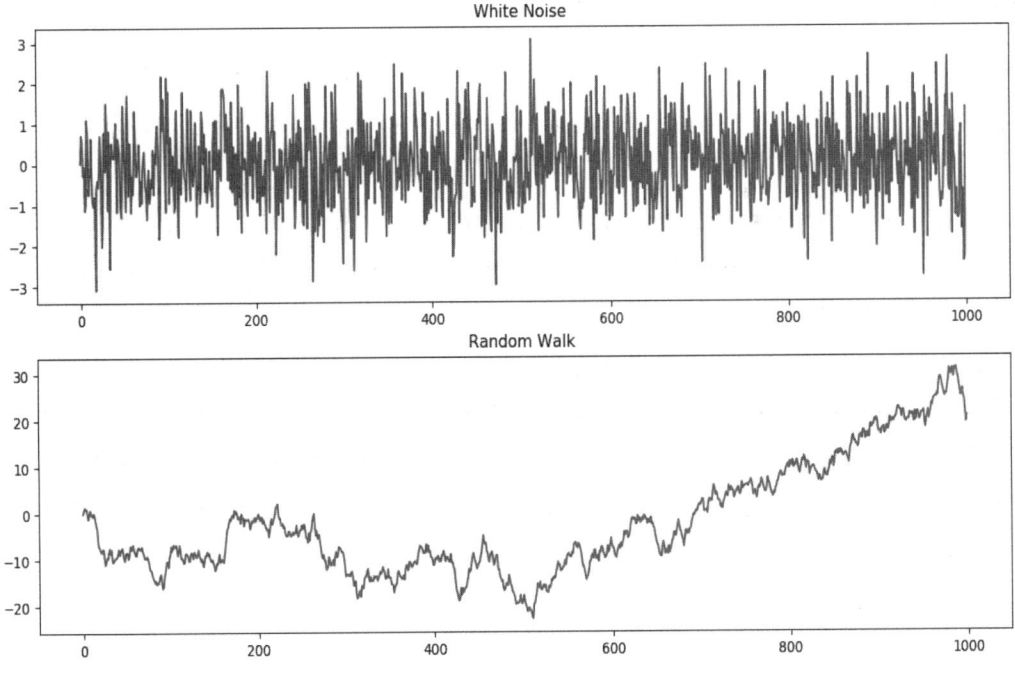

图9.3 白噪声和随机游走序列

除通过肉眼观察之外，我们还可以通过观察序列的自相关和偏自相关图来判断时间序列的平稳性。一般平稳的时间序列的自相关和偏自相关系数在图中会表现出截尾或拖尾。截尾指的是在某阶后，系数突然变为零或趋于0。拖尾则指的是系数不是突然变为零，但是具有快速下降至零的趋势。非平稳的时间序列的自相关和偏自相关系数则没有这样的特征，一般会表现为缓慢下降的趋势。下面结合平安银行的股票数据的示例来进行分析。

为了便于后面调用，首先通过一个函数来对绘制自相关和偏自相关图像的代码进行封装，然后读取数据并调用这个函数进行可视化。

```
import statsmodels.tsa.api as smt
import pandas as pd
import matplotlib.pyplot as plt

def draw_ac_pac(series, nlags=30):
    fig = plt.figure()
    # 设置子图
    ts_ax = fig.add_subplot(311)
    acf_ax = fig.add_subplot(312)
    pacf_ax = fig.add_subplot(313)
    # 绘制图像
    ts_ax.set_title('time series')
```

```
acf_ax.set_title('autocorrelation coefficient')
pacf_ax.set_title('partial autocorrelation coefficient')
ts_ax.plot(series)
smt.graphics.plot_acf(series, lags=nlags, ax=acf_ax)
smt.graphics.plot_pacf(series, lags=nlags, ax=pacf_ax)
# 自适应布局
plt.tight_layout()
plt.show()

# 读取数据
df = pd.read_csv('000001.SZ.csv')
# 将日期设置为索引
df.index = pd.to_datetime(df['trade_date'], format='%Y%m%d')
# 可视化自相关和偏自相关系数
draw_ac_pac(df['close'])
```

可视化效果如图 9.4 所示，可以看出平安银行的股票价格序列的自相关系数一直维持在较高的值，而且下降趋势很缓慢，所以可以推断其不具有平稳性。

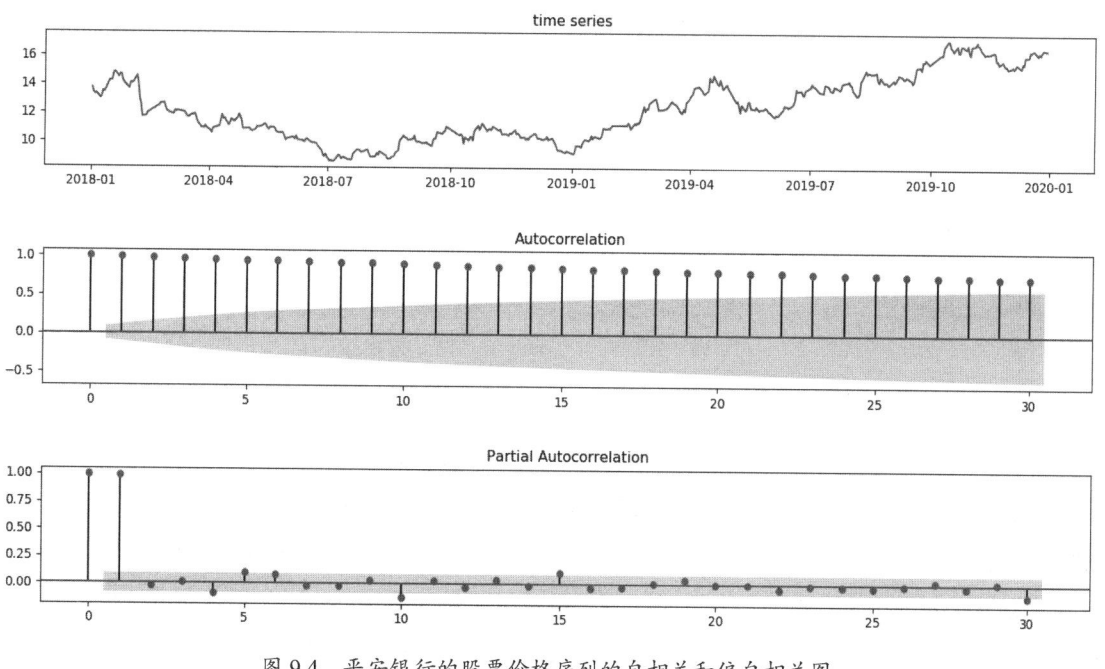

图 9.4　平安银行的股票价格序列的自相关和偏自相关图

通常，将不平稳序列转换为平稳序列的方法是将不平稳的序列进行差分处理。所以，我们再来看一下对上面的价格序列进行一阶差分之后的自相关和偏自相关图像。

```
# 读取数据
df = pd.read_csv('000001.SZ.csv')
```

```
# 将日期设置为索引
df.index = pd.to_datetime(df['trade_date'], format='%Y%m%d')
draw_ac_pac(np.diff(df['close']))
```

一阶差分后的价格序列的自相关和偏自相关图像如图9.5所示。其中，第一个图可以观察到差分后的价格序列围绕在0附近上下波动，大致具有平稳时间序列的特征。此外，它的自相关和偏自相关系数在0阶之后迅速变为0或趋于0，所以可以推断一阶差分后的平安银行的股票价格序列具有平稳性。这也是我们在进行金融时间序列分析时，一般会先转换为收益率或对数收益率（计算时包含了差分的操作）的原因，转换后的数据具有更良好的统计特征。

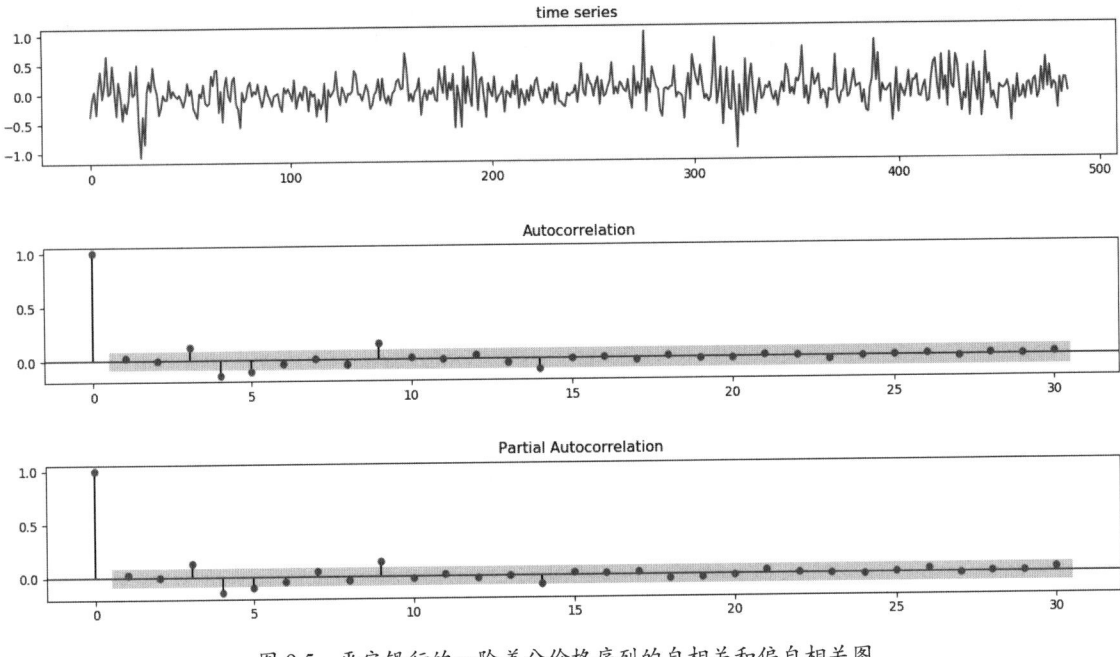

图9.5　平安银行的一阶差分价格序列的自相关和偏自相关图

前面介绍了通过直接观察时间序列或它的自相关和偏自相关图来判断平稳性的方法，而当肉眼无法判断时间序列是否平稳时，就可以借助数学工具了。时间序列平稳性检验的常用方法有ADF（Augemented Dickey-Fuller）检验，也称为单位根检验。下面先对ADF检验进行简单介绍。

ADF检验就是判断序列是否存在单位根，如果时间序列是平稳的，就不存在单位根；否则，就存在单位根。所以，ADF检验时会先做出假设，即序列存在单位根，然后根据检验得到的显著性检验的指标来判断有多少把握可以拒绝原假设。

在Statsmodels库中同样有用于ADF检验的函数可以使用，它是tsa.stattools模块下的adfuller()函数，仍以前面平安银行的股票数据为例，介绍如何使用这个函数来进行平稳性检验。

```
from statsmodels.tsa.stattools import adfuller
```

```python
# 读取数据
df = pd.read_csv('000001.SZ.csv')
# ADF 检验
result = adfuller(df['close'])
print(result)
```

输出结果如下，首先说明一下这个函数的返回值意义，这里主要关注三个结果就可以了，分别是第一个返回值 –0.671，第二个返回值 0.853，以及第五个返回值，即以字典形式表示的置信区间及临界值。第一个值表示 ADF 检验统计值，用于和后面的置信区间的临界值进行比较。第二个值表示 p-value，指的是在原假设为真的前提下，得到该检验结果的概率，如果 p-value 越大，则说明检验现象和原假设越接近，我们也就越没有理由去拒绝原假设，也就是说，原序列有很大概率存在单位根，即序列是不平稳的；如果 p-value 越小（通常选择和 0.05 进行比较），则说明原序列有很小概率存在单位根，即序列是平稳的。第五个值表示置信区间，其中列出了 1%、5% 和 10% 显著水平下的临界值，用于和 ADF 检验的统计值进行比较，从而确定有多少把握可以拒绝原假设，其中统计值小于哪个显著水平的临界值，就说明有 100% 减去该显著水平的把握去拒绝原假设。例如，10% 的临界值是 –2.57，而 ADF 检验的统计值大于 –2.57，这种情况就没有把握可以拒绝原假设，如果得到的 ADF 检验的统计值小于 –2.57，则说明有 90% 的把握可以拒绝原假设。因此，根据 p-value 和 ADF 检验的统计值可以判断原时间序列是不平稳的。

```
(-0.6716691627358797, 0.8539520362615488, 9, 476, {'1%': -3.444162847239118, '5%': -2.8676311169658177, '10%': -2.5700143303792107}, 34.23244250381447)
```

下面对前面的价格序列进行一阶差分，然后再进行 ADF 检验。

```python
# ADF 检验
result = adfuller(np.diff(df['close']))
print(result)
```

输出结果如下，可以看到 ADF 检验的统计值要小于 1% 置信水平下的临界值，说明有 99% 的把握可以拒绝原假设。同时，p-value 的值也极为接近 0，由此就可以得出进行一阶差分后的序列是平稳的。

```
(-6.8741149103599675, 1.489675611491249e-09, 8, 476, {'1%': -3.444162847239118, '5%': -2.8676311169658177, '10%': -2.5700143303792107}, 31.9726363198954)
```

9.4.3 白噪声检验

通过前面的学习可知，白噪声也是一种平稳的时间序列，但是它是纯随机的过程，也就是说，它是不可预测的,并没有任何可以值得挖掘的意义。因此,一段时间序列经过平稳性检验得到是平稳的,还需要经过白噪声检验,如果经过检验是白噪声过程,我们就可以停止对它进行分析。

白噪声检验的常见方法是 Ljung-Box 检验,简称 LB 检验,它同 ADF 检验类似,也需要做出假设,它的原假设是待检验序列是白噪声过程,然后根据检验的统计量来判断是否可以拒绝原假设。这里并不对 Ljung-Box 检验的过程做太多说明,只需掌握它的用法即可。

在 Statsmodels 库中同样有用于 LB 检验的函数可以使用,它是 tsa.stattools 模块下的 q_stat() 函数,这个函数在调用时需要传入两个参数,第一个参数是待检验序列的自相关系数,这个我们通过前面的 acf() 函数就可以得到,注意这里是从 1 阶系数开始的;第二个参数是待检验序列的长度。下面模拟一段白噪声序列,然后通过 q_stat() 函数来进行检验。

```
from statsmodels.tsa.stattools import q_stat
import statsmodels.tsa.api as smt

n_sample = 1000
# 白噪声过程
w = np.random.normal(size=n_sample)
# LB 检验白噪声
result = q_stat(smt.acf(w, nlags=30)[1:], len(w))
print(result)
```

输出结果如下,函数返回的结果是两个 array,第一个 array 表示每一阶自相关系数的检验统计值,第二个 array 表示对应的 p-value。需要注意的是,q_stat() 函数进行检验时是一层层地计算的。例如,我们对 30 阶的自相关系数进行了检验,它会先对第一阶的系数进行检验,然后对第一阶和第二阶的系数进行检验,最后对这 30 阶的系数进行检验。因此,我们只需要参考每个数组的最后输出即可,也就是说,得到的检验统计值是 22.04,对应的 p-value 是 0.852,可以看出 p-value 明显大于 0.05,所以无法拒绝原假设,也就是说,原序列是白噪声序列。

```
(array([ 0.02801591,  0.81063233,  2.61768498,  5.57845311,  5.57856251,
         7.05830537,  9.60146818,  9.81030116, 11.17463228, 11.38771917,
        12.27270168, 12.77805612, 14.21075042, 14.49919234, 14.70571828,
        15.19201919, 15.19670568, 15.40694361, 15.52973636, 15.78048902,
        17.39399512, 17.43368003, 17.76023210, 17.76473245, 18.06032938,
        20.36403505, 20.76795775, 21.51883422, 21.65679164, 22.04330293]),
 array([0.86707141, 0.66676597, 0.45439757, 0.23291898, 0.34940810,
        0.31548882, 0.21230487, 0.27859361, 0.26392852, 0.32811929,
        0.34349815, 0.38537686, 0.35917115, 0.41322095, 0.47281522,
        0.51062224, 0.58131553, 0.63386155, 0.68838678, 0.73014556,
        0.68696403, 0.73898786, 0.77036188, 0.81426981, 0.83981899,
        0.77399857, 0.79703502, 0.80306507, 0.83411918, 0.85246416]))
```

9.5 时间序列协整性分析

下面介绍的时间序列协整性分析是建立在平稳性分析的基础上的,所以在对时间序列的平稳性有所了解之后,我们接着引入协整性分析的概念。时间序列协整性分析对于很多量化交易策略来说都具有很强的理论意义,如后面实战部分介绍的配对交易,所以这里简单介绍时间序列协整性分析及如何通过 Statsmodels 库来对时间序列进行协整性检验。

9.5.1 协整关系

协整(Cointegration)理论是恩格尔(Engle)和格兰杰(Granger)在 1978 年提出的。平稳性是进行时间序列分析的一个很重要的前提,很多模型都是基于平稳性进行的,而现实中,很多时间序列都是非平稳的,所以协整是从分析时间序列的非平稳性入手的。

关于协整的内容是这样的,如果时间序列 X_t 经过 d 次差分后是平稳的,就称序列 X_t 是 d 阶单整的,记作 $X_t \sim I(d)$。当 X_t 和 Y_t 都是一阶单整时,一般而言,X_t 和 Y_t 的线性组合 $Y_t - \beta X_t$ 仍然是一阶单整的,其中 β 称为协整向量。通俗来说,如果两组序列都是非平稳的,但是经过一阶差分后是平稳的,并且这两组序列经某种线性组合后的结果也是平稳的,就称它们之间存在协整关系。

协整反映了序列变量之间的均衡关系。协整理论对于分析时间序列具有很强的意义,因为或许某个序列本身是非平稳的,但是通过协整我们可以建立起两个或多个序列之间的平稳关系,进而充分利用时间序列平稳性的性质。

9.5.2 协整性检验

协整性检验的常见方法是 EG(Engle-Granger)检验,它的原理是对回归方程的残差进行单位根检验。因为从协整的角度来看,因变量能被自变量的线性组合所解释,说明二者之间具有稳定的均衡关系;因变量不能被自变量解释的部分就构成了一个残差序列,这个残差序列不应该是序列相关的,也就是说,残差应该是平稳的。所以,EG 检验一组变量是否具有协整关系时,也就是检验残差序列是否是平稳的。

EG 检验一般分为以下两步。

(1)估计协整回归方程,即 $Y_t = \beta X_t + \epsilon_t$,从而得到协整系数 β 及残差 ϵ_t,其中常用方法是最小二乘法。

(2)检验残差的平稳性,如果是平稳的,则 X_t 和 Y_t 是协整的,否则不成立。其中,平稳性检验的方法通常是 ADF 检验。

在股票市场中，一般同一个板块中的股票相关性会相对高一些，所以这里就以环保板块中的两只股票 002616（长青集团）和 300070（碧水源）为例，借助 Statsmodels 库来判断它们两者之间是否存在协整关系。首先通过 Tushare Pro 获取两只股票一段时间的价格，然后进行可视化。

```python
import tushare as ts
import matplotlib.pyplot as plt

ts_pro = ts.pro_api('your token')
# 获取历史数据
df = ts_pro.daily(ts_code='002616.SZ', start_date='20190301', end_date='20191201',
                  fields='ts_code,trade_date,open,high,low,close,vol')
df = df.reindex(index=df.index[::-1])
df_1 = ts_pro.daily(ts_code='300070.SZ', start_date='20190301', end_date='20191201',
                    fields='ts_code,trade_date,open,high,low,close,vol')
df_1 = df_1.reindex(index=df_1.index[::-1])
# 可视化
fig = plt.figure()
plt.plot(df['close'])
plt.plot(df_1['close'])
plt.show()
```

两只股票的可视化效果如图 9.6 所示，可以看到它们两者的走势在一定程度上具有相似性。

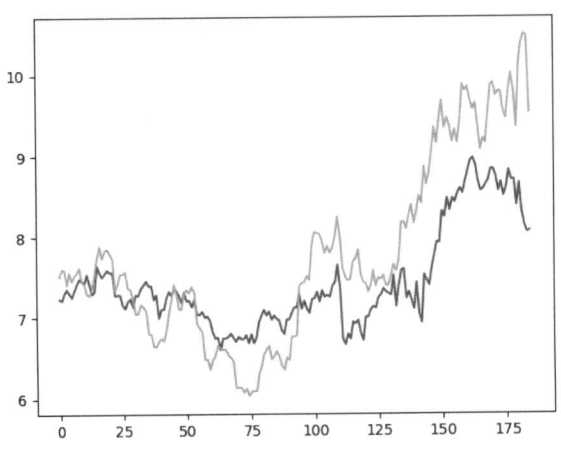

图 9.6　两只股票的走势图

接下来对它们的一阶差分进行平稳性检验。

```python
from statsmodels.tsa.stattools import adfuller
import numpy as np

# 平稳性检验
```

```
print(adfuller(np.diff(df['close'])))
print(adfuller(np.diff(df_1['close'])))
```

输出结果如下，可以看到两者的一阶差分的平稳性检验结果均小于 1% 的置信度，说明有 99% 的把握可以拒绝原假设，即两者都满足一阶单整。

```
(-16.07399351198351, 5.46824765220884e-29, 0, 183, {'1%': -3.466598080268425, '5%':
 -2.8774669520682674, '10%': -2.5752604356654425}, -179.22489140848012)
(-7.912525574589352, 3.913380211621035e-12, 3, 180, {'1%': -3.4672111510631, '5%':
 -2.877734766803841, '10%': -2.575403364197531}, -117.76511431240539)
```

下面通过 Statsmodels 库中的 coint() 函数来对它们进行协整性检验，这个函数只需要传入待检验的两个序列即可。注意 coint() 函数假设待检验的两个序列是一阶单整的，所以这里传入的是两个原序列，而不是它们差分后的结果。

```
from statsmodels.tsa.stattools import coint

# 协整性检验
print(coint(df['close'], df_1['close']))
```

输出结果如下，其返回值分别表示协整性检验的统计值、p-value，以及检验统计值对应的 1%、5% 和 10% 置信度下的临界值。可以看到检验统计值小于 5% 置信度下的临界值，并且 p-value 小于 0.05，说明有 95% 的把握可以拒绝原假设，即两者在一定程度上具有协整关系。

```
(-3.3939566995972337, 0.04302614321619093, array([-3.95695148, -3.36953860, -3.06758034]))
```

9.6 时间序列模型

在学习了前面的知识后，我们知道了如果一个时间序列经过平稳性检验后得到的是一个平稳非白噪声序列，那么该序列就蕴含着相关性的信息。因此，我们就可以通过建立一个线性模型来拟合这个时间序列的趋势，本节将介绍几种常见的时间序列模型。

9.6.1 自回归模型

自回归模型（Auto Regressive Model，AR 模型）是线性时间序列分析模型中最简单的模型。它通过自身前后数据之间的相关关系来建立回归方程，从而可以起到预测或分析的作用。下面展示了

一个 p 阶的自回归模型 AR(p)，其中 w_t 是白噪声，表示时间序列中的随机扰动；α 表示自回归系数。

$$X_t = \alpha_1 X_{t-1} + \alpha_2 X_{t-2} + \cdots + \alpha_p X_{t-p} + w_t$$

一个 p 阶的 AR 模型就有 p 个滞后项，如一个二阶的 AR 模型中就有两个滞后项。

$$X_t = \alpha_1 X_{t-1} + \alpha_2 X_{t-2} + w_t$$

需要注意的是，在 AR 模型中自回归系数不为 0，并且当 α 为 1 时就是一个前面介绍的随机游走过程 $X_t = X_{t-1} + w_t$，此时是不稳定的。

下面来模拟一段 AR(2) 的过程，其中 α_1 设置为 0.3，α_2 设置为 0.6，并对它及其自相关和偏自相关系数进行可视化。

```
n_sample = 1000
# 白噪声过程
w = np.random.normal(size=n_sample)
# 自回归系数
a1 = 0.3
a2 = 0.6
x = np.zeros(n_sample)
# 模拟 AR(2) 过程
for t in range(n_sample):
    x[t] = a1 * x[t - 1] + a2 * x[t - 2] + w[t]
# 可视化 AR(2)
draw_ac_pac(x)
```

可视化效果如图 9.7 所示。从自相关图中可以看出序列存在明显的序列相关性，而且偏自相关图中在阶数为 2 时迅速截尾，所以如果预先知道这是一个 AR 过程就可以初步判断它是一个 AR(2) 过程。

下面通过 Statsmodels 库中的方法创建一个 AR(p) 模型，并通过这个模型来拟合前面生成的数据，然后通过返回的估计结果与真实值进行比较，如果拟合成功，那么拟合得到的自回归阶数和系数将与我们前面定义的数据近似。代码如下，首先导入了 AR 类，传入前面的数据；然后调用 fit() 方法进行拟合，并传入表示最大的阶数及选择最优滞后阶数的原则的参数。其中，最优滞后阶数的选择是根据 AIC（Akaike Information Criterion）来确定的，AIC 的中文名为赤池信息量准则，是用于评估模型的复杂度和衡量模型拟合优良性的一种标准，赤池信息量准则是寻找最好解释数据并且包含自由参数最少的模型，所以适合我们选择作为最优滞后阶数及自相关系数的场景。最后，输出参数拟合的结果。

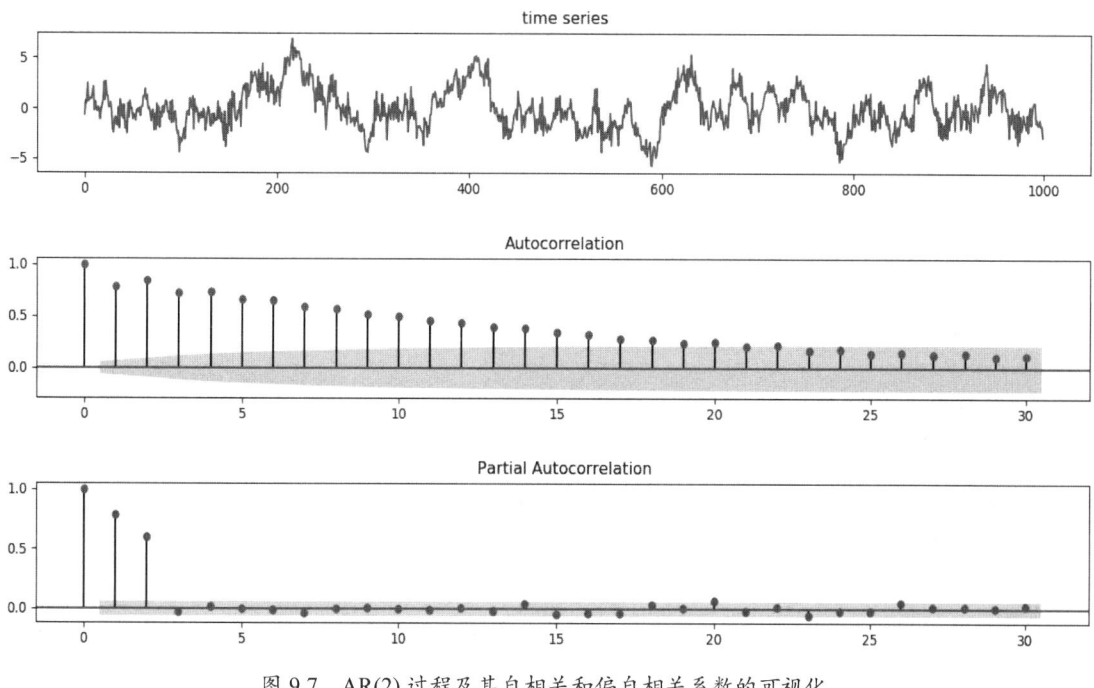

图 9.7　AR(2) 过程及其自相关和偏自相关系数的可视化

```
from statsmodels.tsa.api import AR

# 拟合数据
result = AR(x).fit(maxlag=20, ic='aic', trend='nc')
# 输出结果
print(result.params)
```

输出结果如下,可以看到拟合的最优阶数是 2 阶,对应的参数分别是 0.305 和 0.614,与前面创建的过程中定义的参数 0.3 和 0.6 近似,说明通过 AR 模型大致拟合出了前面创建的 AR(2) 的过程。

```
[0.30567302 0.61487923]
```

9.6.2　移动平均模型

通过前面的学习可知,自回归模型是对过去观测值的线性组合,而不同于自回归模型,移动平均模型(Moving Average Model,MA 模型)是对过去的白噪声项的线性组合。自回归模型中的白噪声项是间接影响当前值的。因此,MA 模型的目的是通过拟合白噪声项来直接观察白噪声项的影响。下面展示了一个 q 阶的移动平均模型 MA(q),其中 β 表示移动平均系数,w_t 表示白噪声项。

$$X_t = w_t + \beta_1 w_{t-1} + \beta_2 w_{t-2} + \cdots + \beta_q w_{t-q}$$

下面来模拟一段 MA(2) 的过程，其中 β_1 设置为 0.4，β_2 设置为 0.8，也就是 $X_t = w_t + 0.4w_{t-1} + 0.8w_{t-2}$，并对它及其自相关和偏自相关系数进行可视化。

```
n_sample = 1000
# 白噪声过程
w = np.random.normal(size=n_sample)
# 移动平均系数
b1 = 0.4
b2 = 0.8
x = np.zeros(n_sample)
# 模拟 MA(2) 过程
for t in range(n_sample):
    x[t] = b1 * w[t - 1] + b2 * w[t - 2] + w[t]
# 可视化 MA(2)
draw_ac_pac(x)
```

可视化效果如图 9.8 所示。从自相关图中可以看到在阶数为 2 时迅速截尾，偏自相关系数拖尾，所以可以判断这是一个 MA(2) 过程。

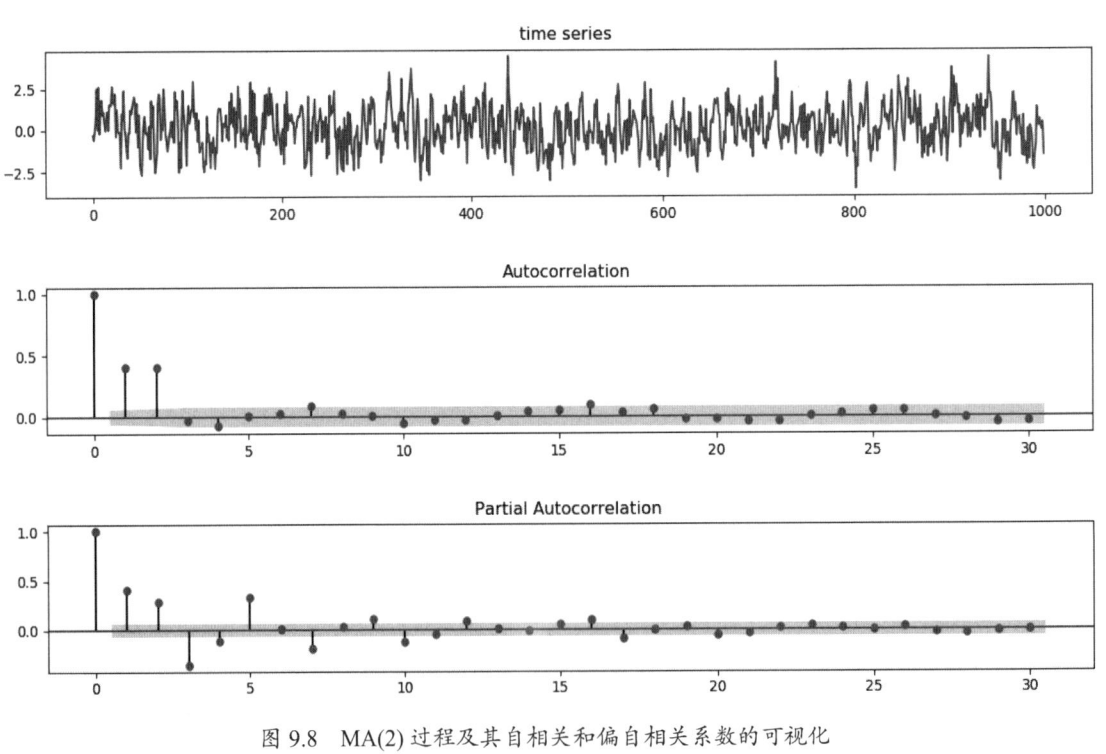

图 9.8　MA(2) 过程及其自相关和偏自相关系数的可视化

下面通过 Statsmodels 库中的方法创建一个 MA(q) 模型，并通过这个模型来拟合前面生成的数据，然后通过返回的估计结果与真实值进行比较，如果拟合成功，那么拟合得到的系数将与我们前面定义的数据近似。代码如下，需要注意的是，在 Statsmodels 库中没有 MA 类，所以这里首先导入了 ARMA 类，传入前面的数据，以及 AR 和 MA 的阶数，因为这里只用到了 MA 模型，所以 AR 的阶数设置为 0，MA 的阶数设置为 2，这也就是参数 order 的参数值 (0, 2) 的意思；然后调用 fit() 方法进行拟合，并传入表示最大的阶数及选择最优滞后阶数的原则的参数；最后输出参数拟合的结果。

```
from statsmodels.tsa.api import ARMA

# 拟合数据
result = ARMA(x, order=(0, 2)).fit(maxlag=20, ic='aic', trend='nc')
# 输出结果
print(result.params)
```

输出结果如下，可以看到得到的移动平均系数是 0.399 和 0.807，与前面创建的过程中定义的参数 0.4 和 0.8 近似，说明通过 MA 模型大致拟合出了前面创建的 MA(2) 的过程。

```
[0.39930014 0.80764268]
```

9.6.3 自回归移动平均模型

自回归移动平均模型（Auto Regressive and Moving Average Model，ARMA 模型）是由自回归和移动平均模型两部分组成，顾名思义，可以知道 ARMA 模型结合了两个模型的特点，其中 AR 模型用于解决当前数据与之前数据的相关性，MA 模型则用于解决随机项也就是白噪声的影响。由于 ARMA 结合了 AR 和 MA 模型，所以它的表示方式是 ARMA(p, q)，其中 p 和 q 分别表示 AR 和 MA 的阶数。一个 ARMA(p, q) 的表达式如下。

$$X_t = \alpha_1 X_{t-1} + \alpha_2 X_{t-2} + \cdots + \alpha_p X_{t-p} + w_t + \beta_1 w_{t-1} + \beta_2 w_{t-2} + \cdots + \beta_q w_{t-q}$$

下面来模拟一段 ARMA(2, 2) 的过程，其中 α_1 设置为 0.3，α_2 设置为 0.6，β_1 设置为 0.4，β_2 设置为 0.8，也就是 $X_t = 0.3X_{t-1} + 0.6X_{t-2} + w_t + 0.4w_{t-1} + 0.8w_{t-2}$，并对它及其自相关和偏自相关系数进行可视化。这里在创建 ARMA 过程时，用到了 arma_generate_sample() 函数，它可以根据指定的 AR 和 MA 的系数来创建一段 ARMA 过程，代码如下。

```
# 样本数
n_sample = 1000
# AR 自回归系数
a = np.array([0.3, 0.6])
# MA 移动平均系数
b = np.array([0.4, 0.8])
# 转换为指定形式
ar = np.concatenate(([1], -a))
ma = np.concatenate(([1], b))
```

```
# 创建 ARMA 过程
arma = smt.arma_generate_sample(ar=ar, ma=ma, nsample=n_sample)
# 可视化
draw_ac_pac(arma)
```

可视化效果如图 9.9 所示。可以看到创建的 ARMA 过程中自相关和偏自相关系数都是逐渐变为 0，即出现了拖尾。

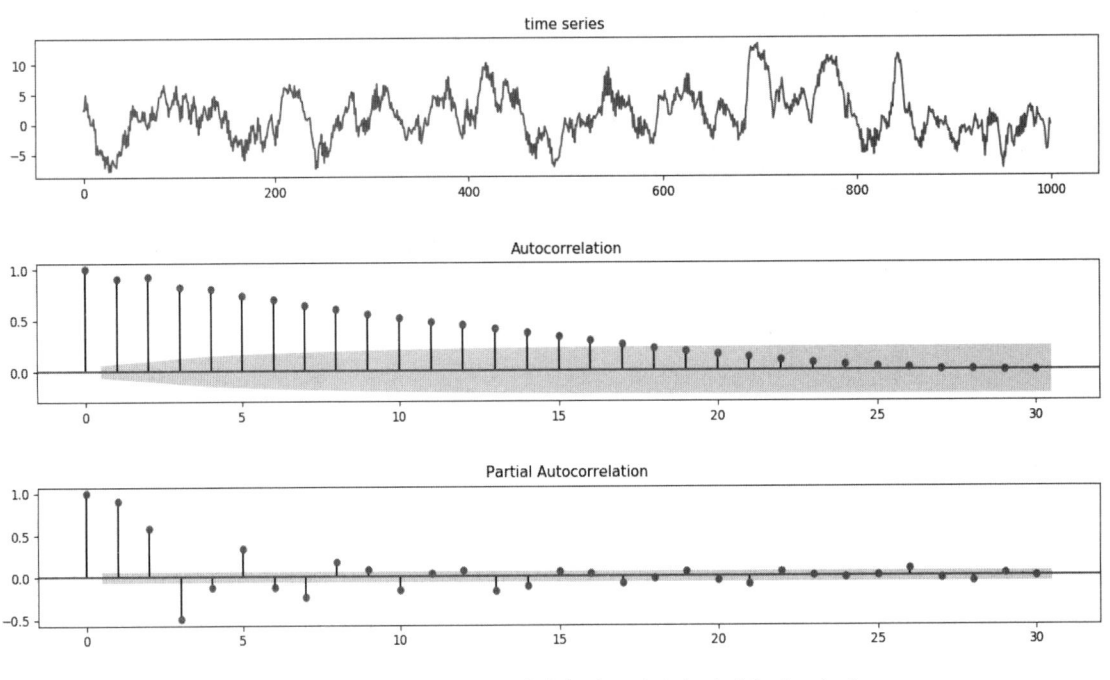

图 9.9　ARMA(2, 2) 过程及其自相关和偏自相关系数的可视化

下面通过 Statsmodels 库中的方法创建一个 ARMA(p, q) 模型，并通过这个模型来拟合前面生成的数据，然后通过返回的估计结果与真实值进行比较，如果拟合成功，那么拟合得到的系数将与我们前面定义的数据近似。代码如下，首先导入了 ARMA 类，传入前面的数据，以及 AR 和 MA 的阶数，因为 AR 和 MA 的阶数都是 2，所以 order 的参数值就是 (2, 2)；然后调用 fit() 方法进行拟合，并传入表示最大的阶数及选择最优滞后阶数的原则的参数；最后输出参数拟合的结果。

```
from statsmodels.tsa.api import ARMA

# 拟合数据
result = ARMA(arma, order=(2, 2)).fit(maxlag=20, ic='aic', trend='nc')
# 输出结果
print(result.params)
```

输出结果如下，可以看到 AR 的参数拟合值为 0.316 和 0.593，而 MA 的参数拟合值为 0.404 和 0.808，与前面创建的过程中定义的参数近似，说明通过 ARMA 模型大致拟合出了前面创建的

ARMA(2, 2) 的过程。

```
[0.31647397 0.59378787 0.40404406 0.80886060]
```

需要注意的是，这里在创建 ARMA 模型用于拟合数据时，把 AR 和 MA 的阶数提前定义好了，如果我们只知道这是一段 ARMA 模型而不知道阶数 p 和 q，那么该如何创建模型呢？下面介绍通过 AIC 准则来选择最好的 p 和 q 的组合。AIC 是建立在信息熵的基础上的指标，它可以寻找最好解释数据并且包含自由参数最少的模型，所以这里最优 p 和 q 组合的选择依据就是通过遍历选择最小的 AIC 值，代码如下。

```python
# 定义全局变量
min_aic = np.inf
best_order = None
best_arma = None
# 遍历范围
max_lag = 5
# 循环遍历
for i in range(max_lag):
    for j in range(max_lag):
        try:
            tmp_arma = ARMA(arma, order=(i, j)).fit(method='mle', trend='nc')
            tmp_aic = tmp_arma.aic
            if tmp_aic < min_aic:
                min_aic = tmp_aic
                best_order = (i, j)
                best_arma = tmp_arma
        except:
            continue
# 输出最优结果
print('order', best_order)
print('para', best_arma.params)
```

输出结果如下，可以看到通过 AIC 准则拟合出了正确的阶数及其对应的参数。

```
order (2, 2)
para [0.31614078 0.58778236 0.38808761 0.80573270]
```

9.6.4　差分自回归移动平均模型

差分自回归移动平均模型（Autoregressive Integrated Moving Average Model，ARIMA 模型）是对 ARMA 模型的延伸。正如我们之前提到的，很多时间序列都是不平稳的，但是可以通过差分的方式将它们变为平稳，所以 ARIMA 模型相当于先对序列进行差分，将序列转换为平稳序列之后，再通过 ARMA 模型做进一步分析。

这里不对 ARIMA 模型做太多深究，只需知道 ARIMA 模型常用 ARIMA(p, d, q) 来表示即可，其中 p 和 q 的含义同 ARMA 模型一样，d 表示对时间序列进行差分操作的次数。在 Statsmodels 库中同样也有 ARIMA 类，下面通过 ARIMA 模型来拟合前面生成的数据，需要注意的是，在创建 ARIMA 模型时的 order 参数相比 ARMA 模型要多一个 d 参数来表示差分的阶数。由于我们前面创建的数据已满足平稳过程，所以就不需要再进行差分。因此，差分次数指定为 0。

```
from statsmodels.tsa.api import ARIMA

# 拟合数据
result = ARIMA(arma, order=(2, 0, 2)).fit(maxlag=20, ic='aic', trend='nc')
# 输出结果
print(result.params)
```

输出结果如下，可以看到 ARIMA 模型同样拟合出了大致相同的参数。需要注意的是，当 ARIMA 模型的差分次数 d 指定为 0 时，实际上就是相当于 ARMA 模型了。所以，当分析的序列原本是平稳序列时，可以直接通过 ARMA 模型进行分析，而当序列本身是不平稳时，可以通过 ARIMA 模型来选择合适的差分次数再进行拟合，具体如何选择将在 9.7 节中通过股票数据的示例来进行介绍。

```
[0.30481746  0.58779073  0.38249104  0.80325114]
```

9.7 时间序列模型在股票市场中的应用

根据前面对时间序列模型的学习，我们对常见的几种时间序列模型有了基本的认识，并知道了如何通过 Statsmodels 库去调用相应的模型以对时间序列进行分析，下面就以股票数据为例，通过前面的时间序列模型来拟合并预测股票价格，从而巩固前面所学的知识。

9.7.1 时间序列模型拟合股票价格

根据前面的经验也可以得出这样的结论，在选择合适的模型来拟合数据时，可以先根据数据的自相关和偏自相关系数图来选择 AR、MA 或 ARMA 模型。一般来说，如果自相关系数拖尾，偏自相关系数截尾，则用 AR 模型；如果自相关系数截尾，偏自相关系数拖尾，则用 MA 模型；如果自相关和偏自相关系数都拖尾，则用 ARMA 模型。所以，我们首先获取股票数据并对其自相关和偏自相关系数进行可视化以选择合适的时间序列模型。在下面的代码中，首先通过 Tushare Pro 获取了 000002 万科的股票数据，然后通过前面定义的函数来对其进行可视化。

```
# 读取数据
df = pd.read_csv('000002.SZ.csv')
# 将日期设置为索引
df.index = pd.to_datetime(df['trade_date'], format='%Y%m%d')
# 可视化自相关和偏自相关系数
draw_ac_pac(df['close'], nlags=30)
```

万科的股票的收盘价数据和它的自相关和偏自相关系数如图 9.10 所示，可以看出它的自相关系数拖尾，偏自相关图系数截尾，但其滞后项中也有超过显著性区域的，所以可以通过 ARMA 模型来对其进行建模。另外，从自相关和偏自相关图中也可以看出，原序列是不平稳的，所以需要先对其选择合适的差分次数以使其平稳。因此，这里选择了 ARIMA 模型。

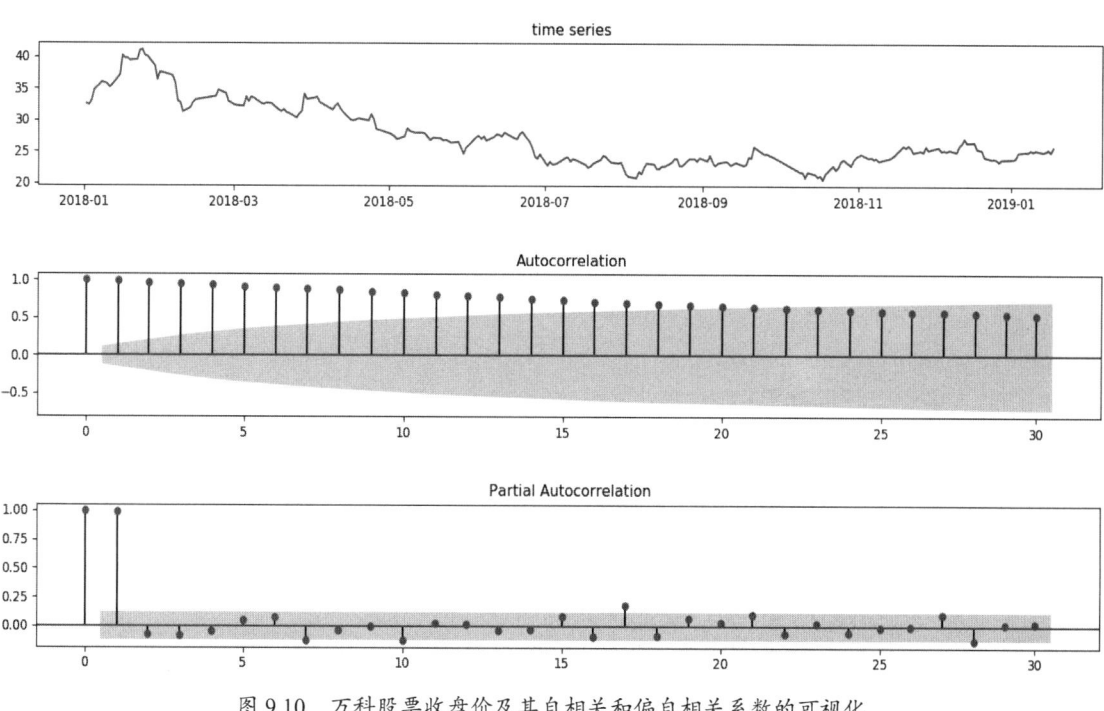

图 9.10　万科股票收盘价及其自相关和偏自相关系数的可视化

下面从 Statsmodels 库中导入 ARIMA 类，然后依旧通过最小 AIC 值的准则来选取最优参数，这里的选取方式与 ARMA 模型的 p、q 阶数的选择类似，只不过多了一个差分次数选取的遍历过程。另外，在得到拟合后的模型之后，可以通过拟合的模型进行预测，为了与真实值进行比较，一开始还需要划分训练集和测试集，这里选择后 10 条数据用于测试。

```
from statsmodels.tsa.api import ARIMA

# 划分训练数据和测试数据
train_data = df['close'][:-10]
test_data = df['close'][-10:]
```

```python
# 定义全局变量
min_aic = np.inf
best_order = None
best_arima = None
# 遍历范围
counter = 5
# 循环遍历
for i in range(counter):
    for k in range(counter):
        for j in range(counter):
            try:
                tmp_arima = ARIMA(train_data, order=(i, k, j)).fit(method='mle',
                    trend='nc')
                tmp_aic = tmp_arima.aic
                if tmp_aic < min_aic:
                    min_aic = tmp_aic
                    best_order = (i, k, j)
                    best_arima = tmp_arima
            except:
                continue

# 输出最优结果
print('order', best_order)
print('para', best_arima.params)
```

下面的输出结果中展示了最优参数的组合及 AR 和 MA 的系数，其中拟合出的最优参数组合是 (4, 1, 4)，也就意味着模型是 ARIMA(4, 1, 4) 的形式，差分次数是 1，也就说明原序列经过 1 次差分即可实现平稳。

```
order (4, 1, 4)
para ar.L1.D.close   -0.922022
     ar.L2.D.close   -0.044613
     ar.L3.D.close   -0.964705
     ar.L4.D.close   -0.921103
     ma.L1.D.close    0.950148
     ma.L2.D.close    0.106940
     ma.L3.D.close    1.028079
     ma.L4.D.close    0.918151
```

9.7.2 时间序列模型预测股票价格

下面通过拟合之后的模型来对后面的数据进行预测，只需要调用 forecast() 方法即可，参数表示预测的步长，这里预测后面 10 天的价格。

```python
# 预测后 10 天价格数据
result = best_arima.forecast(10)
print(result)
```

输出结果如下，可以看出结果返回了三个数组，第一个数组表示预测值，第二个数组表示在 95% 的置信水平下预测的错误偏差，第三个数组表示预测的 95% 置信区间。其中，默认返回的是 95% 的置信水平下的预测结果，它是由 forecast() 方法的 alpha 参数决定的，默认是 0.05，如果想得到其他置信水平下的预测结果就可以修改这个参数，如 alpha 设置为 0.01 就对应 99% 的置信水平。另外也可以看出，随着时间的推迟，其 95% 置信水平下预测的错误偏差和置信区间都逐渐变大，说明越靠后时刻，数据的预测越困难。

```
(array([25.04299920, 25.06381907, 25.30140774, 25.19737108, 25.15879855,
        24.95060869, 25.02571538, 25.09858310, 25.26437993, 25.22771548]),
 array([0.71333855, 1.02306275, 1.27467191, 1.49447589, 1.66726997,
        1.82075290, 1.94936330, 2.08887429, 2.21844543, 2.35455212]),
 array([[23.64488133, 26.44111707],
        [23.05865292, 27.06898521],
        [22.80309670, 27.79971878],
        [22.26825216, 28.12648999],
        [21.89100946, 28.42658764],
        [21.38199858, 28.51921879],
        [21.20503353, 28.84639724],
        [21.00446473, 29.19270147],
        [20.91630678, 29.61245308],
        [20.61287813, 29.84255284]]))
```

为了便于与真实值进行比较，将前面通过模型预测得到的预测值与真实值进行可视化，其中预测值和真实值分别用两种颜色来表示。

```python
# 预测后 10 天价格数据
result = best_arima.forecast(10)
predicted = result[0]
index = test_data.index
predicted_df = pd.DataFrame(predicted, index=index)
# 可视化预测值与真实值
fig = plt.figure()
plt.plot(df['close'][-100:], c='blue')
plt.plot(predicted_df, c='red')
plt.legend(['true', 'prediction'])
plt.show()
```

可视化效果如图 9.11 所示，可以看到预测值一开始与真实值之间的差距不是很大，但是随着时间的推迟，偏差开始逐渐变大。通过这个 ARIMA 预测股票价格的例子也可以看出股票市场的高噪声、高不可预测性。

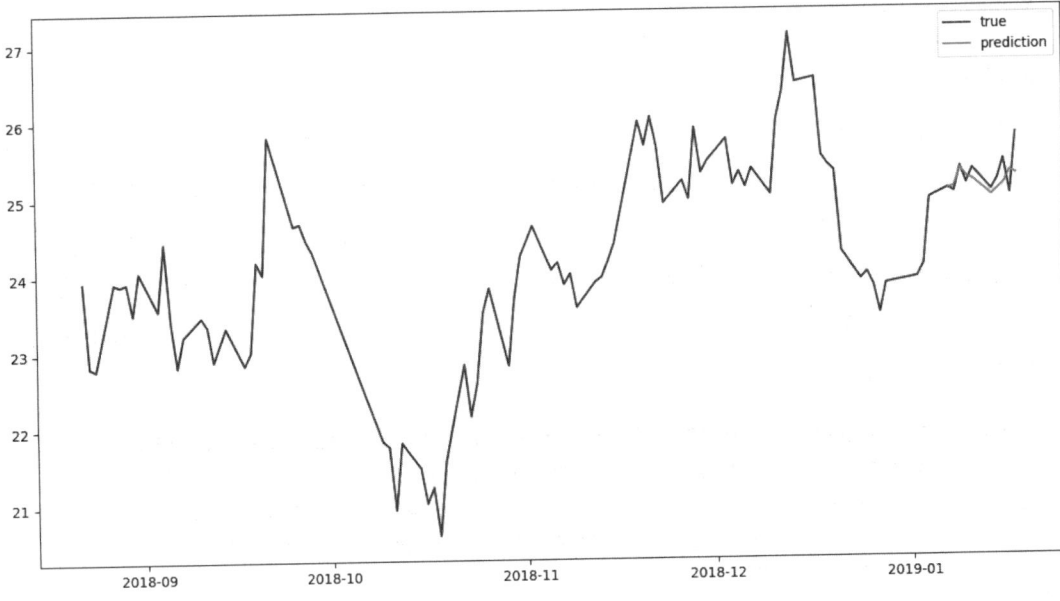

图 9.11　预测值与真实值的可视化

9.8　本章小结

在本章内容中，首先介绍了时间序列的基本概念；然后介绍了协方差和自协方差的概念，并引入了自相关和偏自相关系数及它们的计算方法，从而用于分析时间序列的相关性；之后又介绍了时间序列的平稳性的概念，以及如何进行平稳性检验和白噪声检验；接着又介绍了几种常见的时间序列模型的概念及如何通过 Statsmodels 库进行实现；最后通过时间序列模型来拟合股票价格并对其价格进行了预测。

实战篇

在实战篇中,首先进行了一个基于配对交易策略的回测框架的搭建;然后结合当下热点,引入了机器学习与深度学习在量化交易场景下的应用,分别介绍了如何通过支持向量机和循环神经网络进行价格预测;最后介绍了如何通过国内知名量化交易框架 vn.py 进行策略开发和模拟交易。

第 10 章　基于配对交易策略的回测框架的搭建
第 11 章　机器学习实战 ── 利用支持向量机(SVM)进行趋势预测
第 12 章　深度学习实战 ── 利用循环神经网络(RNN)进行价格预测
第 13 章　接触实盘 ── 利用 vn.py 进行量化交易

第 10 章
基于配对交易策略的回测框架的搭建

经过前面知识的学习，我们已经初步掌握了 Python 在量化交易中的应用，在下面的几个章节中，我们将开始 Python 量化交易的实战学习。本章将会搭建一个基于配对交易策略的回测框架。

本章主要涉及的知识点

- 了解配对交易相关知识。
- 了解回测框架的架构设计。
- 通过前面所学知识，实现对时间序列数据的获取和分析。
- 实现一个简单的配对交易策略，并对回测结果进行可视化展示。

注意：本章内容会涉及时间序列分析的知识，如果忘记了，就请再复习巩固一下吧。

10.1 配对交易介绍

本节首先对配对交易的概念进行介绍，了解了配对交易策略的基本思想，我们就能更好地通过代码去实现策略，并在此基础上进行改进和提升。

10.1.1 什么是配对交易

在传统的单边交易市场中，投资者的资产经常会受到市场单边波动的影响，导致出现较大的亏损。因此，市场上出现了配对交易（Pairs Trading）的方式来降低投资的风险。配对交易的思想最早来源于20世纪20年代初华尔街的传奇人物杰西·利弗莫尔（Jesse Livermore），他也是华尔街必读巨著《股票作手回忆录》的作者。

配对交易与单边交易的最大区别在于，它注重的是两种交易品种的价差，这是一种相对价值而非单边交易注重的绝对价值。因此，配对交易具有对冲性，它通过对两种相关度很高的品种进行相反方向的交易，这样就可以使得交易的品种具有完全的负相关性，通过这样的组合，投资的风险就大大降低了。

10.1.2 配对交易的原理

配对交易的思想是选择两只价格长期稳定的交易品种，例如，不同交割月份的螺纹钢期货合约，同样的品种虽然交割月份不同，但是它们的价格走势大致相似，并且正常情况下，由于持仓成本等因素，远期合约的价格要高于近期合约的价格，如图10.1所示，这种同种品种不同交割时间的配对交易也称为跨期套利。又如，大豆和豆粕的两个商品期货品种，豆粕是大豆提取豆油后得到的一种副产品，在市场中它们是属于同一条产业链中的产品，所以这两个品种在市场中的价格也会有一定的关联性。因此，它们的走势也会类似，这种不同品种的配对交易方式也称为跨品种套利。

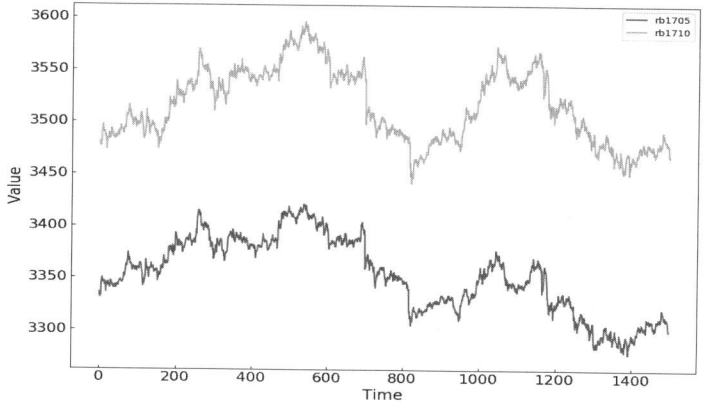

图 10.1 螺纹钢期货合约（rb1705、rb1710）

由于两种品种的价格具有相关性，那么它们的价格的短暂偏离将会成为交易机会。配对交易的理论依据是均值回归（Mean-Reversion），其概念是当价格高于或低于价格的中枢（或均值）时，都会以很高的概率向价格中枢回归。因此，当价差扩大时，就可以做空价格较高的品种，做多价格较低的品种，当它们的价差回归均值时平仓。

另外，由于配对交易需要多空方向交易，所以在选择交易品种时，进行交易的品种必须支持做空和做多，如商品期货、股指期货及美股，国内的股票也可以做空，即通过融券的操作，但是对于普通投资者来说门槛很高，因为它对资金门槛、投资者的性质有很高的要求。

10.1.3 配对交易的特点

正是由于配对交易低风险的特性，所以在出现一些极端的市场情况时，如一些政策的颁布、天气或其他突发事件，金融衍生品的价格往往会出现单边的大幅波动，这样就导致了单方向交易的巨大风险。通过配对交易的方式可以有效规避这种风险，例如，在出现暴跌情况时，多头仓位的损失可以由空头仓位的盈利进行弥补，这样造成的损失就会远远小于单边交易。

另外，配对交易注重的是交易品种的相对价值，也就是价差。而相对于价格的波动，价差的波动率要更低，因而在交易时面临的风险要更小。例如，在期货市场中进行单边交易时，由于杠杆因素的存在，10 倍杠杆反向 10% 的波动就需要追加保证金，甚至还会导致爆仓。而配对交易的方式可以最大限度地避免这种情况。

此外，配对交易还有一个吸引人的地方就是它的胜率较高。虽然单次套利的收益并不如一些 CTA 策略收益那么高，但是高胜率得到的收益结果也是很可观的。因此，从长期来看，通过配对交易得到的收益还是比较稳定的。

 **10.2 配对交易回测框架的实现**

在对配对交易策略有所了解之后，本节将利用前面所学的 Python 基础、数据分析及时间序列分析的知识进行基于配对交易策略的回测框架的搭建。通过本节内容的学习，我们将会了解一个回测框架中各个模块的组成及功能，并且在今后的学习过程中可以按照自己的需求进行改进和提升。

10.2.1 配对交易回测框架模块介绍

我们先来看一下这个配对交易回测框架的整体架构导图，如图 10.2 所示。

下面对回测框架导图中每个模块的作用和功能进行介绍。

- 数据获取模块（getData）：回测框架数据获取模块，例如，通过 Tushare、新浪 API 等方式获取指定历史数据，并将其存储至本地。
- 数据分析模块（analysis）：回测框架数据分析模块，用于数据相关性分析、ADF 平稳性检验及协整性检验。

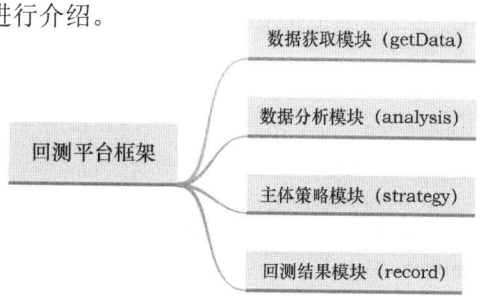

图 10.2 回测框架导图

- 主体策略模块（strategy）：回测框架主体策略模块，包括配对交易策略逻辑实现及封装，其中策略只对外提供交易指令，以便于模块化开发。
- 回测结果模块（record）：回测框架结果模块，包括记录仓位变化及回测结果的展示。

另外，在下面的配对交易回测框架的实现中，我们将以商品期货市场螺纹钢品种的 5 分钟级别跨期套利为例，选出两组不同交割月份的合约作为交易对象，通过配对交易策略进行回测，并在最后进行回测结果的展示和分析。

为了便于模块化开发和后期拓展，我们可以在 PyCharm 中创建一个名为 pair_trading 的包，然后将上面的四个模块分别写在一个包下的四个文件中，项目架构如图 10.3 所示。其中，getData.py、analysis.py、strategy.py 及 record.py 分别对应前面的数据获取模块、数据分析模块、主体策略模块及回测结果模块。另外，main.py 文件用于测试整体框架，six_data.csv 是我们获取的数据，在下面的内容中将会介绍如何获取数据（源代码在本书的附件中可以找到）。

图 10.3 配对交易项目架构

由于各个文件之间的功能相互独立，为了便于各个文件中的功能调用，如 main.py 文件调用 strategy.py 中的策略，我们还需要将 pair_trading 设置为 Sources Root，这样在这个包下的文件就可以互相导入了。具体方式是右击 pair_trading 这个包，在弹出的快捷菜单中选择"Mark Directory as"下的"Sources Root"选项，如图 10.4 所示。

10.2.2 数据获取模块实现

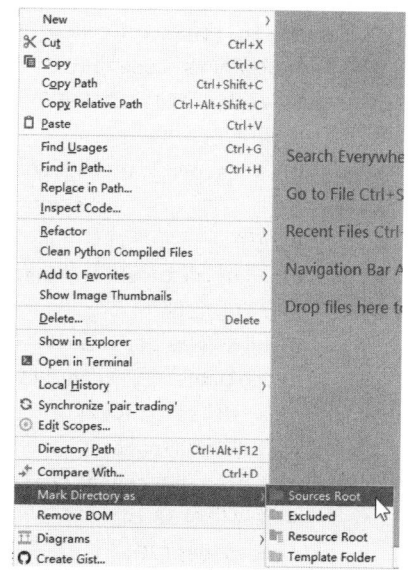

图 10.4 设置 Sources Root

数据获取是进行回测必不可少的步骤，在这个模块的实现中，我们将以螺纹钢数据（rb1911-

rb2004）的获取为例介绍数据获取的方式，数据的获取将通过 Tushare 库获取历史数据的方式进行。

首先需要导入所依赖的库。

```
import tushare as ts
import numpy as np
import pandas as pd
import matplotlib.pyplot as plt
import time
```

然后通过 Tushare 的通用接口 pro_bar() 函数来获取螺纹钢商品期货的 5 分钟数据，由于需要获取六个品种的数据，所以我们先将每个品种的 id 放在一个 list 中，再通过 for 循环对每种期货数据进行获取，并将得到的六种合约数据放到一个 DataFrame 中。需要注意的是，由于普通用户在通过 Tushare 的通用接口获取数据时，每分钟获取数据的次数可能会受到权限的影响，所以在每获取一次数据后暂停当前进程 30 秒。

```
# 初始化接口
ts_pro = ts.pro_api('xxxxxxxxxx')
# 螺纹钢期货 id
ids = ['RB1911', 'RB1912', 'RB2001', 'RB2002', 'RB2003', 'RB2004']
# 起止日期
start_date = '20191020'
end_date = '20191030'
# 用于合并所有数据
all_df = pd.DataFrame()
# 获取历史数据
for id in ids:
    # 拼接为 ts_code 格式
    ts_code = id + '.SHF'
    # 调用接口
    df = ts.pro_bar(ts_code=ts_code, start_date=start_date, end_date=end_date,
                    asset='FT', freq='5min')
    # 逆序
    df = df.reindex(index=df.index[::-1])
    # 获取收盘价
    df = df[['trade_time', 'close']]
    df.columns = ['trade_time', id]
    df = df.set_index('trade_time')
    # 合并 DataFrame
    all_df = pd.concat((all_df, df), axis=1)
    # 暂停进程 30 秒
    time.sleep(30)
```

为了便于后续分析和处理，将获取的 DataFrame 保存到本地。最后调用 plot() 函数来观察一下六种合约数据的走势，可视化效果如图 10.5 所示。

```
# 保存数据
all_df.to_csv('./six_data.csv')
# 可视化数据
all_df.plot()
plt.show()
```

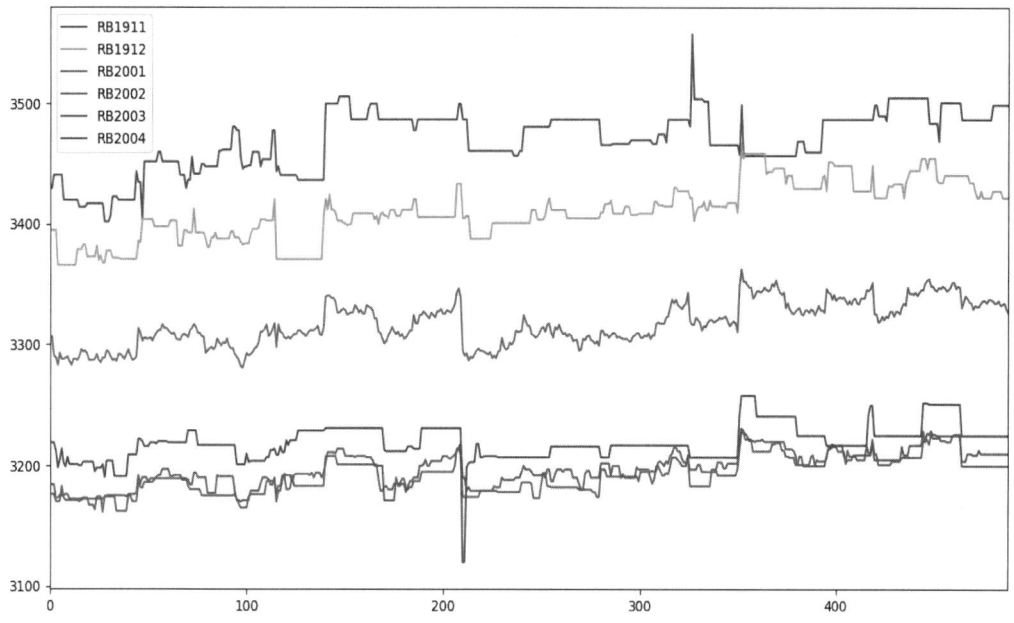

图 10.5　获取的六种合约数据价格走势

为了便于模块化开发，可以将上面的代码通过一个 getData() 函数进行封装，并将其放在 getData.py 文件中，代码如下。

```
# 数据获取函数
def get_data(ids, start_date, end_date, path):
    # 初始化接口
    ts_pro = ts.pro_api('your token')
    # 用于合并所有数据
    all_df = pd.DataFrame()
    # 获取历史数据
    for id in ids:
        # 拼接为 ts_code 格式
        ts_code = id + '.SHF'
        # 调用接口
        df = ts.pro_bar(ts_code=ts_code, start_date=start_date, end_date=end_date,
                        asset='FT', freq='5min')
        # 逆序
        df = df.reindex(index=df.index[::-1])
        # 获取收盘价
```

```
            df = df[['trade_time', 'close']]
            df.columns = ['trade_time', id]
            df = df.set_index('trade_time')
            # 合并 DataFrame
            all_df = pd.concat((all_df, df), axis=1)
            # 暂停进程 20 秒
            time.sleep(20)
    # 保存到本地
    all_df.to_csv(path)

if __name__ == '__main__':
    # 螺纹钢期货 id
    ids = ['RB1911', 'RB1912', 'RB2001', 'RB2002', 'RB2003', 'RB2004']
    # 起止日期
    start_date = '20191020'
    end_date = '20191030'
    # 调用函数
    get_data(ids, start_date, end_date, 'six_data.csv')
```

10.2.3 数据分析模块实现

由于配对交易需要两种相关性比较高的合约，所以为了从获取的数据中挑选两个合适的合约，需要对得到的数据进行相关性分析，同时为了使得相关合约的配对交易可行，还需要对数据进行平稳性检验和协整性检验。

首先需要分析前面获取的六种合约在价格走势上的相关性，并量化这种相关性的大小。为此，先通过 seaborn 库中的热力图来绘制和可视化这六种合约的关系，其中默认相关性是以皮尔逊相关系数来衡量的。

```
import pandas as pd
import matplotlib.pyplot as plt
import seaborn as sns

# 读取并绘制六种合约的相关性热力图
df_all = pd.read_csv('./six_data.csv')
sns.heatmap(df_all.corr(), annot=True)
plt.show()
```

可视化效果如图 10.6 所示，可以看到除合约数据自身之间的相关性为 1 之外，相关性最高的是 RB2001 和 RB2002 及 RB2001 和 RB2003，其相关性为 0.93。所以，接下来就以 RB2001 和 RB2002 为例，进一步来分析它们之间是否满足协整关系。

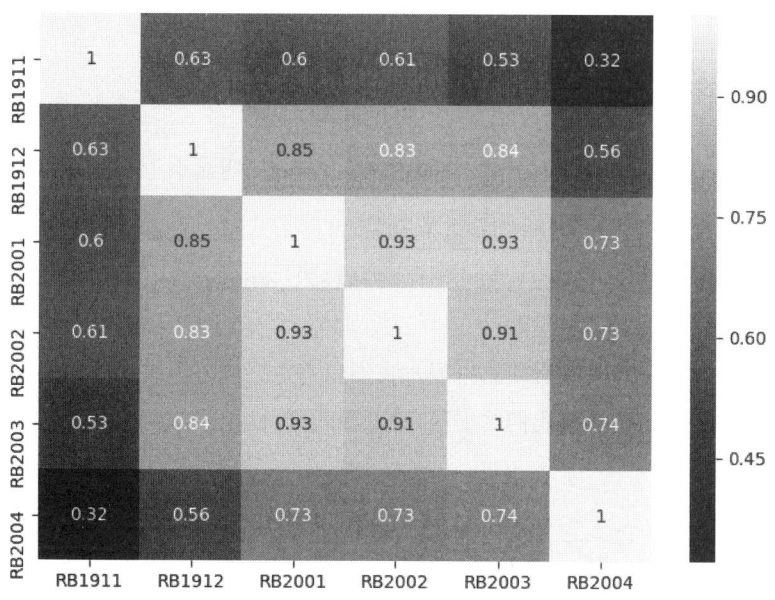

图 10.6　六种合约数据的相关性热力图

由前面介绍的内容可知，检验两个序列是否具有协整关系之前需要先对它们进行平稳性检验。

```
from statsmodels.tsa.api import adfuller
import numpy as np

# 原序列 ADF 检验
print(adfuller(df_all['RB2001']))
print(adfuller(df_all['RB2002']))
# 一阶差分后 ADF 检验
print(adfuller(np.diff(df_all['RB2001'])))
print(adfuller(np.diff(df_all['RB2002'])))
```

输出结果如下，可以看到原序列是不平稳的，但是它们一阶差分后得到的序列是平稳的。

```
(-3.35973742130789888, 0.012410430667621021, 0, 489, {'1%': -3.4437936797256317,
 '5%': -2.867468682890213, '10%': -2.5699277594606915}, 2932.860776206575)
(-3.0487305158888955, 0.03058744115783878, 1, 488, {'1%': -3.4438213751870337,
 '5%': -2.867480869596464, '10%': -2.5699342544006987}, 2763.1757052891953)
(-17.38668341291715, 5.0367125239465926e-30, 1, 487, {'1%': -3.443849184997939,
 '5%': -2.8674931065091105, '10%': -2.569940776113236}, 2936.6543516269394)
(-24.389516479524925, 0.0, 0, 488, {'1%': -3.4438213751870337, '5%':
 -2.867480869596464, '10%': -2.5699342544006987}, 2767.0118690328536)
```

两合约序列满足了一阶单整，下面再对其进行协整性检验。

```python
from statsmodels.tsa.api import coint

# 协整性检验
print(coint(df_all['RB2001'], df_all['RB2002']))
```

输出结果如下,得到的检验值小于1%的置信度,p-value明显小于0.05,所以两序列是满足协整关系的。

```
(-4.333556830831164, 0.0022685937414654187, array([-3.91897673, -3.34865363,
 -3.05313459]))
```

同样,为了便于模块化开发和后期的拓展,我们也将数据分析模块通过几个函数进行封装。其中,为了增加检验结果的可读性,我们对平稳性检验和协整性检验的两个函数的输出结果做了进一步规范。完整代码如下。

```python
import pandas as pd
import matplotlib.pyplot as plt
import seaborn as sns
import numpy as np
from statsmodels.tsa.stattools import adfuller, coint


# 显示各种品种的相关性图
def showCorr(df):
    sns.heatmap(df.corr(), annot=True, square=True)
    plt.show()

# ADF 平稳性检验
def ADFtest(data):
    result = adfuller(data)
    t_statistic = result[0]
    p_value = result[1]
    critical_values = result[4]
    print('t statistic value:', t_statistic)
    print('p value:', p_value)
    print('critical_values:', critical_values)
    if t_statistic < critical_values['1%']:
        print(' 在1% 置信度下拒绝原假设,序列数据平稳 ')
    elif t_statistic > critical_values['10%']:
        print(' 在10% 置信度下不能拒绝原假设,序列数据不平稳 ')

# 协整性检验
def CorrIntest(dataA, dataB):
    result = coint(dataA, dataB)
    t_statistic = result[0]
```

```python
    p_value = result[1]
    critical_values = result[2]
    print('t statistic value:', t_statistic)
    print('p value:', p_value)
    print('critical_values:', critical_values)
    if t_statistic < critical_values[0]:
        print(' 在 1% 置信程度下拒绝原假设，两序列数据协整 ')
    elif critical_values[0] < t_statistic and critical_values[1] > t_statistic:
        print(' 在 5% 置信程度下拒绝原假设，两序列数据协整 ')
    elif critical_values[1] < t_statistic and critical_values[2] > t_statistic:
        print(' 在 10% 置信程度下拒绝原假设，两序列数据协整 ')
    elif t_statistic > critical_values[2]:
        print(' 在 10% 置信程度下不能拒绝原假设，两序列数据不协整 ')

if __name__ == '__main__':
    df_all = pd.read_csv('six_data.csv')
    # ADF 检验
    ADFtest(np.diff(df_all['RB2001']))
    ADFtest(np.diff(df_all['RB2002']))
    # 协整性检验
    CorrIntest(df_all['RB2001'], df_all['RB2002'])
```

运行上述代码，可以更加直观地对结果进行观察。

```
t statistic value: -17.38668341291715
p value: 5.0367125239465926e-30
critical_values: {'1%': -3.443849184997939, '5%': -2.8674931065091105,
                  '10%': -2.569940776113236}
在 1% 置信程度下拒绝原假设，序列数据平稳
t statistic value: -24.389516479524925
p value: 0.0
critical_values: {'1%': -3.4438213751870337, '5%': -2.867480869596464,
                  '10%': -2.5699342544006987}
在 1% 置信程度下拒绝原假设，序列数据平稳
t statistic value: -4.333556830831164
p value: 0.0022685937414654187
critical_values: [-3.91897673 -3.34865363 -3.05313459]
在 1% 置信程度下拒绝原假设，两序列数据协整
```

10.2.4 主体策略模块实现

接下来将构建配对交易的主体策略，配对交易的关键是要保证策略的市场中性，也就是说，无论市场的趋势是上升还是下降，都要使策略获得预期的收益。

配对交易主要分析的对象是两个品种价格之间的偏离，由均值回归理论可知，在股票、期货或

其他金融衍生品的交易市场中，无论高于或低于价值中枢（或均值）都有很高的概率向价值中枢回归。所以，在具有协整关系的这两组数据中，当它们两者的价差高于均值时则会有向低走的趋势；当它们两者的价差低于均值时则会有向高走的趋势。

下面就用前面获取的 RB2001 和 RB2002 期货合约数据，分析一下它们去中心化后的价差序列。首先对前 400 条数据进行分析，并计算这两段数据去中心化价差，然后对其进行可视化。

```python
import pandas as pd
import numpy as np
import matplotlib.pyplot as plt

# 读取数据
df_all = pd.read_csv('./six_data.csv')
price_A = df_all['RB2001'][:400]
price_B = df_all['RB2002'][:400]
# 计算去中心化价差
spread = price_A - price_B
mspread = spread - spread.mean()
# 可视化去中心化价差
fig = plt.figure()
plt.plot(mspread)
plt.hlines(0, 0, len(mspread))
plt.show()
```

两段数据的去中心化价差如图 10.7 所示，可以看到其去中心化价差围绕着以 0 为中心的水平线波动。

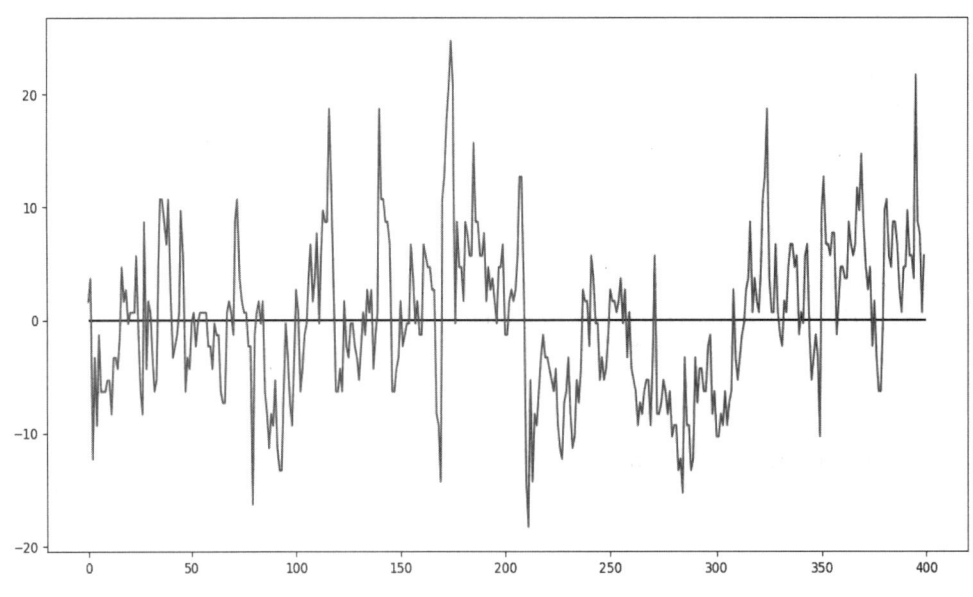

图 10.7　两种期货合约数据的去中心化价差

一般情况下，我们制定的开仓和止损阈值是根据窗口内数据的标准差来确定的，所以下面就以 2 倍标准差作为开仓阈值，3 倍标准差作为止损阈值，后面我们也可以通过参数优化对其进行调优。

```
# 可视化去中心化价差及开仓和止损阈值
sigma = mspread.std()
fig = plt.figure()
plt.plot(mspread)
plt.hlines(2 * sigma, 0, len(mspread), color='b')
plt.hlines(-2 * sigma, 0, len(mspread), color='b')
plt.hlines(3 * sigma, 0, len(mspread), color='r')
plt.hlines(-3 * sigma, 0, len(mspread), color='r')
plt.show()
```

可视化效果如图 10.8 所示。

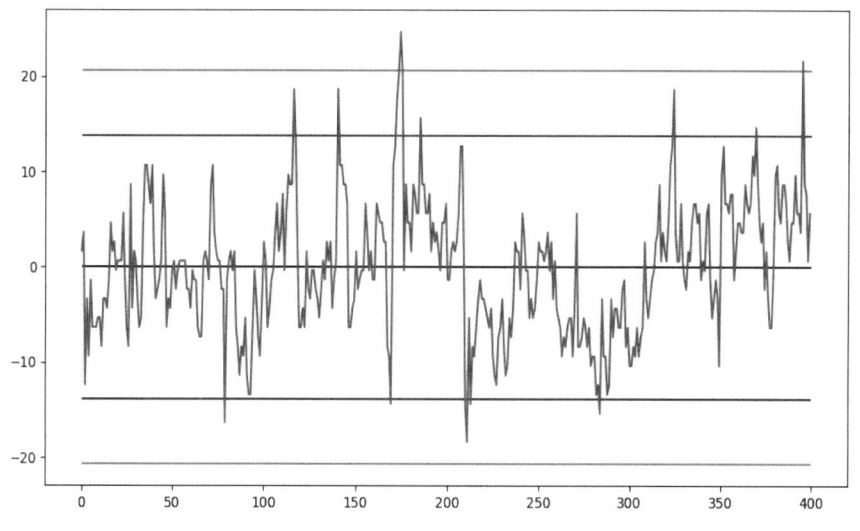

图 10.8　两种期货合约数据去中心化价差的开仓和止损阈值

接下来就以样本内的数据进行交易逻辑的实现。假设两种合约分别是 A 和 B，A 的价格大于 B 的价格，则其中具体交易逻辑是当去中心化价差突破开仓阈值上轨，对 A 开空仓，对 B 开多仓，当去中心化价差穿过中心线时平仓；当去中心化价差跌破开仓阈值下轨，对 A 开多仓，对 B 开空仓，当去中心化价差穿过中心线时平仓。两种合约每次开仓一笔，并且各只持有一个仓位。所以，首先定义全局变量。

```
import pandas as pd
import numpy as np
import matplotlib.pyplot as plt

# 读取数据
```

```python
df_all = pd.read_csv('./six_data.csv')
price_A = df_all['RB2001'][:400]
price_B = df_all['RB2002'][:400]
# 计算去中心化价差
price_A = price_A.values
price_B = price_B.values
spread = price_A - price_B
mspread = spread - np.mean(spread)
# 设定开仓和止损阈值
sigma = np.std(mspread)
open = 2 * sigma
stop = 3 * sigma
# 累计收益列表
profit_cum_list = []
# 每个时刻的累计收益
profit_cum = 0
# 是否持仓
hold = False
# 持仓状态
hold_state = 0   # 1 (A:long B:short)   -1 (A:short B:long)
# 持仓价格
hold_price_A = 0
hold_price_B = 0
```

然后判断是否持仓，如果没有持仓，则判断当前价差是否达到了开仓阈值，达到了开仓阈值就对其进行开仓操作并记录两种合约的开仓价格和更新持仓状态。

```python
# 遍历数据
for i in range(len(price_A)):
    # 如果没有持仓
    if hold == False:
        if mspread[i] >= open:
            hold_price_A = price_A[i]
            hold_price_B = price_B[i]
            hold_state = -1
            hold = True
        elif mspread[i] <= -open:
            hold_price_A = price_A[i]
            hold_price_B = price_B[i]
            hold_state = 1
            hold = True
```

如果持仓，则判断当前价差是否达到了止损阈值，达到了止损阈值就对其进行止损操作并记录当次亏损和更新持仓状态。如果没有达到止损阈值，则判断是否达到了平仓条件，达到了平仓条件就记录当次盈利和更新持仓状态。

```
    # 如果持仓
    else:
        if mspread[i] >= stop and hold_state == -1 :
            profit = (hold_price_A - price_A[i]) + (price_B[i] - hold_price_B)
            profit_cum += profit
            hold_state = 0
            hold = False
        if mspread[i] <= -stop and hold_state == 1 :
            profit = (price_A[i] - hold_price_A) + (hold_price_B - price_B[i])
            profit_cum += profit
            hold_state = 0
            hold = False
        if mspread[i] <= 0 and hold_state == -1:
            profit = (hold_price_A - price_A[i]) + (price_B[i] - hold_price_B)
            profit_cum += profit
            hold_state = 0
            hold = False
        if mspread[i] >= 0 and hold_state == 1:
            profit = (price_A[i] - hold_price_A) + (hold_price_B - price_B[i])
            profit_cum += profit
            hold_state = 0
            hold = False
    profit_cum_list.append(profit_cum)
```

最后输出收益结果并对其进行可视化。

```
# 输出结果
print(profit_cum_list)
# 可视化累计收益
fig = plt.figure()
ax = fig.add_subplot(111)
ax.plot(range(len(profit_cum_list)), profit_cum_list)
plt.show()
```

可视化效果如图 10.9 所示。可以看到其累计收益还是很可观的，但需要注意的是，这里是通过样本内数据进行测试的，所以得到这样的结果并不惊讶。换句话说，就是我们已经知道了未来数据，然后再根据此去确定交易逻辑、指定交易规则，只是用于测试策略逻辑是否可行。因此，在后面我们将通过对策略进行封装，再与外界环境进行交互，以消除未来数据的影响。

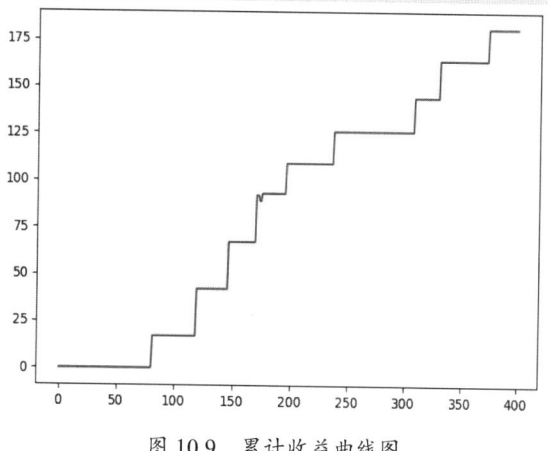

图 10.9　累计收益曲线图

另外，为了便于模块化开发，我们也会对交易策略进行封装。策略部分通常设置一个接口或函数用于接收外部环境的数据，如来自本地文件、数据库的回测数据或来自交易所的实时数据，并且根据数据返回交易指令。通过这样的开发方式，可以更加专注于策略本身的实现。下面通过一个类将配对交易策略的逻辑进行封装。

首先定义一个 Strategy 类并定义初始化方法，其中先定义一个滑动窗口的长度，并以这个长度创建两个 buffer，它们是一种 deque 的数据结构，也就是双端队列，当这个队列中的数据满了之后，新的数据将代替这个队列中旧的数据。因为在进行配对交易时，需要根据最新窗口中的数据来确定开仓、止损阈值，所以这里的两个 buffer 用作数据的缓存窗口。然后定义一个记录数据的函数，用于记录价差、开仓和止损阈值的变化，便于后面计算回测结果及进行可视化。

```python
import numpy as np
from collections import deque

# 配对交易策略主体
class Strategy():
    # 初始化
    def __init__(self, window_len=50, k_open=2, k_stop=3):
        # 滑动窗口
        self.window_len = window_len
        # 开平仓阈值
        self.k_open = k_open
        self.k_stop = k_stop
        # 两种数据的滑动窗口
        self.A_buffer_queue = deque(maxlen=self.window_len)
        self.B_buffer_queue = deque(maxlen=self.window_len)
        # 价差列表
        self.mspread_list = []
        # 开仓止损阈值列表
        self.open_threshold_list = []
        self.stop_threshold_list = []

    # 记录数据
    def store_data(self, mspread, open_threshold, stop_threshold):
        self.mspread_list.append(mspread)
        self.open_threshold_list.append(open_threshold)
        self.stop_threshold_list.append(stop_threshold)
```

下面编写主要的交易逻辑部分的代码。首先定义一个 feed() 函数，它需要传入当前的最新价格及 position 对象，这里的 position 指的是仓位管理的实例化对象，其作用是记录当前仓位的变化，以便于统计回测结果，它将会在后面进行实现。然后需要先判断当前数据是否达到了窗口的大小，这里需要注意的是，当窗口内数据达到 window_len 之后，再调用 queue 结构的 append() 方法时，它会删除队列中第一个数据，并将最新数据进行追加。为了调用 NumPy 中的方法，可以将队列转换为 Ndarray 的形式，以便再计算其去中心化价差及开仓和止损阈值。

```python
# 传入新数据，返回对新数据的操作指令
def feed(self, price_A, price_B, position):
    if len(self.A_buffer_queue) < self.window_len:
        self.A_buffer_queue.append(price_A)
        self.B_buffer_queue.append(price_B)
        return 0
    self.A_buffer_queue.append(price_A)
    self.B_buffer_queue.append(price_B)
    A_buffer_array = np.array(self.A_buffer_queue)
    B_buffer_array = np.array(self.B_buffer_queue)
    # 计算滑动窗口内的价差及阈值
    spread = A_buffer_array - B_buffer_array
    mspread = spread - np.mean(spread)
    sigma = np.std(mspread)
    open_threshold = self.k_open * sigma
    stop_threshold = self.k_stop * sigma
    # 记录数据
    self.store_data(mspread[-1], open_threshold, stop_threshold)
```

最后根据当前最新价差与阈值之间的关系来判断是否进行交易。如果持仓，则判断是否达到了平仓或止损阈值；如果没有持仓，则判断是否达到了开仓条件。

```python
    # 如果持仓
    if position.hold:
        # 如果持仓状态是 A 空 B 多
        if position.state == -1:
            # 平仓
            if mspread[-1] <= 0:
                return "closeAshortBlong"
            # 止损
            elif mspread[-1] > stop_threshold:
                return "stopAshortBlong"
            else:
                return 0
        # 如果持仓状态是 A 多 B 空
        elif position.state == 1:
            # 平仓
            if mspread[-1] >= 0:
                return "closeAlongBshort"
            # 止损
            elif mspread[-1] < -stop_threshold:
                return "closeAlongBshort"
            else:
```

```
                    return 0
            else:
                return 0
    # 如果没有持仓
    else:
        # 开仓 A 空 B 多
        if mspread[-1] > open_threshold:
            return "openAshortBlong"
        # 开仓 A 多 B 空
        elif mspread[-1] < -open_threshold:
            return "openAlongBshort"
        # 无操作
        else:
            return 0
```

经过上面的逻辑实现，即可得到完整的交易逻辑的封装，完整代码如下。

```python
import numpy as np
from collections import deque

# 配对交易策略主体
class Strategy():
    # 初始化
    def __init__(self, window_len=50, k_open=2, k_stop=3):
        # 滑动窗口
        self.window_len = window_len
        # 开平仓阈值
        self.k_open = k_open
        self.k_stop = k_stop
        # 两种数据的滑动窗口
        self.A_buffer_queue = deque(maxlen=self.window_len)
        self.B_buffer_queue = deque(maxlen=self.window_len)
        # 价差列表
        self.mspread_list = []
        # 开仓止损阈值列表
        self.open_threshold_list = []
        self.stop_threshold_list = []

    # 记录数据
    def store_data(self, mspread, open_threshold, stop_threshold):
        self.mspread_list.append(mspread)
        self.open_threshold_list.append(open_threshold)
        self.stop_threshold_list.append(stop_threshold)

    # 传入新数据，返回对新数据的操作指令
    def feed(self, price_A, price_B, position):
```

```python
        if len(self.A_buffer_queue) < self.window_len:
            self.A_buffer_queue.append(price_A)
            self.B_buffer_queue.append(price_B)
            return 0
    self.A_buffer_queue.append(price_A)
    self.B_buffer_queue.append(price_B)
    A_buffer_array = np.array(self.A_buffer_queue)
    B_buffer_array = np.array(self.B_buffer_queue)
    # 计算滑动窗口内的价差及阈值
    spread = A_buffer_array - B_buffer_array
    mspread = spread - np.mean(spread)
    sigma = np.std(mspread)
    open_threshold = self.k_open * sigma
    stop_threshold = self.k_stop * sigma
    # 记录数据
    self.store_data(mspread[-1], open_threshold, stop_threshold)
    # 如果持仓
    if position.hold:
        # 如果持仓状态是 A 空 B 多
        if position.state == -1:
            # 平仓
            if mspread[-1] <= 0:
                return "closeAshortBlong"
            # 止损
            elif mspread[-1] > stop_threshold:
                return "stopAshortBlong"
            else:
                return 0
        # 如果持仓状态是 A 多 B 空
        elif position.state == 1:
            # 平仓
            if mspread[-1] >= 0:
                return "closeAlongBshort"
            # 止损
            elif mspread[-1] < -stop_threshold:
                return "stopAlongBshort"
            else:
                return 0
        else:
            return 0
    # 如果没有持仓
    else:
        # 开仓 A 空 B 多
        if mspread[-1] > open_threshold:
            return "openAshortBlong"
        # 开仓 A 多 B 空
```

```
        elif mspread[-1] < -open_threshold:
            return "openAlongBshort"
        # 无操作
        else:
            return 0
```

10.2.5 回测结果统计模块实现

为了对仓位进行监测并计算回测指标及对回测结果进行可视化，还需要编写一个用于仓位记录和回测结果展示的模块。由于回测结果是根据仓位信息的变化而产生的，所以这里将这两部分合并到了一起，在实际应用中，也可以根据策略的复杂程度不同将其分为两部分。

首先编写一个 Position 类并实现其初始化方法，其中初始化了一些全局变量，包括持仓状态、持仓价格等仓位信息，为了对回测结果进行统计，还需要记录交易次数、累计收益等。

```python
import numpy as np
import matplotlib.pyplot as plt
import ffn
import pandas as pd

# 仓位主体，监控回测仓位变化及统计回测结果
class Position():
    def __init__(self):
        # 持仓状态 0空仓 -1A空B多  1A多B空
        self.state = 0
        # 当前累计收益
        self.profit = 0
        # 累计收益列表
        self.profit_list = []
        # 持仓价格
        self.hold_A_price = 0
        self.hold_B_price = 0
        self.hold = False
        # 交易次数
        self.tradeNum = 0
        # 盈利次数
        self.winNum = 0
        # 损失次数
        self.lossNum = 0

    # 追加累计收益
    def append_profit(self, profit):
        self.profit_list.append(profit)
```

然后编写累计收益曲线图的部分。另外，为了可视化开仓和止损阈值的变化情况，这里也添加了对它们的绘制。

```python
# 展示交易记录图像
def showTradeRecord(self, mspread, open, stop):
    fig = plt.figure()
    # 收益图
    ax1 = fig.add_subplot(211)
    ax1.plot(range(len(self.profit_list)), self.profit_list)
    ax1.set_title('Profit Record')
    # 开仓和止损阈值
    ax2 = fig.add_subplot(212)
    open = np.array(open)
    stop = np.array(stop)
    ax2.plot(range(len(mspread)), mspread)
    ax2.plot(range(len(open)), open, c='r')
    ax2.plot(range(len(stop)), stop, c='b')
    ax2.plot(range(len(open)), -open, c='r')
    ax2.plot(range(len(stop)), -stop, c='b')
    ax2.set_title('mspread & open threshold & stop threshold')
    ax2.legend(['mspread', 'open', 'stop'])
    plt.tight_layout()
    plt.show()
```

最后通过 FFn 库来实现各种风险指标的计算，其中只记录了几种常见的指标，如果想计算其他风险指标，则可以再额外添加相关的函数来实现。为了将结果进行输出，这里又通过一个 printResult() 函数将它们进行整合并输出。

```python
# 计算最大回撤率
def cal_maxDrawdown(self, profit_list):
    profit_series = pd.Series(data=profit_list)
    return ffn.calc_max_drawdown(profit_series)

# 计算夏普比率
def cal_sharpeRatio(self, profit_list):
    profit_series = pd.Series(data=profit_list)
    return ffn.calc_sharpe(profit_series)

# 输出回测结果
def printResult(self):
    winRate = self.winNum / self.tradeNum
    maxDrawdown = self.cal_maxDrawdown(self.profit_list)
    sharpeRatio = self.cal_sharpeRatio(self.profit_list)
    print('交易次数：', self.tradeNum)
    print('盈利次数：', self.winNum)
```

```
        print('胜率：', winRate)
        print('最大回撤率：', maxDrawdown)
        print('夏普比率：', sharpeRatio)
```

这样，回测结果统计模块的完整代码如下。

```
import numpy as np
import matplotlib.pyplot as plt
import ffn
import pandas as pd
import matplotlib
matplotlib.use('TkAgg')

# 仓位主体，监控回测仓位变化及统计回测结果
class Position():
    def __init__(self):
        # 持仓状态 0 空仓 -1 A 空 B 多   1 A 多 B 空
        self.state = 0
        # 当前累计收益
        self.profit = 0
        # 累计收益列表
        self.profit_list = []
        # 持仓价格
        self.hold_A_price = 0
        self.hold_B_price = 0
        self.hold = False
        # 交易次数
        self.tradeNum = 0
        # 盈利次数
        self.winNum = 0
        # 损失次数
        self.lossNum = 0

    # 追加累计收益
    def append_profit(self, profit):
        self.profit_list.append(profit)

    # 展示交易记录图像
    def showTradeRecord(self, mspread, open, stop):
        fig = plt.figure()
        # 收益图
        ax1 = fig.add_subplot(211)
        ax1.plot(range(len(self.profit_list)), self.profit_list)
        ax1.set_title('Profit Record')
        # 开仓和止损阈值
        ax2 = fig.add_subplot(212)
```

```python
        open = np.array(open)
        stop = np.array(stop)
        ax2.plot(range(len(mspread)), mspread)
        ax2.plot(range(len(open)), open, c='r')
        ax2.plot(range(len(stop)), stop, c='b')
        ax2.plot(range(len(open)), -open, c='r')
        ax2.plot(range(len(stop)), -stop, c='b')
        ax2.set_title('mspread & open threshold & stop threshold')
        ax2.legend(['mspread', 'open', 'stop'])
        plt.tight_layout()
        plt.show()

    # 计算最大回撤率
    def cal_maxDrawdown(self, profit_list):
        profit_series = pd.Series(data=profit_list)
        return ffn.calc_max_drawdown(profit_series)

    # 计算夏普比率
    def cal_sharpeRatio(self, profit_list):
        profit_series = pd.Series(data=profit_list)
        return ffn.calc_sharpe(profit_series)

    # 输出回测结果
    def printResult(self):
        winRate = self.winNum / self.tradeNum
        maxDrawdown = self.cal_maxDrawdown(self.profit_list)
        sharpeRatio = self.cal_sharpeRatio(self.profit_list)
        print('交易次数: ', self.tradeNum)
        print('盈利次数: ', self.winNum)
        print('胜率: ', winRate)
        print('最大回撤率: ', maxDrawdown)
        print('夏普比率: ', sharpeRatio)
```

10.2.6 整体框架测试

在完成了所有子模块之后，可以通过创建一个 main.py 文件对上面的各个部分进行整合并调用。为了方便起见，这里就以前面获取的 RB2001 和 RB2002 期货合约数据进行演示。

首先需要从 strategy.py 及 record.py 文件中导入策略类及仓位类，并创建一个 main 函数的主入口，其中读取前面获取的文件并初始化策略类和仓位类。

```python
import pandas as pd
from strategy import Strategy
from record import Position
```

```python
if __name__ == '__main__':
    # 读取文件
    df = pd.read_csv('./six_data.csv')
    price_A = df['RB2001'].values
    price_B = df['RB2002'].values
    # 初始化策略类及仓位类
    s = Strategy()
    position = Position()
```

然后对数据进行遍历,将当前价格及 Position 类的实例化对象传入 feed() 方法中,接着将执行 Strategy 类中的交易逻辑并返回交易指令,再通过返回的交易指令对仓位信息进行更新。

```python
for i in range(len(price_A)):
    a = price_A[i]
    b = price_B[i]
    # 获取交易指令
    cmd = s.feed(a, b, position)
    # print(cmd)
    if cmd == "openAshortBlong":
        position.hold_A_price = a
        position.hold_B_price = b
        position.state = -1
        position.hold = True
        position.tradeNum += 1
    elif cmd == "stopAshortBlong":
        profit_A = position.hold_A_price - a
        profit_B = b - position.hold_B_price
        position.profit += profit_A
        position.profit += profit_B
        position.state = 0
        position.hold = False
        position.lossNum += 1
    elif cmd == "closeAshortBlong":
        profit_A = position.hold_A_price - a
        profit_B = b - position.hold_B_price
        position.profit += profit_A
        position.profit += profit_B
        position.state = 0
        position.hold = False
        position.winNum += 1
    elif cmd == "openAlongBshort":
        position.hold_A_price = a
        position.hold_B_price = b
        position.state = 1
```

```python
            position.hold = True
            position.tradeNum += 1
        elif cmd == "stopAlongBshort":
            profit_A = a - position.hold_A_price
            profit_B = position.hold_B_price - b
            position.profit += profit_A
            position.profit += profit_B
            position.state = 0
            position.hold = False
            position.lossNum += 1
        elif cmd == "closeAlongBshort":
            profit_A = a - position.hold_A_price
            profit_B = position.hold_B_price - b
            position.profit += profit_A
            position.profit += profit_B
            position.state = 0
            position.hold = False
            position.winNum += 1
        elif cmd == 0:
            pass
        position.append_profit(position.profit)
```

最后在对价格遍历结束之后,输出及可视化回测结果。

```python
# 输出回测结果
position.printResult()
# 可视化回测结果
position.showTradeRecord(s.mspread_list, s.open_threshold_list, s.stop_threshold_list)
```

输出结果如下。

```
交易次数:14
盈利次数:11
胜率:0.7857142857142857
最大回撤率:-0.09459459459459463
夏普比率:1.6838404668125382
```

累计收益曲线及开仓和止损阈值的可视化效果如图 10.10 所示。

经过前面这几小节内容的介绍与学习,我们完成了这样一个基于配对交易策略的回测系统的搭建。需要注意的是,这只是一个简单的回测系统,目的在于让大家对回测框架有一个直观的认识。另外,还有几个问题需要注意一下,在对其进行测试时,虽然是通过各个模块进行封装并调用的,策略的开仓和止损阈值也是通过实时计算滑动窗口内的数据得到的,看似没有引入未来数据,但实际上我们进行回测时是建立在选取的两个品种存在协整关系的前提下的,所以当前阶段的协整并不代表它们未来也存在这种关系，也就是会出现金融衍生品数据中常见的模式迁移的现象。大家也可以通过再获取后面的数据或其他品种的数据进行进一步验证。另外，回测是当价格触发交易逻辑时直接成交的，然而在真实交易环境中还会受到滑点、交易撮合失败等因素的干扰，所以一个完整的回测系统还要考虑这些因素的影响。

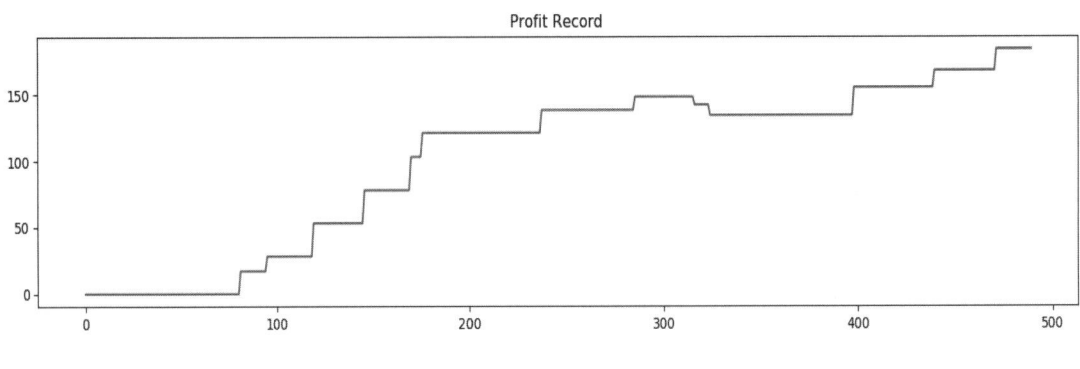

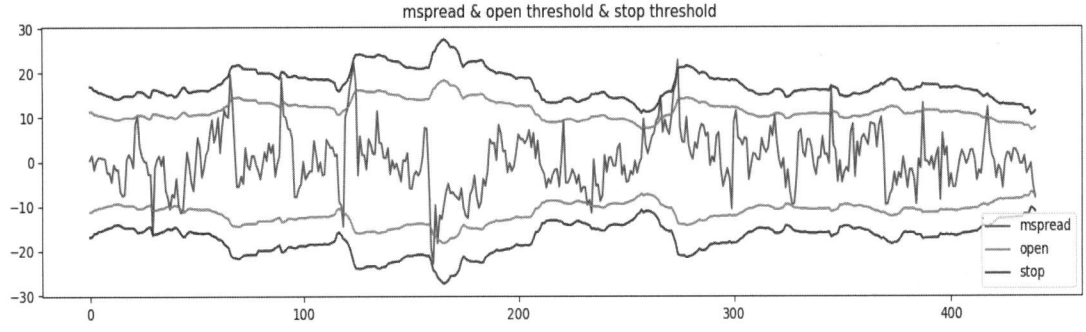

图 10.10　累计收益曲线及开仓止损阈值图

另外，对于这个框架还有很多可以改进的地方，下面提供几个参考思路。

（1）策略中的 k_open 和 k_stop 及窗口大小之类的超参数并没有进行参数优化，所以可以再实现一个参数优化的模块。

（2）开仓和止损阈值是根据滑动窗口内数据的标准差来确定的，是否有更好的模型或指标可以用于开仓和止损阈值的确定，如一些波动率模型等。

（3）为了更好地模拟真实环境，可以将滑点、手续费等因素加入其中。

总之，回测的目的是为了检验策略逻辑的有效性，当然回测环境越接近真实环境越好。由于不同的策略对回测的要求也不同，所以建立怎样的回测框架还需要取决于我们的策略是什么样的。为了提高效率也可以用到现有的一些回测框架，如基于 Python 的回测框架 Zipline、Backtrader 及后面将会详细介绍的 vn.py。当然，在对一个回测系统的大体框架有所了解之后，无论是今后通过线上的回测平台进行策略研发还是在本地搭建自己的回测平台，都是有很大帮助的。

10.3 本章小结

在本章内容中，首先介绍了配对交易策略的背景，了解了这种低风险的策略的特点和原理；然后搭建了一个针对配对交易策略的回测框架，其中针对这个回测框架所需要的功能进行了分析并进行了模块化开发，包括数据获取、数据分析、主体策略及回测结果统计模块；最后总结了这个回测框架的不足及需要改进的地方。

第11章

机器学习实战——利用支持向量机（SVM）进行趋势预测

随着人工智能技术的发展，机器学习、深度学习等技术越来越受到业内的关注，如何通过机器学习算法研制出用于量化交易的有效工具仍然是个值得探讨和研究的问题。所以，本章将进行机器学习在量化领域中的实战，其中将着重介绍常见的一种机器学习算法——支持向量机，然后通过 Python 机器学习库 Sklearn 对其进行实现，并用于金融衍生品价格趋势的预测。

本章主要涉及的知识点

- 了解机器学习的基本知识。
- 学习 SVM 的基本知识与原理。
- 学习 Python 机器学习库 Sklearn 的基本用法。
- 通过 Sklearn 库实现 SVM 模型，并用于股票价格的趋势预测。

注意：本章将会涉及一些机器学习相关的基本知识，其中为了避免一些复杂的数学公式和推导，我们将尽量以直观的方式进行介绍。如果需要更进一步对机器学习的原理进行学习，则可查阅相关文献或资料。

11.1 机器学习库 Sklearn 的介绍与安装

我们先来了解一下机器学习库 Sklearn（Scikit-learn，Sklearn）。Sklearn 库是 Python 机器学习中常用的第三方库，其中对常用的机器学习方法进行了封装，在面临实际问题时，只需要通过调用相应的方法即可。在 Sklearn 库中，除常用的机器学习方法之外，还封装了用于模型评估、数据预处理和特征提取的方法。

此外，Sklearn 库是建立在 NumPy、Pandas 及 Matplotlib 生态圈的基础上的，所以可以很方便地与 Ndarry、Series 及 DataFrame 数据进行交互。下面通过 pip 的方式对 Sklearn 库进行安装。

```
pip install scikit-learn
```

安装成功后，即可在 PyCharm 中进行导入。

```
import sklearn
```

11.2 机器学习基本知识介绍

本节将介绍一些机器学习的基本知识，包括基本概念、常见方法与分类，然后将着重介绍支持向量机的原理及应用。

11.2.1 机器学习的基本概念

随着人工智能技术的发展，一些专业名词，如机器学习、深度学习、图像识别、自然语言处理等逐渐被大家所熟悉，那么它们之间是怎样的关系呢？首先，人工智能的概念最早在 20 世纪就被提出，并且随着科技的发展与进步，人工智能的研究领域也不断在扩大。机器学习（Machine Learning，ML）是人工智能领域下的分支，其涉及概率论、统计学、线性代数、凸优化等多门学科。深度学习（Deep Learning，DL）则是机器学习领域中一个新的方向，深度学习通过神经网络模型来模拟和分析人脑进行学习，因而深度学习具有更强大的表达能力。深度学习需要很高的计算量，但是随着计算机计算能力的飞速提高，使得深度学习可以蓬勃发展。像卷积神经网络（Convolutional Neural Networks，CNN）、递归神经网络（Recurrent Neural Networks，RNN）则是属于深度学习的范畴。而像人脸识别、自然语言处理、自动驾驶等技术则是机器学习、深度学习发展的产物，这些概念之间的关系如图11.1所示。

11.2.2 机器学习的常见方法与分类

机器学习最常见的表现形式是通过某种特定的机器学习算法，用大量的数据进行训练，得到一个模型，每当有新数据到来时，可以通过这个训练好的模型对其进行预测或分类，从而为人们提供决策方案。根据机器学习算法的学习方式不同，可以将其分为监

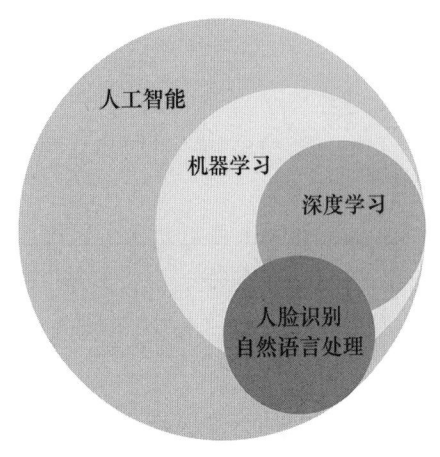

图 11.1　人工智能领域基本概念关系图

督性学习（Supervised Learning）、非监督性学习（Unsupervised Learning）、半监督性学习（Semi-Supervised Learning）及强化学习（Reinforcement Learning）。

监督性学习的训练数据通常需要有一个明确的标签或标注，如训练识别不同动物的模型时，图片数据需要标注"猫""狗""狮子""老虎"等；训练预测天气温度的模型时，则需要对历史数据标注预测的温度。监督性学习主要解决两类问题，分别是分类问题和回归问题。分类问题中，一般需要将训练数据分为不同的类别，然后通过训练后的模型对数据进行分类，通常分类的结果是离散型的随机变量，如前面说到的动物图像识别就是一个分类的问题。回归问题中，通常解决的是连续型变量的预测问题，如前面说到的天气温度的预测，也包括股票等金融衍生品价格的预测等。这里需要注意的是，区分分类问题还是回归问题可以根据输出结果是离散型还是连续性变量来判断，离散型变量一般可以列举出来，它的个数是有限的，如 1 代表上涨，0 代表下跌，这样就是一个分类并且是一个二分类问题。而连续型变量无法对其进行一一列举，但是可以通过一个区间对其进行表示，如预测第二天的股票价格，这样就是一个回归问题。常见的监督性学习算法有 K 近邻（KNN）、决策树（Random Forest）、逻辑回归（Logistic Regression）等。

非监督性学习则不需要对训练数据进行标注，它是通过数据的内在特征，如数据的特征分布、数据之间的距离或内在关联规则等进行学习。非监督性学习主要解决的问题是聚类和降维。聚类是根据数据之间的特征分布或相对距离进行分组，使得同一组内的数据具有很高的相似性，同时不同组的数据之间具有尽可能大的差异性。降维则是通过降低数据的维度以便对数据进行探究或便于机器学习模型的训练。因为高维的数据通常包含很多冗余的信息并且不易处理，所以通过降维可以保留原有数据的主要信息，并且提高训练的效率。常见的非监督性学习算法有 K-means、自编码（AutoEncoder）、主成分分析（Principal Component Analysis，PCA）等。

半监督性学习结合了监督性学习和非监督性学习的特点，可以解决这样的问题，即标注数据和未标注数据服从相同的特征分布的情况下，对未标注数据使用非监督性学习从而获得其标注，然后

与标注数据一同进行训练以解决分类或预测问题。由于某些应用场景下，对数据的标注是一项庞大而烦琐的工程，所以使用半监督性学习方式时，可以通过少量的标注数据及大量的未标注数据进行训练，既可以减少前期的标注工作，也可以实现比较高的预测精度，所以半监督性学习越来越受到业界的重视。常见的半监督性学习算法有基于对抗生成网络（Generative Adversarial Network，GAN）的生成模型算法或图论的方法。

强化学习不同于监督性学习或非监督性学习的学习方式，它通过定义一个智能体，并让智能体不断与环境进行交互，通过环境反馈的奖赏或惩罚来训练学习策略，以实现获取最大来自环境的奖励。例如，谷歌的 DeepMind 团队开发的下棋机器人 Alpha Go 击败围棋世界冠军，其就是基于强化学习算法。除在围棋方面之外，强化学习的常见应用场景还包括自动驾驶、机器人控制、游戏对战及动态系统应用等。常见的强化学习算法有 Q-Learning、Td-Learning、Sarsa 等。

根据前面各种概念及方法的介绍，可以通过一个思维导图的形式将机器学习方法进行梳理和归纳，具体如图 11.2 所示。

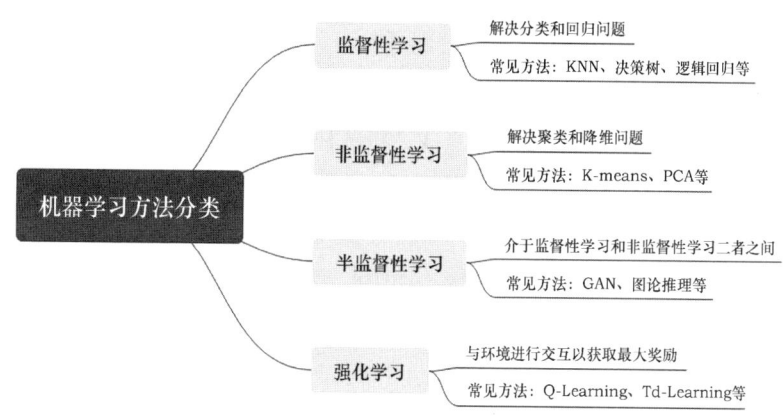

图 11.2　机器学习常见方法分类

11.3　支持向量机介绍

经过前面知识的铺垫，我们对机器学习的算法有了大体的认识，下面将着重介绍一下机器学习中常用的算法——支持向量机，由于支持向量机的推导和证明涉及很多数学知识，所以这里将以直观的形式进行介绍，感兴趣的读者可以查阅资料对其进行深入研究。

11.3.1 什么是支持向量机

支持向量机（Support Vector Machine，SVM）是 20 世纪 90 年代提出的算法，从提出到现在的几十年里，SVM 一直被认为是机器学习算法的代表，不断被业界进行研究和改进，并且在机器学习领域有着广泛的应用。

SVM 是一种监督性学习算法，主要用于解决模式识别等领域中的数据分类问题。SVM 要解决的问题可以用一个经典的二分类问题加以描述。二分类问题即需要分类的数据有两种类别，如异常和正常的数据，股票的上涨趋势和下跌趋势等。

11.3.2 支持向量机的原理

通过给定的训练数据，SVM 可以建立一个决策边界用于划分两种类别的数据，简单理解，这个决策边界可以想象为对应于二维空间中的一条直线，三维空间中的一个平面，以及多维空间中的一个超平面。下面通过一个简单的例子介绍一下 SVM 的原理。

假设有一组两种类别的样本数据，它们分别具有两种特征，这样就可以将每个样本数据对应于一个二维平面上的一个坐标点，两种类别的数据分别对应于图 11.3 中两种颜色的图形。

一种简单的 SVM 的原理就是通过一条直线，将两种类别的数据进行划分。从图 11.4 中可以看到，能划分两类数据的直线有很多条，从直观来看，三条直线中间的那条看似效果最好，而评估最优分割线的原理是根据可以让两类样本数据中的点到这条直线的最短距离最大，这条直线一般就认为是最优分割线，也叫作决策边界。由于实际情况中，决定这条直线的往往是靠近这条边界的几个点，这些点被称为支持向量，支持向量与决策边界之间的距离叫作边距，这也是支持向量机名字的由来。

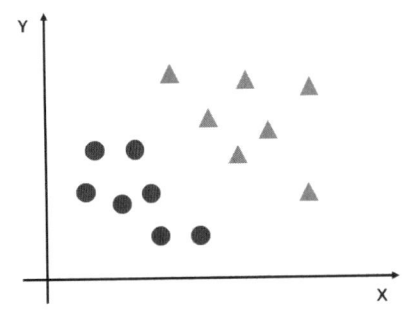

图 11.3 二维平面中的两种类别数据

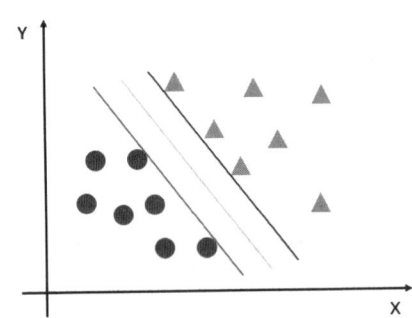

图 11.4 划分两类数据的决策边界

这里介绍的就是一种最简单的线性 SVM，它将一个线性函数作为决策边界，即可实现将两种类别的数据进行分类。而当两种数据的分布如图 11.5 所示时，通过简单的线性边界就无法实现划分了，这种情况也称为线性不可分。

面对线性不可分的数据时，通常需要借助一种工具——核函数（Kernel Function），它可以将原空间的数据映射到新的空间（通常是更高维度的空间），同样以图 11.5 中的两类数据为例，通过核函数可以将原二维空间的数据映射到一个三维空间中，在新的空间中再通过一个平面将两类数据进行划分，如图 11.6 所示。这个过程可以想象为，图中两种形状的物品在地面上无法划分，但是将它们抛到空中，然后在空中就可以找到一个划分的平面。

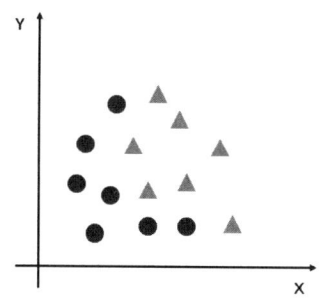

图 11.5　两种数据线性不可分的情况

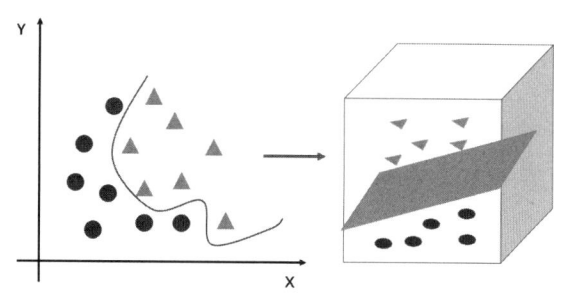

图 11.6　二维数据映射到三维空间中

 支持向量机预测模型的实现

经过前面知识的学习，我们对支持向量机模型有了初步的认识，下面将介绍如何通过 Sklearn 库来实现支持向量机模型，并将其应用于股票趋势的预测中。

11.4.1　数据准备

首先需要通过 Tushare Pro 获取用于训练和测试的数据，这里以平安银行从 2018 年 1 月 1 日到 2019 年 12 月 30 日这两年来的股票数据的收盘价为例进行分析。

```
import tushare as ts
import numpy as np
import pandas as pd

# 数据获取
ts_pro = ts.pro_api('your token')
df = ts_pro.daily(ts_code='000001.SZ', start_date='20180101', end_date='20191201',
                  fields='ts_code,trade_date,open,close')
df = df.reindex(index=df.index[::-1])
```

然后需要对得到的数据进行特征提取及标签标注，目的是通过过去一段时间内的收盘价信息来预测第二天的涨跌。这里以当日到过去 20 日内的 20 天的收盘价作为特征，第二天的开盘价和收盘价进行比较得到涨或跌的标签。所以，整体需要通过一个滑动窗口的形式来实现。具体如图 11.7 所示。

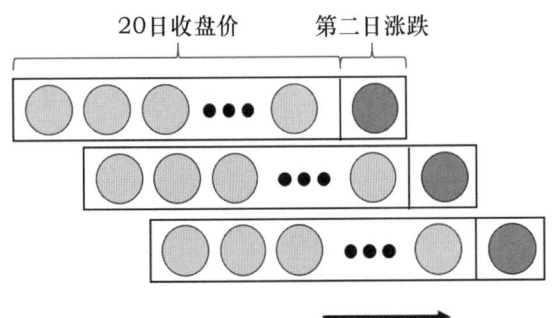

图 11.7　模型训练的特征和标签划分

代码如下，首先需要通过一个滑动窗口来对每个样本进行特征提取；然后将第二日的收盘价和开盘价进行比较以确定其是涨还是跌，如果是涨，样本标签就标注为 1，否则标注为 0。

```
# 索引重新编号
df = df.reset_index(drop=True)
# 判断涨跌
df['label'] = df['close'] - df['open']
# 转换为二维数组
arr = df[['close', 'label']].values
# 特征提取及标注标签
X = []
Label = []
window_len = 20
# 遍历数组
for i in range(len(arr) - window_len - 1):
    X.append(arr[i:i + window_len, 0])
    if arr[i + window_len, 1] > 0:
        Label.append(1)
    else:
        Label.append(0)
```

之后将得到的数据划分为训练集和测试集，对于较小的数据集来说，训练集一般占数据的 2/3 到 4/5，所以我们就取其中前 300 条作为训练集，后面的数据作为测试集。

```
# 划分训练集和测试集
X_train = X[:300]
Label_train = Label[:300]
X_test = X[300:]
Label_test = Label[300:]
```

这样，为了便于测试不同数据及参数，将上面的代码通过一个函数进行封装，完整代码如下。

```
def get_data(code, start, end, window_len=20):
    # 数据获取
```

```python
    ts_pro = ts.pro_api('your token')
    df = ts_pro.daily(ts_code=code, start_date=start, end_date=end,
                      fields='ts_code,trade_date,open,close')
    df = df.reindex(index=df.index[::-1])
    # 索引重新编号
    df = df.reset_index(drop=True)
    # 判断涨跌
    df['label'] = df['close'] - df['open']
    # 转换为二维数组
    arr = df[['close', 'label']].values
    # 特征提取及标注标签
    X = []
    Label = []
    # 遍历数组
    for i in range(len(arr) - window_len - 1):
        X.append(arr[i:i + window_len, 0])
        if arr[i + window_len, 1] > 0:
            Label.append(1)
        else:
            Label.append(0)
    train_len = int(len(X) / 3) * 2
    # 划分训练集和测试集
    X_train = X[:train_len]
    Label_train = Label[:train_len]
    X_test = X[train_len:]
    Label_test = Label[train_len:]
    return X_train, Label_train, X_test, Label_test

if __name__ == '__main__':
    # 获取训练和测试数据
    X_train, Label_train, X_test, Label_test = get_data('000001.SZ', '20180101', '20191201')
```

11.4.2 模型的训练与预测

在得到训练数据和测试数据之后，就可以通过 Sklearn 库创建 SVM 模型并进行训练和预测了。

在 Sklearn 库下有 SVM 模块，其中在这个模块下又包含了 SVC 和 SVR 两个类，它们分别对应的是 SVM 在分类和回归两种问题下的结构，由于这里我们解决的是分类问题，所以需要导入 SVC 类，在 SVC 类初始化时，将其 kernel 参数设置为 linear，表示这里创建的 SVM 模型就是前面介绍的线性 SVM。然后调用 SVC 实例化对象的 fit() 方法，传入前面得到的训练数据及其对应的标签进行训练。由于数据量比较小，所以稍等片刻就可以得到训练好的模型。之后通过调用 predict() 方法并传入要预测的数据即可得到预测结果。

```python
from sklearn.svm import SVC

# 获取训练和测试数据
X_train, Label_train, X_test, Label_test = get_data('000001.SZ', '20180101', '20191201')
# 实例化 SVM 模型
svm = SVC(kernel='linear')
# 模型训练
svm.fit(X_train, Label_train)
# 模型预测结果
prediction = svm.predict(X_train)
print(prediction)
```

上面通过对训练集进行预测,得到的结果是其预测的标签,输出结果如下。

```
[0 0 1 1 1 0 0 0 0 1 1 1 1 0 0 0 0 0 0 1 1 0 0 0 0 0 1 0 1 0 1 0 0 0 0 0
 1 1 0 0 0 0 0 0 1 0 0 0 0 0 1 0 0 1 0 0 0 1 1 1 0 0 0 0 0 0 0 0 0 1 0 0 0
 0 0 1 0 0 0 0 1 1 0 0 0 0 0 0 0 1 0 0 0 1 0 0 1 0 1 0 0 0 1 0 0 0 0 0 0
 0 0 1 0 1 0 0 0 0 1 1 0 0 0 1 1 0 0 0 1 0 0 0 0 0 1 0 0 0 0 0 1 0 0 0 1 0 0
... ...
```

为了评估其预测的准确性,可以通过 Sklearn 库下 metric 模块中的 accuracy_score() 函数来计算其预测结果的准确性。这个函数只需要传入真实的标签数据和预测的标签数据,即可计算出模型预测的准确率。

```python
# 计算模型预测准确率
print(accuracy_score(Label_train, prediction))
```

输出结果如下,可以看到对训练集数据预测的准确率接近 63%。

```
0.6283783783783784
```

训练集的预测结果只能说明模型对于训练样本学习的好坏,所以我们还需要对测试集数据进行预测。

```python
# 模型预测结果
prediction = svm.predict(X_test)
print(accuracy_score(Label_test, prediction))
```

输出结果如下,可以看到模型对于测试集的预测结果的准确率只有 51% 左右。

```
0.5135135135135135
```

测试集的低准确率现象,一方面说明了股票市场价格预测的难度之大;另一方面,只将价格作为特征用于学习,其包含的信息太少,另外,像滑动窗口的大小这类参数也没有进行优化。所以,下面将通过增加学习特征及优化参数等方式来尝试提高模型的精度。

11.4.3 模型精度的提高

在 11.4.2 小节中，我们通过 20 日的收盘价作为样本用于 SVM 模型的训练，而我们在之前的章节中介绍过很多市场技术指标如 ATR、RSI 等，这些技术指标中同时也包含了很多市场的其他特征，所以接下来考虑以市场指标作为特征用于 SVM 模型的训练。

经过前面章节的学习可知，通过 Ta-Lib 库可以实现各种市场指标的计算，所以这里修改一下前面划分数据的函数，将 20 日的收盘价特征预测第二天的涨跌更改为通过前一日的 ATR、RSI、CCI、MA 指标及收盘价来预测第二天的涨跌。除特征提取不同之外，其余部分没有改变，封装的函数代码如下。

```python
def get_data2(code, start, end, timeperiod=14):
    # 数据获取
    ts_pro = ts.pro_api('your token')
    df = ts_pro.daily(ts_code=code, start_date=start, end_date=end,
                      fields='ts_code,trade_date,open,close,high,low')
    df = df.reindex(index=df.index[::-1])
    # 索引重新编号
    df = df.reset_index(drop=True)
    # 判断涨跌
    df['label'] = df['close'] - df['open']
    # 计算其他指标
    df['MA'] = talib.MA(df['close'], timeperiod=timeperiod)
    df['ATR'] = talib.ATR(df['high'], df['low'], df['close'], timeperiod=timeperiod)
    df['RSI'] = talib.RSI(df['close'], timeperiod=timeperiod)
    df['CCI'] = talib.CCI(df['high'], df['low'], df['close'], timeperiod=timeperiod)
    # 删除包含空值的行数据
    df = df.dropna()
    # 转换为二维数组
    arr = df[['close', 'MA', 'ATR', 'RSI', 'CCI', 'label']].values
    # 特征提取及标注标签
    X = []
    Label = []
    # 遍历数组
    for i in range(len(arr) - 1):
        X.append(arr[i, 0:5])
        if arr[i + 1, 5] > 0:
            Label.append(1)
        else:
            Label.append(0)
    train_len = int(len(X) / 3) * 2
    # 划分训练集和测试集
    X_train = X[:train_len]
    Label_train = Label[:train_len]
```

```
    X_test = X[train_len:]
    Label_test = Label[train_len:]
    return X_train, Label_train, X_test, Label_test
```

同样,将训练集用于模型训练并通过测试集进行测试。

```
from sklearn.svm import SVC
from sklearn.metrics import accuracy_score

X_train, Label_train, X_test, Label_test = get_data2('000001.SZ', '20180101', '20191201')
# 实例化 SVM 模型
svm = SVC(kernel='linear')
# 模型训练
svm.fit(X_train, Label_train)
# 模型预测结果
prediction = svm.predict(X_test)
print(accuracy_score(Label_test, prediction))
```

得到的准确率如下,可以看到通过更改了用于学习的特征适当提高了模型的预测准确性,这同时也说明选择合适的特征对于模型学习的重要性。

```
0.5533333333333333
```

除选择合适的特征之外,一些超参数的设置也会影响模型的最终效果。超参数指的是用来确定模型的一些参数,如后面将会涉及的深度学习中的神经网络模型,其中的超参数指的是学习率、神经元的个数、网络层数等。超参数的选择不同,模型训练得到的效果也会不同。在我们目前训练的模型中,没有涉及太多超参数,其中只包括了计算市场技术指标时用到的周期长度。因此,我们可以通过遍历的方式来选取最优的超参数组合。由于我们之前把周期长度作为参数传递到了封装的函数中,所以可以直接通过 for 循环进行遍历来获取最高的准确率的参数,其中周期长度参数的范围设置为从 10 到 25。

```
for timeperiod in range(10, 25 + 1):
    # 获取训练和测试数据
    X_train, Label_train, X_test, Label_test = get_data2('000001.SZ', '20180101', '20191201',
        timeperiod)
    # 实例化 SVM 模型
    svm = SVC(kernel='linear')
    # 模型训练
    svm.fit(X_train, Label_train)
    print(timeperiod)
    # 模型预测结果
    prediction = svm.predict(X_test)
    print(accuracy_score(Label_test, prediction))
```

输出结果如下,可以看到当周期长度设置为 14、16、18 时,可以获得最高的测试集上的准确率。

```
10  0.5460526315789473
11  0.5496688741721855
12  0.5460526315789473
13  0.5496688741721855
14  0.5533333333333333
15  0.5496688741721855
16  0.5533333333333333
17  0.5503355704697986
18  0.5533333333333333
19  0.5503355704697986
20  0.5472972972972973
```

为了方便起见，在进行参数选择时，这里将所有市场技术指标的周期长度设置为一样的。因此，也可以讨论不同指标设置不同周期长度的情况，例如，通过设置多层 for 循环对每种不同的指标的周期长度进行遍历，以获取最优的参数组合。

11.5 本章小结

在本章内容中，首先介绍了机器学习的基本概念及常见方法的分类；然后着重介绍了机器学习中常用到的支持向量机；最后结合股票价格趋势预测的示例，通过机器学习库 Sklearn 对其进行了训练与预测。通过示例，我们了解了机器学习模型的构建过程，同时通过改变模型的训练特征及参数优化，也让我们明白了选择合适的特征对于提高模型准确性的重要意义。

第12章

深度学习实战——利用循环神经网络（RNN）进行价格预测

本章将介绍如何通过深度学习库 TensorFlow 来将深度学习技术应用于量化交易领域中。其中，首先介绍 TensorFlow 的基本概念和用法；然后引入神经网络的基本知识，着重介绍一种常被应用于时间序列预测的深度学习模型，也就是循环神经网络；最后通过 TensorFlow 来实现一个循环神经网络模型，并将其用于股票价格的预测中。

本章主要涉及的知识点

- 安装并了解 TensorFlow 库。
- 学习 TensorFlow 的基本概念和结构。
- 学习神经网络的基本知识。
- 通过 TensorFlow 实现循环神经网络对股票价格预测。

注意：本章内容将涉及深度学习的一些知识，由于我们的目的是了解深度学习技术在量化中的应用。所以，为了便于理解，本章将同样以直观的方式对一些基本原理进行介绍。因此，如果大家对其背后的数学原理感兴趣，则可以直接参考相关论文或更详细的介绍。

12.1 深度学习库 TensorFlow 的介绍与安装

我们先来了解一下深度学习库 TensorFlow。TensorFlow 库最初由 Google 的人工智能研究机构开发，后来由于其高度的灵活性、强大的优化性能及丰富的计算方法，被用于机器学习及基于神经网络的深度学习研究之中。

目前 TensorFlow 已经推出了 2.0 之后的版本，TensorFlow 2.x 相比于 TensorFlow 1.x 在函数调用等方面更加便捷，并且推出了更多新功能，鉴于 2.0 之后的版本对于初学者来说更加适合，所以下面的学习将以 TensorFlow 2.x 版本为主。

首先，通过 pip 进行 TensorFlow 的安装。从 TensorFlow 2.1 版本开始，通过 pip 安装的 TensorFlow 将同时包含对 CPU 和 GPU 的支持。GPU 版本的 TensorFlow 可以利用 NVIDIA GPU 的强大计算能力，使得模型的训练速度大大提升，但是由于安装 GPU 版本的 TensorFlow 之前，需要计算机已经安装 NVIDIA 的显卡驱动、CUDA Toolkit（NVIDIA 推出的一套编程工具）及 cuDNN（一个用于深度学习的软件库），其中 CUDA Toolkit 和 cuDNN 通过 conda 包管理器就可以进行安装，但是需要很长时间。考虑到 CPU 版本的 TensorFlow 即可满足一般的使用要求，所以接下来将直接使用 TensorFlow CPU 的版本。

```
pip install tensorflow
```

安装成功后，即可在 PyCharm 中进行导入。

```
import tensorflow as tf
```

运行上面的导入语句之后，如果 PyCharm 的控制台上报出了 DLL 载入错误，则可以通过安装 Microsoft Visual C++ Redistributable for Visual Studio 2015, 2017 and 2019 来解决，方法是在 Microsoft Support 官网中下载最新版的 VC++。

打开 Microsoft Support 的官网，然后在搜索框中输入上面的关键字进行搜索，如图 12.1 所示。

图 12.1 在 Microsoft Support 中搜索 VC++

之后在搜索结果页面中找到图 12.2 中的内容，并进入这个页面。

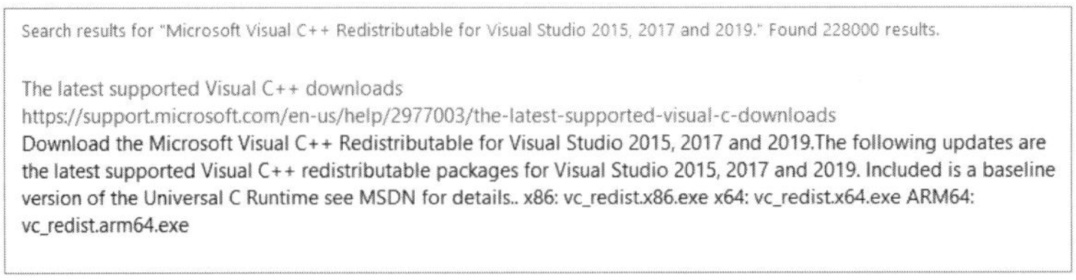

图12.2

图 12.2　VC++ 的搜索结果

在这个页面中，找到 VC++ 的下载地址，根据自己计算机的操作系统下载和安装相应的版本即可。其中，图 12.3 中标出了 64 位计算机对应的 VC++。

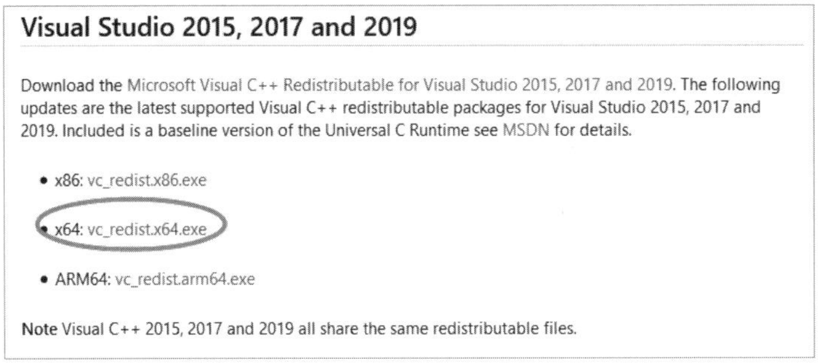

图 12.3　VC++ 的下载

在安装完成 VC++ 之后，需要重启计算机，之后再在 PyCharm 中运行导入操作的代码，控制台中会输出一些提示信息，提示没有对 GPU 进行本地设置，这属于正常现象，不影响使用。

 12.2　TensorFlow 的基本概念与结构

在完成了 TensorFlow 的环境配置之后，本节将首先介绍 TensorFlow 的基本概念，然后再带大家了解一下 TensorFlow 1.x 与 TensorFlow 2.x 的区别。

12.2.1　TensorFlow 的基本概念

TensorFlow 中使用张量（Tensor）作为基本的数据单位，张量在概念上与 NumPy 中的数组类似，在 TensorFlow 中用它来表示向量和矩阵等。而张量通常分为两种类型，分别是常量（Constant）和变量（Variable），常量不可以在计算图中被重新赋值，而变量则可以。

TensorFlow 采用数据流图的形式用于数值计算，计算图是由节点和节点之间的线构成的。其中，每个节点表示用于数据处理的操作（Operator），通常也将其称为算子。线表示节点之间数据的输入

和输出关系。线上运输的是张量。图 12.4 展示了一个计算图实例，其中有三个数据的操作，实现了将矩阵 W 和向量 x 相乘再加上向量 b，最后通过 Sigmoid 激活函数输出的过程。

在 TensorFlow 1.x 中，它会先构建并固定图结构，这样它就不再进行变化了，然后再开启一个会话，才能基于这个图结构进行计算。通过静态图的方式可以对整个构建完成的图进行计算，从而提高整体效率，但是由于图结构是固定的，所以在调试和运行时不够灵活。而 TensorFlow 2.x 采用的是动态图的形式，所以就可以在图构建的过程中对其结构进行更改和输出运行结果，从而便于对模型进行调试。

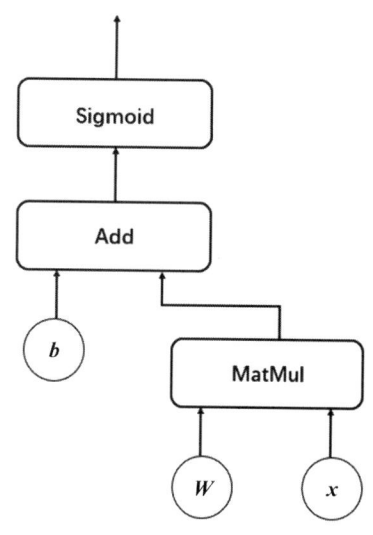

图 12.4　一个计算图实例

12.2.2　TensorFlow 1.x 与 TensorFlow 2.x 的对比

首先，在代码编写方面，两种不同版本的 TensorFlow 在实现某个功能时，代码的可读性和代码量也有很大的不同。下面展示了在 TensorFlow 1.x 版本中实现一个 $1 + 2 + 3 + \cdots + 100$ 的功能。其中，在 TensorFlow 1.x 中若要实现上述功能，首先需要定义变量，然后定义操作，最后在会话中初始化变量，才能执行上面的操作。

```
import tensorflow as tf

# 定义变量
x = tf.Variable(1.)
total = tf.Variable(0.)

# total = x + total
sum_op = total.assign(x + total)
# x = x + 1
add_op = x.assign(x + 1)

# 定义会话
with tf.Session() as sess:
    # 初始化变量
    sess.run(tf.global_variables_initializer())
    # 运行 100 次
    for i in range(100):
        sess.run(sum_op)
        sess.run(add_op)
    # 输出 total 的值
```

```
print(total.eval())
```

而在 TensorFlow 2.x 版本中实现上述功能则只需要简单几行代码，并且代码书写和调用更符合我们使用 Python 时的习惯，而且在调用 TensorFlow 的函数等功能模块时，也更符合我们在调用一些常用库如 NumPy、Pandas 时的使用习惯。

```
import tensorflow as tf

# 定义变量
x = tf.Variable(1.)
total = tf.Variable(0.)

# 循环100次
for i in range(100):
    total = total + x
    x = x + 1
# 输出结果
print(total.numpy())
```

另外，TensorFlow 1.x 与 TensorFlow 2.x 的区别还在于，TensorFlow 2.x 中默认开启了 Eager 模式。Eager 模式下可以通过动态图的方式来构建模型，这就意味着在 TensorFlow 2.x 中不再需要先构造图结构，然后再通过会话的形式运行，而可以在单步运行的过程中直接将运行的结果输出，进而也可以通过 IDE 的一些工具进行单步调试等。

通过 TensorFlow 底层的 API 在构建模型时比较复杂，而 Keras 库是一个以 TensorFlow 为底层的深度学习框架，相当于对 TensorFlow 进行了再次封装，并实现了很多常用的功能，所以它可以帮助用户以更简洁的形式来创建和训练模型。在之前的版本中，Keras 库需要单独进行安装，但在 TensorFlow 2.x 中，Keras 作为了 TensorFlow 中的子模块 tf.keras，这就意味着在 TensorFlow 2.x 中，我们既可以通过 tf.keras 调用一些封装好的函数来实现某些功能，又可以通过 TensorFlow 的底层 API 接口实现更灵活的应用。

总而言之，通过前面的这些介绍和对比，可以看到在 TensorFlow 2.x 中，既可以在 Eager 模式下进行运行和调试，又可以使用 tf.keras 封装好的模块来构建模型，这使得模型的开发变得更加便捷。因此，对于初学者来说，TensorFlow 2.x 版本更适合入门和学习。

12.3 循环神经网络介绍

本节将对神经网络模型进行简单介绍，包括神经网络模型的基本结构与特征，以及如何对神经网络模型进行训练。最后,还将介绍循环神经网络与一般神经网络的区别,以及它的基本原理。

12.3.1 什么是神经网络模型

神经网络模型,顾名思义,是仿照了人脑中神经网络的特征而构建的模型。在人的大脑中,有众多神经元,由它们互相交织组成的网络就是神经网络。当外界信息输入时,人脑中的神经网络可以通过神经元之间的相互协作完成信息的传递,并在最后输出结果用于决策。而神经网络模型则是借鉴了其中的信息传递与处理的关系,以用于解决机器学习领域中常见的问题。由于现实中问题的复杂性,所以神经网络模型一般需要通过大量的样本来训练,以学习得到可以用来推理的能力,从而来解决一些常见的分类或回归问题。

一个常见的神经网络模型如图 12.5 所示。其中,网络最左边的一层称为输入层,最右边的一层称为输出层,中间的一层称为隐藏层。每一层中圆圈表示神经元,图中每个神经元都与下一层的神经元相连接,所以这样的神经网络也称为全连接神经网络。

当我们将简单神经网络的隐藏层拓展为多层并增加隐藏层神经元的个数时,就得到了深度神经网络(Deep Neural Network,DNN)。从图 12.6 中也可以看出,随着网络深度的增加,神经网络模型的结构也变得越来越复杂。

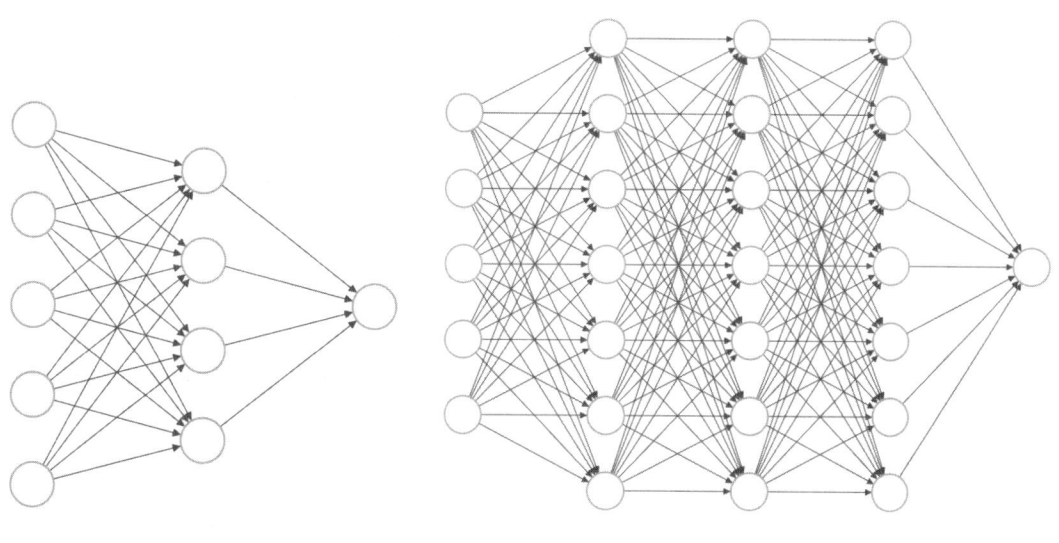

图 12.5　简单神经网络模型　　　　图 12.6　深度神经网络模型

12.3.2 神经网络的正向传播

通过前面的介绍,我们可以直观地了解神经网络模型的整体架构,下面从更细致的角度来了解一下神经网络模型的工作原理。从图 12.5 和图 12.6 中可以看到,一个神经网络模型由很多神经元连接组成，单看每一个神经元模型，它是一个包含输入、输出及计算单元的模型，如图 12.7 所示。

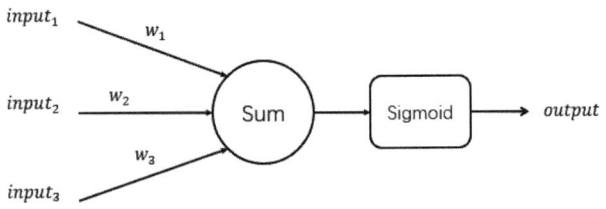

图 12.7　神经元模型

其中，input 可能是输入值，也可能是来自上一个神经元的输出。神经元之间的每条连线上都有对应的权重 w，而神经网络模型训练的目的就是调整所有的权重达到一个合适的值，以此使得模型输出的预测值的效果最好。

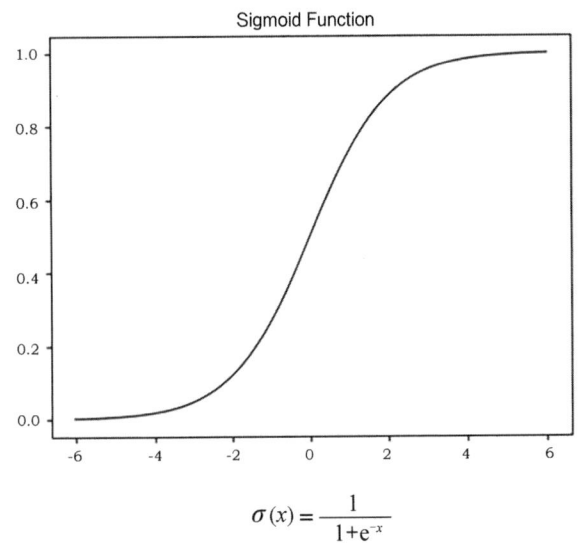

图 12.8　Sigmoid 函数图像及表达式

如果用 x 表示输入，权重 w 的作用相当于对输入进行加权，即经过加权后的值就是 x 与 w 的乘积，然后将多个输入加权并求和，对应上面的例子就是 $x_1w_1 + x_2w_2 + x_3w_3$。需要注意的是，经过加权求和得到的结果仅仅是线性函数的组合，当面临非线性的问题时就束手无策了。所以，是否存在这样一个函数，它可以将线性输入映射为非线性输出呢？答案是肯定的。图 12.7 中的 Sigmoid 函数就是最为常用的激活函数，它的函数表达式与图像形态如图 12.8 所示。因此，这里引入激活函数的作用就是加入非线性因素来解决线性模型不能解决的问题，这样在实际问题中模型的表达能力就大大增强了。因此，上面的过程用公式表示为 output $= \sigma(x_1w_1 + x_2w_2 + x_3w_3)$。

经过一层层神经元的计算与传递，最后就可以得到一个输出结果用于实际问题的分类或预测了，这样就完成了神经网络的正向传播计算。所以，从整体来看，神经网络模型就是一个复杂的函数，它的输入是变量的特征等信息，输出则是对应的预测或分类结果。

12.3.3 神经网络的反向传播

前面介绍了神经网络的正向传播计算，其最后会输出一个预测值，同时预测值和真实值之间会存在误差，那么这个误差怎么反馈给神经网络模型呢？答案就是反向传播（Back Propagation，BP），所以反向传播就是将输出值与真实值之间的误差反向传播回去，以此用于调整模型中神经元之间的权重参数，之后不断重复这个过程，最后就可以得到一个训练好的神经网络模型了。

通常在进行反向传播时我们会定义一个损失函数，用于表示模型输出值与真实值之间的偏差程度，常用的损失函数有均方误差、交叉熵等，其中均方误差作为损失函数时，它的具体形式为 $Loss = \frac{1}{2n}\sum(y - model(x))^2$，表示模型的输出与其真实值之间误差的平方的平均值。反向传播的过程就是根据误差的大小来调整权重参数，使得损失函数的输出值逐渐减小的过程。

通常，选取梯度下降（Gradient descent）的方法来调整参数的大小。通过梯度下降的方法来最小化损失函数的过程可以想象为一个下山的过程，站在山顶，要想最快下山，那么就需要沿着坡度最陡的方向下山，每次移动一步，然后再去寻找当前最陡的方向，再迈出一步，直到到达山底。而通过梯度下降的方法来训练神经网络参数也是一样的道理，首先需要对损失函数进行求导，得到关于参数的导数，这便对应下山过程中寻找方向的步骤；然后参数沿着导数的方向变化时，可以使得损失函数值逐步变小，这便对应向山下移动的步骤。对应图12.9中的简单示例，斜率表示参数在这一点处的导数，每次参数更新移动一个单位，直到抵达损失函数底部时导数为零，此时便得到了最优参数结果。

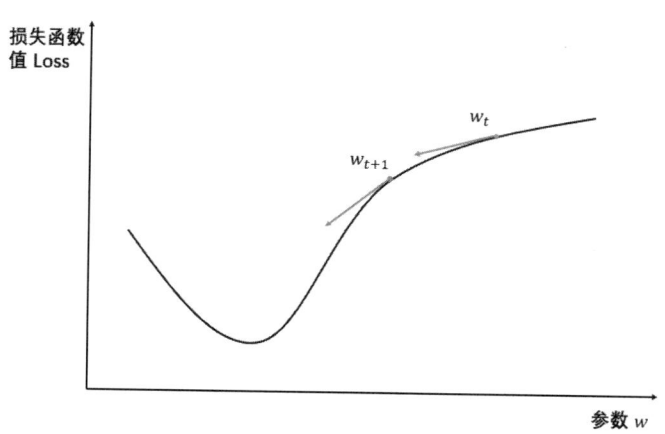

图 12.9 梯度下降实现参数更新的过程

12.3.4 循环神经网络的结构与训练

下面将对循环神经网络模型进行简单介绍，并从直观上对其结构和训练进行理解。前面介绍了神经网络模型，即在输入层给定输入向量 x，那么就可以通过正向传播，在输出层输出得到特定的

y 值。根据任务的不同，其输出结果可能是数据的分类结果或回归的预测结果。然而，前面介绍的神经网络模型的输入都是没有时间上的依赖关系的，举个例子，如果我们想解决一个西瓜是否熟了的二分类问题，那么输入可能是一个样本的色泽、重量、敲击声、纹理等特征，以此输出其是否熟了的结果，而其中前一个输入特征和后一个特征之间是没有时间上的依赖关系的。所以，有时当我们需要处理序列问题时，如股票价格的预测问题，其中每一天的价格之间会存在时间上的依赖关系，这时就需要能够有效处理这样的序列问题的模型，也就是接下来要介绍的循环神经网络。

我们先来直观看一下循环神经网络模型与一般神经网络模型的概念图，如图 12.10 所示。其中，两种网络中间的部分表示网络的隐藏层，X 和 Y 分别表示网络的输入和输出结果。可以看出除去虚线部分，循环神经网络和普通神经网络就是一样的，所以重点在于这个虚线的部分，它的作用是维护一个状态，并作为下一时刻的额外输入。也就是说，对于每个时刻的隐藏层的输入来说，除当前时刻的输入之外，还会有上一时刻隐藏层状态的输入。

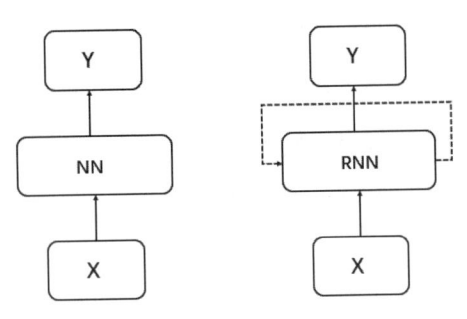

图 12.10　神经网络模型和循环神经网络模型的概念图

所以，假设在 $t+1$ 时刻，循环神经网络的输入为 x_{t+1}，则此时网络的隐藏层的状态为 h_{t+1}，它不仅与当前时刻的输入 x_{t+1} 有关，也与上一时刻的隐藏层的状态 h_t 有关。所以，如果我们把每个时刻的状态都看作是神经网络的隐藏层，循环神经网络则可以看作是在时间维度上权值共享的神经网络。为了便于理解，我们通常会把循环神经网络按照时间顺序展开，展开的循环神经网络如图 12.11 所示。

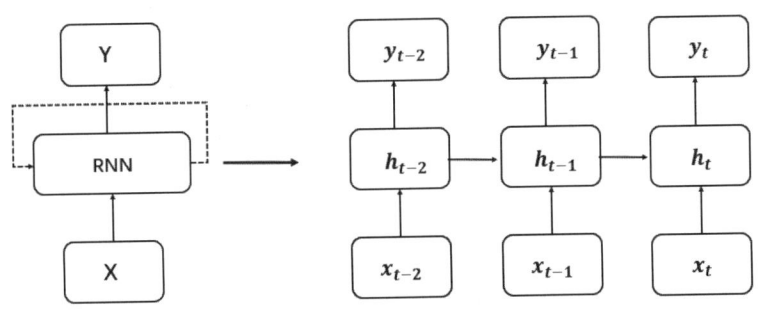

图 12.11　循环神经网络按时间顺序展开

将循环神经网络展开之后，正向传播的过程按照时间顺序正向计算就可以得到结果，反向传播过程则可以通过最后一个时间的输出按照时间逆序进行反向传播。

循环神经网络和其他神经网络的不同在于输入数据存在时间依赖关系，所以循环神经网络的输入数据不能打乱顺序，而其他的网络模型则可以，所以在对循环神经网络进行反向传播时同样需要保持时间上的依赖关系。因此，循环神经网络的参数训练可以通过随时间反向传播算法（Back Propagation Trough Time，BPTT）来学习。随时间反向传播算法即按照时间的逆序将错误一步步地往前传递,其本质上和一般的神经网络的反向传播算法是一样的,只不过随时间反向传播是反向传播算法在循环神经网络中的具体应用。

最后需要补充一下,当输入序列比较长时,序列中越靠后的状态越难反馈到越靠前的序列值中,这种现象称为梯度消失。因此,循环神经网络只能处理短期时间依赖问题,而无法处理长期时间依赖问题。所以,为了解决时间的长短期依赖,长短期记忆网络(Long Short-Term Memory,LSTM)模型被提出,感兴趣的读者可以参考相关资料对其进行研究,这里不再过多介绍。

12.4 循环神经网络预测模型的搭建

本节将通过 TensorFlow 对循环神经网络模型进行搭建,并将其应用于股票价格的预测中。

12.4.1 训练集和测试集的划分

本小节将进行数据的预处理及训练集和测试集的划分。首先需要导入需要的库和函数。

```
import tensorflow as tf
import numpy as np
import pandas as pd
import matplotlib.pyplot as plt
import tushare as ts
from sklearn.preprocessing import MinMaxScaler
```

然后通过 Tushare Pro 获取用于模型训练和测试的数据,这里以平安银行的股票日线数据为例,时间是从 2018 年 1 月 1 日到 2019 年 12 月 1 日,目的是通过循环神经网络来对股票的收盘价进行预测,所以需要提取数据的收盘价用于划分训练集和测试集。

```
# 数据获取
ts_pro = ts.pro_api('your token')
df = ts_pro.daily(ts_code='000001.SZ', start_date='20180101', end_date='20191201')
df = df.reindex(index=df.index[::-1])
# 获取收盘价
arr = df['close'].values
```

接下来,为了将数据统一到一定范围内并加快模型的训练速度,我们需要通过前面导入的 MinMaxScaler 类来实现数据的归一化处理。通过归一化处理,所有的数据就落在了 0 到 1 的范围内了。其中,通过 MinMaxScaler 类的实例化对象对其进行归一化时,需要传入指定格式的数据,即 [n_samples, n_features],表示为 n_sample 行样本,n_features 列特征的二维数组,所以首先通过

np.reshape() 函数将数据的 shape 转换为指定的格式，然后通过 fit_transform() 函数对其进行转换，最后再将数据的 shape 转换为之前的形态。

```
# 归一化处理
arr = np.reshape(arr, newshape=(-1, 1))
mm = MinMaxScaler()
arr = mm.fit_transform(arr)
arr = np.reshape(arr, newshape=-1)
```

接着，通过一个滑动窗口来构造训练集和测试集，其中每个窗口中包含了 12 天的收盘价，并将第 13 天的收盘价作为其训练的标签，如图 12.12 所示。这里划分的方式类似前面 SVM 模型的准备数据的划分形式，只不过 SVM 模型是用来做涨跌的二分类的，所以它的标签是涨跌（0 或 1），而本节的循环神经网络则是做价格预测的，是一个回归问题，所以它的标签是价格数据。这里选取前 300 条数据作为训练集，后面的数据作为测试集。

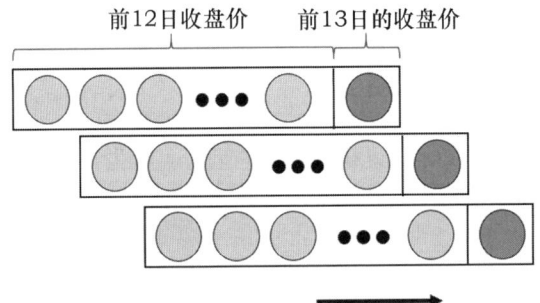

图 12.12　循环神经网络模型训练集和测试集的划分方式

```
# 特征提取及标注标签
X = []
Label = []
window_len = 12
# 遍历数组
for i in range(len(arr) - window_len - 1):
    X.append(arr[i:i + window_len])
    Label.append(arr[i + window_len])
# 转换为 Ndarray
X = np.array(X)
Label = np.array(Label)
# 划分训练集和测试集
X_train = X[:300]
Label_train = Label[:300]
X_test = X[300:]
Label_test = Label[300:]
```

为了便于后面的模型训练的调用，将上面的代码通过函数的形式进行封装。

```python
def get_data():
    # 数据获取
    ts_pro = ts.pro_api('your token')
    df = ts_pro.daily(ts_code='000001.SZ', start_date='20180101',
                      end_date='20191201')
    df = df.reindex(index=df.index[::-1])
    # 获取收盘价
    arr = df['close'].values
    # 归一化处理
    arr = np.reshape(arr, newshape=(-1, 1))
    mm = MinMaxScaler()
    arr = mm.fit_transform(arr)
    arr = np.reshape(arr, newshape=-1)
    # 特征提取及标注标签
    X = []
    Label = []
    window_len = 12
    # 遍历数组
    for i in range(len(arr) - window_len):
        X.append(arr[i:i + window_len])
        Label.append(arr[i + window_len])
    X = np.array(X)
    Label = np.array(Label)
    # 划分训练集和测试集
    X_train = X[:300]
    Label_train = Label[:300]
    X_test = X[300:]
    Label_test = Label[300:]
    return X_train, Label_train, X_test, Label_test
```

12.4.2 循环神经网络模型的构建

本小节将通过 TensorFlow 对循环神经网络模型进行构建。首先定义两个参数，分别表示窗口的大小和隐藏层神经元的个数。然后通过一个列表来定义循环神经网络的每一层结构，其中神经网络的层次结构是通过 tf.keras.layers 模块实现的，在这个模块中封装了常用的神经网络层次的实现。

设计的模型层次结构如图 12.13 所示。第一层是输入层，它将输入的数据转换为了 SimpleRNN() 指定的输入格式，其中 (windows_len, 1) 表示 windows_len 个输入变量，每个变量的长度为 1，即对应我们输入的 12 日收盘价，每个收盘价的长度为 1。之后通过 SimpleRNN() 来定义 RNN 的层次，也就是对应图 12.13 中的 Hidden1，其中 units 参数表示神经元的个数，return_sequences 参数表示得到的结果是最后一步的输出还是所有的输出，因为我们不需要每一日收盘价都输出一个结果,而是经过对 12 日收盘价的计算,得到最后的输出结果就可以了,所以这里设置为 False。在得到最后一步的输出结果之后,再通过 Dense() 加入一层全连接层,也就是对应于图 12.13 中的 Hidden2,其中神经元个数与之前一样,激活函数为 Sigmoid。最后再加入一个输出层,因为只输出一个结果,所以神经元个数为 1。

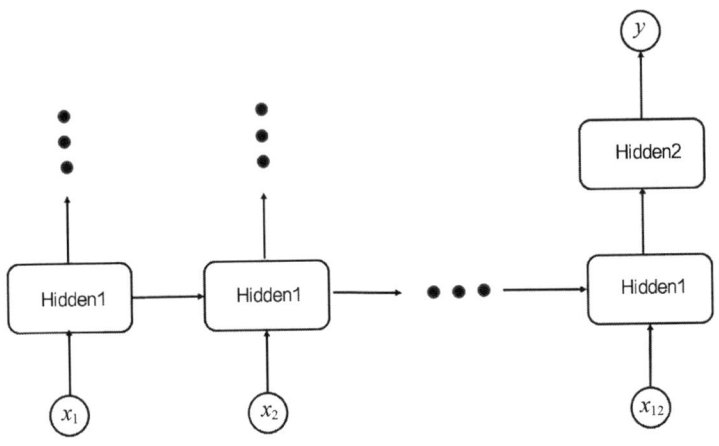

图 12.13 循环神经网络模型的结构

```
# 窗口大小
windows_len = 12
# 隐藏层神经元个数
hidden_units = 64
# 构建模型结构
model_layers = [
    tf.keras.layers.Reshape((windows_len, 1), input_shape=(windows_len, )),
    tf.keras.layers.SimpleRNN(units=hidden_units, return_sequences=False),
    tf.keras.layers.Dense(units=hidden_units, activation='sigmoid'),
    tf.keras.layers.Dense(1, activation='sigmoid')
]
```

接下来,通过 tf.keras.models 下的 Sequential() 将神经网络的层次进行整合,并创建模型的实例化对象。我们可以通过 model.summary() 来获取模型的结构信息。

```
# 构建模型
model = tf.keras.models.Sequential(model_layers)
print(model.summary())
```

输出结果如下,其中包含了模型每一层的结构及参数信息。

```
Model: "sequential"
_____
Layer (type)                 Output Shape              Param #
=================================================================
```

reshape (Reshape)	(None, 12, 1)	0
simple_rnn (SimpleRNN)	(None, 64)	4224
dense (Dense)	(None, 64)	4160
dense_1 (Dense)	(None, 1)	65

```
=================================================================
Total params: 8,449
Trainable params: 8,449
Non-trainable params: 0
```

12.4.3 循环神经网络模型的预测与评估

下面就可以通过训练数据对搭建的循环神经网络模型进行训练了。首先需要调用 model.compile() 方法对模型进行编译，其中需要传入两个参数，optimizer 参数表示选取的优化器，这里选取的是 adam 优化方法，它比传统的梯度下降方法训练速度更快，学习效果更为有效，所以它是一种常用于神经网络参数训练的优化方法；另一个参数表示模型的损失函数，这里选取了均方误差作为损失函数，它的具体形式为 $Loss = \frac{1}{2n}\sum(y-model(x))^2$，表示模型的输出与其真实值之间误差的平方的平均值，在这个示例中，就是循环神经网络模型的预测输出值与真实收盘价之间的偏差，所以我们的目标便是通过对参数优化来实现这个损失函数值的最小化。然后通过调用 fit() 函数来实现模型的训练，它需要传入训练数据及其对应的标签，其中 epochs 参数表示模型的训练次数，这里设置为 100 次。

```
# 模型编译
model.compile(optimizer='adam', loss='mean_squared_error', )
# 模型训练
history = model.fit(X_train, Label_train, epochs=100)
```

另外，fit() 函数会返回一个对象，其中包含了训练过程中一些指标的历史数据，包括损失函数值的变化等信息，我们可以调用其中的 history.history 属性来获取其中的数据值，并对其进行可视化。这里我们在前面先定义一个函数，用于对训练过程中的损失值的变化进行可视化。

```
# 可视化 loss
def plot_loss(loss):
    fig = plt.figure()
    ax = fig.add_subplot(111)
    ax.plot(range(len(loss)), loss)
    plt.grid(True)
    plt.show()
```

之后传入参数，其中 history.history 得到的结果是所有指标组成的一个字典的形式，这里只对其中的 loss 也就是损失函数值进行可视化。

```
# 可视化 loss
plot_loss(history.history['loss'])
```

可视化效果如图 12.14 所示，其中可以看到这 100 次训练的过程中，损失函数值不断下降，说明模型对训练数据的拟合效果不断加强。同时，控制台中也会输出这 100 次训练过程当中的训练进度、损失函数值等信息。

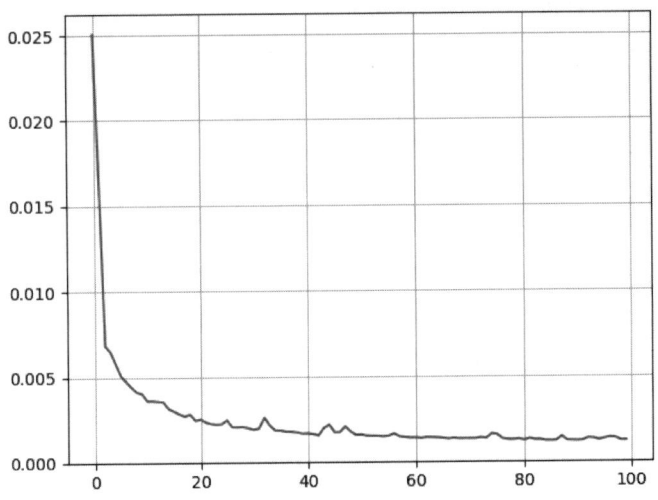

图 12.14　训练过程的 loss 值的变化

```
Train on 300 samples
Epoch 1/100

 32/300 [==>...........................] - ETA: 15s - loss: 0.0386
256/300 [=========================>.....] - ETA: 0s - loss: 0.0260
300/300 [==============================] - 2s 6ms/sample - loss: 0.0251
Epoch 2/100

 32/300 [==>...........................] - ETA: 0s - loss: 0.0250
224/300 [======================>........] - ETA: 0s - loss: 0.0166
300/300 [==============================] - 0s 813us/sample - loss: 0.0164
Epoch 3/100

... ...
```

模型通过训练数据实现了参数的训练，接下来就可以通过测试数据对其进行验证了。首先我们在前面也同样先定义一个函数，用于可视化预测值和真实值。

```
# 可视化预测值和真实值
def plot_result(prediction, true):
    fig = plt.figure()
    ax = fig.add_subplot(111)
    ax.plot(range(len(prediction)), prediction)
    ax.plot(range(len(true)), true)
    ax.legend(['prediction', 'true'])
    plt.show()
```

然后通过调用 model.predict() 方法，传入测试数据，其返回值就是预测的结果，再调用可视化的函数来对预测结果及真实值进行可视化。

```
# 模型预测
prediction = model.predict(X_test)
# 可视化预测值和真实值
plot_result(prediction, Label_test)
```

可视化效果如图 12.15 所示。可以看到前面的预测结果与真实值的走势较为类似，但是随着时间的推移，后面的数据与真实值之间的偏差开始增大，说明之前学习到的价格模式发生了迁移，同时也从侧面说明了虽然价格包含了很多信息，但是影响股票市场价格波动的因素还有很多，所以可持续获利的模式不会持续太久。

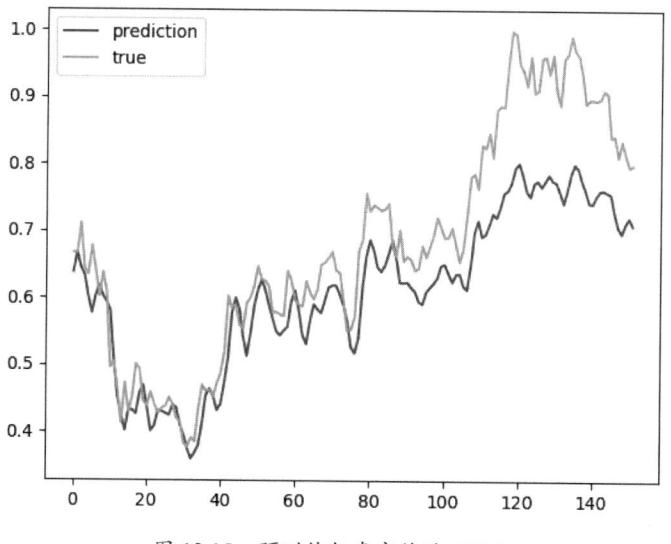

图 12.15　预测值与真实值的可视化

前面的示例介绍了如何通过循环神经网络模型进行股票价格的预测，由于循环神经网络可以处理序列预测的问题，所以也可以将其引入到其他序列预测问题的场景中。此外，我们通过 TensorFlow 只是搭建了一个简单的循环神经网络模型，大家也可以通过设计其他的结构，如增加网络层数、更换激活函数、选择其他的优化方法等来提高预测精度。

12.5 本章小结

在本章内容中，首先介绍了深度学习库 TensorFlow，以及 TensorFlow 的基本概念；然后从直观的角度对神经网络模型进行了认识和了解，并着重介绍了可用于时间序列建模的循环神经网络模型；最后通过 TensorFlow 框架进行了股票收盘价的预测实战，通过这部分的学习，读者可以掌握如何构建并训练自己的模型，同时也可以将其应用于其他的场景。需要注意的是，通过深度学习等技术虽然可以在历史数据上获取不错的效果，但是深度学习技术用于量化交易依然还存在很多问题，包括数据模式的迁移、高噪声、模型的过拟合等，本章涉及的内容只是教大家如何构建一个深度学习模型，并将其用于价格预测中，更多关于深度学习等人工智能在量化领域的研究，读者可以参考一些业内的研报或学术论文。

第 13 章

接触实盘——利用 vn.py 进行量化交易

本章将进行国内著名的量化交易框架 vn.py 的学习与实战。vn.py 是面向实盘交易的框架,所以本章将首先搭建 vn.py 的开发环境,了解 vn.py 框架的开发规范,然后通过自己实现的策略进行回测和参数优化,并在最后申请模拟账号进行模拟交易。

本章主要涉及的知识点

- 搭建 vn.py 开发环境。
- 通过 vn.py 进行量化策略的开发。
- 通过 vn.py 进行策略的回测与优化。
- 通过 vn.py 进行自动化交易。

注意:实盘具有很大的风险,在没有充足的经验与编程能力的条件下,建议可以先通过模拟交易进行学习。

 ## 13.1 初识 vn.py

vn.py 是由陈晓优团队开发的量化交易框架，它目前在 GitHub 上 star 和 fork 的数量已经处于全球开源量化框架的首位。虽然我国量化交易起步较晚，但是 vn.py 作为国人创建的项目却可以成为全球最受欢迎的量化框架，这确实是一件值得骄傲的事情。

另外，vn.py 主要侧重于实盘交易，但同样也支持通过历史数据进行回测，包括数据的可视化、收益结果、参数调优等，它还具有一些开箱即用的 CTA 策略、价差交易、行情录制、期权策略等功能。此外，它还具备完善的社区服务及文档。新手在使用时，可以通过它的 GUI 环境 VN Station 进行使用，同时也可以基于它的策略模板进行自定义的策略开发。

由于 vn.py 是基于 Python 语言开发的量化交易框架，所以可以充分利用 Python 社区强大的数据研究和机器学习生态。同时，vn.py 通过一套标准化的交易平台体系，可以直接对接不同类型的金融市场，包括证券、期货、期权、外汇、数字货币等。此外，其量化策略引擎是经过充分实盘检验的，所以可以保证从数据维护、策略开发、回测研究到实盘自动交易的整个业务流程。关于 vn.py 的更多内容也可以参考其官网。

 ## 13.2 vn.py 运行环境的准备

在对 vn.py 有了初步了解之后，下面将进行 vn.py 运行环境的准备工作。其中，将会安装 vn.py 的 Python 发行版 VN Studio 及用到它的 GUI 环境 VN Station。

13.2.1 安装 VN Studio

VN Studio 是针对 vn.py 量化框架的 Python 发行版，其作用相当于 Anaconda，是用于科学计算、数据分析的 Python 发行版。由于 vn.py 运行时需要依赖很多库，所以会出现一些库版本不匹配等问题，而安装 VN Studio 则省去了手动配置 vn.py 所依赖的库的步骤。基于 vn.py 推出的 Python 发行版不仅可以解决基本的量化交易的需求，同时还可以通过一键更新的方式保持与最新版同步。

首先，前往 vn.py 官网下载和安装 VN Studio，在官网首页找到安装的按钮即可直接安装最新版的 VN Studio，如图 13.1 所示。

在安装 VN Studio 时，默认是安装在 C 盘目录下，我们可以以默认路径进行安装，也可以修改它的安装路径，如图 13.2 所示。

之后就进入了安装的过程，如图 13.3 所示。由于安装 VN Studio 时包括了 Python（默认是 3.7 版本）及 vn.py 框架和相关库，所以安装时间可能会有些长。

图 13.1　vn.py 官网首页

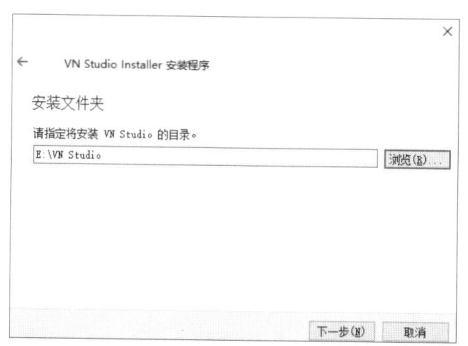

图 13.2　VN Studio 的安装（一）

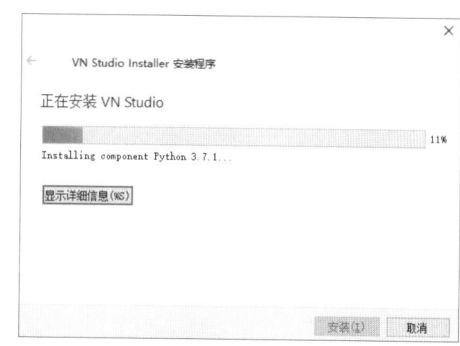

图 13.3　VN Studio 的安装（二）

在安装完成之后，桌面上会自动创建 VN Station 的快捷方式，它是 vn.py 框架的图形化管理工具，其相当于是一个集成了多种量化组件的软件。在安装过程中，VN Studio 其实还将其中的 Python 解释器及脚本配置进了环境变量中，如果计算机中存在已经安装的 Python 环境，那么就要注意区分它们。

13.2.2　运行 VN Station

打开桌面上的 VN Station，弹出如图 13.4 所示的登录界面，可以选择微信登录或在 vn.py 社区申请账号进行登录。

登录之后就进入了 VN Station 的界面中，其主页是 vn.py 的社区主页，如图 13.5 所示。其中，在 VN Station 界面的底部包含了几个功能，其作用分别如下。

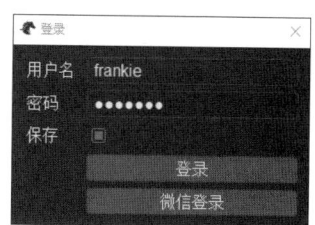

图 13.4　登录 VN Station

- VN Trader Lite：轻量版 VN Trader，可以一键启动并加载 CTP 接口和 CTA 策略模块。
- VN Trader Pro：专业版 VN Trader，可以灵活配置和加载所需交易接口及策略模块。
- Jupyter Notebook：启动交互式研究环境，用于策略研究和代码编写。
- 策略加密：可用于对本地策略进行加密。
- 提问求助：可进入社区论坛的"提问求助"板块，针对学习上的困难社区会有专业人员进行解答。

- 更新：一键式更新 vn.py 和 VN Station，只有当更新时才会亮起。

图 13.5　VN Station 界面

13.2.3　运行 VN Trader Lite / Pro

运行 VN Trader Lite 即可进入其界面，如图 13.6 所示，其界面中包含了最左侧的 CTA 策略、CTA 回测、合约查询等功能，以及交易、行情、委托及日志等交易组件。

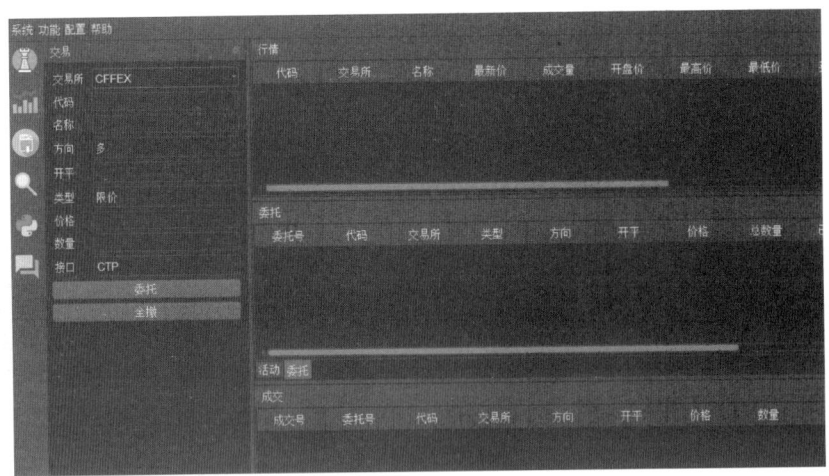

图 13.6　VN Trader Lite 界面

VN Trader Lite 和 VN Trader Pro 的区别在于 Lite 是轻量级，它会预先加载好国内的 CTP 期货接口，而 Pro 则可以根据自己的需要，去添加各种不同的交易接口及所需的功能。运行 VN Trader Lite 无须进行任何配置，它会自动在 C:/Users/YourName/ 也就是当前用户目录下创建 .vntrader 文件夹，其中包含了配置文件、临时文件、数据文件（使用 SQLite 数据库）。此外，用户目录下还有 .vnstudio 文件夹，它里面包含了 VN Studio 这个软件的一些配置及用户登录等信息。

在运行 VN Trader Pro 时，会让选择 .vntrader 的安放目录，可以通过单击"选择"按钮来设置 .vntrader 目录的位置，如图 13.7 中我们将其设置为了 E 盘下的 vnpy 文件夹中。同时也可以配置一些底层的交易接口及上层应用的加载项，如果增加了一些上层应用，那么在进入 VN Trader Pro 界面之后，可以看到最左侧增加的一些选中的应用。

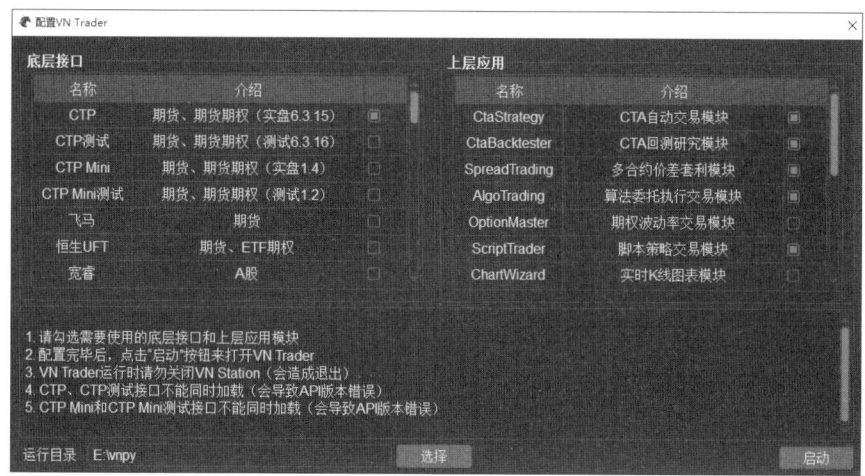

图 13.7　VN Trader Pro 设置界面

13.3　vn.py 国内期货 CTP 的配置

在完成了 vn.py 的运行环境配置之后，下面将介绍如何通过 vn.py 进行国内期货产品的交易配置，其中接口以上海交易所的 CTP 接口为例。

13.3.1　申请模拟账号

CTP 是上海期货信息技术有限公司推出的国内期货行情和交易的接口，各大券商均有 CTP 技术的接入。由于 CTP 的行情和交易两套接口是由 C++ 制作的，所以一开始的自动化交易基本上是围绕 C++ 展开的。vn.py 中基于 Python 将 CTP 接口进行了封装，所以省去了自己再做封装的麻烦。

CTP 的模拟账号可以去 SimNow 官网申请。SimNow 是上海期货信息技术有限公司官方运营的一套期货仿真交易系统，它主要面向期货经纪公司和投资者，并提供了一套最接近实盘环境的行情和交易撮合规则，目前 SimNow 已经是各种 CTP 测试交易的首选。图 13.8 展现了 SimNow 的一些平台特色。

图 13.8 SimNow 平台特色

在进入 SimNow 的官网之后，单击右上角的"注册账号"按钮，然后填写手机号、账户信息等即可完成注册。注册之后，返回官网，再单击右上角的"投资者登录"按钮，然后输入手机号和密码即可登录，登录后会显示用户的个人信息，如图 13.9 所示。

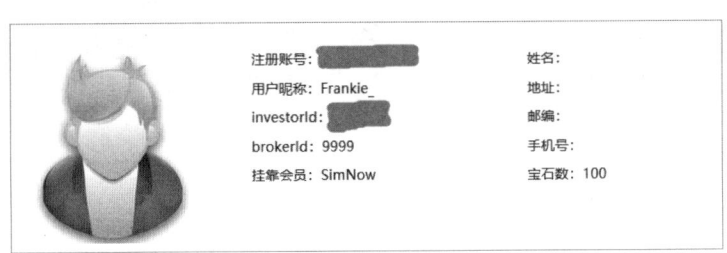

图 13.9 SimNow 平台中用户的个人信息

用户的个人信息中有几个注意点，其中一个是 investorId，它是 SimNow 环境下的 CTP 用户名，而 CTP 的密码就是刚才注册时的登录密码。但是，在登录 CTP 模拟环境之前，需要修改一次密码才能进行模拟交易，修改密码的地方就在之前注册账号的旁边。

关于 SimNow 的仿真环境还有几个问题需要补充。

首先，SimNow 的撮合规则是这样的，即按照对手价进行撮合成交，最后的成交价则是在委托价、卖（买）一价、最新价三价取中计算得到，具体情况如下。

（1）期货的交易按照交易所公布的买一卖一价对价成交。

（2）买入时：如果委托价大于等于卖一价，则成交，成交价为委托价、卖一价、最新价三价取中；如果委托价小于卖一价，则不能成交，等待更优的行情才能成交。

（3）卖出时：如果委托价小于等于买一价，则成交，成交价为委托价、买一价、最新价三价取中；如果委托价大于买一价，则不能成交，等待更优的行情才能成交。

其次，SimNow 的清算规则是这样的，即每日的结算价取自真实市场的结算价，在最后交易日时以现金交割（以合约当天结算价了结剩余仓位）。另外，SimNow 的交易时间和真实市场环境一样，同时也包含日市和夜市，具体时间如图 13.10 和图 13.11 所示。

交易所	集合竞价	连续交易
上海期货交易所 大连商品交易所 郑州商品交易所	8:55-9:00	上午：09:00-10:15 10:30-11:30 下午：13:30-15:00
中国金融期货交易所	9:25-9:30	上午：09:30-11:30 下午：13:00-15:15

图 13.10　SimNow 环境日市时间

交易所	品种类别	集合竞价	连续交易
上海期货交易所	贵金属	20:55-21:00	21:00-次日02:30
	有色金属,黑色金属,沥青		21:00-次日01:00
	天然橡胶		21:00-23:00
郑州商品交易所 大连商品交易所	所有品种	20:55-21:00	21:00-23:30

图 13.11　SimNow 环境夜市时间

13.3.2　配置 CTP 接口

下面以 VN Trader Pro 中的 CTP 接口配置为例进行介绍。在启动时需要对 CTP 接口进行选择，注意不要将 CTP 测试接口进行加载，CTP 测试接口是用于穿透式 CTP API 接入测试用的。之后，在主界面中执行菜单栏中的"系统"→"连接 CTP"命令，即可弹出如图 13.12 所示对话框。

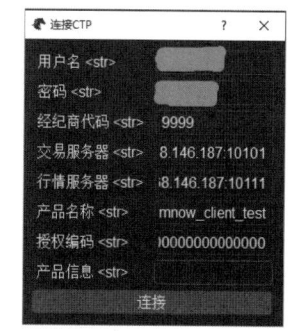

图 13.12　连接 CTP 配置信息

图 13.12 中的各个字段的解释与填写内容如下。

- 用户名：SimNow 个人信息中的 investorId。
- 密码：SimNow 的登录密码。
- 经纪商代码：9999。
- 交易服务器：180.168.146.187：10101。
- 行情服务器：180.168.146.187：10111。
- 产品名称：simnow_client_test。
- 授权编码：0000000000000000（16 个 0）。
- 产品信息：留空，不用填写。

其中，交易和行情服务器的地址有两套，第一套是标准 CTP，交易时段与实际生产环境一致；第二套用于 CTP API 的测试，是在非交易时段登录，提供交易时段的行情回放。在模拟盘交易时必须选看穿式前置，非看穿式只有 SimNow 有，其他期货公司都没有，所以不兼容。因此，对于模拟交易的用户来说，需要使用第一套 CTP 中的第二组或第三组。

第一套包括三组标准 CTP，交易时段与实际环境一致。

（1）交易前置：180.168.146.187：10100，行情前置：180.168.146.187：10110；【电信】（非看穿式前置）。

（2）交易前置：180.168.146.187：10101，行情前置：180.168.146.187：10111；【电信】（看穿式前置，使用监控中心生产密钥）。

（3）交易前置：218.202.237.33：10102，行情前置：218.202.237.33：10112；【移动】（看穿式前置，使用监控中心生产密钥）。

第二套包括一组用于 CTP API 测试的环境。

交易前置：180.168.146.187：10130，行情前置：180.168.146.187：10131；【7×24】（看穿式前置，使用监控中心生产密钥）

在完成了上面的 CTP 配置之后，单击"连接"按钮，然后在页面底部的日志组件中就会输出登录信息，在仓位组件中就会显示仓位资金等，如图 13.13 和图 13.14 所示。

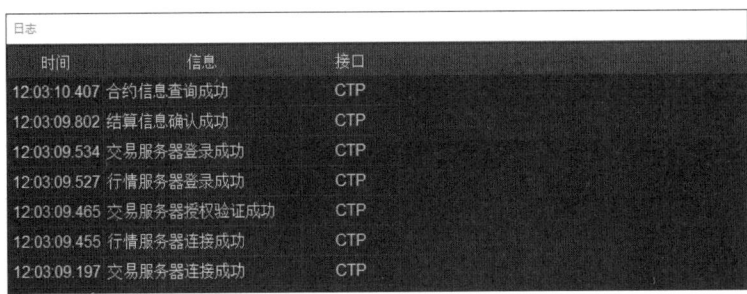

图 13.13　登录成功后日志组件的输出结果

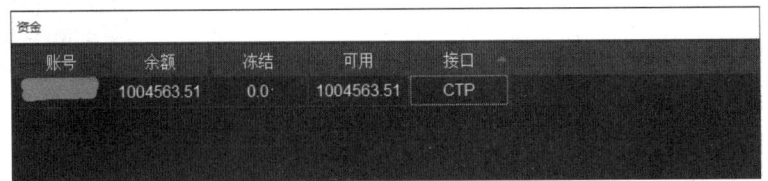

图 13.14　登录成功后资金组件的输出结果

13.3.3　VN Trader 的界面操作

CTP 登录成功后，执行菜单栏中的"帮助"→"合约查询"命令，即可查询 CTP 上支持的可交易合约品种及它们的合约信息，如图 13.15 所示。

第 13 章
接触实盘——利用 vn.py 进行量化交易

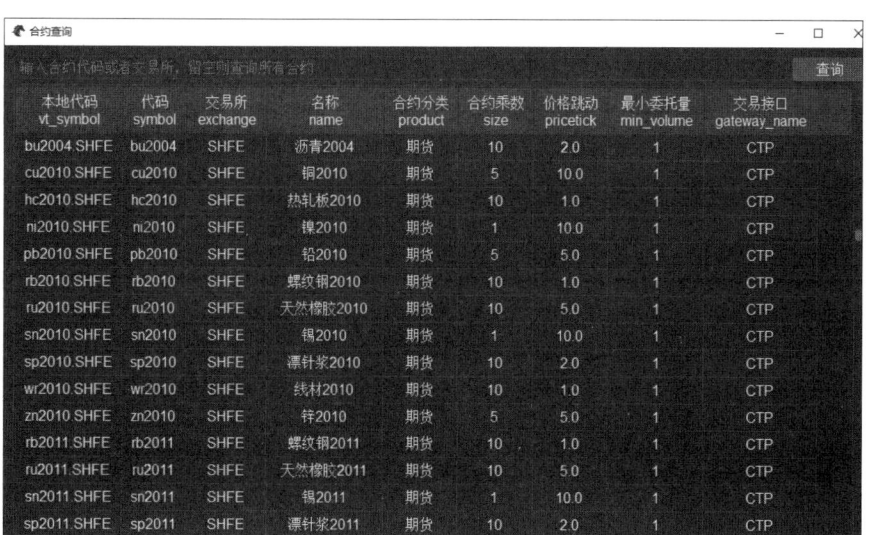

图 13.15　合约信息查询

其中，需要注意的几个字段说明如下。

- 本地代码 vt_symbol：它由合约代码及交易所代码共同组成，代表了这个合约在 VN Trader 中的唯一标识，后面可以通过它来进行合约查询及交易。
- 代码 symbol：表示该合约在某家交易所的唯一标识。
- 交易所 exchange：表示该交易所在 VN Trader 中的唯一标识。
- 价格跳动 pricetick：表示该合约价格的最小波动单位，如果在委托交易时设置的精度不对，则会造成委托失败。

在选择自己想订阅的合约行情之后，可以在 VN Trader 界面的交易组件中输入交易所和合约代码信息，然后按"Enter"键确认，如图 13.16 所示，就可以看到行情组件中加入了我们订阅的合约信息。

在获取了订阅合约的当前信息之后，可以在交易组件中设置交易方向、交易类型及价格类型，然后单击"委托"按钮，就可以进行手动交易了。其中，CTP 接口支持限价单、市价单、FAK（指在限定价位下达交易指令，如果在该指令下所有申报的手数未能全部成交，则撤销该指令下的所有申报手数）和 FOK（指在限定价位下达交易指令，如果在该指令下部分申报的手数成交，则撤销该指令下的剩余申报手

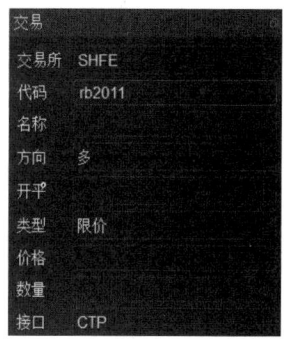

图 13.16　订阅合约行情

数）。在模拟环境下，其价格撮合的方式在 13.3.1 小节中已经进行了介绍。另外，需要注意的是，SimNow 的模拟环境是不支持市价单的。

在发送了委托请求之后，在委托组件中会返回这笔委托请求的最新状态，如图 13.17 所示。而在活动组件中只显示当前处于可撤状态的委托信息，包括提交中、未成交、部分成交的委托信息。在这两个组件中，对于可撤状态的委托单，均可以通过双击这笔委托单的单元格来实现撤单的功能，

309

或者通过交易组件上的"全撤"按钮来实现撤销所有可撤委托。如果委托成交之后，则 CTP 账户上的资金也会随之发生变化，整体余额将会随着"逐日盯市"的规则变化，也就是交易所根据当日结算价计算交易者持仓的浮动盈亏，并调整保证资金账户的可用余额，目的是防止负债现象的发生。

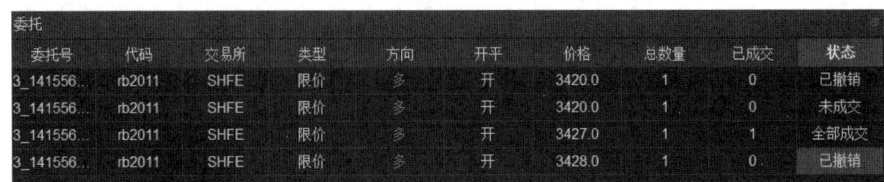

图 13.17　委托信息

13.4　通过 vn.py 进行策略回测

在熟悉了 VN Trader 界面中的基本功能之后，下面将通过 vn.py 进行量化策略的开发。

13.4.1　vn.py 策略的存放位置

首先，需要找到 vn.py 存放策略代码的位置。对于 Windows 用户来说，VN Trader 启动时会在默认的 C:/Users/UserName/ 目录下创建几个文件夹，其中 UserName 是我们在 Windows 下的用户名。在这个目录下我们会找到 .vntrader 和 .vnstation 文件夹，其中 .vntrader 文件夹中保存了 VN Trader 中接口的配置信息、输出日志及数据库文件，.vnstation 文件夹中则存放了登录 VN Station 的配置信息等。如果要进行策略开发，则需要在 .vntrader 文件夹的同级目录下创建一个名为 strategies 的文件夹，用来存放我们自己创建的策略文件。

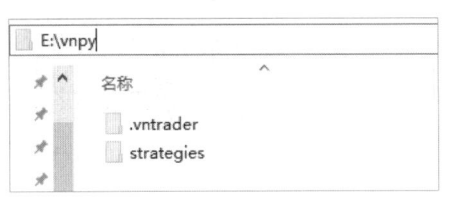

图 13.18　strategies 文件夹的存放位置

另外，如果我们启动的是 VN Trader Pro，则它会在我们指定的目录下创建 .vntrader 文件夹。如果我们前面指定的路径是 E:/vnpy 文件夹，那么它就会在 E:\vnpy 目录下创建 .vntrader 文件夹，这样 strategies 文件夹则同样需要放在此时的 .vntrader 文件夹的同级目录下，如图 13.18 所示。

13.4.2　vn.py 策略代码的结构

下面以 VN Trader Pro 为例，在其指定的目录下创建 strategies 文件夹之后，再在这个文件夹下创建一个名为demo_strategy.py的Python文件，然后右击文件选择打开方式，这里选择通过PyCharm打开。

在打开的界面中，默认情况下是没有配置Python解释器的。所以，我们需要先配置一下Python解释器的路径，方法就是执行菜单栏中的"File"→"Setting"命令，在弹出的界面中选择"Python Interpreter"选项，然后单击右侧的设置按钮选择"Add"选项添加Python的路径，如图13.19所示。

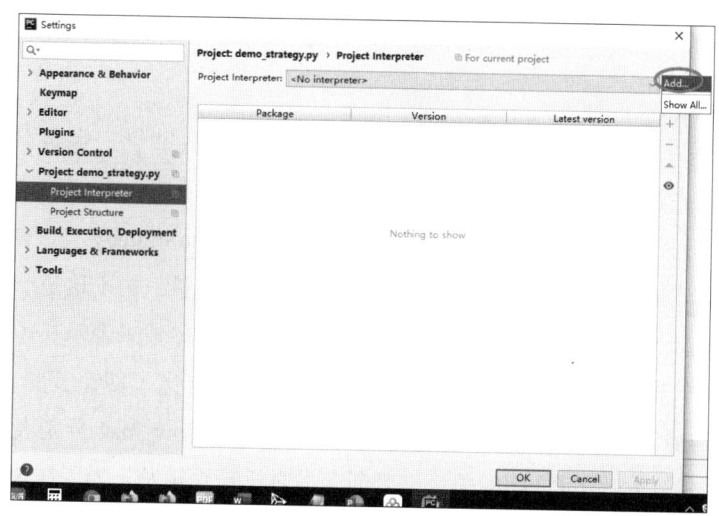

图 13.19　Python 解释器的配置（一）

之后在弹出的界面中，选择"System Interpreter"选项。由于之前安装的Anaconda中没有对vn.py相关库进行安装，所以为了调用vn.py库中的内容，这里需要选择VN Studio中的Python解释器，在完成配置之后，在之前的界面中单击"OK"按钮即可。具体如图13.20所示。

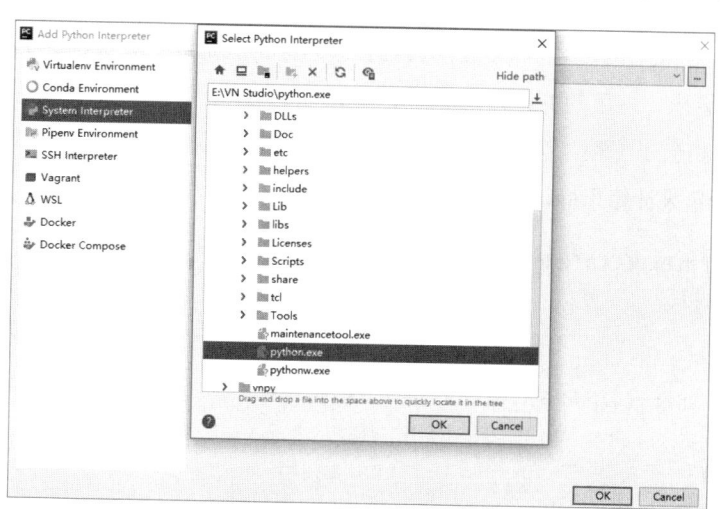

图 13.20　Python 解释器的配置（二）

下面以vn.py官方的一个简单的双均线策略的代码为例进行介绍。首先将vn.py策略开发所需要的模块进行导入。

```python
from vnpy.app.cta_strategy import (
    CtaTemplate,
    StopOrder,
    TickData,
    BarData,
    TradeData,
    OrderData,
    BarGenerator,
    ArrayManager,
)
```

在 vn.py 中也是先定义了一个父类用于统一策略基类，其中作为 CTA 策略的基类 CtaTemplate 则同样设置了一系列的规范。所以，我们需要创建一个 DemoStrategy 类，然后使它继承这个 CtaTemplate。在这个创建的类中，包含了一系列的策略参数和变量。由于这是一个简单的双均线策略，根据前面学过的一些基本知识可知，这个策略需要定义两个参数来表示长短均线的计算周期，分别对应于这个类中的 fast_window 和 slow_window。之后又定义了四个变量，其中 fast_ma0 和 fast_ma1 分别表示当前的快线值和上一个快线值，slow_ma0 和 slow_ma1 分别表示当前的慢线值和上一个慢线值，通过这四个变量之间的关系来判断交易时机是否触发。为了在 VN Trader 中可视化这些变量和参数，还需要把这些变量和参数的字符串名称分别添加到 variables 和 parameters 列表中。

在接下来的构造函数中，需要传递 cta_engine、strategy_name、vt_symbol 和 setting 参数，也就是 CTA 引擎、策略名称、标的代码和设置信息。其中，策略名称、标的代码会在 VN Trader 运行时进行手动添加。而 CTA 引擎可以是实盘或回测引擎，分别用于实盘或回测，这样就可以很方便地实现一套代码同时跑回测和实盘了。在构造函数中还创建了一个 BarGenerator 构造器并绑定了 on_bar() 回调函数，它的作用是将 Tick 级别数据合成为分钟级别或更大级别的 Bar 数据，以应对不同 Bar 级别的策略要求。这里的 Bar 数据实际上就是包含时间戳信息的 K 线数据，其中一个 1 分钟级别的 Bar 数据就相当于一根 1 分钟级别的 K 线。此外，ArrayManager 用于储存时间序列数据并在底部利用 Ta-Lib 包来计算指标，默认的存储长度是 100 个单位。

```python
class DemoStrategy(CtaTemplate):
    """ 简单双均线 """

    # 策略作者
    author = "Smart Trader"

    # 定义参数
    fast_window = 10
    slow_window = 20

    # 定义变量
    fast_ma0 = 0.0
```

```
    fast_ma1 = 0.0
    slow_ma0 = 0.0
    slow_ma1 = 0.0

    # 添加参数和变量名到对应的列表
    parameters = ["fast_window", "slow_window"]
    variables = ["fast_ma0", "fast_ma1", "slow_ma0", "slow_ma1"]

    def __init__(self, cta_engine, strategy_name, vt_symbol, setting):
        """"""
        super().__init__(cta_engine, strategy_name, vt_symbol, setting)

        # K 线合成器：从 Tick 合成分钟 K 线用
        self.bg = BarGenerator(self.on_bar)

        # 时间序列容器：计算技术指标用
        self.am = ArrayManager()
```

接下来是策略的初始化。这里的策略初始化不同于上面的策略类的初始化，在 VN Station 中设置好参数并添加 CTA 策略时，实际上是完成了策略类的初始化，然后单击"策略初始化"按钮，实际上是调用了其中的 on_init() 函数。在调用这个初始化策略的函数后，VN Station 界面的日志中就会出现"策略初始化"的输出信息。之后调用父类的 load_bar() 函数用于初始化策略变量，例如，我们的双均线策略就需要之前至少 20 个窗口的数据来计算当前的 MA 指标。其中，load_bar() 方法的参数默认是 10，也就是加载 10 天的历史数据。在加载历史数据时，vn.py 有两种方式，一是默认通过 RQData API 来获取，前提是需要配置好 RQData 的相关配置信息；二是在本地数据库中进行查找，也就是在默认的 .vntrader 文件夹下的 SQLite 数据库中查询。

```
    def on_init(self):
        """
        当策略被初始化时调用该函数
        """
        # 输出个日志信息，下同
        self.write_log(" 策略初始化 ")

        # 加载 10 天的历史数据用于初始化回放
        self.load_bar(10)
```

在完成初始化策略变量之后，需要启动策略，所以在单击启动策略后，实际上就是调用了下面的 on_start() 函数，界面的日志栏中就会出现策略启动的输出。其中，put_event() 函数的作用是通知图形界面更新，如果不调用该函数，则界面不会变化。

```
    def on_start(self):
        """
```

```
当策略被启动时调用该函数
"""
self.write_log(" 策略启动 ")

# 通知图形界面更新（策略最新状态）
# 如果不调用该函数，则界面不会变化
self.put_event()
```

在开始模拟盘或实盘交易后，CTP 会不断推送 Tick 数据到我们的策略中，处理 Tick 数据的函数是 on_tick()。其中，在接收到 Tick 数据后，全局变量 bg 会调用 update_tick() 方法用于生成 Bar 数据。在这个 update_tick() 方法中，由于每个数据都有其对应的时间戳，所以其内部主要是通过判断当前的 Tick 数据与之前的 Tick 数据是否是属于同一分钟级别来决定是否有新的 Bar 生成，否则就会继续进行迭代来更新当前 Bar 的信息。也就是说，只有当 $T+1$ 分钟的 Tick 接收到了之后，T 分钟的 Bar 数据才会生成。 由于在创建 bg 对象时，on_bar() 作为回调函数传递了进去，所以当新的 Bar 数据生成后，就会通过 on_bar() 函数进行回调，以触发 on_bar() 函数中的逻辑。

```
def on_tick(self, tick: TickData):
    """
    通过该函数收到 Tick 推送
    """
    self.bg.update_tick(tick)
```

在每个策略中至关重要的就是策略的核心部分。一些策略的逻辑是在 Bar 内部实现的，而也有些策略的逻辑是基于 Tick 的，如海龟策略或一些突破策略，则需要在 on_tick() 函数中实现，由于我们的 Doube MA 策略是以 Bar 进行驱动的，所以策略主要代码就是在 on_bar() 函数中实现。

我们在前面调用 on_load() 函数加载历史数据时，实际上加载的数据会转换为 Bar 类型数据，然后会从底层触发 on_bar() 函数，其作用是通过历史数据来初始化策略变量，但是策略此时没有启动，所以不会触发其中的交易函数。之后在 on_tick() 函数中，bg 对象接收足够的 Tick 数据生成一个 Bar 数据后同样会在底层触发 on_bar()，以此对策略变量进行实时更新。

在下面的代码中，在接收到 Bar 数据后，会将这个 Bar 数据放入 ArrayManager 容器对象 am 中进行更新，如果 am 这个实例化对象没有被初始化，则说明通过加载得到的历史数据没有达到可用于计算 MA 指标的数目，也就是没有达到默认长度 100 个单位，那么就会直接 return，一般在加载了 10 天的分钟数据后就会直接初始化成功。这里还需要注意的是，如果没有通过历史数据进行初始化，那么 am 必然是没有初始化成功的，所以在实盘中就会延迟 100 个单位的 Bar 数据来填充 am 容器，直到 am 容器数据足够用来初始化后，才会执行后面的逻辑代码。

之后在下面的代码中调用 am 对象底部的 Ta-Lib 库用于计算最新窗口内的技术指标，也就是周期长度为 10 和 20 的 MA 指标，注意这里的 am.sma() 实际上是对 Ta-Lib 中的 SMA 的进一步封装，其返回结果是根据 Bar 数据收盘价的计算得到的 MA 指标。进而，通过前面介绍的双均线策略的思想来判断是否触发交易逻辑,也就是如果出现了金叉(快线从下向上穿过慢线)且没有持仓,则直接买入开仓;或者持有空头,则先平仓再买入开仓。如果出现了死叉(慢线从上向下穿过快线)且没有持仓,则直接卖出开仓;或者持有多头,则先平仓再卖出开仓。

```python
def on_bar(self, bar: BarData):
    """
    通过该函数收到新的1分钟K线推送
    """
    am = self.am

    # 更新K线到时间序列容器中
    am.update_bar(bar)

    # 如果缓存的K线数量尚不够计算技术指标,则直接返回
    if not am.inited:
        return

    # 计算快速均线
    fast_ma = am.sma(self.fast_window, array=True)
    self.fast_ma0 = fast_ma[-1]      # T时刻数值
    self.fast_ma1 = fast_ma[-2]      # T-1时刻数值

    # 计算慢速均线
    slow_ma = am.sma(self.slow_window, array=True)
    self.slow_ma0 = slow_ma[-1]
    self.slow_ma1 = slow_ma[-2]

    # 判断是否金叉
    cross_over = (self.fast_ma0 > self.slow_ma0 and
                  self.fast_ma1 < self.slow_ma1)

    # 判断是否死叉
    cross_below = (self.fast_ma0 < self.slow_ma0 and
                   self.fast_ma1 > self.slow_ma1)

    # 如果发生了金叉
    if cross_over:
        # 为了保证成交,在K线收盘价上加5发出限价单
        price = bar.close_price + 5

        # 当前无仓位,则直接开多
        if self.pos == 0:
            self.buy(price, 1)
        # 当前持有空头仓位,则先平空再开多
        elif self.pos < 0:
```

```python
            self.cover(price, 1)
            self.buy(price, 1)

        # 如果发生了死叉
        elif cross_below:
            price = bar.close_price - 5

            # 当前无仓位,则直接开空
            if self.pos == 0:
                self.short(price, 1)
            # 当前持有多头仓位,则先平多再开空
            elif self.pos > 0:
                self.sell(price, 1)
                self.short(price, 1)

    self.put_event()
```

其余剩下的三个 on 开头的函数,顾名思义,可以知道它们是用于委托单、交易成交及停止单触发后的回调函数。注意 on_order() 是向交易所发出订单之后得到的回调,on_trade() 是订单撮合成功之后的回调,所以如果进行了撤单,那么只会有 on_order() 的回调而不会有 on_trade() 的回调。

```python
def on_order(self, order: OrderData):
    """
    通过该函数收到委托状态更新推送
    """
    pass

def on_trade(self, trade: TradeData):
    """
    通过该函数收到成交推送
    """
    # 成交后策略逻辑仓位发生变化,需要通知界面更新
    self.put_event()

def on_stop_order(self, stop_order: StopOrder):
    """
    通过该函数收到本地停止单推送
    """
    pass
```

最后就是策略停止时,也就是在 VN Station 中停止策略的触发函数。

```python
def on_stop(self):
    """
    当策略被停止时调用该函数
    """
```

```
self.write_log(" 策略停止 ")
self.put_event()
```

根据上面的代码，我们可以通过图 13.21 来梳理一下 vn.py 中策略代码的执行流程。

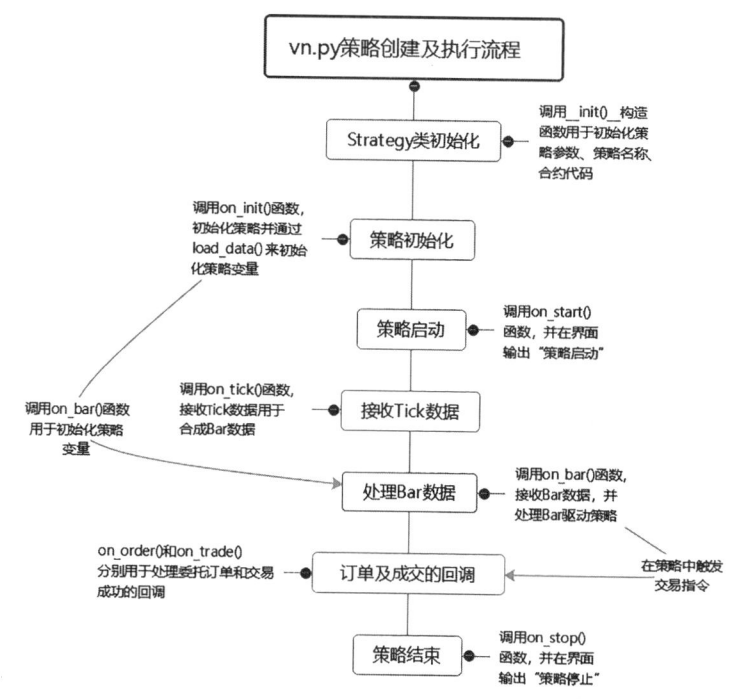

图 13.21　vn.py 策略整体流程

13.4.3　CSV 数据的载入

在完成了前面 Demo 策略代码的编写之后，就可以通过历史数据对我们的策略进行检验了。在进行历史回测时，必不可少的就是数据。其中，VN Trader 提供了三种加载历史数据的方式，第一种是通过 RQData 来获取，也就是说，需要购买米筐的 RQData 服务，然后在 VN Trader 中进行配置，通过 RQData 下载的数据会自动添加到 .vntrader 下的 SQLite 数据库中用于回测和实盘；第二种是通过 VN Trader 中的行情记录模块 DataRecorder，在市场交易时段中自动录制行情数据；第三种是通过手动导入 CSV 到 SQLite 数据库中，这种方式需要在本地有用于回测的 CSV 数据。

前面介绍了通过新浪 API、Tushare 等方式可以获取期货的历史数据，所以下面就以 Tushare 获取数据的方式来进行 CSV 数据的导入。其中，我们通过 Tushare Pro 获取了 RB1910 合约从 2019 年 6 月 1 日到 2019 年 9 月 30 日的 1h 级别的数据。另外，需要注意的是，通过 VN Trader 导入历史数据时，需要将导入的 CSV 数据的表头设置为指定的形式。

```python
import tushare as ts

ts_pro = ts.pro_api('your token')
# 获取期货历史数据
df = ts.pro_bar(ts_code='RB1910.SHF', start_date='20190601', end_date='20190930',
                asset='FT', freq='60min')
# 逆序
df = df.reindex(index=df.index[::-1])
# 获取指定列
used_cols = ['trade_time', 'open', 'high', 'low', 'close', 'vol']
df = df[used_cols]
# 将表头设置为指定格式
df = df.rename(columns={'trade_time':'Datetime', 'open':'Open', 'high':'High',
                        'low':'Low', 'close':'Close', 'vol':'Volume'})
# 保存数据
df.to_csv('./rb1910_1h.csv', index=None)
```

获取了本地用于历史回测的 CSV 数据之后，打开 VN Trader Pro，在弹出的窗口中将上层应用中的 CTA 回测研究模块和 CSV 数据加载模块进行勾选，然后再启动。之后在 VN Trader Pro 的左侧功能中单击 CSV 载入，传入我们获取的数据，并设置导入信息，如图 13.22 所示。

最后单击"载入数据"按钮，就会提示载入成功，并显示我们导入的数据的信息，如图 13.23 所示。这样，我们就完成了获取 CSV 数据并将其载入到 VN Trader 中的过程。

图 13.22　CSV 数据的载入

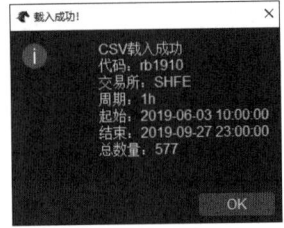

图 13.23　CSV 数据载入信息

13.4.4 策略回测及参数优化

在完成了数据的载入之后,再回到 VN Trader 主界面中,打开左侧的 CTA 回测模块,在其中选择交易策略、本地代码及手续费、滑点等回测信息,如图 13.24 所示,然后单击"开始回测"按钮。

之后会弹出参数配置的对话框,其中显示的 fast_window 和 slow_window 参数就是我们之前在代码中添加到 parameters 列表中的参数名称,如图 13.25 所示。

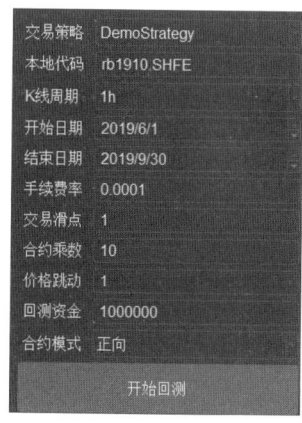

图 13.24 回测信息

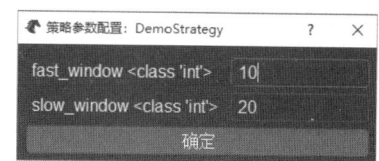

图 13.25 策略参数配置

接下来,vn.py 就会调用回测引擎来执行策略的回测,回测结果如图 13.26 所示,其中包含了账户净值、净值回撤、每日盈亏及盈亏分布的可视化结果。

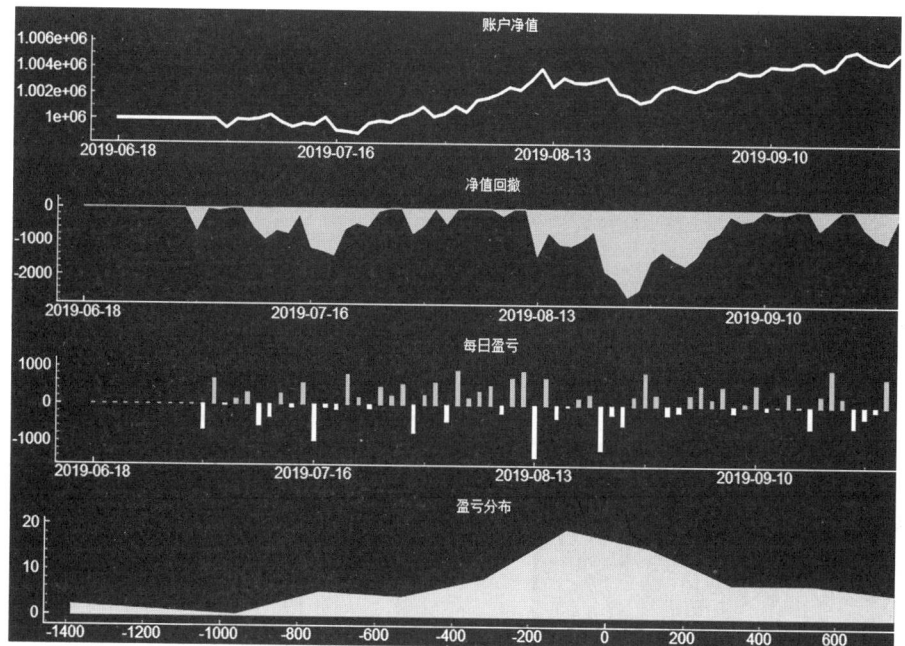

图 13.26 回测结果

除此之外，在回测图标左侧还可以看到各种回测指标的统计结果，如图 13.27 所示。

需要注意的是，由于不同计算机使用的分辨率不同，所以图 13.27 的结果可能会出现显示不全的问题。解决方法是通过修改 vn.py 界面设置的源码，即在安装 VN Studio 的目录下找到 widget.py 文件，例如，安装在 E 盘下，则在目录 E:\VN Studio\Lib\site-packages\vnpy\app\cta_backtester\ui 下找到 widget.py 文件，然后通过 PyCharm 打开，找到如图 13.28 所示的那行代码，这行代码的作用是设置界面中回测图像结果窗口大小的最小值，我们可以将其设置为一个较之前小的值，如代码中所示，然后重启 VN Trader。这样，左侧的回测指标的统计结果就可以完整显示了。

图 13.27　回测指标的统计结果

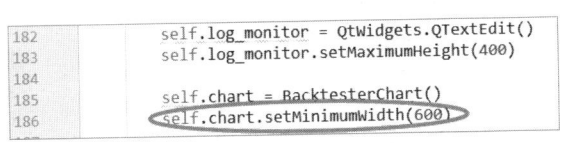

图 13.28　窗口参数修改

另外，最左侧的"成交记录"可以查看具体的每一笔交易的成交记录。"委托记录"则可以查看这些成交具体是由哪些委托触发的，需要注意的是，委托的价格和成交的价格不一定是一样的，因为在前面的代码中，为了保证成交，每笔交易时发出的订单价格使用了超价 5 元，而在交易撮合时是按照 $T+1$ 时刻最新价来计算的，所以会出现不一样的价格。"每日盈亏"中可以看到逐日盯市规则下的每日的持仓及盈亏。"K 线图表"则可以查看所有回测数据对应的 K 线图。

从前面的结果中可以看到，策略的回测结果效果并不好，一方面原因在于我们并没有对策略中的参数进行优化。在 VN Trader 中同样提供了参数优化的功能，在左侧有一个"参数优化"的按钮，可以通过它来对策略中用到的参数进行优化，如图 13.29 所示。我们的目标是寻求最优的参数组合以实现总收益率最大化，参数搜索范围设置是将 fast_window 从 5 到 20 进行搜索，由于 slow_window 至少需要大于 fast_window，所以从 20 到 80 进行搜索，之后再单击"多进程优化"或"遗传算法优化"按钮即可开始优化。

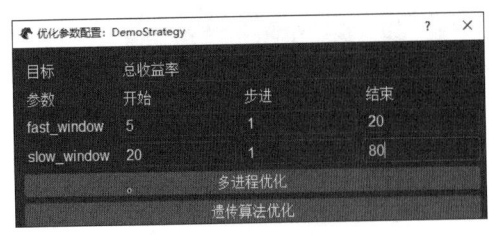

图 13.29　参数优化配置

稍等片刻之后，可以看到日志信息中有了参数优化完成的提示，之后单击"优化结果"按钮即可看到最优的参数组合，如图 13.30 所示。

之后，我们再将获取的最优参数组合用于策略的回测，从图 13.31 的结果统计中可以看到参数优化后的结果相比之前要好了一些。

第 13 章
接触实盘——利用 vn.py 进行量化交易

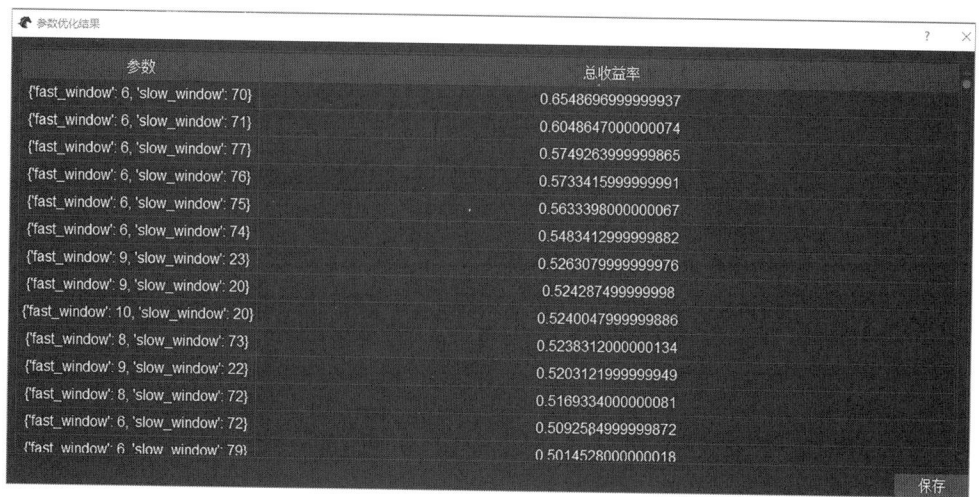

图 13.30　参数优化结果

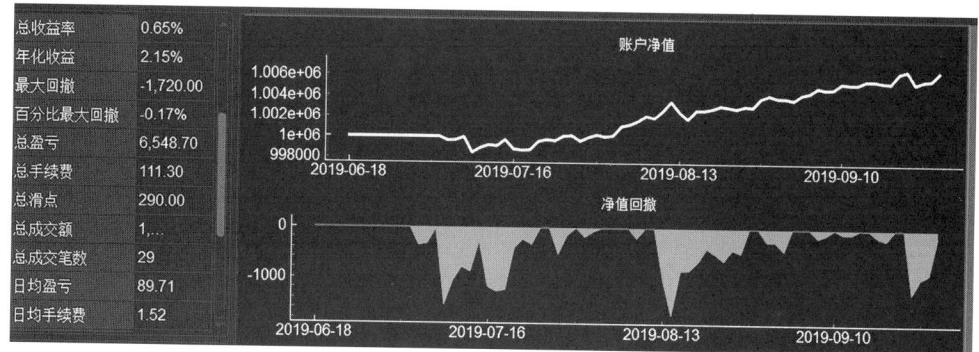

图 13.31　参数优化后的结果

 ## 13.5　基于 vn.py 实现 R-Breaker 策略

通过前面的知识铺垫，我们基本熟悉了 vn.py 开发一个策略并对其进行回测与参数优化的过程。为了进一步学习基于 vn.py 的量化策略开发，下面将介绍著名的 R-Breaker 策略，然后通过 vn.py 对其进行实现，并进行回测验证与参数优化。

13.5.1　R-Breaker 策略介绍

R-Breaker 是一种经典的中高频日内交易策略，这个策略也长期被 Future Truth 杂志评为最赚钱的策略之一，所以至今仍被国内外的投资者与机构研究和使用。R-Breaker 策略结合了趋势和反转两种交易方式，所以交易机会相对较多，比较适合日内 1min 和 5min 级别的交易。下面就来介绍一下 R-Breaker 策略的原理。

第一步，需要根据昨日的高开低收价位计算出今日的六个目标价位，按照价格高低依次是：突破买入价（Bbreak）、观察卖出价（Ssetup）、反转卖出价（Senter）、反转买入价（Benter）、观察买入价（Bsetup）、突破卖出价（Sbreak），依次作为交易的六个触发价位。其中，六个价位的计算方法如下。

```
Ssetup= High + a * (Close - Low)
Bsetup= Low - a * (High - Close)
Senter= (1 + b) / 2 * (High + Low) - b * Low
Benter= (1 + b) / 2 * (High + Low) - b * High
Bbreak= Ssetup + c * (Ssetup - Bsetup)
Sbreak = Bsetup - c * (Ssetup - Bsetup)
```

其中，参数 a、b 和 c 分别用于调整价格之间的距离，通常情况下，a 默认是 0.35，b 默认是 0.07，c 默认是 0.25。

第二步，根据价格的走势来决定是否开仓，具体如图 13.32 所示。

情况 1：如果持空仓，价格超过突破买入价，则采取趋势策略，顺势开仓做多。

情况 2：如果持有多单（空仓），价格超过观察卖出价，之后跌破反转卖出价，则采取反转策略，反手做空（开空）。

情况 3：如果持有空单（空仓），价格跌破观察买入价，之后超过反转买入价，则采取反转策略，反手做多（开多）。

情况 4：如果持空仓，价格跌破突破卖出价，则采取趋势策略，顺势开仓做空。

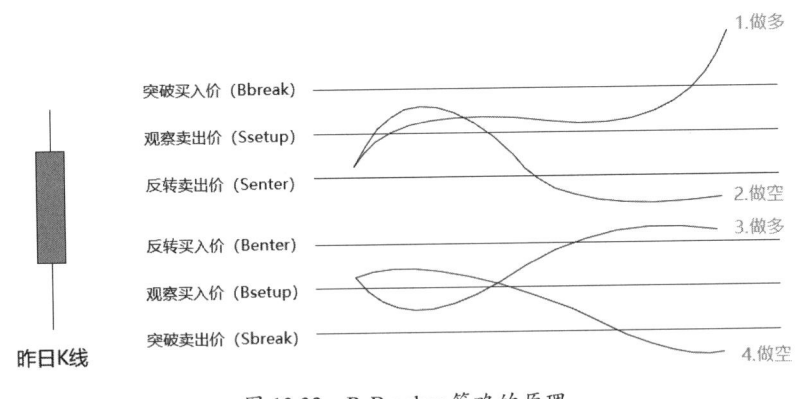

图 13.32 R-Breaker 策略的原理

13.5.2 R-Breaker 策略的实现

在明白了 R-Breaker 策略的基本原理之后，再通过 vn.py 对其进行实现。首先找到之前存放策略的 strategies 文件夹，然后再在这个文件夹下创建一个名为 rbreaker_strategy.py 的 Python 文件，右击文件选择打开方式，这里选择通过 PyCharm 打开。

首先第一步还是导入相关的库，然后创建 RBreakerStrategy 类，并定义参数与变量等信息。由前面的策略原理介绍可知，需要定义三个参数用于调整价格之间的距离，然后定义六个价位的变量，由于计算这六个价位还需要昨日的价格信息，因此还需要定义昨日的高开低收信息，然后将变量名和参数名放入对应的列表中，用于在 VN Trader 界面中进行可视化操作。

```python
from datetime import time
from vnpy.app.cta_strategy import (
    CtaTemplate,
    StopOrder,
    TickData,
    BarData,
    TradeData,
    OrderData,
    BarGenerator,
    ArrayManager,
)

class RBreakStrategy(CtaTemplate):
    """
    R-Break 策略
    """
    # 定义参数
    coef_a = 0.35
    coef_b = 1.07
    coef_c = 0.25
    fixed_size = 1

    # 定义变量
    buy_break = 0    # 突破买入价
    sell_setup = 0   # 观察卖出价
    sell_enter = 0   # 反转卖出价
    buy_enter = 0    # 反转买入价
    buy_setup = 0    # 观察买入价
    sell_break = 0   # 突破卖出价

    # 昨日高开低收
    day_high = 0
    day_open = 0
    day_close = 0
    day_low = 0

    # 退场时间
```

```python
exit_time = time(hour=14, minute=55)

# 添加参数和变量名到对应的列表
parameters = ["coef_a", "coef_b", "coef_c", "fixed_size"]
variables = ["buy_break", "sell_setup", "sell_enter", "buy_enter", "buy_setup",
             "sell_break"]
```

之后，编写类的构造函数及策略的初始化函数。其中，在构造函数中，同样创建了一个 BarGenerator 构造器对象，并对其绑定了 on_bar() 回调函数，用于将 Tick 级别数据合成分钟级别 Bar 数据。另外，还创建了 ArrayManager 对象和一个 bars 的列表，am 用于储存时间序列数据，bar 列表用于存储 Bar 数据，以便比较上一个 Bar 和当前 Bar 的日期，从而获取昨日的价格信息。此外，在策略的初始化函数中同样是通过 load_bar() 函数调用了 10 天的数据用于对策略中的变量进行初始化。

```python
def __init__(self, cta_engine, strategy_name, vt_symbol, setting):
    """
    构造函数
    """
    super().__init__(cta_engine, strategy_name, vt_symbol, setting)
    self.bg = BarGenerator(self.on_bar)
    self.am = ArrayManager()
    self.bars = []

def on_init(self):
    """
    初始化策略
    """
    self.write_log("策略初始化")
    self.load_bar(10)
```

然后是策略的启动和停止函数。

```python
def on_start(self):
    """
    策略启动
    """
    self.write_log("策略启动")
    self.put_event()

def on_stop(self):
    """
    策略停止
    """
    self.write_log("策略停止")
    self.put_event()
```

之后是策略的 on_tick() 函数,其作用是接受 Tick 数据并将其合成为 Bar 数据。

```python
def on_tick(self, tick: TickData):
    """
    接受 Tick 数据并合成为 Bar 数据
    """
    self.bg.update_tick(tick)
```

接下来是 R-Breaker 策略的核心交易逻辑的编写,用于策略的 bar 驱动,所以要写在 on_bar() 函数中。首先需要取消上一个时间段中没有交易成功的订单,然后将新的 Bar 数据添加到 bars 列表中,当列表中 Bar 数据大于 3 时,就移除时间最久的那个 Bar 数据,这样 bars 列表中就存放了两个连续时间的 Bar 数据,所以通过 last_bar 获取的倒数第二个 Bar 就是上一时刻的 Bar 数据。

```python
def on_bar(self, bar: BarData):
    """
    核心交易逻辑
    """
    self.cancel_all()

    am = self.am
    am.update_bar(bar)
    if not am.inited:
        return

    self.bars.append(bar)
    if len(self.bars) <= 2:
        return
    else:
        self.bars.pop(0)
    last_bar = self.bars[-2]
```

下面将获取的上一时刻的 Bar 数据与当前时刻的 Bar 数据进行日期比较。如果日期不同,则说明上一时刻的 Bar 数据是昨日的,当前 Bar 数据是今日的,那么就可以获取昨日的高开低收价格,并用于计算今日交易的六个价位,之后再记录当日第一个 Bar 数据。否则,说明是当日的 Bar 数据,则对其进行更新。如果历史数据加载得还不够,即六个价位数据还未计算出,那么就直接 return。

```python
    # 如果是第二天的 Bar 数据
    if last_bar.datetime.date() != bar.datetime.date():
        # 如果昨日开盘价不为零
        if self.day_open:
            # 观察买入价
            self.buy_setup = self.day_low - self.coef_a * (self.day_high - 
                self.day_close)
            # 观察卖出价
```

```python
        self.sell_setup = self.day_high + self.coef_b * (self.day_close -
            self.day_low)
        # 反转买入价
        self.buy_enter = (self.coef_b / 2) * (self.day_high + self.day_low) -
            self.coef_b * self.day_high
        # 反转卖出价
        self.sell_enter = (self.coef_b / 2) * (self.day_high + self.day_low) -
            self.coef_b * self.day_low
        # 突破买入价
        self.buy_break = self.buy_setup + self.coef_c * (self.sell_setup -
            self.buy_setup)
        # 突破卖出价
        self.sell_break = self.sell_setup - self.coef_c * (self.sell_setup -
            self.buy_setup)

    self.day_open = bar.open_price
    self.day_high = bar.high_price
    self.day_close = bar.close_price
    self.day_low = bar.low_price

# 如果是当天的 Bar 数据
else:
    self.day_high = max(self.day_high, bar.high_price)
    self.day_low = min(self.day_low, bar.low_price)
    self.day_close = bar.close_price

if not self.sell_setup:
    return
```

下面是根据当前 Bar 数据在六个价位组成区域中的位置，来判断是否达到交易的触发条件。因为 R-breaker 策略是在 Bar 中触发的，所以这里发出的订单都是停止单（Stop Order），它也称为止损单。这里需要注意的是，在 vn.py 中的交易函数中，如 buy()、sell() 中，有时传入了一个 stop=True 的参数，这时发出的订单就是停止单，否则发出的就是限价单（Limit Order）。

其中，限价单就是以特定的价格买入或卖出，例如，在买入螺纹钢期货时发出了一个限价单，价格设定为 3600，而当前螺纹钢期货的最低卖价是 3620，自然无法立刻成交，所以如果想立刻成交则需要发出一个比最低卖价更高的限价单，否则等市场最低卖价小于或等于 3600 时，限价单才会成交。而停止单则类似于一种条件委托，例如，发出了一个停止单，价格同样设定为 3600，如果当前市场最新价没有达到这个价格，则停止单不会触发，一直到当前最新的成交价格大于或等于 3600 时，它才会触发，此时的停止单就会转换为一个超价的限价单或市价单进行成交。从价格成交上来看，限价单是优价成交，停止单是劣价成交，但是停止单的目的是当价格突破（或跌破）某个价位时去追，否则就一直等待，因此停止单比较适用于突破类型的策略。这样，R-Breaker 策略交易的触发条件就设定为以下规则。

（1）如果当前 Bar 的最高价和收盘价都超过了观察卖出价，则说明具有上升趋势，那么在突破买入价上挂买入开仓的停止单。

（2）如果当前 Bar 的最低价和收盘价都低于观察买入价，则说明具有下跌趋势，那么在突破卖出价上挂卖出开仓的停止单。

（3）如果当前 Bar 的最高价超过了观察卖出价，而收盘价回落到了观察卖出价之下，则说明具有反转回落趋势，那么在反转卖出价发出一笔卖出开仓的停止单。

（4）如果当前 Bar 的最低价跌破了观察买入价，而收盘价上升到了观察买入价之上，则说明具有反转上升趋势，那么在反转买入价发出一笔买入开仓的停止单。

收盘之前，以超价限价单平掉所有仓位。

```python
        # 如果在交易时间内
        if bar.datetime.time() < self.exit_time:
            if self.pos == 0:
                if bar.high_price > self.sell_setup and bar.close_price >
                    self.sell_setup:
                        self.buy(self.buy_break, self.fixed_size, stop=True)
                elif bar.high_price > self.sell_setup and bar.close_price <
                    self.sell_setup:
                        self.short(self.sell_enter, self.fixed_size, stop=True)
                elif bar.low_price < self.buy_setup and bar.close_price <
                    self.buy_setup:
                        self.short(self.sell_break, self.fixed_size, stop=True)
                elif bar.low_price < self.buy_setup and bar.close_price >
                    self.buy_setup:
                        self.buy(self.buy_enter, self.fixed_size, stop=True)
        else:
            if self.pos > 0:
                self.sell(bar.close_price * 0.99, abs(self.pos))
            elif self.pos < 0:
                self.cover(bar.close_price * 1.01, abs(self.pos))
        self.put_event()
```

最后是发生委托单、交易成交及停止单的回调函数。

```python
    def on_order(self, order: OrderData):
        """
        通过该函数收到委托状态更新推送
        """
        pass

    def on_trade(self, trade: TradeData):
        """
```

```
        通过该函数收到成交推送
        """
        # 成交后策略逻辑仓位发生变化,需要通知界面更新
        self.put_event()

    def on_stop_order(self, stop_order: StopOrder):
        """
        通过该函数收到本地停止单推送
        """
        pass
```

13.5.3 R-Breaker 策略的回测与参数优化

在完成了 R-Breaker 策略代码的编写之后,下面通过 VN Trader 对其进行回测验证。由于考虑到 R-Breaker 策略是日内策略,所以不太适合对具有夜盘的期货数据进行回测。所以,这里选取了沪深 300 股指期货的 1min 级别的历史数据,时间是 2017 年全年,数据可以在本书的附件中找到。同时,大家也可以通过 Tushare 来获取其他类别的数据用于回测。之后通过 CSV Loader 将数据加载至本地数据库中。

接下来,打开 CTA 回测模块,找到我们编写的策略,并输入回测信息,如图 13.33 所示。

之后单击"开始回测"按钮,得到的回测结果如图 13.34 所示,可以看到回测效果并不是很理想。

图 13.33 R-Breaker 策略回测信息配置

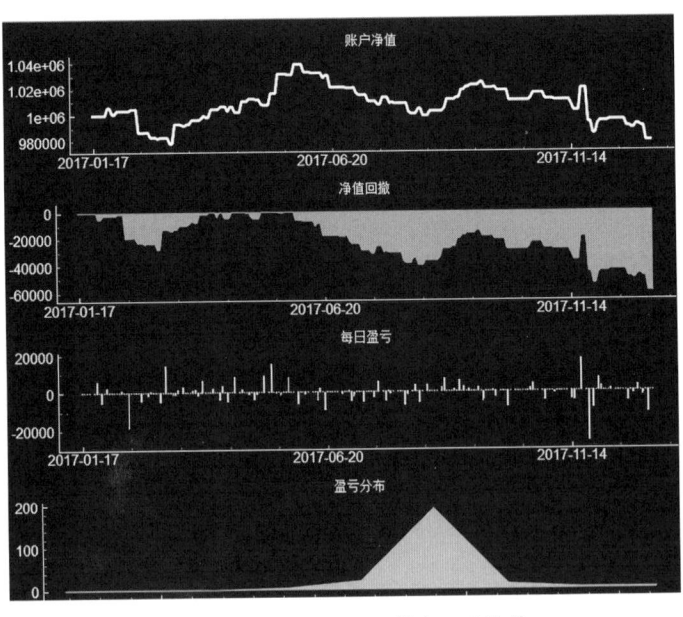

图 13.34 R-Breaker 策略回测结果

下面再对策略参数进行优化,具体优化参数及步长设置如图 13.35 所示。

经过参数优化后，我们将最优参数再用于回测，回测结果如图 13.36 所示。可以看到效果较未优化之前有所提升，收益率也由负转为正。

需要注意的是，为了便于演示如何通过 vn.py 进行策略开发，这里只选取了较短时间的期货数据用于历史回测，在实际境况中，则需要更多的数据进行回测以验证策略的鲁棒性。另外，上面实现的 R-Breaker 策略交易逻辑中并没有加入止盈和止损，也没有加入反手做多做空的动作，所以效果并不是很理想。此外，还可以在策略中加入趋势过滤器，如价格突破或跌落多日的滑动均值或唐奇安通道上下轨时才进行开仓，这样可以防止长期横盘行情下的频繁交易。

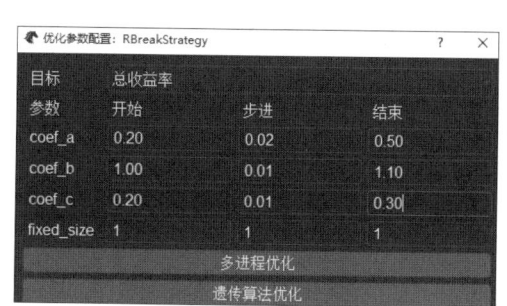

图 13.35　参数优化配置

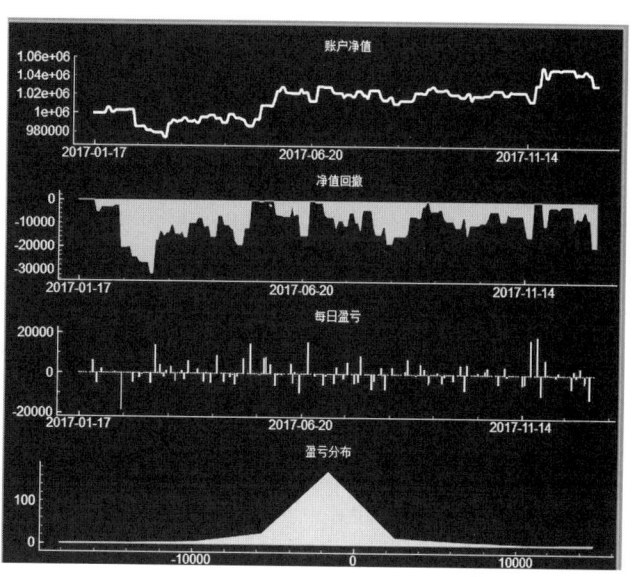

图 13.36　R-Breaker 策略参数优化后的回测结果

 13.6　通过 vn.py 进行自动化交易

在了解了如何通过 vn.py 进行策略实现，并对 VN Trader 的功能有所熟悉之后，下面将介绍如何通过 vn.py 实现自动化交易。

13.6.1　如何进行模拟盘交易

由于实盘和模拟盘的交易方式类似，所以这里以基于 CTP 模拟盘的交易为例进行介绍。首先启动 VN Trader Pro 或 VN Trader Lite，然后进入 VN Trader 界面，通过菜单栏登录 CTP 接口，之后等待日志栏的行情和交易服务器连接成功的信息。接下来打开左侧功能栏中的"CTA 策略"，即可进入如图 13.37 所示界面。

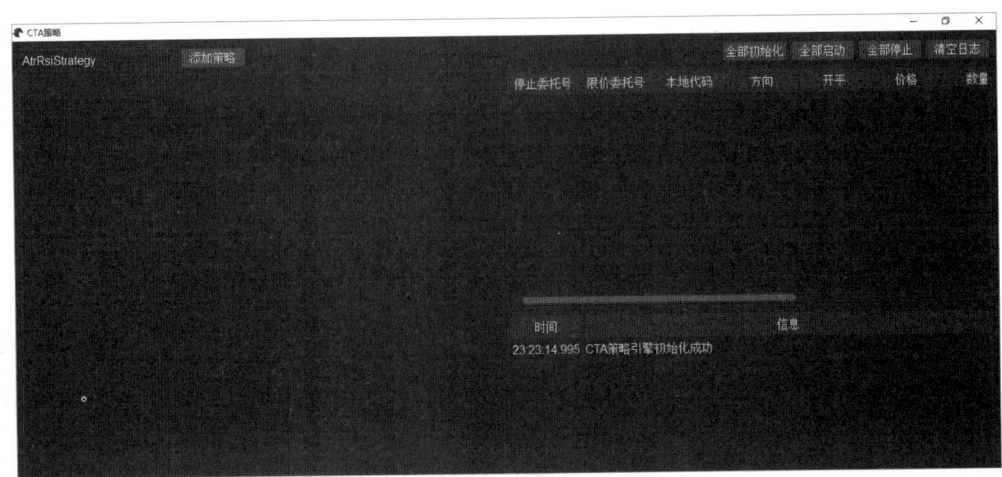

图 13.37　CTA 策略功能界面

其中，在右侧的日志组件中会输出"CTA 策略引擎初始化成功"，如果配置了 RQData，则还会输出"RQData 数据接口初始化成功"的信息。之后在左侧的策略栏中进行交易策略的选取，如图 13.38 所示，其中在 vn.py 中实现了很多开箱即用的 CTA 策略，同时也包含我们之前在 strategies 中写的策略，如以双均线策略为例，然后添加策略。大家也可以在今后的学习和使用的过程中，来研究一下其他策略的思想及使用方式。

然后在弹出的界面中配置交易策略的名称（strategy_name）、策略交易的本地合约代码（vt_symbol）及策略的参数，根据前面对该策略的了解，可知双均线策略至少需要配置长周期窗口长度 fast_window 及短周期窗口长度 slow_window 两个参数。配置的信息如图 13.39 所示。

图 13.38　CTA 策略的选取

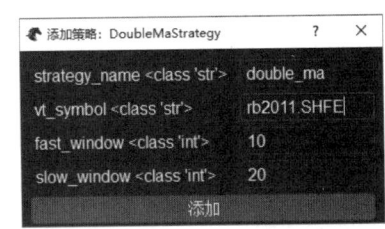

图 13.39　CTA 策略配置信息

之后在界面的左侧就可以看到添加的策略的组件了。在这个组件中的第一行是策略的参数信息，也就是在编写策略代码时，添加到 parameters 列表中的参数名。第二行表示策略在运行过程中的变量信息，也就是在编写策略代码时，添加到 variables 列表中的变量名。其中，变量会随着数据的更新而变化，而参数则在策略创建之后的运行过程中不会发生改变，如果要修改，则需要在 trading 状态为 False 时，才能进行编辑。

添加完成策略之后，再单击顶部的"初始化"按钮进行策略的初始化，可以看到 inited 的状态值变为了 True。初始化的操作实际会执行策略代码中的 on_init() 函数内的逻辑，即通过历史数据对策略变量进行初始化。如果配置了 RQData 信息，则 CTA 策略引擎会通过 RQData 接口来获取最新的数据并将其下载到本地数据库中，然后用于策略变量的初始化。如果没有配置 RQData 信息，则 CTA 策略引擎会通过访问本地数据库来加载历史数据，这就需要我们提前通过 CSVLoader 来加载本地数据了，大家也可以直接用 Tushare 来获取数据并将其导入到数据库中，或者使用其他数据服务来获取数据。如果数据库中也没有数据，则策略会在实盘的过程中，将最新的数据不断加入缓存中，直到满足计算变量指标的数目要求后，才会在策略界面中对变量值进行初始化。最后，on_init() 函数会执行 put_event() 函数来输出日志信息。变量初始化之后的策略组件如图 13.40 所示。

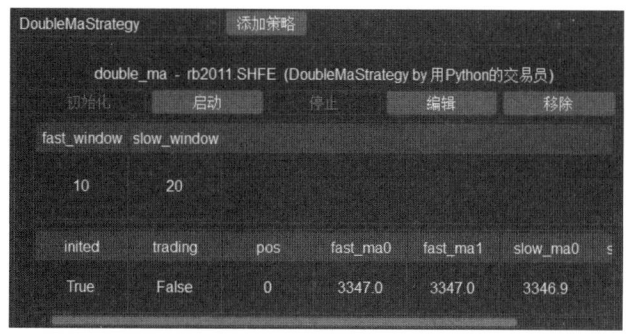

图 13.40　初始化变量后的策略组件

策略初始化完成之后，即可对策略进行启动，单击"启动"按钮可以看到 trading 的状态值变为了 True，这时策略内部的一些交易函数如 buy()、sell()、cover() 等就可以起作用了。这之后就会开始自动化交易的过程，当达到策略的交易触发点时，委托栏中就会出现相应的开平仓的委托信息。

当结束了当日的交易或想终止策略的运行时，可以单击"停止"按钮来停止当前的自动交易。此时，CTA 策略引擎会自动撤销所有活动委托，以保证不会有失去控制的委托的存在。同时，像一些与策略相关的持仓等信息会被缓存到本地的硬盘上，缓存文件在 .vntrader 目录下的 cta_strategy_data.json 中，并在下次策略初始化时自动载入。

在每日的交易中，除每天启动和关闭策略之外，更重要的是对每天策略运行交易结果进行跟踪和总结，包括运行的交易逻辑和回测是否一致，实盘成交和回测假设的滑点偏差有多少等，并根据这些观察到的结果数据来不断完善回测的假设。只有通过这样的实盘、总结、回测不断反复的过程，才能使得回测得到的策略效果更接近实盘结果，从而实现策略的高有效性。

13.6.2　如何接入实盘

由于从 2019 年 6 月 14 日开始，所有期货公司的柜台系统全部强制升级为穿透式监管版本，所有非穿透式的柜台全部下线，所以基于原来的 CTP API 的用户将无法交易，进行程序化交易的个人或机构如果想继续通过 CTP 的 API 进行程序化交易，都将需要接入穿透式 CTP API。换句话说，就是证监会及期货市场的监控中心为了方便监管，需要采集所有通过期货公司交易的客户本地终端的信息。

采集的信息会包括交易终端的网络地址、硬件信息、AppID（自己命名的交易程序 ID，是唯一的）等信息，具体可以根据开户期货公司的官网公告信息或直接联系客户经理。之后将采集的信息提交至期货公司，然后期货公司会根据提交的 AppID，提供一个与之一一对应的认证码，也就是 AuthCode，在完成了测试之后，就可以将 AppID 与 AuthCode 分别配置到 vn.py 的 CTP 登录配置的产品名称和授权编码中了，这时登录实盘账号和信息便可进行实盘交易了。

在 vn.py 官方社区中，具体如何通过 vn.py 进行穿透式接入的教程已经推出，感兴趣的读者可以关注 vn.py 的社区或公众号，然后直接根据教程即可完成本地终端的穿透式 CTP API 的接入，这里不再赘述。但需要注意的是，在进行实盘交易之前，大家一定要充分了解量化交易背后的风险，并且通过模拟盘交易对策略进行充分的验证和测试工作。

13.7 本章小结

在本章内容中，首先介绍了 vn.py 量化交易框架，进行了 vn.py 的开发环境的搭建，并介绍了如何通过 vn.py 的界面工具 VN Trader 进行一系列的操作；然后以国内期货 CTP 的交易为例，介绍了如何在 VN Trader 中进行 CTP 的配置及如何通过模拟账号进行模拟交易；之后又介绍了如何通过 vn.py 进行策略的开发及回测，其中以双均线策略为例，梳理了 vn.py 策略的代码结构，以及如何通过 VN Trader 进行策略回测与参数优化；接着又引入了 R-Breaker 策略，进一步巩固了通过 vn.py 进行策略开发与回测的能力；最后介绍了如何通过 vn.py 自带的策略或开发的策略进行模拟盘的自动化交易，以及实盘交易前的准备。

附录 常见的 Python 量化交易框架介绍

我们的目的是通过 Python 进行量化交易，所以在完成了本书的学习之后，再介绍一下国内外那些用 Python 开发的量化交易框架。虽然很多线上的量化交易平台，像之前介绍的"三大矿"可以帮助我们进行策略的开发和回测，但是它们也存在一些弊端，如无法了解回测的详细过程，无法利用本地的数据进行测试或策略的安全性问题等。而通过下面介绍的这些 Python 量化交易框架则可以帮助我们更好地进行本地量化交易的研究。

1. Zipline

Zipline 是美国著名的量化策略平台 Quantopian 开发和维护的量化交易库，并且 Quantopian 量化交易平台的回测引擎也是基于 Zipline 的，更值得一提的是，像之前介绍的"三大矿"的回测引擎也是基于此。另外，由于 Quantopian 平台多年的使用，Zipline 的专业性是可以保证的，并且 Zipline 在 GitHub 中的代码也在保持不断更新和改进。Zipline 是一种事件驱动的回测框架，有完整的文档和社区。如果你对国外美股交易感兴趣，那么 Zipline 将比较合适；但是对于国内像 A 股的数据则无法支持，只能通过本地化的数据进行回测。关于 Zipline 的学习可以参考其官方教程或 GitBook 出品的中文教程。

2. PyAlgoTrade

PyAlgoTrade 同样也是一个事件驱动的回测框架，虽然不如 Zipline 的名气大，但是同样也具有完善的社区和详细的文档。据说 PyAlgoTrade 的运行速度和灵活度要比 Zipline 强，但是缺点是不支持 Pandas 的操作。关于 PyAlgoTrade 的学习可以参考其官方教程。

3. Backtrader

Backtrader 是一个功能强大的量化策略回测平台，近些年来也一直在保持着 GitHub 上代码的更新。关于 Backtrader 的学习可以参考其官方教程。

4. Catalyst

近些年由于虚拟货币的交易需求，所以也有很多针对虚拟货币交易的量化回测平台的出现。Catalyst 是一个底层基于 Zipline 的算法交易框架，目前比较成熟，并且可以支持策略的回测与实盘（目前支持四家交易所，即 Binance、Bitfinex、Bittrex 和 Poloniex）。关于 Catalyst 的学习可以参考其官方教程。

5. vn.py

vn.py 是国内由陈晓优团队开发的量化交易框架，它目前在 GitHub 上 star 和 fork 的数量已经超过了 Zipline，目前处于全球开源量化框架的首位，我国量化交易虽然起步较晚，但是 vn.py 却可以成为全球最受欢迎的量化框架，这确实也是一件值得骄傲的事情。另外，vn.py 主要侧重于实盘交易，但是同样也支持通过历史数据进行回测，包括数据的可视化、收益结果、参数调优等。此外，它还具备一些常用的 CTA 策略、价差交易、行情录制等功能，并且它还具备完善的社区及教程。新手在使用时，可以通过它的 GUI 环境 VN Station 进行使用，同时也可以基于它的策略模板进行自定义的策略开发。关于 vn.py 的学习可以参考其官方教程。

注意：对于量化框架之间，如果问到哪个最好哪个最坏，其实没有什么意义，交易框架不需要都去学习和使用（当然，如果自己需要开发框架，那么借鉴一下他们开发的一些细节和逻辑也未尝不可），如果仅是用于本地测试，那么选择一种最适合自己需求的框架即可。